자폐성장애 학생을 위한 최상의 실제

김건희 · 김미경 · 김민동 · 박명화 · 이상진
이상훈 · 이원령 · 이한우 · 정훈영 · 조재규 공저

학지사

'위로와 긍정을'

기적의 삶을 살아가고 있는 모든 이에게

운정(雲定) 이상복(李相福, 1947~2013)

머리말

먼저 염치없는 책 제목에 대해 양해를 구하는 것이 순서일 것 같다. 많은 기대를 가지고 읽으신다면 당혹스러울 수도 있을 것이다. 죄송하다.

이 제목에 대해 저자들 중에도 '감히 어떻게'라며 동의하지 않는 분도 계셨고 우려의 목소리가 작지는 않았다. 나름 최선을 다했지만 여러 사람이 짧은 시간 내에 공동 집필함으로써 전체적으로 짜임새가 부족하고 중복되거나 일치하지 않는 내용들도 있으며, 각 장별 내용 또한 '최상의 실제'라고 말하기에는 사실 많이 부족하다.

그럼에도 왜?

이 제목밖에 없다고 생각했다. 집필에 대한 의견들이 모일 때부터 그랬고 이 생각은 지금도 변함없다. 출간의 용기는 최근 자폐성장애 아동이 크게 늘어나고 있지만 이들의 교육과 관련된 저서가 제한되어 있다는 현실적 고민에서 비롯되었다. 특히 예비특수교사들, 즉 아동들에게 가르칠 것은 많지만 시간은 부족한, 무엇을 어떻게 가르쳐야 할지 혼란스러워하는 그들을 위한 실제적인 지침서가 필요하다고 생각했다.

그리고 모든 특수교사가 가슴에 품고 있는, '특수교육대상학생을 위한 교육은 언제나 최상의 실제를 지향해야 하고 최상의 실제에 근거한 최고의 교육이어야 한다'는 말을 되새기고 싶었다. 그래서 집필하는 내내 지금까지의 실증적 연구결과들과 현장 경험을 토대로 과연 무엇이 최선인지, 무엇이 최상인지를 고민했고 양팔저울 위에 이론과 실제, 이상과 현실 그리고 미래와 현재를 올려놓고 거듭 고심했다.

나아가 '지금 그리고 여기'에서 최상의 실제가 실현되기 위해서는 '함께'라는 수식어구가 절대적이다. 부디 이 책이 우리 학문공동체 내에서 또 다른 이름의 '최상의 실제' 들을 이끌어 낼 수 있는 마중물이 되기를 기대했기에 이 제목을 고집할 수 있었다.

"아이고, 수고했어. 어떻게 이런 생각을 했지? 대단해."
운정 선생님께서 늘 하시던 말씀이다.

운정 이상복 교수(대구대학교 유아특수교육과)는 우리나라 최초로 자폐성장애 아동의 출현 실태를 체계적으로 조사 · 발표함으로써 조기선별과 지원의 필요성을 널리 알렸고, 정서 · 행동장애와 자폐성장애 아동 교육과 관련해서 40여 권의 저서와 150여 편의 학술논문을 발표함으로써 학문적 발전에 크게 기여했다. 또한 강의와 연구의 바쁜 일정 중에도 일주일에 하루 이상의 시간을 어김없이 할애해서 장애아동 부모님들을 위한 개별상담과 교육을 지속했고, 여러 매체를 통해 부모님들의 수고를 격려하고 아픔을 함께 나누고자 했다. 한마디로 우리나라 자폐성장애 아동 교육의 선구자셨다.
그리고 저자들의 '스승'이시다. 당신은 아니라고 펄쩍 뛰겠지만. 저자들 모두는 운정 선생님으로부터 가르침을 받은 대구대학교 대학원 특수교육학과 정서 · 행동장애아교육 전공자들이다.

이제는 선생님께 양해를 구할 차례다.
이 책의 부족함이야 이해하시겠지만 당신 이름을 내세우고, 당신 헌정판으로 출간했다는 사실을 아시면 아마 한달음에 달려오실 것이다. 새삼스럽지는 않다. 당신 생전에 늘 그랬던 것처럼 저자들이 사고를 친 것이다. 그러나 예전과 다른 점이 있다. 그때마다 들어 주고 달래 주고 해결해 주던 당신이 더 이상 계시지 않다는 것이다.
하지만 지난했던 당신 삶에서 보여 주신 용기와 학문에 대한 열정 그리고 긍정의 힘을 나눠 주고 가셨기에 저자들이 지혜를 모은다면 '최상의 실제'는 불가능하지 않을 것이다. 그리고 최상의 실제는 늘 진행형이기에 희망적이다. 앞으로 이에 걸맞고 기대에 부응하는 책이 될 수 있도록 계속 노력할 것을 약속드린다.

장별 책임집필자는 다음과 같다. 제1장 '개관'은 이상훈, 제2장 '진단 및 평가'는 박명화, 제3장 '영유아기 지원'은 이한우, 제4장 '교수 및 지원 환경 구축'은 김민동, 제5장 '교수전략 및 학습지원'은 정훈영, 제6장 '감각 · 지각 · 운동 지원'은 조재규, 제7장 '행동지원 방법'과 제8장 '행동지원 실제'는 김건희, 제9장 '사회적 의사소통 증진'은 김미경, 제10장 '사회적 관계 형성 및 유지'는 이원령, 제11장 '전환계획과 성인기 지원'은 이상진이 집필하였다. 앞서 말씀드린 것처럼 '최상의 실제'는 저자들뿐 아니라 연구자와 부모, 교사, 전문가 모두가 함께해야 가능할 것이다. 많은 의견과 질책 그리고 격려를 부탁드린다.

이 책이 아름답게 나오기까지 많은 도움을 주신 학지사 김진환 사장님과 유명원 부장님, 정성을 다해 다듬어 주신 편집부 선생님들과 박지영 선생님, 예쁜 그림들을 사용하도록 기꺼이 허락해 준 김도영 학생에게 감사드린다. 그리고 저자들 삶의 나침반이시며 영원한 큰 스승이신 듣봄 강위영 교수님과 운정 선생님의 영원한 엄마이신 운문사 일진스님께 삼배를 올린다.

2018년 1월

저자 일동

들어가며

다른 방법으로 세상을 바라보고 이해하는 자폐인*

김도영(Kim, Do Young)**

마음의 문을 열고

도영이가 4~5살 무렵 혼자서 종이에 뽀로로나 포비 등 주변의 친근한 캐릭터의 특징을 잘 잡아 단순하게 그려 내는 걸 보고 소재와 기법 등 영역을 확장시켜 주기 위해

*책 표지와 각 장의 첫 면에 들어간 그림을 그려 준 김도영 학생의 부모님이 작성하신 글입니다.

**2014년부터 2016년 8월까지 한국육영학교에 재학하였고, 현재는 베네수엘라의 Autismo en Voz Alta에 재학 중입니다.

여러 가지 시도를 해 보았지만 받아들이지 않고 수년간 똑같은 그림만을 반복해서 그렸습니다.

그러던 2013년 1월, 14살이 된 도영이가 말을 잘 하지 못하고 발음이 불분명하여 제가 말을 알아듣지 못하자 제 손바닥에 빠르게 단어를 쓰는 것을 우연히 본 선배가 도영이가 손놀림이 빠르고 야무지니 그림을 본격적으로 시켜 보는 것이 어떻겠냐고 제안하였습니다. 본인의 집에서 도영이와 같은 또래의 딸과 함께 선생님을 불러서 미술 수업을 하게 된 것이 도영이가 그림을 그리게 된 계기가 되었습니다.

세상과 소통하며

그림으로 세상과 소통하기 전 도영이는 외부와 차단된 채 철저히 혼자만의 고립된 세상에 살고 있었습니다. 그 틀을 깨어 주기 위한 외부의 다양한 자극과 노력에는 관심과 반응이 없는 나무토막과 같은 모습이었습니다. 하지만 당장 변화가 보이지 않더라도 포기하지 않고 지속적으로 아이를 이끌어 내기 위해 노력하다 보면 그 기다림의 시간이 지루하고 의미가 없어 보일지라도 어느 순간 아이가 변화하고 한 단계 성장하는 모습을 보여 줍니다. 도영이에게는 그림이 닫힌 내부와 외부의 세상을 연결해 주는 매개체가 되어 주었고 그림을 하나씩 완성해 냄으로써 본인 스스로 한 번도 느껴 보지 못한 성취감과 만족감을 느꼈습니다. 이것이 도영이가 그림을 계속 그리는 동기가 되었다고 생각합니다. 또 언어에 어려움이 많은 도영이가 그림으로 자유롭게 자신을 표현함으로써 그림이 치료가 되었고 결과적으로 사회성과 언어 발달에도 도움이 되었습니다.

더불어 희망을 그리다

장애아를 둔 부모의 모든 소원이 아이보다 하루 더 사는 거라고 이야기하듯이 부모의 전적인 희생과 돌봄 없이는 성인이 된 장애인이 할 수 있는 일은 지극히 제한적입니다. 그러나 일률적인 현실 앞에서 장애인 개개인의 특성과 소질에 맞는 교육과 훈련을 통한 다양한 직업군으로의 진출은 모든 장애인을 떠나 인간의 권리로 여겨집니다. 도영이가 그림을 통해 예술가로 성장하기 위한 발걸음이 장애인과 장애아를 키우는 부모님들께 작은 희망이자 또 하나의 길이 되길 바라고 그 길을 가고 있는 도영이가 그림을 통해 끊임없이 세상과 소통하고 자신을 발전시키며, 그림을 통해 많은 이에게 꿈과 희망과 감동을 줄 수 있게 되길 소망합니다.

또한 색다른 방법으로 세상을 바라보고 이해하는 자폐인 도영이의 그림이 자폐인의 내면세계를 이해하는 데 도움이 되고, 더 나아가 신선한 즐거움을 선사하게 되길 기대합니다.

차례

제4장 교수 및 지원 환경 구축 • 142

제5장 교수전략 및 학습지원 • 186

제6장 감각 · 지각 · 운동 지원 • 230

제7장 행동지원 방법 • 276

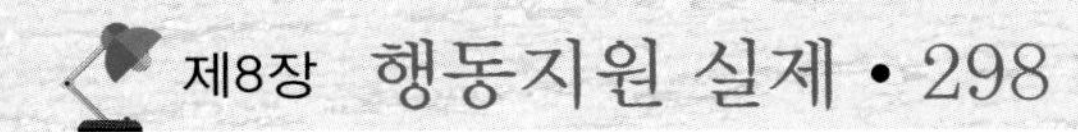

제8장 행동지원 실제 • 298

제9장 사회적 의사소통 증진 • 316

제10장 사회적 관계 형성 및 유지 • 346

제11장 전환계획과 성인기 지원 • 380

제1장

개관

1. 자폐성장애의 개념과 정의
2. 자폐성장애 아동의 특성
3. 자폐성장애의 원인, 출현율 및 발달 경과와 기능적 결과
4. 자폐성장애 아동을 위한 교육 및 중재와 치료적 접근법

1943년 Leo Kanner가 자폐 증상에 대해 처음 언급한 이래로 최근까지 관련 분야의 다양한 연구들을 통해 이 장애에 대해서 많은 것을 알게 되었다. 초기에는 이 장애가 심리적 원인에 근거한 조기 발병형 조현병의 변형이라고 생각했으나 지금은 생애 초기에 발병하는 신경발달장애로 인식하고 있으며, 이에 따라 교육과 중재, 치료에 있어서도 큰 변화가 나타나고 있다. 그간의 축적된 연구들을 통해 이 장애를 가진 사람들을 더 많이 이해하게 됨에 따라 더 적절하게 지원해 가고 있지만 아직까지도 설명할 수 없는 것들과 오해는 여전하다.

따라서 이 장에서는 자폐성장애가 관련 분야에서 어떻게 정의되고 있는지를 살펴보고 제반 특성과 원인, 출현율 및 발달 경과와 기능적 결과, 교육과 중재, 치료방법들을 개괄적으로 정리해 봄으로써 자폐성장애에 대한 이해를 돕고자 한다.

학습목표

- 자폐성장애의 개념을 설명할 수 있다.
- DSM-5와 「장애인복지법」 및 「장애인 등에 대한 특수교육법」의 자폐성장애 진단기준을 설명할 수 있다.
- 자폐성장애 아동의 주요 발달 영역 및 학습상의 특성을 설명할 수 있다.
- 자폐성장애의 원인을 설명할 수 있다.
- 자폐성장애 아동의 출현율 증가 현상을 설명할 수 있다.
- 자폐성장애 아동 교육에 있어서 증거기반실제의 필요성을 설명할 수 있다.
- 자폐성장애 아동을 위한 주요 중재와 치료 방법들의 특성을 설명할 수 있다.

1. 자폐성장애의 개념과 정의

자폐성장애는 학문적으로나 일상에서 발달장애, 자폐증, 자폐장애, 자폐성장애, 아동기 자폐증, 자폐스펙트럼장애, 자폐범주성장애, 전반적(성) 발달장애, 정서장애 등 다양한 용어로 지칭되고 있다. 특수교육학에서 적절한 교육적 서비스를 제공하기 위해 이 장애를 정의하듯이 교육학과 심리학, 의학, 보건, 사회복지학 등 관련 학문 분야에서도 각각의 관점과 필요에 따라 상이한 명칭과 정의를 사용하고 있다.

일반적으로 대다수 자폐성장애 아동들은 3세 이전에 장애가 발견(의심)되고 이후 3년 이내에 병원에서 진단을 받고 장애인 등록을 하는 것으로 알려져 있다(국립특수교육원, 2014). 따라서 의학적 관점을 대변할 수 있는 DSM-5의 진단기준과 보건복지적 측면에서의「장애인복지법」, 특수교육적 측면에서의「장애인 등에 대한 특수교육법」을 중심으로 자폐성장애의 개념과 정의를 살펴본다.

1) 의학적 정의

의학계에서 자폐성장애 진단을 위해 주로 사용하는 기준은 미국정신의학회(American Psychiatric Association: APA)에서 제시하는『정신질환의 진단 및 통계 편람(Diagnostic and Statistical Manual of Mental Disorders: DSM)』이다. 동 학회가 2013년에 발표한 DSM-5(APA, 2013)에는 이전까지 사용해 오던 DSM-IV-TR의 전반적 발달장애(Pervasive Developmental Disorders: PDD)라는 진단범주와 그 하위 유형들을 없애고, 대신 자폐성장애를 자폐스펙트럼장애(Autism Spectrum Disorders: ASD)로 명명하고 신경발달장애(neurodevelopmental disorders) 범주에 포함시키고 있다. DSM-5에서 제시하는 자폐스펙트럼장애의 진단기준은 다음과 같다(APA, 2013, pp. 50-51).

A. 다양한 맥락에서 사회적 의사소통과 사회적 상호작용의 지속적인 결함을 보이며, 다음과 같은 결함이 현재 나타나고 있거나 나타난 내력이 있다(예들은 설명을 위한 것이지 전부가 아니다).

1. 사회-정서적 상호성의 결함(예: 비정상적인 사회적 접근과 정상적으로 주고받는 대화 실패에서부터 흥미, 감정, 정서 공유의 감소, 사회적 상호작용의 시작이나 반응의 실패까지 다양)
2. 사회적 상호작용을 위한 비구어적 의사소통 행동의 결함(예: 구어와 비구어의 통합적인 사용의 어려움에서부터 눈맞춤과 몸짓언어에서의 비정상성이나 몸짓의 사용이나 이해의 어려움, 얼굴 표정과 비구어적 의사소통에서의 전반적인 결핍)
3. 관계 발전, 유지, 이해의 결함(예: 다양한 사회적 맥락에 맞게 행동 조절하는 것의 어려움에서부터 상상놀이의 공유나 친구 만들기에서의 어려움, 또래에 대한 흥미 부재)

현재 심각도를 명시하시오:
심각도는 사회적 의사소통 손상과 제한적이고 반복적인 행동 패턴에 기초한다(〈표 1-1〉 참조).

B. 행동, 흥미, 활동에 있어서 제한적이고 반복적인 패턴을 보이며, 적어도 다음 중 두 가지 이상이 현재 나타나고 있거나 나타난 내력이 있다(예들은 설명을 위한 것이지 전부가 아니다).

1. 상동적이거나 반복적인 운동성 동작, 사물이나 말 사용(예: 단순 상동증적 동작, 장난감 줄 세우기, 물건 흔들기, 반향어, 특이 어구 사용)
2. 동일성에 대한 고집, 일과에 대한 융통성 없는 집착, 구어 또는 비구어의 의례적 패턴(예: 작은 변화에도 극도로 고통스러워 함, 전환의 어려움, 경직된 사고 패턴이나 의례적인 인사, 매일 같은 길로만 다니거나 같은 음식 먹기 요구)
3. 강도나 초점에 있어서 비정상적으로 매우 제한적이고 한정된 흥미(예: 특이한 사물에 대한 강한 애착이나 몰두, 과도하게 한정되어 있고 집요한 흥미)
4. 감각 자극에 대한 민감성 또는 둔감성, 환경의 감각적 측면에 대한 특이한 관심(예: 고통/온도에 대한 분명한 무관심, 특정 소리나 감촉에 대한 부정적 반응, 사물을 과도하게 냄새 맡거나 만짐, 빛이나 움직임에 대한 시각적 매료)

현재 심각도를 명시하시오:
심각도는 사회적 의사소통 손상과 제한적이고 반복적인 행동 패턴에 기초한다(〈표 1-1〉 참조).

C. 증상들은 초기 발달 시기에 나타나야만 한다(증상들은 사회적 요구가 제한된 능력 범위를 초과할 때까지 완전하게 나타나지 않거나 혹은 이후 살아가면서 학습된 전략에 의해 감춰질 수도 있다).

D. 증상들은 사회적, 직업적 또는 다른 주요 영역의 현재 기능에 임상적으로 심각한 손상을 야기한다.

E. 이 장애들은 지적장애(지적발달장애)나 전반적 발달지체에 의해 더 잘 설명되지 않는다. 지적장애와 자폐스펙트럼장애는 흔히 같이 발생하며, 자폐스펙트럼장애와 지적장애로 중복 진단을 내리기 위해서는 사회적 의사소통이 일반적 발달수준에서 기대되는 것보다 낮아야 한다.

주의점: DSM-IV의 자폐성장애, 아스퍼거장애와 달리 분류되지 않는 전반적 발달장애의 진단기준에 잘 부합하는 사람들은 자폐스펙트럼장애로 진단 내려야 한다. 사회적 의사소통에 현저한 결함이 있지만 그 증상들이 자폐스펙트럼장애의 진단기준에 맞지 않는 경우, 사회적(실용적) 의사소통장애로 평가해야 한다.

다음의 경우에는 명시하시오:
지적 손상을 수반하는 경우 또는 수반하지 않는 경우
언어 손상을 수반하는 경우 또는 수반하지 않는 경우
알려져 있는 의학적 또는 유전적 상태나 환경적 요인과 연관된 경우
다른 신경발달적, 정신적 또는 행동적 장애와 연관된 경우
긴장증을 수반한 경우

또한 DSM-5에서는 〈표 1-1〉에 제시된 바와 같이, 자폐스펙트럼장애를 사회적 의사소통과 제한적이고 반복적인 행동으로 인한 기능적 제한성에 따라 장애의 심각도를 '매우 상당한 지원이 필요한' 단계 3, '상당한 지원이 필요한' 단계 2, '지원이 필요한' 단계 1의 세 가지 수준으로 구분하고 있다.

표 1-1 **자폐스펙트럼장애의 심각도 수준**

심각도 수준	사회적 의사소통	제한적 · 반복적 행동
단계 3 매우 상당한 지원이 필요함	구어적 · 비구어적인 사회적 의사소통 기술들의 심각한 결함으로 기능상에 심각한 손상이 야기되고, 사회적 상호작용 시도가 매우 제한되고, 타인의 사회적 접근에 대해 최소한의 반응만을 나타낸다. 예를 들어, 말을 할 때 이해할 수 있는 단어가 거의 없고 상호작용을 거의 시도하지 않거나, 자신의 욕구 충족을 위해 필요한 때만 이상한 방식으로 접근하거나, 매우 직접적인 사회적 접근에만 반응하는 사람이다.	융통성 없는 행동, 변화 대체에 대한 극도의 어려움 또는 다른 제한적 · 반복적인 행동이 모든 영역에서의 기능을 현저하게 저해한다. 집중이나 활동 변화에 큰 고통/어려움이 나타난다.
단계 2 상당한 지원이 필요함	구어적 · 비구어적인 사회적 의사소통 기술에 있어서 현저한 결함이 있고, 적절한 지원이 주어짐에도 사회적 손상이 분명하게 나타난다. 사회적 상호작용에 있어서 제한된 시도를 하며 타인의 사회적 접근에 대한 감소된 또는 비정상적 반응을 보인다. 예를 들어, 간단한 문장을 말할 수 있으나 상호작용이 편협한 특정 흥미를 가진 사람과 제한되어 있거나, 현저하게 특이한 비구어적 의사소통을 나타내는 사람이다.	융통성 없는 행동, 변화 대체에 대한 극도의 어려움 또는 다른 제한적 · 반복적인 행동이 우연히 관찰한 사람도 분명히 알 수 있을 만큼 자주 나타나고, 다양한 상황에서의 기능을 저해한다. 집중이나 활동 변화에 고통 및 어려움이 나타난다.
단계 1 지원이 필요함	적절한 지원이 없다면 사회적 의사소통의 결함은 명백한 손상을 초래한다. 사회적 상호작용 시도의 어려움과 타인의 사회적 접근에 대해 비전형적이고 성공하지 못하는 반응이 분명하게 나타난다. 사회적 상호작용에 대한 흥미 감소를 보일 수 있다. 예를 들어, 완전한 문장으로 말할 수 있고 의사소통에 참여하려고 하지만 타인과의 주고받는 대화에 실패하거나, 친구를 만들기 위해 이상하거나 성공하지 못하는 방식으로 시도하는 사람이다.	융통성 없는 행동이 하나 또는 그 이상의 상황에서 심각한 기능 저해를 초래한다. 활동 간의 변환이 어렵다. 조직화와 계획의 문제가 독립을 방해한다.

출처: American Psychiatric Association(2013), p. 52.

2) 장애인복지법의 정의

우리나라에서 자폐성장애를 가진 사람에 대한 체계적인 지원을 법적으로 규정한 것은 「장애인복지법」에서 비롯된다. 동법은 2000년 개정 시, 기존 5개 장애 유형(지체, 시각, 청각, 언어, 정신지체)에 새롭게 5개 유형(뇌병변, 신장, 심장, 정신, 발달)을 추가하여 10개로 확대하면서 다음과 같은 기준에 부합하는 자폐성장애인을 '발달장애인'이라는 명칭으로 포함시켰다.

> 소아기 자폐증, 비전형적 자폐증에 의한 기능 및 능력 장애로 인하여 일상생활 혹은 사회생활을 영위하기 위한 기능 수행에 제한을 받아 도움이 필요한 사람

이후 「장애인복지법」은 2007년 전면개정을 통해 장애 유형을 지체(肢體)·뇌병변(腦病變)·시각(視覺)·청각(聽覺)·언어(言語)·지적(知的)·자폐성(自閉性)·정신(精神)·신장(腎臟)·심장(心臟)·호흡기(呼吸器)·간(肝)·안면(顔面)·장루·요루(腸瘻·尿瘻)·뇌전증(腦電症)의 15개로 확대한 바 있다. 동법에서는 기존의 '발달장애인'을 '자폐성장애인'으로 명칭을 변경하였는데, 이는 기존 명칭이 내포하는 용어에 대한 사회적인 오해를 없애고 보다 정확한 기준을 마련하기 위함이다. 「장애인복지법 시행령」(대통령령 제27427호) 별표1에 명시된 자폐성장애인의 기준은 다음과 같다.

> 소아기 자폐증, 비전형적 자폐증에 따른 언어·신체표현·자기조절·사회적응 기능 및 능력의 장애로 인하여 일상생활이나 사회생활에 상당한 제약을 받아 다른 사람의 도움이 필요한 사람

또한 동법 시행규칙(보건복지부령 제415호) 별표1에는 자폐성장애인을 〈표 1-2〉와 같이 3개 등급으로 분류한다. 「장애인복지법」은 세계보건기구(WHO)의 '국제질병분류(International Classification of Diseases, 10th Version: ICD-10)' 진단기준에 근거해서 자폐성장애를 진단하고 등급을 나누고 있으며, 자폐성장애의 전형적인 특성뿐만 아니라 지적 수준과 일상에서 요구되는 도움의 범위와 정도를 등급 분류의 기준으로 삼고 있다.

표 1-2 자폐성장애인 장애등급 기준

등급	기준
제1급	ICD-10의 진단기준에 의한 전반성 발달장애(자폐증)로 정상발달의 단계가 나타나지 아니하고, 지능지수가 70 이하이며, 기능 및 능력장애로 인하여 주위의 전적인 도움이 없이는 일상생활을 해 나가는 것이 거의 불가능한 사람
제2급	ICD-10의 진단기준에 의한 전반성 발달장애(자폐증)로 정상발달의 단계가 나타나지 아니하고, 지능지수가 70 이하이며, 기능 및 능력장애로 인하여 주위의 많은 도움이 없으면 일상생활을 영위하기 어려운 사람
제3급	제2급과 동일한 특징을 가지고 있으나 지능지수가 71 이상이며, 기능 및 능력장애로 인하여 일상생활 혹은 사회생활을 영위하기 위하여 간헐적으로 도움이 필요한 사람

2018년 특수교육통계(교육부, 2018)에 의하면, 특수교육 서비스를 받고 있는 자폐성장애 학생 12,156명 중 12,004명(98.7%)이 장애인 등록을 한 것으로 나타난다. 〈표 1-3〉을 살펴보면 장애 정도별로는 1급 4,406명(36.7%), 2급 6,316명(52.6%), 3급 1,282명(10.7%)으로, 대부분의 자폐성장애 학생들이 지적장애가 수반됨으로 인해 보다 집중적인 지원이 요구되는 1, 2급에 해당하는 것을 알 수 있다.

표 1-3 **자폐성장애 학생의 장애 등록 현황**

배치	1급	2급	3급	계
특수학교	3,242	2,053	162	5,457
특수학급	1,141	4,008	811	5,960
일반학급	23	252	308	583
특수교육지원센터	–	3	1	4
계	4,406	6,316	1,282	12,004

또한 최근 보건복지부(2014)에서는 자폐성장애와 지적장애를 가진 아동과 성인을 중점 지원하기 위해 「발달장애인 권리보장 및 지원에 관한 법」(법률 제14324호)을 제정·시행하고 있다. 특히 이 법에서는 발달장애인의 권리보장과 복지지원 및 각종 서비스 제공, 나아가 발달장애인 및 그 가족의 특성을 고려하여 복지서비스의 내용, 방법 등이 포함된 개인별 지원계획 수립을 명시하고 있다.

3) 특수교육에서의 정의

자폐성장애를 가진 학생들에 대한 교육적 지원은 1977년 「특수교육진흥법」에서 비롯된다. 동법 제10조(특수교육대상자의 선정)에서 '정서장애(자폐성을 포함한다)'라고 정서장애의 한 범주로 명시하고, 이 장애를 가지고 특수교육을 필요로 하는 사람으로 진단·평가된 학생을 특수교육대상자로 선정하였다. 즉, 다음 진단기준 중 '바'목에 해당하는 자폐성장애는 '정서장애'라는 명칭으로 진단·분류되어 특수교육 서비스를 제공받았다.

5. 정서장애를 지닌 특수교육대상자

가. 지적·신체적 또는 지각적인 면에 이상이 없음에도 학습성적이 극히 부진한 자

나. 친구나 교사들과의 대인관계에 부정적인 문제를 지니는 자
다. 정상적인 환경하에서 부적절한 행동이나 감정을 나타내는 자
라. 늘 불안해하고 우울한 기분으로 생활하는 자
마. 학교나 개인문제에 관련된 정서적인 장애로 인하여 신체적인 통증이나 공포를 느끼는 자
바. 감각적 자극에 대한 반응 · 언어 · 인지능력 또는 대인관계에 결함이 있는 자

이후 2008년부터 시행되고 있는 「장애인 등에 대한 특수교육법」에서는 기존 '정서장애'에서 '자폐성장애'와 '정서 · 행동장애'를 분리하여 별도의 장애로 구분하고 있다. 동법 시행령 제10조 관련 별표에서는 '자폐성장애를 지닌 특수교육대상자'를 다음과 같이 정의하고 있다(교육과학기술부, 2008).

> 사회적 상호작용과 의사소통에 결함이 있고, 제한적이고 반복적인 관심과 활동을 보임으로써 교육적 성취 및 일상생활 적응에 도움이 필요한 사람

한편 한국특수교육학회(2008, p. 42)에서는 자폐성장애를 다음과 같이 정의하고 있다.

> 자폐성장애(autistic disorder)는 자폐(autism)라고도 불리며, 3세 전에 나타나는 발달장애로 알려져 있다. 자폐는 사회적 상호작용 및 의사소통 발달에 있어서의 질적인 결함과 제한적이고 반복적이고 상동적인 관심 및 행동을 보이는 등 세 가지 주요 영역에 영향을 미치는 장애다. 자폐성장애는 현재 정신장애진단통계편람(DSM-IV-TR)에 의하여 아스퍼거 증후군, 레트 장애, 소아기 붕괴성 장애, 달리 분류되지 않는 전반적 발달장애(PDD-NOS)와 함께 전반적 발달장애(Pervasive Developmental Disorder: PDD)에 속하는 다섯 가지 장애 중 하나로 분류된다. 그러나 최근에는 자폐성장애를 이해함에 있어서 자폐적 성향 및 그로 인한 행동적 특성이 다양하고 폭넓은 증상으로 나타난다는 사실을 고려하여 범주성 장애로 인식하기 시작하였으며, 따라서 자폐 범주성 장애(autism spectrum disorders)라는 용어가 사용되고 있다.

또한 미국의 「장애인교육법」(U. S. Department of Education, 2005)에서 제시하고 있는 자폐성장애의 정의는 다음과 같다.

> 자폐증(autism)은 구어 및 비구어적 의사소통과 사회적 상호작용에 심각한 영향을 미치는 발달장애로, 일반적으로 3세 이전에 나타나며, 아동의 교육적 성취에 부정적인 영향을 미친다. 자폐증과 자주 관련되는 다른 특성들은 반복적인 활동 및 상동적인 움직임, 환경적인 변화나 일상적 일과의 변화에 대한 저항, 감각적 경험에 대한 비전형적인 반응 등이 있다.
>
> 이 용어는 아동이 정서장애로 인하여 교육적 성취에 주요한 부정적인 영향을 받게 되는 경우에는 적용되지 않는다. 3세 이후에 자폐증의 특성을 보이는 아동들도 앞에서 서술한 진단기준에 해당된다면 자폐증으로 진단할 수 있다.

4) 관련 용어

자폐성장애는 1943년 유아자폐증(infantile autism)으로 최초 지칭된 이래로 자폐증, 자폐성장애 등으로 불리다가 최근에는 비전형적 자폐장애(atypical autistic disorder)를 포함하는 자폐범주성 장애 또는 자폐스펙트럼장애라는 용어가 더 선호되고 있다. 스펙트럼이란 개념은 증상이 아주 가벼운 상태의 자폐인이 한쪽 끝에 위치하고 다른 쪽 끝에는 아주 전형적이고 심한 자폐인이 위치하고 그 사이에는 다양한 증상과 기능을 가지는 자폐인들이 존재한다는 사실에 근거한다. 햇빛이 프리즘을 통과할 때 변화과정이 미묘한 여러 가지 색의 빛으로 나누어지면서 나타나는 스펙트럼을 연상하면 좀 더 쉽게 이해될 수 있다(권요한 외, 2015). 명칭의 변화에는 자폐에 대한 인식의 변화도 반영된 것이다. 자폐의 전형적인 특성과 함께 나타나는 다양하고 폭넓은 행동적 특성들을 자폐만의 독특한 결함과 구별하기 어렵고, 문제의 심각도와 예후도 개인 간에 현저한 차이가 있으며 또한 각 영역에서 나타나는 손상의 정도는 한 개인 내에서도 차이가 있다는 점 등이 반영된 것으로 볼 수 있다.

자폐스펙트럼장애와 함께 사용되었던 용어로는 전반적 발달장애를 들 수 있다. PDD는 ASD에 비해 세계보건기구(World Health Organization: WHO)의 ICD나 미국정신의학회의 DSM 등 공식적 진단체계에서 많이 사용되어 왔다. DSM-IV의 PDD

범주에는 자폐성장애(autistic disorder), 아스퍼거장애(Asperger's disorder), 레트장애(Rett's disorder), 아동기붕괴성장애(childhood disintegrative disorder) 그리고 달리 분류되지 않는 전반적 발달장애(Pervasive Developmental Disorder-Not Otherwise Specified: PDD-NOS) 등이 포함된다(APA, 2004).

2013년 발표된 DSM-5에서는 DSM-IV의 자폐장애뿐만 아니라 PDD-NOS, 아동기붕괴성장애, 아스퍼거장애를 아우르는 진단명으로 자폐스펙트럼장애라는 명칭을 사용하고 있다. 또한「장애인 등에 대한 특수교육법」제15조(특수교육대상자의 선정)를 살펴보면, 자폐성장애는 다른 장애와 달리 '자폐성장애(이와 관련된 장애를 포함한다)'라고 명칭 뒤에 별도 내용이 첨부되어 있다. 이는 '자폐성장애'의 범위에 PDD를 포함하고 있음을 의미한다.

따라서 이 책에서는 특별한 경우를 제외하고 자폐스펙트럼장애(ASD)와 전반적 발달장애(PDD)의 의미 및 하위 범주를 포괄하는 일반적 명칭으로 '자폐성장애'라는 용어를 사용한다. 또한 이 장애를 가진 아동을 지칭할 때 '자폐성장애 아동' 또는 축약적으로 '자폐아동' 'ASD'라고 표기할 수도 있다. 그리고 특별히 학령기 아동만을 지칭할 때 '학생'이라는 용어를 사용할 수도 있지만 전체적으로는 '아동'과 '학생'이라는 명칭이 상호교환적 의미로 사용된다.

2. 자폐성장애 아동의 특성

자폐성장애로 진단된 아동들은 개인에 따라 사회적으로 요구되거나 기대되는 행동, 언어, 기술, 기능수행, 학습 등에 있어서 매우 이질적인 특성을 나타낸다. 따라서 이들 집단의 특징을 밝히고자 하는 노력은 주로 공통적인 특징인 의사소통과 사회적 상호작용, 관심과 활동 영역을 중심으로 설명되고 있다. 본 절에서는 DSM-5의 진단기준에 근거한 두 가지 핵심 결함 영역과 더불어 인지, 행동, 운동 등의 주요 발달 영역 및 학습과 관련된 특성들을 선행 연구들(권요한 외, 2015; 양문봉, 신석호, 2016; 이승희, 2015; Bowler, 2007; Hall, 2009; Hanbury, 2008; Heflin & Alaimo, 2007; Simpson & Myles, 2010; Turnbull, Turnbull, & Wehmeyer, 2007; Volkmar et al., 2014)에 근거하여 살펴볼 것이다.

1) DSM-5의 진단적 특성(APA, 2013)

(1) 사회적 의사소통 및 사회적 상호작용

자폐성장애 아동의 사회적 의사소통에서의 구어적 · 비구어적 결함은 연령, 지적 수준, 언어 능력뿐만 아니라 치료 경력 및 현재의 지원 등과 같은 요인들에 따라 다양하게 나타난다. 많은 자폐성장애 아동들이 언어적 결함을 가지고 있으며 그 범위는 말을 전혀 하지 못하는 경우부터 언어 지연, 말에 대한 이해력 부족, 반향어, 또는 부자연스럽고 지나치게 문자 그대로인 언어에 이르기까지 폭넓게 나타난다. 또한 형식적 언어 기술(예: 어휘, 문법)이 손상되지 않았더라도 다른 사람과의 사회적 의사소통에서 사용하는 언어는 손상되어 있다.

① 사회-정서적 상호성의 결함

이러한 어려움은, 예를 들어 타인과 관계를 맺고 생각과 감정을 공유하는 능력에서의 결함으로 설명할 수 있으며 어린 자폐아동에서부터 분명하게 드러난다. 이들은 사회적 상호작용을 거의 또는 전혀 시작하지 않거나, 정서를 공유하지 않고, 타인을 모방하는 행동도 감소되어 있거나 나타나지 않는다. 나타나는 언어는 대개 일방적이며 사회적 상호성이 결여되어 있고 견해 표명이나 감정 공유, 대화보다는 요구하는 용도로 사용된다. 지적장애나 언어적 지연이 없는 성인의 경우, 사회-정서적 상호성(social-emotional reciprocity)의 결함은 복잡한 사회적 단서(예: 언제 어떻게 대화에 참여해야 하는지, 말해서는 안 되는 것이 무엇인지)를 처리하고 반응하는 데 어려움으로 나타날 수 있다. 사회적 어려움에 대한 보상전략을 가지고 있는 일부 성인의 경우에도 새로운 상황이나 지원이 없는 상황에서는 어려움을 겪고 대부분의 사람들이 직관적으로 인식하는 것들을 의식적으로 계산해야 하는 노력과 불안으로 인해 고통을 겪는다.

② 사회적 상호작용을 위한 비구어적 의사소통 행동의 결함

이러한 결함의 예로는 사회적 상호작용을 위한 눈맞춤이나 몸짓, 얼굴 표정, 신체 정위(body orientation), 말의 억양 사용이 없거나 적거나 특이함을 들 수 있다. 어린 아동들의 경우, 타인과 관심사를 공유하기 위해 물건을 가리키거나 보여 주고 가져오는 관심 공유 행동이 손상되어 있거나, 다른 사람이 손가락으로 가리키거나 응시하고 있는 것을 함께 따라 하지 못한다. 기능적 몸짓들을 학습할 수는 있으나 다른 사람들에 비해 행동목록이 적고 의사소통에 있어서 표현적 몸짓의 자연스러운 사용에 어려움이 있다. 유창한 언어 능력을 가지고 있는 성인 중에도 말과 비구어적 의사소통(nonverbal communicative)의 통합에 어려움이 있어서 상호작용 중에 이상하고 경직되거나 과장된 '몸짓 언어'를 사용한다는 인상을 주는 경우도 있다. 손상은 개별 양식에 따라 상대적으로 미약할 수도 있지만(예: 어떤 사람은 말할 때 비교적 좋은 눈맞춤을 보일 수 있다) 사회적 의사소통을 위한 눈맞춤, 몸짓, 자세, 운율, 얼굴 표정 등의 빈약한 통합은 현저하게 나타날 수 있다.

③ 관계 계발과 유지, 이해의 결함

이러한 결함은 연령과 성별, 문화적 규준에 따라 판단해야 한다. 사회적 흥미가 없거나 감소되어 있거나 비전형적 양상으로 나타날 수 있으며 타인에 대한 거부, 수동성, 부적절한 접근방식이 공격적이거나 파괴적으로 보일 수 있다. 이러한 어려움은 특히 어린 아동에게서 분명히 나타나는데 이들은 종종 사회적 놀이나 상상(예: 연령에 적합한 유연한 가장놀이) 공유가 결여되어 있으며, 이후에는 매우 고정적 규칙을 따르는 놀이만 고집한다. 나이가 들어 가면서 어떤 상황에서는 적절하다고 간주되지만 다른 상황에서는 그렇지 않은 행동(예: 구직 면접 시의 격식 없는 행동)이나 의사소통을 위해 언어를 다른 방식으로 사용하는 것(예: 반어법, 선의의 거짓말)을 이해하는 데에도 어려움을 겪을 수 있다. 혼자 하는 활동이나 자신보다 연령이 어리거나 더 많은 사람과의 교류를 선호할 수 있다. 우정에 수반되는 완전한 또는 현실적인 생각이 없음에도(예: 일방적 우정 또는 오로지 특별한 관심사만 공유하는 우정) 우정을 쌓고자 하는 욕구를 나타낸다. 형제나 동료, 보호자와의 관계 또한 (상호성의 측면에서) 중요하게 고려해야 한다.

(2) 제한적이고 반복적인 행동이나 흥미, 활동

자폐성장애 아동의 제한적(restricted)이고 반복적인(repetitive) 행동이나 흥미, 활동은 아동의 연령과 능력, 중재, 현재 지원 정도에 따라 다양한 범위로 나타난다.

① 상동적이거나 반복적인 행동

상동(stereotypies) 행동은 분명한 기능을 가지지 않는, 반복적 운동 또는 몸짓 행동으로 정의된다. 단순 운동 상동증(예: 손 퍼덕거리기, 손가락 끝으로 튀기기), 물체의 반복적 사용(예: 동전 돌리기, 장난감 줄 세우기), 그리고 반복적인 언어(예: 반향어, 들었던 단어를 즉각 또는 나중에 따라 하기, 자신을 '너'라고 지칭하기, 단어나 문구 또는 운율의 상동적 사용) 등이 포함된다.

② 일상에 대한 과다한 고수와 제한적인 행동 양식

변화에 대한 저항[예: 좋아하는 음식의 포장과 같은 사소한 변화에 대한 고통, 규칙 고수(adherence)를 고집함, 경직된 사고]이나 의례적인(ritualized) 방식의 구어적 · 비구어적 행동(예: 반복적인 질문, 주변을 서성임)으로 나타날 수 있다.

③ 고도의 제한적이고 고정된 흥미

그 강도나 집중이 비정상적으로 나타나는 경향이 있다(예: 냄비에 강한 애착을 보이는 유아, 진공청소기에 몰입한 아동, 일정표 작성에 많은 시간을 보내는 성인).

④ 이상 감각

자폐아동들이 특정 사물에 강한 집착을 보이거나 통상적 일과만을 고집하는 것 등은 감각적 입력에 대한 과다반응성 또는 과소반응성과 연관이 있으며, 특정 소리나 질감에 대한 과도한 반응, 과도하게 물건의 냄새를 맡거나 만지기, 빛이나 회전하는 물체에 대한 매료, 때로는 고통, 뜨거움 또는 차가움에 대한 명백한 무관심으로 나타난다. 자폐성장애에 있어서 미각, 후각, 촉각 또는 음식 모양에 대한 과도한 반응이나 의례적인 행동 또는 과도한 편식은 일반적인 특징이라고 말할 수 있다.

2) 주요 발달 영역별 특성

(1) 의사소통 특성

의사소통을 위해서는 영아기의 시선 응시에서부터 나아가 사람, 행동, 사물, 사건들 사이의 관련성을 이해하는 능력이 요구되지만, 자폐아동들은 세상에 대하여 제한된 이해만을 가지고 있기 때문에 많은 어려움이 있다. 이들의 의사소통 능력은 구어발달이 전무할 수도 있고 매우 높은 수준의 현학적 언어를 구사하는 경우에 이르기까지 개인차가 크게 나타난다.

자폐아동 중 1/3 이상이 구어발달에 결함을 보이며, 약 50%는 기능적인 말을 발달시키지 못한다. 기능적 의사소통에 어려움을 보이며, 즉각반향어나 지연반향어 같은 제한된 언어적 체계를 사용하여 사회적 관계를 유지하기도 한다. 대다수의 자폐아동들은 언어의 내용과 형식에 있어서도 또래들보다 지체되어 있으며, 특히 자발적인 대화 시도가 거의 없다. 이들은 영아기에 옹알이를 하지 않거나 엄마의 말을 모방하지 않으며, '나'와 '너'를 구별하지 못하는 대명사 반전 현상을 보인다. 언어 구조와 언어 사용 사이의 불균형 현상은 비교적 풍부한 어휘와 구문을 구사하는 자폐아동에서도 찾아볼 수 있다.

자폐아동들은 강세, 높낮이, 억양, 리듬 등과 같은 운율적인 측면에서도 일반아동들과는 많은 차이를 나타낸다. 상대방이 사용하는 몸동작, 억양, 얼굴 표정과 같은 비언어적 의사소통뿐만 아니라, 대화 과정에서 사용되는 농담이나 비유를 이해하지 못한다. 또한 대화할 때 상대방의 관점이나 생각을 이해하지 못하고 자신만의 관점에서 대화하기 때문에 일방적인 대화가 이루어진다. 엉뚱한 것을 자세하게 말하거나 특정 주제를 반복하거나 부적절하게 새로운 주제로 옮겨 가기도 한다. 나아가 의사소통 단절로 인해 사회적 관습이나 문제 발생에 대한 인식 부족, 부적절한 교정전략 적용, 언어정보 추가의 어려움 등을 경험하게 되고, 이는 점차 교정하기가 더욱 어렵게 된다.

(2) 인지적 특성

자폐성장애 아동의 지능은 심한 지적장애에서 평균 수준, 나아가 매우 높은 수준에 이르기까지 다양한 범위 내에 분포한다. 그러나 약 70~80%가 지적장애 수준의 지능을 가지고 있으며, 약 20%는 평균 또는 그 이상의 지적 기능을 가진 것으로 보고되는데, 흔히 이들을 고기능 자폐(High Functioning Autism: HFA)아동이라고 부른다. 이들은 또래관계의 질, 사회적 인지와 정서적 이해 등에 있어서 일반아동에 비하면 결함 수준을 나타내지만 지능이 낮은 자폐아동에 비하면 더 많은 사회적 참여, 또래관계 형성, 사회적·물리적 환경에 대한 높은 이해를 나타낸다. 보상가설(compensation hypothesis)에 의하면 고기능 자폐아동들은 자신의 낮은 사회정서적 기능을 보상하기 위해 비교적 높은 인지적 능력을 이용하는 것으로 가정한다(Bauminger-Zviely, 2013). 일반적으로 지능이 낮을수록 여러 발달 영역에서 손상이 심하고 행동적 문제를 더 많이 나타내며 예후 또한 좋지 않은 것으로 알려져 있다.

한편, 소수의 자폐아동들은 암기, 암산, 수학, 달력계산, 음악, 미술 등 특정 영역에서 뛰어난 지적 능력이나 재능, 기술을 보이기도 하는데, 이것을 '자폐적 우수성(autistic savant)' '석학적 능력(savant ability)' 또는 '우수성 증후군, 서번트 증후군(savant syndrome)'이라고 한다. 이러한 특별한 능력은 지능과 관련성이 높지만 절대적인 것이 아니며 지적장애 아동들에게서도 볼 수 있다. 국립특수교육원(2104)에 의하면 자폐성장애 학생 중 또래에 비해 뛰어난 영역을 소유한 비율은 48.2%이며, 영역은 암기 19.9%, 음악 16.4%, 미술 11.9%, 체육 8.6%, 암산 5.8% 순으로 나타났다.

자폐아동은 일반아동에 비해 학습자극에 대한 선택적 주의집중이 어렵고 주의집중 시간이 짧으며 주의집중 이동이 어렵기 때문에 한번에 여러 자극을 자발적으로 전환하는 데 어려움이 있다. 또한 원하는 자극 이외의 자극이 과잉 투입될 때, 필요한 자극을 선택적으로 사용하지 못하는 특성을 보이며, 청각적 정보보다는 시각적 정보를 더 선호하는 경향이 있다.

자폐아동은 기억 과정의 결함으로 인하여 투입 정보의 기억이나 식별에 어려움을 보일 수 있다. 개념형성 학습이 어려워 여러 개념을 복합적으로 이용해야 하는 학습에 장애를 초래하며, 한번 학습한 대로 또는 기억한 대로 행동하거나, 융통성 없는 행동, 일반적이지 않은 행동 등으로 인해 어려움을 겪기도 한다. 서술기억에서는 손상이 많으나 절차기억은 비교적 손상이 적으며, 뛰어난 기계적 기억력을 보이기도 한다. 또한 인지적 기능을 필요로 하는 문제해결 능력이나 문제를 해결하기 위해 전략적인 지식을 적용하는 상위인지에 어려움을 보인다.

(3) 행동적 특성

자폐아동들은 매우 제한된 범위의 특정 영역에만 지나치게 높은 관심을 보이며, 일과에서 동일성을 고집하고, 상동적이고 반복적인 운동기능상의 습관을 보이며, 사물의 전체보다는 특정 부분에 대해 집착하는 등의 행동적 특성을 보인다. 이러한 특성 때문에 일상생활에서 변화나 전환이 매우 어려우며, 자해행동, 공격행동, 성질 부리기, 기물 파손 등의 문제행동을 보이기도 한다. 특히 자신의 머리를 박거나 깨물고 할 퀴는 등의 자해행동이 심하면 영구적인 신체 손상을 입게 되거나 목숨을 잃는 경우가 생기기도 한다. 공격행동은 주변 사람들에게 신체적인 해를 가하거나 덤벼들거나 위협하는 등의 행동을 하는 것을 말한다. 이러한 문제행동은 주어진 과제나 상황에 대한 불만, 욕구 실현을 위한 수단, 사회적 관심 끌기, 의사소통적 기능, 감각적 자극 줄이거나 늘리기 등 다양한 기능을 가질 수 있다. 즉, 이러한 행동들은 자극에 대한 생물학적 요구나 내적 각성 상태의 증가, 스트레스 감소, 환경 조절 등의 기능을 한다.

(4) 감각·운동적 특성

자폐아동은 감각 정보의 등록이나 조절기능의 장애 때문에 사람이나 사물을 포함한 주위 환경과의 상호작용에 문제를 보인다. 약 50% 이상이 청각, 시각, 촉각, 미각 등의 감각에 있어서 비정상적인 반응과 감각 추구 그리고 운동상의 문제를 표출한다. 감각적 자극에 대해 과잉반응하는 경우가 많지만 과소반응을 보이는 경우도 있다. 즉, 음악이 들리면 귀를 막거나 가벼운 접촉이나 약한 냄새에도 마치 고통을 받는 듯이 반응하는 과잉감수성을 보이기도 하지만 때로는 화재경보기 소리처럼 큰 소음에도 반응하지 않는 과소감수성을 보인다. 이로 인하여 주위 환경에 쉽게 적응하지 못하고 불안이나 거부 등의 부적절한 행동을 나타낼 수 있다.

자폐아동들의 대·소근육 운동발달 미숙이나 충동성, 과잉행동 등은 감각기능체계의 이상과도 관련된다. 예를 들면, 이상한 자세를 취하거나 얼굴, 머리, 관절 등에서의 비정상적 움직임, 비정상적 안구운동, 반복되는 몸짓이나 매너리즘, 이상한 걸음걸이 등을 보인다. 이러한 운동발달상의 지체로 인해 새로운 상황이나 환경에 대한 적응이 늦고 언어발달 지연이나 학업성취의 어려움 등을 경험할 수 있다.

(5) 신체적 특성

자폐성장애 아동에게서 흔히 볼 수 있는 신체적인 문제는 뇌전증(간질)이다. 일반아동의 뇌전증 출현율이 0.4~1%인 반면, 자폐아동의 경우는 42% 이상으로 보고되기도 한다. 자폐아동들은 다양한 유형의 뇌전증과 뇌전도(EEG)에서 비정상성을 보일 수 있으며, 이는 자폐의 기질적 특성의 근거가 되기도 한다. 그럼에도 불구하고 관련성이나 병리생리학적 기전을 밝히기 위해서는 더 많은 연구가 요구된다.

또한 취약 X 증후군(Fragile X Syndrome)이나 결절성 경화증(Tuberous Sclerosis)

과는 관련성이 높은 것으로 알려져 있고 다운증후군이나 엔젤만 증후군(Angelman syndrome), 페닐케톤뇨증(PKU)에서 발견되는 비율도 늘어나고 있다. 나아가 의료적으로 불균형한 영양과 섭식, 소화, 수면, 사고나 손상, 안전 등도 간과할 수 없는 문제로 보인다.

3) 학습 관련 특성

양문봉과 신석호(2016)는 일반적으로 자폐성장애 아동을 위한 교육 방법과 전략을 수립할 때 세 가지 측면에서 아동 개인의 인지적 특성을 고려해야 한다고 주장한다. 첫째, 인지적 수준의 지체를 고려해서 현 수준에 맞게 프로그램을 수립해야 한다. 둘째, 기술 영역별 수준의 불균형성을 고려해서 가장 수준이 낮거나 시급한 기술 영역부터 접근함으로써 균형적 발달을 도모해야 한다. 셋째, 개인의 인지적 독특성을 확인해서 이를 학습적 강점으로 활용할 수 있어야 한다. 또한 이들은 개별화교육 계획 시 고려해야 하는 학습 특성을 다음과 같이 제시하고 있다.

(1) 선택적 학습도와 역량

자폐아동들은 일반아동들에 비해 학습 내용에 대한 개인의 선호도에 따라 학습도의 편차가 매우 크게 나타나며 선호하는 사물이나 과제에 대해서는 매우 빠른 속도로 학습할 수 있다. 다만 개인의 선호는 일반적인 기대와 다를 수 있으며 한번 습득한 정보나 지식의 수정은 쉽지 않다. 따라서 교육계획에 앞서 선호도 평가가 선행되어야 하고 학습 내용적 측면에서도 체계적인 접근이 필요하다.

(2) 언어와 개념에 대한 이해력

자폐아동 학습의 가장 큰 방해 요소는 언어 이해력의 지체다. 추상적 내용이나 상징적 내용과 같이 머릿속에서 영상을 떠올리기 힘든 개념을 이해하는 데 어려움을 겪는다. 따라서 언어적 지시나 상황에 대한 설명 시, 그림 카드와 같은 시각적 단서를 적극 활용해야 한다.

(3) 충동성

자폐아동의 충동성(compulsiveness)은 일반적으로 강박적 · 집착적인 특성과 연관된다. 이는 아동의 특정 생활양식을 패턴화하거나 의식화(ritualization)하는 경향이 있는데, 이러한 패턴이 깨지면 좌절감 혹은 발작(tantrum)으로 이어지기도 한다. 이러한 특성은 새로운 환경과 패턴에 적응하는 데 어려움으로 작용하기도 하지만 필요한 일과 행동들을 패턴화시키면 어려움 없이 매일 수행할 수 있다.

(4) 충동적 표현의 자제력

충동적 특성을 가진 자폐아동들은 적절하지 않은 상황과 시점에서 주제와 관련 없는 이야기를 불쑥 꺼내는 성향이 있다. 이러한 자제력 부족은 학습 시 하나의 과제에 지속적으로 집중하는 데 어려움을 주며 수업 진행에 지장을 초래한다.

(5) 산만성

자폐아동들은 주변의 사소한 소리나 시각적 자극에 의해 쉽게 산만해지는 경향으로 인해 과제를 완성하지 못하거나 장시간 집중하는 데 어려움이 있다. 따라서 학습 능력과 집중력을 늘리기 위해서는 소음 수준을 줄이거나 집착하는 시각적 자극을 제거하는 등의 환경적인 구조 변경이 필요하다.

(6) 터널비전식 집중력

산만성을 가지고 있는 자폐아동들은 무관한 자극이나 사소한 일에도 특별한 관심을 보이거나 집착하기 때문에 다른 사람이나 사물, 환경에는 관심을 차단하는 터널비전(tunnel vision)식 집중력을 보이기도 한다. 이러한 양상은 산만성에만 기인한 것이 아니라 너무 많은 감각적 자극을 차단하기 위한 생존적 반응으로 이해되기도 한다.

(7) 혼란성

자폐아동의 산만성과 터널비전식 집중력은 주변 환경에 대한 정보나 지식 습득을 저해하고 이로 인해 생활 속에서 일어나는 사건과 상황을 정확하게 이해하기 어렵게 만든다. 이러한 혼란성(confusion)으로 인해 초조하거나 불안한 심리상황에 처하게 되면 아동은 이를 보상하거나 중립화시키기 위해 상동 행동이나 자기자극 행동을 표출하기도 한다.

(8) 시간 개념의 이해력

자폐아동들은 가시적·공간적 개념 이해에 비해 비가시적·추상적인 시간 개념에 대한 이해는 약하다. 사건의 발생 순서에 대한 이해 부족은 원인과 결과 개념에 대한 이해의 어려움으로 이어질 수 있다. 결국 시간 관리의 어려움은 어떤 활동이나 사건에 대해 미리 준비하거나 결과 예측을 어렵게 한다. 따라서 시계와 시간표 같은 매개체를 이용할 필요가 있다.

(9) 순서 개념

시간 개념에 대한 이해력의 지체는 자폐아동으로 하여금 순서 개념의 이해에 어려움을 초래할 수 있다.

(10) 우선순위 설정

자폐아동들이 생각하는 우선순위의 기준은 일이나 사물의 긴급성이나 중요성보다는 자신의 선호도와 관심도이기 때문에 쓸모없는 물건이나 중요하지 않은 일에 집착을 보인다. 이러한 우선순위 설정 능력의 부재는 학습과 관리 능력의 부재로 이어지고 학교나 사회생활에 지장을 초래한다.

(11) 일상적 패턴과 의식

관리능력이 지체된 자폐아동들은 대처하는 과제나 활동에 대해 혼란감을 느끼게 되고 특정한 패턴이나 정형화된 일과를 설정하여 안착함으로써 이를 보상하려고 한다. 그러나 점차 정해진 패턴에 집착하는 성향을 보이게 되며 이는 다양한 사건과 상황에 대한 대처능력을 약화시킨다.

(12) 시각적 사고와 상상

자폐아동들은 특이하게도 이미지를 머릿속에 그리면서 생각하는 시각적 사고(visual thinking) 체계를 가지고 있다. 어떤 말이나 글을 읽었을 때 그 말이나 글이 직접 뇌에 수용되는 것이 아니라 각각에 해당하는 그림이나 영상으로 번역된 후에 비로소 차례대로 수용되는 것이다. 이러한 시각적 사고 방법은 구체적 영상을 가지고 있지 않은 추상적 개념을 이해하거나 상상하는 데 큰 어려움을 야기하기 때문에 가능한 개념과 깊은 관련이 있는 구체적 사물의 영상을 연결시켜 이해를 돕도록 해야 한다.

3. 자폐성장애의 원인, 출현율 및 발달 경과와 기능적 결과

1) 원인

1943년 자폐성장애가 처음 보고된 이후부터 1960년대 후반까지는 자폐증의 원인으로 심리학적 요인이 지배적이었다. 당시에는 아동이 태어난 후 사랑받고 수용되지 못하는 환경에서 양육됨에 따라 심한 심리적 스트레스를 받고 주의를 자신의 내부로 돌림으로써, 외부세계로부터 고립되고 반응을 보이지 않게 된 것이라고 가정하였다. 그러나 이후 많은 경험적 연구들을 통해 심리사회적 원인에 근거한 설명은 타당하지 않은 것으로 입증되었다. 최근에는 뇌기능의 생물학적 이상과 신경학적 장애로 인해 발생한다는 주장이 일반화되고 있다(Turnbull, Turnbull, & Wehmeyer, 2007). 그러나 지금까지 많은 임상적 연구에도 불구하고 원인이 명확하게 밝혀지지 않고 있다. 따라서 이 절에서는 생물학적 측면과 인지적 측면을 중심으로 자폐성장애의 원인을 살펴보고자 한다(권요한 외, 2015; 서경희, 2006; 이승희, 2015; 조수철 외, 2011; Bowler, 2007; Heflin & Alaimo, 2007).

(1) 생물학적 원인론

자폐성장애의 원인을 유전, 임신과 출산, 대뇌의 구조적 · 생화학적 · 기능적 이상 등으로 구분하여 살펴보면 다음과 같다.

① 유전

자폐성장애가 유전적 근거를 가진다는 것은 이들 뇌의 구조적 · 화학적 차이나 행동 및 학습상의 특징뿐만 아니라, 여러 연구의 경험적 결과를 통해서도 입증되고 있다. 쌍생아 연구에서 측정한 유전율이 90% 이상으로 보고되며 유전적 돌연변이가 의심되는 경우도 15% 정도로 추정되고 있다. 따라서 자폐성장애를 유전적으로 이질적이고 복합유전적인 '신경발달장애'라고 표현하기도 한다. 즉, 자폐성장애는 단순한 우성/열성, 성 유전 양식이 없으므로 이질적이며, 열 가지 이상 유전자의 상호작용에 기인한다고 볼 수 있기 때문에 복합유전적이다.

② 임신과 출산

임신과 출산 시의 환경적 영향으로 인하여 자폐성장애가 발생한다는 것이다. 자폐아동에게서 임산부의 고령 출산, 태아의 미성숙, 임신 중 출혈, 임산부의 불안, 스트레스, 약물복용, 임신중독증, 바이러스 감염 혹은 노출, 산전 · 산후 합병증, 분만촉진제에 의한 출산 등의 위험 요인이 많이 확인되고 있다. 또한 2000년대 초, 홍역이나 유행성이하선염, 풍진 백신 접종이 자폐성장애의 위험을 증가시킬 수 있다는 주장이 제기되었지만 이후 후속연구들에서는 관련이 거의 없는 것으로 보고되고 있다.

③ 뇌의 구조적 차이

뇌 크기의 차이나 전두엽, 측두엽, 소뇌, 변연계 편도핵, 대뇌 손상 등과 같은 뇌의 구조적 차이로 인하여 자폐성장애가 발생한다는 것이다. 관련 연구에 의하면 자폐아동들은 생후 6~14개월 사이에 급속한 머리 성장을 보이며, 2~4세경에는 정상보다 5~10% 정도까지 차이를 보인다고 한다. 이러한 갑작스러운 성장은 대뇌 반구 간의 연계성을 방해할 수 있고, 이로 인해 환경과 상호작용하는 데 어려움이 초래된다. 또한 뇌간, 변연계, 대뇌 피질, 소뇌 등에서의 구조적 차이를 지적하는 연구들도 있다. 전두엽의 손상은 자폐아동들의 언어적 문제나 언어를 전혀 사용하지 못하는 이유를 설명해 준다. 또한 저기능 자폐아동은 해마와 편도핵이 있는 중앙 측두엽에 문제가 있어 시각재인기억과 같은 기본적 기억기능에서 결함을 보인다고 한다.

④ 뇌의 화학적 차이

신경전달물질의 이상과 같은 생화학적 원인으로 인하여 자폐성장애가 발생한다는 것이다. 신경전달물질은 뇌에서 신호와 메시지를 전달하는 화학 매개체이며 기분, 정서, 사고과정에 영향을 미친다. 자폐아동의 1/3 이상이 전체 혈중 세로토닌(serotonin)의 수준이 높게 보고되고 있는데, 세로토닌의 불균형은 주의력 산만, 부주의, 과격한 행동, 공포심, 우울증, 만성적 고통 등을 일으키게 된다. 또한 도파민(dopamine) 수준이 높으면 과잉행동을 유발하기도 하는데, 전반적으로 자폐아동의 도파민 수준은 높게 나타난다. 일부 자폐인들의 경우 고통을 잊게 해 주는 내생물질의 수준이 높게 나타나고 있으며, 이로 인해 사회적 자극에 대한 반응이 감소하고 사회적 위축이 나타날 수 있다.

표 1-4 **자폐성장애와 신경전달물질**

신경전달물질	기능 및 자폐성장애와의 관련성
세로토닌	수면, 기분, 체온 조절 다른 약물에 의해 영향을 받음
도파민	운동기능 통제 사용되는 일련의 약물들(신경이완제)이 도파민 기능을 차단할 수 있음
노르에피네프린	흥분상태, 스트레스 반응, 기억, 불안 등에 관여함 다른 약물에 의해 영향을 받음

출처: Volkmar & Wiesner(2009), p. 32.

⑤ 뇌의 기능적 차이

자기공명영상(MRI)이나 기능적 자기공명영상(fMRI) 등 신경학적 기능 분석기술의 발달에 힘입어 관련 연구들이 활발하게 이루어지고 있으며, 그 결과 자폐인의 50%가 비정상적인 뇌기능을 보인다고 보고된다. 예를 들면, 안면 표정을 인식하고 처리하고 정서를 판별하는 과정에서 자폐인들은 비장애인들과 다른 뇌의 영역을 사용하며, 과제 수행 시 뇌 기능의 통합된 양식이 적게 나타나는 등 기능수행에서 차이를 보인다고 한다. 또한 자폐아동들은 사회적 인지와 관련된 과제 수행 시 일반아동들에 비해 사회적 및 정서적 기능과 연관된 편도체가 저활성화되는 것으로 관찰된다. 따라서 일반인들을 정상적으로 기능을 수행하는 뇌를 가진 사람, 즉 신경학적 전형인(neurotypical)이라고 한다면 자폐성장애인들은 신경학적 비전형인(neuroatypical)이라고 부를 수 있을 것이다.

(2) 인지적 원인론

행동적 특징이나 유전요인을 비롯한 생물학적 특징을 중심으로 자폐성장애의 원인을 규명하려고 노력해 오고 있다. 그러나 이러한 행동적 특징에 근거한 원인 설명과 생물학적 방식의 원인 설명 간에는 많은 괴리가 있으므로 이 둘 사이의 가교 역할을 할 수 있는 인지적 접근이 1990년대부터 많은 관심을 받았다. 인지적 원인론에는 마음이론, 실행기능 결함이론, 중앙응집이론 등이 있다. 최근에는 이러한 인지적 결함을 자폐성장애의 일차적 증상이 아니라 이차적 증상이라고 보는데, 그 이유는 이 결함들이 자폐성장애를 가진 모든 사람에게 나타나는 것도 아니며 또한 이 결함들이 자폐성장애에서만 나타나는 것도 아니기 때문이다.

① 마음이론

다른 사람의 심리상태를 이해한다는 것은 매우 어려운 일이다. 그러나 마음이론(Theory of Mind: ToM)에 의하면 그 사람의 행동을 관찰하면 심리상태를 유추할 수 있고, 이를 통해 그 사람의 행동을 예측하거나 설명할 수 있다고 한다. 일반적으로 3~4세 아동들도 다른 사람들의 마음을 어느 정도 이해할 수 있고, 6세경이면 다른 사람이 또 다른 사람의 생각에 대해 어떻게 생각하는지를 어느 정도 이해할 수 있게 된다. 이러한 마음이론의 관점에서 볼 때 자폐성장애의 사회성과 의사소통의 결함은 타인의 생각을 지각하고 이해하지 못하는 인지적 결함, 즉 마음맹(mindblindness)에서 비롯된 것이다.

② 실행기능 결함이론

실행기능(executive function)은 계획 수립, 충동 조절, 융통성 있는 행동 그리고 체계적인 환경 탐색 등을 가능하게 하는 뇌의 전두엽 기능 중의 하나다. 자폐인들이 융통성 없고 사소한 변화에도 민감하게 반응하고, 실수나 경험을 통한 학습에 어려움이 있으며 부분보다 전체를 생각하고 행동하는 데 어려움을 보이는 것은 실행기능장애(Executive Dysfunction: ED)와 관련된다. 따라서 자폐인들은 행동과 사고에서의 유연성 결함으로 인해 행동이 유연하지 못하고 환경 내의 작은 변화에도 많은 어려움을 겪거나 비정상적인 양상을 보이게 된다.

③ 중앙응집이론

중앙응집이론에서는 자폐성장애를 직접적인 손상에 의한 것이라고 보기보다는 인지양식에 의한 것이라고 주장한다. 환경에 의미를 부여하고, 환경을 의미 있게 받아들이기 위해서는 방대하고 복잡한 정보를 처리해야 하지만 자폐인들은 이에 어려움을 가지기 때문에 세상을 현실적으로 지각하지 못한다는 것이다. 전체를 보기보다는 부분에 집착하고, 즉 나무를 보고 숲을 보지 못하는 것과 같이 정보 투입 및 처리 방식이 상향식(bottom-up) 접근방식을 취한다. 이 이론에서는 자폐의 근본 원인이 인지적 정보처리 과정에서 부분과 전체의 관계를 연계하지 못하고 전체보다는 특정 부분에 초점을 맞추는 빈약한 중앙응집(Weak Central Coherence: WCC)이라는 인지적 결함에 기인한다고 주장한다.

2) 출현율

자폐성장애는 미국뿐만 아니라 우리나라에서도 가장 빠르게 증가하고 있는 발달장애다. 현재 많은 전문가들과 부모들은 자폐성장애의 발생률이 과거에 비하여 상당히 높은 비율로 증가하고 있다고 주장하지만 실제로 정확하게 조사된 바가 없기 때문에 발생률이 어느 정도인지를 말하기는 매우 어려운 실정이다(권요한 외, 2015; 이승희, 2015; 조수철 외, 2011; APA, 2013; Hallahan & Kauffman, 2006; Hill, Zuckerman, & Fombonne, 2014; Turnbull, Turnbull, & Wehmeyer, 2007).

(1) 현황

APA(2013)에 의하면 최근 미국 등 여러 나라의 자폐성장애 빈도는 인구의 1%에 근접하는 것으로 보고되고 있다. 그러나 이렇게 높게 나타나는 이유가 DSM-IV 진단기준의 확장으로 인한 것인지 자폐성장애에 대한 높아진 인식이나 관련 연구들의 방법론적 차이 또는 실제로 자폐성장애가 증가한 것인지는 분명하지 않다. 성비는 남자가 여자보다 4배 정도 더 많이 진단된다. 임상 사례에 의하면 여성은 지적장애 수반 가능성이 높은 경향이 있고 이는 지적 손상이나 언어 지연이 수반되지 않는 여성의 경우 사회성이나 의사소통에서의 어려움이 미미하게 나타나기 때문에 자폐성장애로 진단되지 않을 수 있다는 점을 시사한다.

미국의 경우, 1966년부터 1991년 사이에 발표된 자폐성장애 출현율 연구에서는 1만 명당 4.4명인 데 비해 1992년부터 2001년 사이의 연구에서는 12.7명으로 보고되었다. 최근 Hill, Zuckerman과 Fombonne(2014)은 여러 국가에서 각기 다른 정의와 절차를 통해 수행된 출현율 조사연구들을 종합해 볼 때 인구 1만 명당 66명, 아동 152명당 1명 정도로 추정하는 것이 타당한 출현율이라고 보고한 바 있다. 이와 같이 자폐아동의 출현율이 크게 증가하는 이유는 이전에 발표된 출현율이 상대적으로 낮았을 수도 있지만 장애에 대한 인식 확대, 개념과 정의의 변화, 폭넓은 선별 및 평가 절차, 서비스 확대, 자폐스펙트럼장애 아동의 실제 증가 때문인 것으로 여겨진다.

우리나라에서 자폐성장애의 출현율을 체계적으로 조사한 연구는 매우 제한적이다. 이효신(1997)은 1995년 경상북도 K시의 만 3세와 4세의 전체 유아를 대상으로 3차에 걸쳐 DSM-IV 진단기준과 자폐아동 행동 검목표(Autism Behavior Checklist: ABC), 아동기 자폐증 평정척도(Childhood Autism Rating Scale: CARS)를 이용하여 자폐성장애 선별 검사를 실시한 결과, 전체 유아 13,522명 중 자폐성장애의 범주에 포함되는 유아는 12명으로 1만 명당 출현율은 8.9명이며, 비전형 자폐성장애를 제외하면 9명, 즉 출현율은 6.7명인 것으로 보고한 바 있다.

보다 최근에 Kim 등(2011)은 우리나라 고양시 일산구의 7~12세 아동 55,266명을 대상으로 자폐성장애 선별 설문지(Autism Spectrum Screening Questionnaire)를 사용해서 선별한 결과, 출현율이 2.6%로 높게 나타났고 이들 중 2/3 이상이 진단되지 않고 처치를 받지 않고 있는 것으로 보고한 바 있다. 이는 1만 명당 264명에 해당하는 것으로 세계적으로 2000년 이후 여러 국가에서 이루어진 출현율 조사에서 가장 높은 수치다.

한편 2017년 12월말 기준, 우리나라의 등록 자폐성장애인은 총 24,698명이며, 이는 전체 장애인 2,545,637명의 1.0%에 해당한다. 성별로는 남성 20,972명(84.9%), 여성 3,726명(15.1%)으로, 남녀 성비는 5.63:1 정도다. 연령별로는 9세 미만 5,509명(22.3%), 10~19세 9,572명(38.8%), 20세 이상 9,617명(38.9%)으로, 20세 미만의 아동과 청소년이 대부분을 차지하고 있다(한국장애인고용공단 고용개발원, 2018).

(2) 출현율 증가의 이유

출현율의 증가에 대한 우려의 목소리도 나오고 있다. 예를 들면, DSM-III와 DSM-IV의 수정 작업에 참여한 Allen Frances는 자폐성장애가 20년만에 20배로 유행처럼 급증한 것은 진단 관행이 급변했기 때문이지 아동들이 갑자기 더 자폐적으로 변한 것이 아니라고 한다. 자폐증 유행의 원인은 관련인들의 인식 변화나 아스퍼거장애 진단의 도입뿐만 아니라 상당수는 치료나 관련 서비스를 받으려는 부모들의 의도가 반영된 것으로 볼 수 있다. 잘못된 진단은 개인에게 불필요한 낙인으로 인한 부정적 영향을 미칠 수 있고, 사회적으로도 소중한 자원을 잘못 할당하는 대가를 요구한다. 정신장애 진단은 교육용이 아니라 임상용으로 개발된 것이므로 학교에서 결정을 내릴 때 정신장애 진단에 지나치게 의존하지 않아야 한다(이승희, 2015, pp. 61-62에서 재인용).

(3) 자폐성장애를 지닌 특수교육대상 학생의 현황

2018년 기준 자폐성장애로 인해 특수교육 서비스를 받고 있는 학생은 총 12,156명이다. 〈표 1-5〉에 제시한 바와 같이 자폐성장애 학생 수는 매년 크게 증가하고 있으며, 특수교육대상 총인원 대비에서도 증가하고 있는 추세다. 이들의 교육적 배치를 살펴보면 특수학교에서 5,065명(41.7%), 특수학급 6,283명(51.7%), 일반학급 803명(6.6%), 특수교육지원센터 5명(0.04%)이 특수교육을 받고 있으며, 장애 특성으로 인해 통합교육이 어려운 아동들이 많아서 특수학교 배치 비율(41.7%)이 특수교육대상 장애 영역 중 시각장애(63.6%) 다음으로 높게 나타나고 있다.

성비를 살펴보면 남학생 10,123명(83.3%), 여학생 2,033명(16.7%)으로, 남여 비율이 대략 4.98:1 정도인 것을 알 수 있다. 이는 남녀 비율을 4:1 정도로 보고하고 있는 다른 나라의 연구 결과들(Bowler, 2007; Heflin & Alaimo, 2007; Turnbull, Turnbull, & Wehmeyer, 2007)에 비해 남학생의 비율이 다소 높다고 말할 수 있다. 출현율 성비와

표 1-5 연도별 자폐성장애 학생의 배치 현황

배치	2016년			2017년			2018년		
	남	여	계	남	여	계	남	여	계
특수학교	3,829	810	4,639	3,911	836	4,747	4,143	922	5,065
특수학급	4,808	835	5,643	5,004	921	5,925	5,278	1,005	6,283
일반학급	589	112	701	646	103	749	701	102	803
특수교육지원센터	2	–	2	1	–	1	1	4	5
계	9,228	1,757	10,985	9,562	1,860	11,422	10,123	2,033	12,156
특수교육 대상 학생 총 인원	87,950			89,353			90,780		
총 인원 대비 비율(%)	12.5%			12.8%			13.4%		

출처: 교육부(2016, 2017, 2018).

관련하여 지능이 정상범위일 때 여아에 대한 남아의 비율이 가장 높고, 지능이 최중도 지적장애의 범위일 경우 여아에 대한 남아의 비율이 가장 낮다고 한다(이승희, 2015). 학교급별 학생 수는 〈표 1-6〉에 제시된 바와 같이 초 〉 고 〉 중 〉 전공과 〉 유치원 순으로 나타나고 있다.

표 1-6 **학교급별 자폐성장애 학생의 배치 현황**

구분	영아	유치원	초등학교	중학교	고등학교	전공과	특수교육 지원센터	계
2016년	1	466	4,724	2,417	2,745	630	2	10,985
2017년	1	508	5,154	2,305	2,820	633	1	11,422
2018년	–	507	5,975	2,295	2,675	699	5	12,156

출처: 교육부(2016, 2017, 2018).

3) 발달 경과와 기능적 결과(APA, 2013)

(1) 발달 경과

자폐성장애의 발병 연령이나 발병 양상에도 주목해야 한다. 증상은 전형적으로 생후 2년 이내(생후 12~24개월)에 인식되지만, 발달지연이 심각하다면 생후 12개월 이전에, 증상이 미미한 경우에는 24개월 이후에 인식될 수도 있다. 발병 양상에 대한 기술 내용에는 초기 발달지연에 대한 정보 또는 사회적 기술이나 언어적 기술의 상실 등이 포함될 수 있다. 만약 기술이 상실되어 온 경우에는 부모 혹은 보호자가 사회적 행동이나 언어적 기술이 점진적 또는 상대적으로 급격하게 악화되었는지에 대한 정보를 제공할 수 있다.

자폐성장애의 행동적 특성은 초기 아동기에 명확해지며, 일부는 생후 첫해에 사회적 상호작용에 대한 흥미 결핍을 나타낸다. 또 일부 아동은 발달 정체 또는 퇴행을 경험하는데 사회적 행동이나 언어적 사용의 점진적 또는 급격한 악화가 동반되며 이는 대개 생애 첫 2년 동안 나타난다. 이러한 상실은 다른 장애에서는 드물게 나타나므로 유용한 위험신호로 간주할 수 있다. 사회적 의사소통을 벗어나는 기술(예: 자기관리, 용변 가리기, 운동 기술)의 상실이 있거나 2세 이후에 발병한 경우에는 보다 집중적인 의학적 조사가 필요하다.

자폐성장애의 첫 번째 증상으로는 흔히 언어발달의 지연이 나타나며 종종 사회적 관심의 결핍이나 특이한 사회적 상호작용(예: 다른 사람들을 쳐다보려는 시도를 하지 않은 채 손으로 잡아당기는 것), 특이한 놀이 양상, 특이한 의사소통 방식(예: 글자를 알고 있지만 자기 이름에 반응하지 않음)이 동반된다. 농(deafness)을 의심해 볼 수 있으나 대부분 배제된다. 생후 2년 동안 이상하고 반복적인 행동과 전형적인 놀이 행동의 부재가 더욱 분명해진다. 전형적인 발달 경과를 보이는 많은 수의 일반아동도 선호도가 강하고 반복을 즐기기 때문에(예: 같은 음식 먹기, 같은 비디오 반복해서 보기), 학령기 이전 아동의 경우 자폐성장애 진단과 관련된 제한적이고 반복적인 행동 여부를 구별하기 어려울 수 있다. 임상적인 구분은 행동의 유형, 빈도와 강도를 기준으로 해야 한다(예: 매일 오랜 시간에 걸쳐 물건을 줄 세우고 하나라도 흐트러지면 고통스러워하는 아동).

자폐성장애는 퇴행성 장애가 아니며 살아가면서 계속 배우고 보완해야 하는 장애다. 증상은 대개 아동기 초기와 학령기 초기에 가장 분명하게 드러나며 아동기 후기에는 일부 영역에서 개선을 보인다(예: 사회적 상호작용에 대한 흥미 증가). 대부분은 행동이 개선되지만 소수는 퇴행하기도 한다. 소수의 자폐성장애 성인만이 독립적인 생활과 직업 활동이 가능하다. 이들은 우수한 언어적 능력과 지적 능력을 갖고 있는 경향이 있으며 그들의 특별한 흥미와 기술에 적합한 틈새 일자리를 찾을 수 있다. 일반적으로 손상 수준이 낮은 경우 독립적인 기능을 더 잘할 수 있다. 그러나 이들도 사회적으로 나약하고 취약할 수 있고 도움 없이는 실제적인 요구를 조직화하는 데 어려움을 겪으며 불안이나 우울을 경험하기 쉽다. 많은 성인들이 대중들 앞에서 자신의 어려움을 감추기 위해 보상 전략과 대응 기제를 사용하지만 사회적으로 수용될 수 있는 모습을 유지하기 위한 노력과 스트레스로 인해 고통을 받는다.

성인기에 처음 진단받는 일부는 아마 가족 중 자녀가 자폐성장애로 진단을 받았거나, 직장이나 가정에서의 관계 단절로 촉구된 경우다. 이런 사례에서는 구체적인 발달력에 대한 정보를 얻는 것이 힘들 수 있으므로, 자기보고를 통해 스스로 진술하는 어려움들을 고려하는 것이 중요하다. 현재 임상관찰을 통해 진단기준에 부합하고 아동기에 적절한 사회적 기술과 의사소통 기술이 있었다는 증거가 없다면 자폐성장애 진단을 내릴 수 있다. 예를 들어, 아동기 동안 정상적이고 지속적인 상호적 교우관계가 있었고 적절한 비언어적 의사소통 기술을 획득했다는 보고(부모나 다른 친척으로부터)가 있다면 자폐성장애 진단을 배제할 수 있다. 그러나 발달력에 대한 정보 그 자체가 없는 경우에는 배제할 수 없다.

발달시기에는 자폐성장애를 정의하는 사회적 손상과 의사소통적 손상, 제한적이고 반복적인 행동이 명확히 나타나지만 이후에는 현재의 지원과 더불어 중재・보상 전략을 통해 몇 가지 맥락에서는 이러한 어려움을 감출 수 있다. 그러나 현재의 사회적, 직업적, 또는 다른 중요한 기능상의 영역에 손상을 초래하는 증상은 여전히 남을 수 있다.

(2) 장애의 기능적 결과(APA, 2013)

자폐성장애를 가진 어린 아동들의 결여된 사회적 능력과 의사소통 능력은 학습, 특히 사회적 상호작용이나 또래들과 함께하는 환경을 통해 학습하는 것을 방해할 수 있다. 가정에서는 감각적 과민성뿐만 아니라 일과에 대한 고집과 변화에 대한 혐오가 식사나 수면을 방해할 수 있고 일상적인 관리(예: 미용실 머리 손질이나 치과 진료)를 매우 어렵게 만들 수 있다. 적응 기술은 일반적으로 측정된 지능에 비해 낮은 수준이며 계획하기, 조직화, 변화에 대한 대처능력의 어려움은 학업성취에 부정적인 영향을 미치며 이는 평균 이상의 지능을 가진 학생에게도 나타날 수 있다.

자폐인들은 성인기 동안에도 지속되는 새로움에 대한 완고함과 어려움으로 인해 독립하는 데 어려움을 겪을 수 있다. 지적장애가 없는 자폐성장애 성인조차도 독립적인 생활과 돈벌이가 되는 직장 생활과 같은 평가로 측정되는 성인의 심리사회적 기능이 좋지 못하다. 노년에서의 기능적 결과는 알려진 바가 없지만 사회적 고립과 의사소통의 문제(예: 도움 추구 행동의 감소)는 노년기의 건강에 영향을 끼칠 수 있다.

4. 자폐성장애 아동을 위한 교육 및 중재와 치료적 접근법

자폐성장애 아동은 사회적 관계와 의사소통, 인지, 감각 등의 영역에서 특별한 어려움이 있기 때문에 일상생활에서부터 학교에서의 학업적 수행, 사회적 활동, 나아가 독립적인 생활에 이르기까지 삶의 전반에 걸쳐 여러 가지 문제를 경험할 수 있다. 따라서 이러한 문제를 예방하고 최소화하기 위해서는 효과적인 교육과 중재, 치료가 제공되어야 한다. 그러나 자폐성장애 아동을 위한 치료적 접근이 시작된 1950년 이래로 수많은 중재방법들이 생겨나고 사라지고 있다. 자폐성장애 분야는 다른 영역에 비해 상대적으로 새로운 분야이기 때문에 잘못 알고 있거나 일시적으로 유행하는 방법이 많고, 개별 아동들의 스펙트럼이 매우 폭넓기 때문에 어떤 것이 효과적인 방법인지, 각 중재전략의 효과에 대한 평가는 전문가들 사이에서도 의견 차이가 빈번하다.

따라서 이 절에서는 각 아동의 연령과 특성에 맞는 최적의 교육 및 중재, 치료적 접근법을 선택할 수 있도록 먼저 증거기반실제의 의미와 기준을 살펴보고 현재까지 연구를 통해 실제 효과가 입증된 중재법들을 종합적 모델과 단일 중재법의 두 가지 유형으로 구분하여 간략히 고찰한다.

1) 증거기반실제

(1) 개념과 필요성

증거기반실제(Evidence-Based Practice: EBP)는 과학기반연구(scientifically based research), 경험적으로 지지된 중재(empirically supported treatment) 등의 이름으로도 불리고 있다. EBP란 많은 학문 분야에서 반복된 복제연구를 통해 효과적인 것으로 밝혀진 중재나 방법을 지칭한다. 즉, 중재의 결과로 유의미한 기술 개선이 일관성 있게 입증된 것을 의미한다(Boutot & Myles, 2012; Reichow & Barton, 2014).

Volkmar와 Wiesner(2009)는 미국의 유명 작가인 Mark Twain의 "세상에는 세 가지 유형의 이야기가 있다. 진실된 이야기, 거짓된 이야기 그리고 당신이 신문에서 읽은 이야기"라는 말을 통해 다양한 매체나 인터넷 등을 통해 정보를 습득할 때, 경계해야 함을 강조하고 있다. 우리는 TV나 라디오, 잡지나 신문을 통해 중재 관련 보고서들을 보거나 읽을 때 이 말을 유념해야 한다. 대부분의 언론인들이 강한 책임감을 가지고 있지만 뉴스나 매체 또한 이윤을 창출해야 하는 사업이기 때문에 자극적이고 화려한 소재에 우선적으로 관심을 가지게 된다. 그러므로 교사나 부모, 전문가들은 국내외 다양한 매체를 통해 소개되는 관련 정보들 속에서 합리적인 선택과 의사결정을 내릴 수 있어야 한다.

특히 미국의 경우, 「아동낙오방지법(No Child Left Behind Act: NCLB)」(2001)과 「장애인교육법(Individuals with Disabilities Education Improvement Act: IDEIA)」(2004)을 통해 학교에서 장애학생을 가르칠 때 증거기반실제를 사용하도록 법적으로 요구하고 있

다. 이에 따라 미국심리학회의 아동청소년 심리치료분과나 연구기관 및 각 주 단위로 자폐장애 치료와 관련된 권고안 등을 발표하고 있다. 최근에는 교수적 선택을 돕기 위한 연구, 예를 들어 자폐아동들이 어려움을 겪고 있는 쓰기 교수에서 활용할 수 있는 증거기반실제로 보조공학 기반교수, 자기관리, 시각적 지원, 또래중재전략을 제시한 Asaro-Saddler(2016)의 연구처럼 구체적이고 실증적인 개별 연구들도 활성화되고 있다. 그러므로 현장 교사들이나 전문가들은 타당한 자료들과 효과적인 방법들을 찾고 결정할 수 있는 능력을 갖추어야 하고 이를 위해서는 먼저 증거의 기반을 마련하는 과정에 대한 방법론적 근거와 의미를 알 필요가 있다.

(2) 기준

일반적으로 중재의 질을 분류하는 기준은 어떤 유형의 연구가 얼마나 많은 과학적 연구를 통해 중재방법의 타당성을 입증했느냐 하는 것이다. 이러한 입증은 연구 대상 선정, 측정방법, 절차의 신뢰도, 분석방법의 타당성 등 연구 설계의 내적 · 외적 타당도 등 관련 변인에 의해 결정된다. 과학적 연구는 증거의 유형에 따라 〈표 1-7〉과 같이 구분하기도 한다.

표 1-7 과학적 연구 유형의 특성

증거의 유형	강점과 제한점
사례보고(case report) 및 일화기록(anecdote)	이해가 쉽지만 결과가 실제적인 것이 아닐 수도 있고 한 아동에게만 적용 가능한 것일 수도 있다. 과학적 통제가 없다.
단일사례연구 (single case studies)	조직화가 용이하고 간헐적으로 아동을 관찰할 수도 있다. 처치와 관련된 행동 연구를 위해 종종 사용된다. 다른 아동을 대상으로 반복해 볼 필요가 있다.
무작위 비교연구 (Randomized Controlled Trial: RCT)	대상을 무선 할당했기 때문에 결과의 과학적 신뢰도가 매우 높으며 결과를 신뢰할 수 있다. 조직화와 자금 조달이 어렵다.
이중눈가림 위약비교연구 (double-blind, placebo-controlled study)	가장 엄격한 유형의 연구로, 아동을 평가하는 부모나 사람들도 아동의 처치 여부를 알지 못한다. 처치가 위약효과 이상임을 입증할 수 있다. 조직화하기가 매우 어렵다.

출처: Volkmar & Wiesner(2009), pp. 524-525.

최근에는 메타분석(meta-analysis)을 통해 기존 연구들의 실증적 결과를 양적으로 분석하기도 한다. 메타분석에서는 주로 효과크기(effect size), 즉 연구들의 중재 효과를 표준화해서 비교할 수 있다. 그러나 특수교육 분야, 자폐성장애의 중재 관련 연구들 대부분이 단일대상 연구 설계로 실시되기 때문에 메타분석의 실제적 적용에는 어려움이 많다.

Simpson(2005)은 교사나 부모, 전문가들이 가장 효율적이고 효과적인 중재방법 선택을 돕기 위해 기존의 중재와 치료 방법들을 〈표 1-8〉과 같이 네 가지 범주로 평가한 바 있다.

표 1-8 **중재방법의 평가 범주**

범주	중재방법
과학적 기반 실제	응용행동분석, 비연속 시행 교수, 중심축 반응훈련, LEAP
유망한 실제	놀이중심 전략, 보조공학, 보완대체 의사소통, 우연교수, 공동행동일과, 그림 교환 의사소통 체계, 구조화된 교수, 인지행동수정, 인지적 학습전략, 사회적 의사결정 전략, 사회상황 이야기, 약물치료, 감각통합
지지 정보가 제한된 실제	온화한 교수, 선택법, 마루놀이, 애완동물/동물치료, 관계계발 중재, 단어훈련 게임, 밴다이크 교육과정, 만화 그리기, 인지 스크립트, 파워카드, 청각 통합훈련, 대용량 비타민 치료, 얼렌 렌즈, 미술치료, 칸디다, 글루틴-카제인 차단, 수은, 음악치료
권장되지 않는 실제	안아 주기, 촉진적 의사소통

출처: Simpson(2005), pp. 12-13.

① **과학적 기반 실제**(scientifically based practice)

중재의 결과로 기술 습득에 상당한 효과를 보인다는 사실을 입증하는 유사한 결과들이 반복적이고 일관성 있게 제공되고 있다.

② **유망한 실제**(promising practice)

부정적 결과가 거의 없이 널리 사용되고 있으며 기술 습득을 보고하는 연구들이 발표되고 있는 방법들이다. 그러나 더 많은 과학적 증거 가료가 필요하다.

③ **지지 정보가 제한된 실제**(limited supporting information practice)

관련 연구가 많지 않으며 현재 폭넓게 사용되지 않고, 연구에 따라 다양한 결과들이 제시되고 있다.

④ **권장되지 않는 실제**(not recommended practice)

상당한 연구들이 수행되었으나 기술 습득을 향상시키지 못했거나 긍정적인 결과를 나타내지 못한 또는 아동에게 부정적 결과를 초래한 방법이다.

한편 지지 정보가 제한된 실제나 권장되지 않는 실제들을 사용하면 시간과 노력을 낭비하게 되고 신체적 · 정서적 해를 입히며 개선될 기회를 잃게 하고 도움이 되지 않는 중재법을 계속 지속하는 결과를 초래할 수 있다. 따라서 이러한 위험을 줄이기 위해 증거기반실제를 사용하거나 유망한 실제를 사용해야 한다. 나아가 교사는 학교 현장에서 이루어지는 제반 교육적 의사결정들을 보다 타당하고 합리적으로 내리기 위해서 자료를 체계적으로 수집 · 분석하고, 가설을 생성하고, 실행 계획을 수립하고, 관련 연구결과들을 종합 · 평가하는 과학적 기반 연구, 증거기반실제를 직접 수행할 필요가 있다.

2) 종합적 중재 모델

이 모델은 자폐성장애아동의 주요 결함인 사회성, 언어, 인지 등의 제반 영역에 대해 포괄적인 중재를 제공하는 프로그램들을 총칭한다. 현재까지 모든 사람들이 인정하는 자폐아동을 위한 가장 최상의 종합적 중재 모델(Comprehensive Treatment Models: CTMs)은 아동의 개별적인 특성과 능력 수준을 고려한 최적의 개별화교육계획(IEP) 작성 후 이를 근거로 구조화된 환경하에서 체계적이고 집중적인 교육을 실시하는 것이다.

종합적 중재 모델로 분류되기 위해서는 출판된 연구 기반과 실시 절차 지침, 명확한 이론적 또는 개념적 기반을 가지고 있고 여러 발달적 · 기술적 영역에 변화를 가져올 수 있어야 하며, 1년 이상, 주당 25시간 이상 집중적이고 체계적으로 실시되는 프로그램을 가지고 있어야 한다. 이러한 기준에 부합하는 많은 프로그램 중에서 증거기반실제라고 말할 수 있는 몇 가지를 예시한다(양문봉, 신석호, 2016; Laugeson & Frankel, 2014; Odom, Boyd, Hall, & Hume, 2014; Prizant et al., 2014; Reichow & Barton, 2014;

Simpson & Myles, 2010; Wong et al., 2015).

(1) EIBI

집중적 조기 행동 중재(Early Intensive Behavior Intervention) 또는 개발자의 이름을 따라 Lovaas 모델이라고도 불리는 이 프로그램은 조기에 2~3년간 집중적으로 응용행동분석에 근거해서 중재한다. 일반적으로 주 5일 하루 최소 3시간, 비연속 시행교수(DTT)를 통해 교육하고, 지속적으로 자료를 수집 · 평가하며, 부모교육을 통해 가정과 연계한다. 자격을 갖춘 전문가에 의해 시행되며 비용적 부담이 있다.

(2) LEAP

학습경험: 유아 및 부모를 위한 대안 프로그램(Learning Experiences: An Alternative Program for Preschoolers and Parents)은 3~5세 자폐아동을 위해 고안된 기관 중심의 통합 조기교육 프로그램이다. 이 프로그램은 또래와 통합되어 있을 때 사회성, 언어, 행동 기술을 가장 잘 학습한다는 철학에 근거하여, 일반적으로 3명의 자폐아동과 10명의 또래아동이 통합된 유치원에서 중재가 이루어지며 2명의 교사와 1명의 보조원이 참여한다. 2~3년간 매주 15시간 이상 집중적으로 이루어지며 학습활동에 대한 높은 비율의 참여를 강조한다. 프로그램은 개별화되며 가정과 지역사회 훈련도 포함된다.

(3) ESDM

덴버 조기 중재 모델(Early Start Denver Model)은 12~48개월에 해당하는 자폐아동을 대상으로 응용행동분석과 관계중심 발달모델을 접목한 종합적인 행동치료 중재체계다. 아동에게 적절한 교육 내용들로 구성된 발달적 교육과정을 이상적 현장이나 학교 교실, 아동의 방 등 장소에 구애받지 않고 자연적인 사회적 맥락에서 시행함으로써 언어 및 사회성 발달을 촉진시킨다. 주당 20시간 정도의 중재 시간을 요구하며, 그중 3/4은 훈련된 치료사, 1/4은 부모에 의해서 중심축 행동 중심의 개별화된 중재가 제공된다.

(4) TEACCH

'Treatment and Education of Autistic and related Communication handicapped

CHildren'을 뜻하는 이 프로그램은 아동의 기술 습득과 기능 향상을 위해 훈련된 교사와 부모에 의해 운영되는 집중적인 치료교육 프로그램이다. 이 프로그램의 핵심은 구조화된 교육환경 조성을 통해 학습 효과를 극대화하며 이를 위해 물리적 환경의 구조화, 구조화된 교수 기법, 지속적인 진보 점검, 그림이나 사진을 이용한 시간표, 아동의 관심과 강점의 강화, 학업과 독립적 생활기술 영역을 포함하는 교육 내용, 가정과의 연계, 동기 부여 고취 등의 특성을 가진다.

(5) SCERTS®

이 프로그램은 모든 연령대의 자폐성장애 및 관련 장애인의 의사소통과 사회정서적 능력을 강화시키기 위한 종합적이고 다학문적인 교육적 접근이다. 'SCERTS'라는 머리글자는 사회적 의사소통(Social Communication), 정서 조절(Emotional Regulation), 교류 지원(Transactional Support)을 의미한다. 아동의 일상적인 생활 전반과 모든 파트너에 걸친 대인관계 지원이나 학습지원 등의 교류 지원을 실행함으로써 사회적 의사소통과 정서 조절에 필요한 능력을 촉진하도록 고안되었다. 이 프로그램은 2014년 『SCERTS® 모델-1권 진단』과 2016년 『SCERTS® 모델-2권 프로그램 계획 및 중재』로 번역 출판되어 있다.

(6) PEERS®

'Program for Education and Enrichment of Relational Skills'를 지칭하는 이 프로그램은 친구를 사귀거나 유지하는 데 어려움이 있는 중 · 고등학생에게 초점을 맞춘, 부모 조력형 치료프로그램이다. 부모 회기와 자녀 회기를 분리해서 진행하며 두 집단은 14주 동안 매주 동시에 각각 90분 동안의 회기가 진행된다. 집단은 대화하기, 대화에 끼어들기와 대화에서 빠져나오기, 전자통신을 이용한 의사소통, 적절한 친구 선택하기, 놀림이나 괴롭히기를 비롯한 다양한 방식의 사회적 거절을 다루는 법, 친구와의 의견 불일치나 논쟁을 다루는 법, 친구와 적절하게 어울리기 등의 기술을 습득하도록 돕는다. 이 프로그램은 2014년 『청소년 사회기술훈련』으로 번역 출판되어 있다.

3) 단일 중재

이 유형에 속하는 중재방법이나 전략들은 자폐아동의 증상 개선 및 특정 목표 성취나 특정 기술 습득을 위해 독립적으로 사용되기도 하지만 종합적 중재 모델의 한 요소로서도 적용되고 있다. 단일 중재(focused/focal/targeted intervention) 방법들의 효과에 대해서는 1990년 이후부터 개인 연구자뿐만 아니라 관련 단체 및 국가기관 등에서 지속적으로 분석하고 있다. 그러나 연구에 따라 분석결과가 상이하게 발표되기도 한다. 관련 연구 중에서 비교적 가장 최근에 체계적으로 이루어진 Wong 등(2015)의 연구결과를 통해 단일 중재방법들의 효과를 고찰하고자 한다.

Wong 등은 1990년에서 2011년까지 전문학술지에 발표된 29,105편의 논문들을 여

EBP	사회성			의사소통			행동			주의공유			놀이			인지			학교준비			학업			운동			적응			직업			정신건강		
	0~5	6~14	15~22	0~5	6~14	15~22	0~5	6~14	15~22	0~5	6~14	15~22	0~5	6~14	15~22	0~5	6~14	15~22	0~5	6~14	15~22	0~5	6~14	15~22	0~5	6~14	15~22	0~5	6~14	15~22	0~5	6~14	15~22	0~5	6~14	15~22
① ABI	■	■	■	■	■	■	■	■	■					■						■			■	■		■			■							
② CBI		■			■			■	■								■												■						■	
③ DRA/I/O	■	■			■		■	■	■		■			■					■	■			■			■			■	■						
④ DTT	■	■		■	■			■		■	■								■			■	■					■	■			■				
⑤ ECE							■	■											■	■		■				■										
⑥ EXT		■		■	■	■	■	■	■		■									■								■	■							
⑦ FBA					■		■	■	■										■	■		■	■						■							
⑧ FCT	■	■		■	■	■	■	■	■				■	■					■	■								■	■	■						
⑨ MD	■	■	■	■	■	■				■				■					■			■											■			
⑩ NI	■	■		■	■		■			■			■									■														
⑪ PII	■	■		■	■		■	■		■			■	■		■			■			■						■	■							
⑫ PMII	■	■	■	■	■					■	■		■	■					■				■	■												
⑬ PECS	■	■		■	■						■																									
⑭ PRT	■	■		■	■								■	■																						
⑮ PP	■	■		■	■			■	■	■	■		■	■					■	■	■	■	■	■	■	■		■	■	■			■			
⑯ R+	■	■	■	■	■	■	■	■	■	■		■	■	■	■		■		■	■		■	■		■			■	■	■		■	■			
⑰ RIR	■	■		■	■		■	■	■	■	■		■	■					■	■								■	■							
⑱ SC	■	■	■	■	■	■				■	■		■	■		■	■		■	■												■				
⑲ SM		■			■			■	■										■	■	■	■											■			
⑳ SN	■	■			■		■	■	■	■	■		■	■						■		■	■					■	■							
㉑ SST	■	■	■	■	■		■	■					■	■	■		■																			
㉒ SPG		■			■			■						■						■			■													
㉓ TA		■			■					■	■												■			■			■							
㉔ TAII	■	■	■	■	■	■		■	■		■	■				■			■	■	■	■	■	■			■			■		■	■			
㉕ TD	■	■		■	■	■	■	■		■	■		■	■		■	■		■	■		■	■		■			■								
㉖ VM	■	■	■	■	■			■		■	■		■	■	■		■		■	■		■	■		■			■	■	■		■	■			
㉗ VS	■	■	■	■	■		■	■					■	■		■			■	■		■	■			■			■							

[그림 1-1] **연령과 효과에 따른 증거기반실제 매트릭스**

출처: Wong et al.(2015), p. 1961.

러 증거기반실제의 기준에 근거해서 체계적으로 분석하였고, 그 결과 자폐성장애 아동의 연령과 주요 성과 영역별로 효과가 입증된 27개의 단일 중재방법을 [그림 1-1]과 같이 제시한 바 있다. 그림에서 음영 처리된 곳은 적어도 1개 이상의 연구에서 해당 연령에 효과가 보고되었음을 나타낸다. 아울러 [그림 1-1]에 제시된 단일 중재방법들의 주요 특징을 간략히 설명하면 다음과 같다.

① **선행사건 기반 중재**(Antecedent-Based Intervention: ABI)

행동 감소를 위해 문제행동 발생에 선행하는 사건이나 환경을 조정하거나 계획한다.

② **인지적 행동 중재**(Cognitive Behavioral Intervention: CBI)

외현적 행동의 변화를 이끌어 내기 위해 인지적 사고과정의 통제나 관리를 가르친다.

③ **대안/상반/다른 행동 차별강화**(Differential Reinforcement of Alternative, Incompatible, or Other behavior: DRA/DRI/DRO)

차별강화는 행동의 증강, 형성 및 감소를 위해 하나의 반응범주는 강화하고 다른 범주에 대한 강화는 박탈하는 절차를 말한다. 문제행동을 억압하기보다는 바람직한 행동의 증강에 초점을 두기 때문에 문제행동 감소를 위해 많이 사용되고 있다. 학생이 바람직한 대안 행동이나 문제행동과 동시에 행할 수 없는 상반 행동을 했을 때 강화를 주거나 문제행동 이외의 다른 행동, 즉 문제행동을 하지 않았을 때 강화를 제공한다.

④ **비연속 시행 교수**(Discrete Trial Teaching: DTT)

대부분 교사와 학생의 일대일 교수 상황에서 바람직한 행동이나 기술을 가르치기 위해 고안된다. 교수 시의 시행(trial)이란 단일 교수단위를 지칭하며 집중(massed) 시행이 포함된다. 각 시행은 교사의 교수/시범 후 아동의 반응, 이에 따라 사전 계획된 후속결과가 주어지고 다음 시행에 앞서 일정 휴지기(간격)를 가진다.

⑤ **신체운동**(Exercise: ECE)

문제행동 감소나 바람직한 행동 증가를 위한 수단으로 신체적 운동을 늘리는 방법이다.

⑥ **소거**(Extinction: EXT)

문제행동 발생을 줄이기 위해 문제행동의 강화물을 차단하거나 제거한다. 단독으로 사용하기도 하지만 대부분 기능적 행동평가와 기능적 의사소통 훈련, 차별강화와 함께 적용한다.

⑦ **기능적 행동평가**(Functional Behavior Assessment: FBA)

문제행동을 유지시키는 기능적 결과를 확인하기 위해 고안되는 체계적인 정보수집 과정이다. FBA는 문제행동에 대한 조작적 정의, 행동을 통제하는 선행사건이나 후속사건의 확인, 행동의 기능에 대한 가설 개발과 검증의 과정을 거친다.

⑧ **기능적 의사소통 훈련**(Functional Communication Training: FCT)

의사소통 기능을 가지는 문제행동을 그 행동과 동일한 기능을 수행할 수 있는 보다 바람직한 의사소통으로 대체할 수 있도록 훈련한다.

⑨ **모델링**(Modeling: MD)

행동을 따라 할 수 있도록 바람직한 표적행동을 시범 보이고 모방행동을 습득할 수 있도록 이끈다. 이 증거기반실제는 대부분 촉구나 강화 같은 다른 전략과 병행해서 실시한다.

⑩ **자연적 중재**(Naturalistic Intervention: NI)

학생이 참여하는 전형적인 장소/활동/일과 안에서 일어나는 중재전략들이다. 교사/서비스 제공자는 장소/활동/일과의 조정을 통해 학생이 학습 사건에 흥미를 가지도록 만들고, 학생이 표적행동을 하는 데 필요한 지원을 제공하고, 행동이 발생했을 때 정교화해 주고 표적행동이나 기술에 대한 자연적인 후속결과를 조정한다.

⑪ **부모 실행 중재**(Parent-Implemented Intervention: PII)

부모가 아동의 여러 가지 다양한 기술의 증가/개선 또는 문제행동의 감소를 위해 개별화된 중재를 제공한다. 이를 위해 부모는 구조화된 부모훈련 프로그램을 통해 가정과 지역사회에서 중재를 제공하는 것을 배운다.

⑫ **또래 개입 교수 및 중재**(Peer-Mediated Instruction and Intervention: PMII)

자연적 환경 내에서 사회적 기회와 학습의 기회를 증가시킴으로써 새로운 행동이나 의사소통, 사회성 기술들을 획득할 수 있도록 또래들이 대상 아동을 돕거나 함께 활동하도록 개발한다.

⑬ **그림 교환 의사소통 체계**(Picture Exchange Communication System: PECS)

비구어나 구어 능력이 제한된 아동을 위한 보완대체 의사소통 체계로 먼저 자신이 원하는 물건이나 활동을 위해서 그림을 한 번에 한 가지씩 교환하도록 가르친다. 점차 의사소통 파트너와의 거리를 멀리하며 지속적으로 새로운 어휘를 증가시키며, 그림의 변별, 문장 완성 요구, 질문에 대한 대답, 습득한 기술들의 확장 단계로 진행한다.

⑭ **중심축 반응훈련**(Pivotal Response Training: PRT)

아동의 흥미와 주도성을 증진하기 위해 여러 영역에서 중추적 역할을 할 수 있는 변인들(예: 동기, 다양한 단서에 대한 반응성, 자기관리, 자기주도 행동)을 훈련한다.

⑮ **촉구**(Prompting: PP)

아동이 목표행동이나 기술을 습득하고 사용할 수 있도록 구어나 몸짓, 신체적 도움을 주는 것이다. 일반적으로 촉구는 학생이 기술을 사용하기 전이나 사용할 때 어른들이나 또래가 제공한다.

⑯ **강화**(Reinforcement: R+)

아동이 바람직한 행동을 한 후 뒤따르는 사건, 활동, 상황으로, 이는 미래에 그 행동 발생의 증가를 유발한다.

⑰ **반응 차단/재지시**(Response Interruption/Redirection: RIR)

부적절한 행동 발생 시 촉구나 언어적 · 지적, 또는 다른 방해인자를 도입함으로써 아동의 관심을 부적절한 행동에서 다른 곳으로 돌리게 한다.

⑱ **스크립트**(Scripting: SC)

아동에게 모델로 기능할 수 있는 특정 기술이나 상황에 대한 구어나 문서화된 설명을 말한다. 스크립트는 기술이 실제 상황에서 사용되기 전에 반복해서 연습한다.

⑲ **자기관리**(Self-Management: SM)

아동에게 적절한 행동과 부적절한 행동을 변별하는 것과 자신의 행동을 정확하게 점검하고 기록하는 것, 나아가 바람직한 행동을 했을 때 스스로 강화하는 것을 중점적으로 가르친다.

⑳ **사회적 담화**(Social Narratives: SN)

사회적 상황에 적절하게 반응하는 예시를 제공하거나 관련 단서들을 강조하는 등의 방법을 통해 상세하게 설명하는 것이다. 개인의 욕구에 따라 개별화되어야 하며, 간단한 그림이나 다른 시각적 단서가 포함될 수 있다.

㉑ **사회적 기술 훈련**(Social Skill Training: SST)

아동에게 또래나 성인, 다른 사람들과 적절하게 상호작용하는 방법을 가르치기 위해 고안된 개별 또는 집단 교수를 말한다. 대부분의 사회적 기술 훈련은 또래와의 긍정적인 상호작용 증진에 필요한 의사소통과 놀이, 사회적 기술들을 습득하고 연습하는 것을 돕기 위해 아동에게 기본 개념을 가르치고, 역할 놀이와 연습, 피드백하는 과정이 포함된다.

㉒ **구조화된 놀이집단**(Structured Play Groups: SPG)

정해진 곳에서 정해진 활동을 선발된 또래들과 함께 명확히 지정된 주제와 역할을 수행한다. 활동의 목표와 관련해서 아동의 수행을 돕기 위해 성인이 주도하거나 촉구하거나 비계를 제공할 필요가 있다.

㉓ **과제 분석**(Task Analysis: TA)

기술을 가르치거나 평가하기 위해 어떤 활동이나 행동을 작고 다룰 수 있는 단계로 나누는 과정이다. 세분화된 단계들을 쉽게 습득할 수 있도록 주로 강화나 비디오 모델링, 시간 지연 등의 다른 방법들이 사용된다.

㉔ **공학 활용 교수 및 중재**(Technology-Aided Instruction and Intervention: TAII)

아동의 목표 달성을 돕기 위해 공학이 주요하게 사용되는 교수나 중재를 말한다. 여기서의 공학이란 일상생활, 작업/생산성, 오락/여가 능력을 증진/유지/개선하고자 의도적으로 사용하는 모든 전자기기/애플리케이션/가상 네트워크라고 정의된다.

㉕ **시간 지연**(Time Delay: TD)

아동이 해야 하는 행동이나 기술이 포함된 활동이나 환경 내에서 기술 사용의 기회와 추가적인 교수 또는 촉구 사이의 짧은 시간적인 지연을 말한다. 시간 지연의 목적은 아동이 촉구 이전에 반응할 수 있도록 함으로써 교수 활동에서 사용되었던 촉구를 용암시키기 위함이다.

㉖ **비디오 모델링**(Video Modeling: VM)

일반적으로 행동이나 의사소통, 놀이, 사회성 영역에서 목표로 하는 행동의 시각적 모델을 비디오로 녹화해서 보여 줌으로써 아동이 바람직한 행동이나 기술을 학습하고 수행하는 것을 도울 수 있다.

㉗ **시각적 지원**(Visual Supports: VS)

아동의 바람직한 행동이나 기술 사용을 지원하기 위해 사용하는 모든 시각적 표상(display)으로, 예를 들면 그림, 문서, 환경 내 물건, 환경의 조정, 시각적 경계, 계획표, 지도, 라벨, 조직 체계, 행사 스케줄 등을 말한다.

여러 연구들(양문봉, 신석호, 2016; Laugeson & Frankel, 2014; Odom, Boyd, Hall, & Hume, 2014; Prizant et al., 2014; Reichow & Barton, 2014; Simpson & Myles, 2010; Wong et al., 2015)에 따르면 증거기반실제에 부합하는 프로그램을 구성하기 위해서는 다음과 같은 요인들이 포함될 필요가 있다고 한다.

첫째, 자폐 증상 개선을 통해 아동과 가족의 삶에 의미 있는 변화를 가져다줄 수 있도록 개별화된 목표가 설정되어야 하고 교사나 전문가에 의해 실행 가능한 중재 절차가 포함되어야 한다.

둘째, 아동을 위해 모든 교수는 의도되고 계획되어야 한다. 교수는 일상 활동과 일과 내에서의 다양하고 개별화되고 체계적인 학습기회를 포함해야 한다. 중재는 아동의 목표와 부합해야 하고, 아동의 학습력과 동기, 자연적 환경에서의 실현가능성 등에 근거해서 선택해야 한다.

셋째, 효과적인 프로그램이 되기 위해서는 아동의 진전 정도와 성과가 아동에 미치는 영향을 주기적으로 평가해야 한다. 이러한 자료 분석과 관련해서 가정과 프로그램 제공자 간의 협력체계는 프로그램 유지와 변화, 종결을 위해 중요하다. 또한 교수 환경의 체계화 및 구조화와 상황 간의 전이를 위한 계획도 포함되어야 한다.

넷째, 자폐아동들은 의사소통과 사회성의 지체로 인해 문제행동을 나타낼 가능성이 높기 때문에 이를 줄이기 위해 많은 중재방법이 개발되었다. 이들 방법들이 공통적으로 강조하는 요인은 문제행동의 기능 파악과 문제행동을 예방하고 약화시킬 수 있는 선행 전략, 문제행동이 심화되거나 고착되기 전에 바람직한 행동을 가르치는 것들이다.

다섯째, 자폐아동들은 또래에 비해 새롭게 습득한 행동을 일반화시키는 데 큰 어려움을 겪기 때문에 일반화와 유지를 위해 체계적으로 계획된 명시적 교수가 필수적이다.

여섯째, 부모는 아동을 위한 교육 팀의 주요 구성원이며 중재 계획에 필수적인 정보들을 가지고 있다. 아동과 프로그램의 성공을 위해서는 부모와 전문가들 사이의 의사소통과 협력이 권장되고 지속되어야 한다. 많은 종합적 중재 프로그램에서는 부모들이 직접 기술 훈련의 일부를 담당하기도 한다. 또한 부모훈련은 아동이 습득한 기술의 유지와 일반화 증진에 가장 효과적인 방법이기도 하다.

4) 기타 치료 및 중재법

(1) 약물치료

자폐성장애는 소아기에 발생하는 만성적인 신경생물학적 이상 현상으로 인식되며 대개의 경우 행동요법과 교육적 · 재활의학적 방법들이 치료에 사용된다. 그러나 자폐성장애를 가진 소아 · 청소년의 45%, 성인의 75%가 사회적 관계나 신체적 건강을 저해하고 중재와 치료를 방해하는 공격성 및 자해행동, 반복행동, 수면장애, 공존 정신과적 문제, 과잉행동, 부주의 등의 행동 증상들로 인해 정신과적 약물을 함께 사용하는 것으로 알려져 있다(조수철 외, 2011). 아직까지 자폐의 핵심적인 증상을 치료하는 약물은 없으며 약물 사용은 부수적인 증상을 조절하는 데 주로 목적을 두고 있다.

현재 우리나라 전체 특수교육대상자 중 약물 복용 학생은 30.6%이며, 자폐성장애 학생의 36.8%가 약물을 복용하고 있다. 복용 이유로는 충동적 · 폭력적 행동, 과잉행동 개선 · 예방 65.8%, 경련의 진정 또는 발생 예방 19%, 질병 치료 9.0%, 우울증 또는 조울증 예방 4.0%, 기타 순으로 보고된다(국립특수교육원, 2014).

현재 미국에서 자폐성장애인에게 가장 많이 사용되는 약물의 종류로는 선택적 세로토닌 재흡수 차단제(selective serotonin reuptake inhibitors)와 비정형 항정신병 약물(atypical antipsychotics), 정신자극제(stimulants), 비정신자극 약물(nonstimulant medications) 등이 있다. 최근에는 부작용이 적은 신약들도 많이 개발되어 선택적으로 사용할 때 행동의 개선 효과가 높게 나타나기도 한다.

그러나 이러한 약물들은 자폐성장애의 주요 증상들을 완전히 치유하는 것이 아니라 과잉행동이나 충동성, 불안이나 흥분 또는 강박장애 등과 같은 문제행동이나 정서적 불안의 빈도와 강도를 감소시킴으로써 아동의 학습과 치료교육 프로그램의 효율성을 높이는 병행치료로 간주되어야 한다(Tsai, 2001). 그러므로 아동을 가장 가까이에서 교육하는 교사는 약물치료를 통한 효과를 높이고 부작용을 최소화하기 위해 아동이 복용하고 있는 약물에 대해 관심을 가지고 체계적으로 관찰하고 그 정보를 부모 및 의사와 공유할 책임이 있다.

(2) 보완대체의학적 접근

미국국립보건원(National Institutes of Health: NIH)에 의하면 미국 성인의 30%, 아동의 12% 이상이 전통 서구 주류 의학에서 벗어나서 개발된 처치를 받고 있다고 한다. 이러한 중재와 처치를 총칭해서 보완대체의학(Complementary and Alternative Medicine: CAM)이라고 부른다. 보완의학은 물리치료에 앞서 요가를 하는 것과 같이 전통적인 치료와 함께 사용되는 중재를 말한다. 이처럼 전통적인 치료와 비전통적인 치료를 결합해서 사용하는 것을 통합의학(integrative medicine)이라고 부른다. 대체의학은 약물치료를 대신해서 식이요법을 사용하는 것과 같이 전통적인 치료를 대신하는 중재를 말한다.

장애아동의 부모들은 자녀의 느린 발달로 인한 좌절과 요구되는 서비스에 대한 제한된 접근성으로 인해 전통적인 특수교육 및 의학적 치료뿐만 아니라 CAM에 근거한 접근을 모색하기도 한다. 그러나 대부분의 전문가들은 일반적으로 CAM을 고려하기 전에 과학적으로 확인된 전통적인 중재를 먼저 시도해 볼 필요가 있으며, 특정의 CAM을 실제 선택하기 앞서 중재가 가진 잠재적 효과성과 안전성, 장단점, 현재 받고 있는 다른 치료로 인한 부작용과 복잡성, 요구되는 시간과 노력, 처치비용, 처치의 수용 가능성 등을 고려하도록 권고하고 있다(Kurtz, 2014).

미국의 경우 3/4 정도의 자폐아동 가정이 CAM을 사용하고 있으며 이들 중 절반 정도가 영양학적 식이보충제를, 1/3 정도가 식이요법을 사용하고 있는 것으로 알려져 있다. CAM과 관련해서 우리나라에서 연구된 것은 매우 제한적인데, J Kim 등(2012)이 2010년 우리나라 일반가정 아동을 대상으로 CAM 사용 여부를 전화 설문조사한 결과, 대상의 65.3%가 CAM을 사용하고 있고, 그중에서 의사의 처방을 받은 경우는 29.1%였다. CAM 유형으로는 복합비타민이나 홍삼 등 식이보충제나 식이요법 등의 천연제품 활용(89.3%)이 가장 많은 것으로 보고되었다.

미국국립보건원에서 분류한 CAM의 일반적 범주와 각 범주에 포함될 수 있는 중재와 치료 방법들을 예시하면 다음과 같다(Kurtz, 2014).

① **대체의학 체계**(alternative medical system)

침술/지압요법 또는 아유르베다(인도 대체의학)와 같이 이론과 실제에서 완전한 체계를 가지고 있다. 그 예로는 동종요법(homeopathy), 자연요법(naturopathy), 정골요법(osteopathy) 등을 들 수 있다.

② **정신-신체 중재**(mind-body intervention)

신체의 기능과 증상에 영향을 미치는 정신의 능력을 향상시키기 위해 다양한 기법들을 사용한다. 그 예로는 각성(alert) 프로그램, 승마치료나 돌고래지원치료와 같은 동물지원(animal assisted)치료, 응용행동분석, 아로마치료, 미술치료, 음악치료, 보조공학, 청각 통합훈련이나 듣기훈련과 같은 청각훈련, 얼렌(Irlen) 렌즈와 같은 컬러렌즈와 오버레이, 무용/동작(dance/movement) 치료, 발달/개인차/관계기반

(Developmental, Individual-Difference, Relationship-based: DIR) 모델과 마루놀이(floor time), 드라마치료/사이코드라마, 촉진적 의사소통(facilitated communication), 안아 주기(holding)치료, 최면치료(hypnotherapy), 집중 상호작용(intensive interaction), 다감각 읽기교수, 뉴로피드백(neurofeedback), 그림 교환 의사소통 체계(PECS), 감각통합치료, 수화, 사회상황이야기(social stories), Son-Rise 프로그램, TEACCH, 초월명상요법(transcendental meditation), 비디오 모델링 등을 들 수 있다.

③ **생리학적 기반 치료**(biologically based therapy)

허브, 음식, 비타민과 같이 자연 속에서 발견되는 물질을 사용한다. 그 예로는 스트레스와 불안 관련 행동치료를 위해 꽃 에센스를 사용하는 바흐 꽃 치료제(Bach flower remedy), 혈관에 있는 중금속을 제거하는 킬레이션(chelation)치료, 저강도 미세전류를 사용하여 뇌를 자극하는 두개전기자극(cranial electrotherapy stimulation), 식사에서 불충분하거나 부족한 부분이라고 생각되는 비타민, 미네랄, 지방산, 아미노산이나 각종 약초 등을 복용하는 건강보조식품 요법, 글루틴이나 카제인을 제거하는 GFCF와 같은 제거식이요법, 페인골드 식이요법, 고압산소치료, 면역체계(intravenous immunoglobulin) 치료 등이 포함된다.

④ **손 및 신체 기반 방법**(manipulative and body based method)

척추 지압 또는 마사지와 같이 신체의 일부를 조작하거나 움직이는 것에 바탕을 두고 있다. 그 예로는 잘못된 자세와 운동습관을 교정하는 알렉산더 기법, 브레인 짐(Brain Gym), 카이로프랙틱(chiropractic, 척추지압치료), 운동조절과 협응문제를 지원하는 전도성 교육(conductive education), 중추신경계 기능 개선을 위해 두개골과 척추를 부드럽게 조작하는 두개천골요법(craniosacral therapy), 눈 건강과 시각의 문제를 포괄적으로 확인하는 발달적/행동적 검안법(developmental/behavioral optometry), 일상생활치료라고 불리는 히가시(Higashi), 치료적 도구로 말을 사용하는 말치료(hippotherapy), 두뇌중심의 치료 프로그램인 Interactive Metronome(IM), 마사지치료, 요가 등을 들 수 있다.

⑤ **에너지 치료**(energy therapy)

에너지 장(energy field)을 이용하는 것을 포함한다. 그 예로는 사람의 신체적 · 정서적 · 영적 · 정신적 에너지의 균형을 맞추기 위해 빛과 색을 이용하는 크로모세라피(chromotherapy, 색채치료), 다양한 형태의 자석을 이용하여 건강을 유지하고 통증을 치료하는 자기장(magnetic field) 치료, 생명 에너지 순환의 불균형을 치료하는 극성(polarity) 치료, 활력과 건강을 유지하는 데 필요한 에너지나 근본적인 생명력을 지칭하는 기(氣)의 순환과 조절을 강화하는 기공(Qigong, 氣功), 접촉을 이용해 신체 구조와 신체 에너지의 균형을 맞추도록 하는 제로 균형요법(zero balancing) 등을 들 수 있다.

지금까지 이 장에서는 자폐성장애의 개념과 자폐성장애를 가진 아동들의 제반 특성, 원인 및 출현율, 중재와 치료방법들을 개관하였다. 이러한 사실들에 근거하여 이 책에서는 앞으로 자폐성장애 아동의 주요 발달 영역 및 과제에 따른 최상의 교육적 접근방법들을 제시할 것이다.

마지막으로 이 장의 마무리를 대신하여 양문봉과 신석호(2016)가 제시한 성공적인 치료중재를 위한 10대 전략을 살펴보고자 한다. 부모나 치료전문가뿐만 아니라 자폐아동 교육에 핵심적 역할을 수행할 특수교사들 또한 이 지침들은 깊이 유념할 필요가 있다.

첫째, 아동이 먼저다. 자폐라는 용어로 인한 오해와 편견을 줄이고 인격체로서 받아들이기 위해서는 아동을 설명할 때 아동에 대한 진단명을 최소화하고 최대한 아동의 이름으로 호명하려는 노력이 필요하다.

둘째, 내가 알고 있는 것보다 아동이 알고 있는 것이 먼저다. 최적의 교육과 중재를 위해서 많은 관련 정보들을 얻는 것도 중요하지만 그보다는 아동이 지금 어느 정도 알고 있고 어떻게 학습하는지, 아동의 수준과 특성을 아는 것이 먼저다.

셋째, 부모와 전문가의 협력이 먼저다. 아동에게 최적의 교육 환경과 서비스를 제공하기 위해서 가장 중요한 것은 부모와 팀워크를 이루는 일이다. 부모는 교사와 전문가들에게 아동의 세세한 일상생활의 특성, 욕구 등의 중요한 정보를 제공할 수 있기 때문에 부모들의 적극적인 참여와 협력을 이끌어 내는 것이 중요하다.

넷째, 모든 아동에게 동일하게 적용되는 효과적인 치료중재는 존재할 수 없다. 자폐아동들은 스펙트럼처럼 각기 다른 장점과 능력을 보유하고 있기 때문에 특정 중재법이 다양한 아동들 모두에게 효과를 끼치기는 어렵다. 따라서 평가자료에 근거해서 구안된 아동만의 개별화 교육 프로그램에 의해서 교육하는 방법이 가장 효과적이다.

다섯째, 자폐성장애 아동에게 내려진 진단과 프로필 내용을 잘 숙지해야 한다. 최적의 개별화교육 프로그램은 아동에 대한 정확한 진단과 아울러 강점과 약점, 선호하는 학습방식을 잘 설명할 수 있는 평가를 통해서만 가능하기 때문에 진단 내용과 프로필을 잘 숙지할 필요가 있다.

여섯째, 기록을 잘 보관해야 한다. 아동에 대한 각종 진단, 평가, 진료, 교육, 치료 기록 등을 잘 보관하고 있으면 이것들은 중요한 정보자료가 될 수 있을 뿐 아니라 이를 통해 서비스 이용이 좀 더 용이해지고 중복검사의 시간을 절약할 수 있다.

일곱째, 사회성 기술은 학습하는 것이다. 사회성 기술은 나이에 따라 저절로 습득되는 것이 아니기 때문에 모든 사람들이 사회성 기술을 배우기 위해 부단히 노력하고 있다. 특히 자폐성장애 아동에게는 일생 동안 지속적인 사회성 기술 교육이 중요하다.

여덟째, 자폐성장애의 예후는 밝아지고 있다. 현재 다양한 중재 서비스들이 나날이 발전하고 있으며 이를 통해 증상들이 현저히 개선되고 있으며 성인이 되어 직업을 가지고 독립적으로 살아가는 사례들이 늘어 가고 있다.

아홉째, 내가 알고 있는 지식은 검증된 것인가? 검증되지 않은 정보는 아동에게 해를 입히기 때문에 습득한 지식과 정보가 과학적으로 검증된 것인가를 늘 점검할 필요가 있다. 아울러 다양한 전문가들과 효율적인 협력관계를 이끌어 내기 위해서는 관련 법률을 포함해서 각 분야의 다양한 용어에 대한 지식을 숙지할 필요가 있다.

열째, 자폐성장애에 대한 지식 습득은 계속되어야 한다. 정보와 지식은 지속적으로 변화하기 때문에 정보 수집과 지식 습득은 늘 진행형임을 기억해야 하며, 이러한 노력은 자신의 성취감을 위해서가 아니라 아동의 필요에 의한 것임을 유념해야 한다.

참고문헌

국립특수교육원(2014). 2014 특수교육 실태조사.

권요한, 김수진, 김요섭, 박중휘, 이상훈, 이순복, 정은희, 정진자, 정희섭(2015). **특수교육학개론**(2판). 서울: 학지사.

교육과학기술부(2008). 장애인 등에 대한 특수교육법.

교육부(2014). 2014 특수교육통계.
교육부(2015). 2015 특수교육통계.
교육부(2016). 2016 특수교육통계.
교육부(2017). 2017 특수교육통계.
교육부(2018). 2018 특수교육통계.
보건복지부(2008). 장애인복지법.
보건복지부(2014). 발달장애인 권리보장 및 지원에 관한 법.
서경희(2006). 고기능 자폐 및 아스퍼거 장애의 이해 및 중재. **제31회 행동치료사 자격연수 자료집**. 대구: 한국정서 · 행동장애아교육학회.
양문봉, 신석호(2016). **자폐 스펙트럼 장애 A to Z**(개정판). 서울: 시그마프레스.
이승희(2015). **자폐 스펙트럼 장애의 이해**(2판). 서울: 학지사.
이효신(1997). 자폐유아 출현에 따른 가족문제 연구. 대구대학교 대학원 박사학위논문.
조수철 외(2011). **자폐장애**. 서울: 학지사.
한국특수교육학회(2008). 특수교육대상자 개념 및 선별기준.
한국장애인고용공단 고용개발원(2018). 2018 장애인통계.

American Psychiatric Association(2004). *Diagnostic and statistical manual of mental disorders* (4th ed.)(Text Revision). Washington, DC: APA.
American Psychiatric Association(2013). *Diagnostic and statistical manual of mental disorders* (5th ed.). Washington, DC: APA.
Asaro-Saddler, K. (2016). Using evidence-based practices to teach writing to children with autism spectrum disorders. *Preventing School Failure: Alternative Education for Children and Youth, 60*(1), 79-85.
Bauminger-Zviely, N. (2013). *Social and academic abilities in children with high-functioning autism spectrum disorders*. N.Y.: Guildford Press.
Bottema-Beutel, K., Yoder, P., Woynaroski, T., & Sandbank, M. P. (2014). Targeted interventions for social communication symptoms in preschoolers with autism spectrum disorders. In F. R. Volkmar, R. Paul, S. Rogers, & K. A. Pelphrey (Eds.), *Handbook of Autism and Pervasive Developmental Disorders* (pp. 788-812). N.J.: John Wiley & Sons, Inc.
Boutot, E. A., & Myles, B. S. (2012). **자폐스펙트럼장애** (서경희, 이효신, 김건희 공역). 서울: 시그마프레스. (원저 2011년에 출판)
Bowler, D. (2007). *Autism spectrum disorders.* West Sussex: John Wiley & Sons Ltd.
Fombonne, E. (2003). Epidemiology of pervasive developmental disorders. *Trends in*

Evidence-Based Neuropsychiatry, 5, 29-36.

Fouse, B., & Wheeler, M. (2006). **자폐아동을 위한 행동중재전략** (곽승철, 임경원 공역). 서울: 학지사. (원저 1997년에 출판)

Hall, L. D. (2009). **자폐 스펙트럼 장애아동 교육** (곽승철, 김은화, 박계신, 변찬석, 임경원, 편도원 공역). 서울: 학지사. (원저 2009년에 출판)

Hallahan, D. P., & Kauffman, J. M. (2006). *Exceptional learner* (10th ed.). Boston, M.A.: Pearson Education, Inc.

Hanbury, M. (2008). **자폐 스펙트럼 장애교육** (곽승철, 전선옥, 강민채, 박명숙, 이옥인, 임인진, 정은영, 홍재영 공역). 서울: 학지사. (원저 2005년에 출판)

Heflin, L. J., & Alaimo, D. F. (2007). *Student with autism spectrum disorders: Effective instructional practices.* Upper Saddle River, N.J.: Pearson Education.

Hill, A. P., Zuckerman, K. E., & Fombonne, E. (2014). Epidemiology of autism spectrum disorders. In F. R. Volkmar, R. Paul, S. Rogers, & K. A. Pelphrey (Eds.), *Handbook of Autism and Pervasive Developmental Disorders* (pp. 57-96). N.J.: John Wiley & Sons, Inc.

Hume, K., & Odom, S. L. (2011). Best practice, policy, and future direction: Behavioral and psychosocial intervention. In D. G. Amaral, G. Dawson, & D. H. Geschwind (Eds.), *Autism spectrum disorders* (pp. 1295-1308). N.Y.: Oxford University Press.

Kanner, L. (1943). Autistic disturbances of affective contact. *Nervous Child, 2*, 217-250.

Kim, J. H., Nam, C. M., Kim, M. Y., & Lee, D. C. (2012). The use of complementary and alternative medicine (CAM) in children: A telephone-based survey in Korea. *BMC Complementary and Alternative Medicine, 12*, 46.

Kim, Y. S., Leventhal, B. L., Koh, Y. J., Fombonne, E., … & Grinker, R. R. (2011). Prevalence of autism spectrum disorders in a total population sample. *The American Journal of Psychiatry, 168*(9), 904-912.

Kurtz, L. A. (2014). **자폐, 주의력결핍, 학습장애 아동을 위한 논쟁적인 치료에 대한 이해** (이미숙, 김영미, 김진희, 김혜리, 박재국, 이미경, 이효신, 한민경, 황순영, 김은라 공역). 서울: 시그마프레스. (원저 2008년에 출판)

Laugeson, E. A., & Frankel, F. (2014). **청소년 사회기술훈련** (유희정 외 공역). 서울: 시그마프레스. (원저 2010년에 출판)

Odom, S. L., Boyd, B. A., Hall, L. J., & Hume, K. A. (2014). Comprehensive treatment models for children and youth with autism spectrum disorders. In F. R. Volkmar, R. Paul, S. Rogers, & K. A. Pelphrey (Eds.), *Handbook of Autism and Pervasive Developmental Disorders* (pp. 770-787). N.J.: John Wiley & Sons, Inc.

Prizant, B. M., Wetherby, A. M., Rubin, E., Laurent, A. C., & Rydell, P. J. (2014). **SCERTS® 모델-1권 진단** (이소현, 윤선아, 박현옥, 이수정, 이은정, 박혜성, 서민경, 정민영 공역). 서울: 학지사. (원저 2006년에 출판)

Prizant, B. M., Wetherby, A. M., Rubin, E., Laurent, A. C., & Rydell, P. J. (2016). **SCERTS® 모델-2권 프로그램 계획 및 중재** (이소현, 윤선아, 이은정, 이수정, 서민경, 박현옥, 박혜성 공역). 서울: 학지사. (원저 2006년에 출판)

Reichow, B., & Barton, E. E. (2014). Evidence-based psychosocial interventions for individuals with autism spectrum disorders. In F. R. Volkmar, R. Paul, S. Rogers, & K. A. Pelphrey (Eds.). *Handbook of Autism and Pervasive Developmental Disorders* (pp. 969-995). N.J.: John Wiley & Sons, Inc.

Simpson, R. L. (2005). **자폐 범주성 장애: 중재와 치료** (이소현 역). 서울: 시그마프레스. (원저 2005년에 출판)

Simpson, R. L., & Myles, B. S. (2010). **자폐아동 및 청소년 교육** (이소현 역). 서울: 시그마프레스. (원저 2008년에 출판)

Smith, T., Oakes, L., & Selver, K. (2014). Alternative treatment. In F. R. Volkmar, R. Paul, S. Rogers, & K. A. Pelphrey (Eds.), *Handbook of Autism and Pervasive Developmental Disorders* (pp. 1051-1069). N.J.: John Wiley & Sons, Inc.

Turnbull, A., Turnbull, R., & Wehmeyer, M. L. (2007). *Exceptional lives.* Upper Saddle River, N. J.: Pearson Education, Inc.

Tsai, L. (2001). **자폐 및 정서 · 행동장애 아동의 약물치료에 대한 이해** (이상복, 김진희, 김정일 공역). 서울: 시그마프레스. (원저 2001년에 출판)

U.S. Department of Education (2005). *25th annual report to congress on the implementation of the Individuals with Disabilities Education Act.* Washington, DC: Author. Available from http://www.ed.gov.

World Health Organization (1992). *The ICD-10 classification of mental and behavioral disorders-clinical descriptions and diagnostic guidelines.* Geneva: Author.

Volkmar, F. R., Paul, R., Rogers, S., & Pelphrey, K. A. (2014), *Handbook of Autism and Pervasive Developmental Disorders.* N.J.: John Wiley & Sons, Inc.

Volkmar, F. R., & Wiesner, L. A. (2009). *A practical guide to Autism*. N.J.: John Wiley & Sons, Inc.

Wong, C., Odom, S. L., Hume. K. A., Cox, A. W., Fettig, A., Kucharczyk, S., Brock, M. E., Plavnick, J. B., Fleury, V. P., & Schultz, T. R. (2015). Evidence-based practices for Children, youth, and young adults with Autism Spectrum Disorder: A comprehensive review. *Journal of Autism and Developmental Disorder, 45*(7), 1951-1966.

제2장

진단 및 평가

1. 자폐성장애의 선별 과정 및 도구
2. 자폐성장애의 진단 과정 및 도구
3. 자폐성장애의 평가 과정 및 도구
4. 자폐성장애 학생의 교육 및 중재 계획을 위한 사정

“

교육이나 중재를 통해 한 개인의 성장과 발달을 지원하고 돕기 위해서는 정확한 진단과 평가를 근거로 해야 할 것이다. 특별히 장애를 가진 개인의 성장과 발달을 지원하고 돕기 위한 교육과 중재에는 보다 엄밀한 선별과 진단 및 평가가 요구된다.

「장애인 등에 대한 특수교육법」 제15조(특수교육대상자의 선정) 제1항은 '특수교육을 필요로 하는 사람으로 진단 · 평가된 사람을 특수교육대상자로 선정한다.' 라고 명시하고 있다. 이는 교육대상자 중 진단 · 평가를 통해 특수교육이 요구되는 대상자를 선정한다는 것이다. 그러나 진단 · 평가의 의미나 과정 및 도구에 대해서는 법에 명시하지 않고 있다. 따라서 교육 및 중재 현장에서는 다양한 진단 · 평가가 이루어지고 있는 것이 현실이다. 자폐성장애를 지닌 특수교육대상자를 선정하는 데 있어서도 마찬가지일 것이다. 이에 이 장에서는 자폐성장애를 지닌 아동의 선별 과정 및 도구, 진단 과정 및 도구, 평가 과정 및 도구, 교육 및 중재 계획을 위한 사정에 대해 학습함으로써 자폐성장애의 진단 · 평가 과정은 물론 자폐성장애를 지닌 아동에 대한 이해를 높이고자 한다.

”

학습목표

- 자폐성장애 선별 · 진단 · 평가의 중요성을 설명할 수 있다.
- 자폐성장애 선별 과정을 설명할 수 있다.
- 자폐성장애 선별 도구를 설명할 수 있다.
- 자폐성장애 진단 과정을 설명할 수 있다.
- 자폐성장애 진단 도구의 주요 특성을 설명할 수 있다.
- 자폐성장애 평가 과정을 설명할 수 있다.
- 자폐성장애 평가 도구의 주요 특성을 설명할 수 있다.
- 교육 및 중재 계획을 위한 사정 과정 · 지침 · 전략을 설명할 수 있다.

1. 자폐성장애의 선별 과정 및 도구

1) 선별 과정

최근 들어 자폐성장애의 조기 징후와 특성을 파악하는 데 초점을 맞춘 연구가 급격하게 증가하고 있으며, 연구 결과들은 자폐성장애에 대한 조기 선별 검사의 중요성을 지지하고 있다. 조기 선별의 배경에는 유아기에 진행되는 급속한 뇌 성장과 발달 중에 의미 있는 중재를 제공함으로써 자폐성장애를 예방하거나 완화시킬 수 있다는 희망이 내재되어 있다.

선별은 심층적 혹은 완전한 진단·평가를 필요로 하는 아동을 확인하기 위해 또는 앞으로 문제가 진전될 수 있거나 교정 프로그램이 필요한 아동을 확인하기 위해 조기 발견 과정의 중요한 절차다(Taylor, 2004). 자폐성장애를 포함하여 조기 개입이 필요한 아동을 선별하기 위해서는 기본적으로 동일한 과정을 거친다. 선별 과정에서 아동은 문제가 확인될 수도 있고, 확인되지 않을 수도 있다. 따라서 선별 과정을 아동의 특수교육 서비스에 대한 적격성을 판정하거나 아동에게 자폐성장애 명칭을 붙이는 과정으로 생각해서는 안 된다. 선별 검사는 아동의 기능수준을 최대한 성취하도록 돕기 위해 전체 장애 인구에서 특수교육 및 중재 서비스를 필요로 하는 아동을 구분하는 하나의 과정이다(조광순, 조윤경, 홍성두, 2008).

자폐성장애를 포함하여 조기 개입이 필요한 아동을 선별하는 과정에는 다음의 주요 원칙들이 포함되어야 한다. 첫째, 선별 검사는 선별된 문제가 계속적인 교육적·치료적 프로그램들을 적용한 결과로 수정되거나 개선될 수 있다는 것을 가정한다. 둘째, 문제를 조기에 파악한 결과로 조기개입을 할 경우에는 문제가 보다 확실하게 나타났을 때 개입하는 것이 문제의 진전을 예방하거나 향상된 상태를 기대할 수 있다. 셋째, 선별이 된 문제 또는 상태는 측정이 가능한 더욱더 세밀한 심사 절차를 통하여 상세하게 진단되어야 한다. 넷째, 다음 단계를 위한 추후지도가 필요하다면 즉시 또는 잠정적으로 이루어져야 한다. 다섯째, 선별된 문제나 상태는 비교적 널리 알려진 것이나, 발견되지 않은 희귀한 문제가 더욱 중요하거나 심각한 것일 수도 있다. 여섯째, 문제를 적절하게 선별하기 위한 심사 절차는 쉽고 용이해야 한다.

2) 선별 도구

자폐성장애의 주요 특성들은 유아기에 확인될 수 있으나 이 시기의 아동은 자신의 문제를 스스로 인식하거나 표현하지 못한다. 따라서 전문 의료진에 의해 이루어지는 의학적 검사를 제외하면 자폐성장애 위험의 조기 발견을 위해 현재 사용되고 있는 도구는 대부분 부모 또는 성인들에 의한 관찰 및 보고용 선별 도구들이다. 그러나 유아기 초기에 발현되는 특성들을 통해 자폐성장애 위험 유아를 선별하는 데는 몇 가지 어려움이 있을 수 있다. 첫째, 자폐성장애의 핵심적 특징으로 여겨지는 사회적 의사소통의 부적절함이 유아기 발달 특성상 빈도가 낮거나 나타나지 않을 수도 있기 때문이다. 순간순간의 행동이 내적 심리상태와 배경적 요인에 의해 영향을 받기 쉬운 유아에게 나타나는 행동의 부재를 해석하는 것은 매우 어려운 일이기 때문이다. 예를 들어, 임상기관에 방문한 24개월 된 유아에게서 사회적 미소나 상호작용이 관찰되지 않으면 자폐성장애의 적신호이지만, 이는 유아의 피로, 배고픔 그리고 기타 여러 원인을 반영하고 있을 수도 있기 때문이다. 둘째, 사회적 의사소통 행동은 실무율적 현상이 아니다. 자폐 성향을 가진 유아들이 눈을 마주치거나 다른 사람들의 행동을 모방하는 경우가 전혀 없는 것은 아니기 때문이다. 셋째, 운동이나 언어발달과 같은 방식의 사회적 행동을 위한 규범이나 이정표는 존재하지 않는다. 부모가 이름을 불렀을 때 쳐다볼 것으로 예상되는 어린이는 몇 퍼센트이며, 일상의 의사소통에 대한 사회적 상호성을 수량화하여 제시할 수 없다. 따라서 사회적 행동 발달에 대한 정의와 빈도는 다른 발달의 이정표보다 훨씬 더 모호하다. 이와 같은 어려움에도 불구하고 부모 또는 성인에 의해 어린 아동의 자폐성장애를 선별하는 도구에는 여러 가지가 있으며, 선별 검사 결과는 장애위험 수준을 제공한다(Volkmar et al., 2014).

자폐성장애 위험 조기 선별 도구는 다양하게 있으나 유아기(걸음마기) 자폐증 체크리스트(Checklist for Autism in Toddlers: CHAT), 자폐 특성의 조기선별 설문지(Early Screening of Autistic Traits Questionnaire: ESAT), 유아행동평가척도(Child Behavior Checklist for Ages 1.5–5: CBCL 1.5–5) 부모용, 자폐성 발달장애 선별 체크리스트에 대해 구체적으로 살펴보고자 한다.

(1) 유아기(걸음마기) 자폐증 체크리스트

CHAT(Baron-Cohen et al., 1992)는 초기 자폐증 특성 인구 선별 검사로 개발된 도구였다. 이 도구는 18개월 된 유아의 자폐증 위험 정도를 확인하기 위해 일반적인 건강관리 방문 중 사용하도록 영국에서 설계된 검사다. CHAT는 부모 보고용이며 9개 항목으로 구성되어 있고 자폐성장애를 예언하는 세 가지 요인인 가상놀이, 응시하기, 지적하기의 결여를 포함하고 있다.

CHAT의 9개 항목과 더불어 CHAT의 관찰 부분에서 행동을 평가하는 추가 항목 및 CHAT에서 평가하지 않은 자폐성장애 특성을 나타내는 항목을 추가하여 개정된 선별 검사가 M-CHAT(Robins et al., 2001)다. M-CHAT는 16~30개월 사이의 걸음마기 유아들의 자폐성장애 특성을 선별하기 위해 23개의 항목으로 구성된 부모 보고용 도구다.

M-CHAT의 항목은 〈표 2-1〉과 같다.

표 2-1 개정된 유아기 자폐증 체크리스트

M-CHAT		
평상시에 아이가 어떠한지 다음 질문에 '예' 또는 '아니요'로 답해 주기 바랍니다. 만약 행동이 거의 나타나지 않는다면(예: 해당 행동이 한두 번 정도만 나타났다면), 그 행동은 나타나지 않는 것으로 '아니요'에 답하기 바랍니다.		
1. 아이는 당신의 무릎 등에 올라 앉거나 매달립니까?	예	아니요
2. 아이는 다른 아이들에게 관심을 보입니까?	예	아니요
3. 아이는 계단 같은 것에 기어오르는 것을 좋아합니까?	예	아니요
4. 아이는 까꿍놀이와 같은 눈맞추기 놀이를 즐겨 합니까?	예	아니요
5. 아이는 전화 주고받기, 인형놀이와 같은 가장놀이를 하거나 흉내내기를 합니까?	예	아니요
6. 아이는 요구사항이 생기면 자주 손가락으로 가리키며 요구합니까?	예	아니요
7. 아이는 어떤 것에 관심을 표현하기 위해 자주 손가락으로 지적합니까?	예	아니요
8. 아이는 장난감(예: 차, 벽돌)을 핥거나 만지작거리거나 떨어뜨리는 행위를 하지 않고 적절하게 놀이할 수 있습니까?	예	아니요
9. 아이는 뭔가를 보여 주기 위해 자주 물건을 가지고 옵니까?	예	아니요
10. 아이는 1~2초 이상 당신을 쳐다봅니까?	예	아니요
11. 아이는 소음에 늘 과민하게 반응합니까?	예	아니요
12. 아이는 당신의 표정이나 웃음에 대한 반응으로 웃습니까?	예	아니요

13. 아이는 당신을 모방합니까?(예: 침울한 표정을 지으면 따라 합니까?)	예	아니요
14. 아이는 자신의 이름을 부르면 반응합니까?	예	아니요
15. 아이는 당신이 지적하는 장난감을 바라봅니까?	예	아니요
16. 아이는 걷습니까?	예	아니요
17. 아이는 당신이 쳐다보는 것을 쳐다봅니까?	예	아니요
18. 아이는 자신의 얼굴 가까이에서 손가락을 특이하게 움직입니까?	예	아니요
19. 아이는 자신의 활동에 당신의 관심을 끌려고 노력합니까?	예	아니요
20. 당신은 아이가 청각장애가 아닌지 의심한 적이 있습니까?	예	아니요
21. 아이는 사람들이 말하는 것을 이해합니까?	예	아니요
22. 아이는 가끔 허공을 바라보거나 목적 없이 방황합니까?	예	아니요
23. 아이는 친숙하지 않은 상황에 직면할 때, 당신의 반응을 알아보기 위해 당신의 얼굴을 쳐다봅니까?	예	아니요

출처: Robins, Fein, Barton, & Green(2001).

(2) 자폐 특성의 조기선별 설문지

ESAT(Dietz et al., 2006; Swinkels et al., 2006)는 19개 항목의 자폐 특성을 포함하는 설문지나 인터뷰를 통해 영유아를 둔 부모나 양육자에게 실시하며, '예' 또는 '아니요'로 답하게 되어 있다. 이 도구는 각 항목의 차별적 특성을 검토하고 항목 간의 차이점을 비교한 후, 놀이, 정서, 전형화된 행동에 초점을 둔 14개 항목이 최종 선택되었다. Swinkels 등(2006)은 ESAT의 14개 항목을 통해 16개월에서 48개월의 자폐성장애를 가진 유아 34명 표본에서 14개 항목의 ESAT는 민감도(sensitivity)가 0.94라고 밝혔다. ESAT는 네덜란드에서는 13개월에서 23개월 사이의 영유아들에게 사용되었으며, 4개 항목에서 사전 선별되는 영유아는 병원 방문 시에 의사에 의한 부모 면담으로 시행되었다.

표 2-2 **자폐 특성의 조기선별 설문지**

ESAT		
1. 아이는 일반적인 장난감보다 특이한 물체에 주로 관심을 보입니까?	예	아니요
2. 아이는 장난감을 핥거나 만지작거리거나 떨어뜨리는 행위를 하지 않고 다양한 방법으로 가지고 놀이할 수 있습니까?	예	아니요
3. 아이가 웃거나 우는 등 자신의 감정을 상황에 적절하게 표현하나요?	예	아니요
4. 아이가 추위, 따뜻함, 빛, 소리, 고통 또는 똑딱거림과 같은 감각 자극에 일반적인 방법으로 반응하나요?	예	아니요

5. 아이의 얼굴을 보면 아이가 어떤 감정을 느끼는지 알 수 있나요?	예	아니요
6. 아이와 눈맞추기가 쉽게 이루어지나요?	예	아니요
7. 아이가 잠시 혼자 남겨지면 울거나 당신을 부르는 등의 행동을 시도하나요?	예	아니요
8. 아이가 자신의 머리를 치거나 몸을 흔드는 등의 전형화된 반복 행동을 하지 않습니까?	예	아니요
9. 아이가 스스로 물건을 당신에게 가져오거나 무언가를 보여 준 적이 있나요?	예	아니요
10. 아이가 다른 아이나 어른에게 관심을 보이나요?	예	아니요
11. 아이는 안기는 것을 좋아하나요?	예	아니요
12. 아이는 당신 혹은 다른 사람에게 미소 짓나요?	예	아니요
13. 아이는 까꿍놀이를 하거나 다른 사람의 무릎에 올라가거나 매달리기와 같은 행동을 하나요?	예	아니요
14. 아이는 다른 사람이 말을 걸면 쳐다보거나 듣거나 미소 짓거나 대답을 하는 등의 반응을 하나요?	예	아니요
15. 아이가 옹알이하듯 발음하거나 겨우 몇 단어로만 말하나요?	예	아니요
16. 아이는 당신이 무언가를 가리키면 당신의 시선을 따라 당신이 가리키는 것에 응시하나요?	예	아니요
17. 아이는 자신이 관심 있는 것을 표현하기 위해 손가락으로 직접 가리키나요?	예	아니요
18. 아이는 무언가를 요구하기 위해 손가락으로 직접 가리키나요?	예	아니요
19. 아이는 장난감 컵과 주전자로 차 만드는 시늉을 하거나 다른 가장놀이를 하나요?	예	아니요

출처: Swinkels, Dietz, Daalen, Kerkhof, Engeland, & Buitelaar(2006).

(3) 유아행동평가척도: 부모용

CBCL 1.5−5(Achenbach & Rescorla, 2000)는 18개월부터 만 5세까지 영유아의 행동 문제를 평가하는 도구다. 한국에서는 오경자와 김영아(2008)가 유아행동평가척도 부모용으로 번안하였고 김영아 등(2009)에 의해 표준화되었다. 영유아를 관찰할 수 있는 사람이라면 도구의 사용이 가능하고, 주로 가정에서 영유아를 관찰하는 부모, 특히 어머니에 의해 실시된다. 영유아의 행동을 묘사하는 100개의 문항으로 구성되어 있고, 그중 99개 문항에 대해 현재나 지난 2개월 내에 영유아가 그 행동을 보였는지 평가하도록 한다. 그 항목에 꼭 맞거나 자주 있었다면 2점 '자주 그런 일이 있거나 많이 그렇다'에, 가끔 있거나 그런 경향이 조금 있는 편이면 1점 '가끔 그렇거나 그런 편이다'에, 전혀 해당되지 않는다면 0점 '전혀 해당되지 않는다'에 표시한다. 마지막 문항은 99개 문항 외에 영유아의 문제를 적고 그 수준을 평가하도록 구성된 개방형 문항이다. 100개의 문항은 내재화, 외현화, 문제행동증후군 척도와 5개의 DSM 진단 척도로 구성되어 있다. DSM 진단 척도 중 전반적 발달문제 척도는 눈맞춤을 피하거나 애정이나 관심 표현에 별로 반응을 보이지 않는 점, 일상의 작은 변화에 지나치게 불안해하거나, 몸을 반복적으로 흔드는 등의 행동양상을 평가하는 항목들이 DSM-5의 자폐스펙트럼장애 진단의 준거와 일치한다. 유아행동평가척도는 이전의 도구들에서 표준화된 연령보다 어린 18개월 이상의 영유아를 대상으로 평가할 수 있고, 영유아를 관찰할 수 있는 사람이라면 누구나 사용이 가능하며 민감한 도구인 유아행동평가척도의 DSM 전반적 발달문제 척도가 기존의 도구들의 단점을 보완할 수 있을 것이다(권유진, 2014).

(4) 자폐성 발달장애 선별 체크리스트

표 2-3 자폐성 발달장애 선별 체크리스트

아동명		성별	남/여	생년월일	년 월 일
소속학교		학년반	학년 반	작성자	(인)

발달의 여러 분야에서 문제가 나타나고 특히 사회적 상호작용이나 의사소통 기술에 심각한 제한이 있으며, 상동증적인 행동, 관심 및 활동을 나타내어 학습활동이나 일상생활에서 특별한 지원을 지속적으로 요구하는 아동은 다음과 같은 행동들을 나타낼 수 있습니다. 아동이 나타내는 행동에 해당하는 항목이 있으면 모두 ∨표를 해 주십시오.

1. 여러 가지 비언어적 행동(눈맞춤, 얼굴 표정, 몸짓, 사회적 상호작용에서 나타나는 제스처)을 사용하는 데 심한 결함이 있다.
2. 발달수준에 적합한 또래관계를 형성하지 못한다.
3. 자발적으로 다른 사람들과 기쁨 · 흥미 · 성취를 나누려고 하지 않는다. 즉, 관심 있는 것을 보여 주거나, 가져오거나, 가리키지 않는다.
4. 사회적 혹은 정서적 상호교류적인 면이 부족하다.
5. 말이 늦거나 혹은 말을 거의 하지 못한다. 이때 제스처나 몸동작과 같이 말 이외의 다른 것으로 보상하려는 시도도 부족하다.
6. 말을 하더라도, 다른 사람들과 대화하는 데 있어서 심한 결함을 보인다.
7. 반복하는 말을 사용하거나, 혹은 의미 없는 이상한 말을 한다.
8. 발달수준에 적합하게 다양하고 자발적인 가상놀이 혹은 사회적 모방놀이를 하지 못한다.
9. 고집스럽고 지나치게 한두 가지 제한된 면에 관심을 갖는다.
10. 특정한 또는 불합리한 일상이나 의식에 집착한다.

11. 상동증 행동/이상한 자세들(예: 손이나 손가락을 흔들거나 꼬는 행동 등)을 한다.
12. 물건의 일부분에 집착한다.
13. 의사로부터 '발달장애' '반응성 애착장애' '유사자폐성' '광범위성 자폐성' '전반적 발달장애' 등으로 진단을 받은 일이 있다.
이와 같은 행동을 나타내는 아동은 일단 발달에 문제를 지닌 것으로 의심하여 정확한 진단을 받도록 할 필요가 있습니다. 아동의 발달에 문제가 있다고 판단되는 경우 진단을 실시해도 좋다고 허락해 주신다면, 진단을 실시한 이후 그 결과를 통보해 드리겠습니다.

출처: 정동영, 김형일, 정동일(2001).

2. 자폐성장애의 진단 과정 및 도구

1) 진단 과정

진단은 선별 과정에서 자폐성장애 위험요소를 나타내는 것으로 분류된 아동을 대상으로 전문가 또는 전문가팀에 의해 자폐성장애 여부를 사정하는 과정이다.

자폐성장애는 어떤 장애 영역보다도 진단적 개념의 불확실성뿐만 아니라 발달상의 문제가 아동에 따라 매우 다양하고 개인차가 크다. 따라서 진단 과정에서 아동을 평가하고 정확한 진단을 내리기가 쉽지 않은 경우가 많다. 일반적으로 아동이 나이가 들수록 자폐성장애를 보다 정확하게 진단할 가능성이 높은 것은 사실이지만, 나이가 들 때까지 정확한 진단을 내리는 것을 유보하는 것이 정당하다는 의미는 결코 아니다. 왜냐하면 일반적으로 자폐성장애 아동은 조기에 진단이 되면, 그만큼 집중적이고 체계적인 중재 및 교육을 통한 지원이 이루질 수 있기 때문이다.

임상적으로 전형적인 자폐성장애의 경우는 만 18개월부터 진단이 가능하며, 보다 어린 나이에 정확한 진단을 내리기 위한 노력이 필요하다. 한편, 자폐성장애를 진단하여 다른 종류의 발달장애와의 차이를 식별해 내는 의학적 검사(medical test)는 아직 없다. 그러나 자폐성장애와 관련된 많은 행동들이 다른 의학적 질환에서도 유사하게 나타날 수 있기 때문에, 다른 가능한 의학적 원인을 배제하기 위하여 의학적 검사를 시행하게 된다.

진단의 일반적인 목적은 다음과 같다. 첫째, 장애를 가지고 있는지 없는지를 사정하는 것이다. 둘째, 판명된 문제의 원인을 규명하는 것이다. 셋째, 치료계획을 수립하는 것이다. 넷째, 아동에게 제공될 프로그램이 가장 적절한 서비스인가를 확인하는 것이다. 다섯째, 아동을 위한 일련의 프로그램을 계획함에 있어서 필요한 정보를 제공하고 재활계획을 폭넓게 발전시키는 것이다.

진단 과정은 먼저 형식적 · 비형식적 검사 도구를 이용하여 검사를 실시하고, 검사를 통해 측정된 결과를 평가 · 사정하며, 사정 결과를 바탕으로 아동이 지닌 자폐성장애 여부를 판별하게 된다. 검사는 사전에 정해진 규칙이나 과정에 따라 실시하고, 결과에 대한 평가 · 사정을 통한 채점과 해석은 전문가에 의해 이루어져야 한다.

자폐성장애를 진단하는 데 있어 맞춤형 진단을 실시하기도 하는데, 이는 다른 어떤 것보다도 진단 준거에 더 잘 부합되는지를 결정하여 정확한 진단의 가능성을 높이고자 하는 것이다. 자폐성장애를 특징짓는 단일한 행동이 없고 동일한 진단 범주에 속한 아동들이라도 이질적인 특성을 보일 수 있기 때문에 특정 진단 도구만으로 자폐성장애를 판별하는 것은 매우 위험한 일이다. 따라서 정확한 진단을 내리기 위해서는 아동에게 적합한 다양한 진단도구를 통한 검사가 이루어져야 하며, 다양한 심리적 · 행동적 · 발달적 평가와 함께 이루어져야 한다(Heflin & Alaimo, 2007).

2) 진단 도구

진단의 본래 목적을 달성하기 위해서는 다양한 형태의 측정 방법과 도구를 이용하여 다양한 자료로부터 정확한 정보를 얻는 것이 중요하다. 진단 도구는 비형식적 도구와 형식적 도구로 나눌 수 있다. 비형식적 도구는 아동의 부모나 양육자와의 면담을 통해 정보를 수집하는 구조화된 또는 비구조화된 설문지, 구조화된 또는 비구조화된 활동 중 아동행동의 관찰을 통해 정보를 수집하는 구조화된 또는 비구조화된 관찰 도구, 포트폴리오 등이다. 형식적 도구는 진단을 위해 개발되어 있는 표준화된 또는 비표준화된 다양한 검사 도구들이다. 여기서는 자폐성장애를 진단하기 위해 개발된 형식적 검사 도구들을 소개하고자 한다.

현재 우리나라에서 사용되고 있는 자폐성장애 진단 도구는 자체 개발한 도구보다는 주로 외국에서 개발한 도구를 우리나라 실정에 맞게 표준화하거나 번역해서 사용하는 경우가 많다. 특수교육 현장에서 많이 사용하고 있는 자폐성장애를 위한 진단 도구들 중 자폐증 행동 검목표(Autism Behavior Checklist: ABC), 아동기 자폐증 평정척도(Childhood Autism Rating Scale: CARS), 한국 자폐증 진단검사(Korean Autism Diagnostic Scale: K-ADS), 심리교육 프로파일 개정판(Psychoeducational Profile-Revised: PEP-R), 자폐증 진단 관찰 스케줄(Autism Diagnostic Observation Schedule: ADOS), 자폐증 진단 면담지 개정판(Autism Diagnostic Interview-Revised: ADI-R)에 대해 구체적으로 살펴보고자 한다.

(1) 자폐증 행동 검목표

① 목적 및 대상

ABC는 Krug 등(1980)이 18개월에서 35세 이하를 대상으로 자폐성장애를 변별하기 위해 만든 표준화된 평가척도다.

② 영역 및 내용

ABC는 감각, 관계, 신체개념, 언어, 사회적 자립 등 다섯 가지 하위 영역 총 57개의 문항으로 구성되어 있으며, 각 문항마다 가중치가 배정되어 '예'라고 평가한 문항에 대한 점수를 합산하여 총점을 산출한다.

③ 장점 및 단점

ABC의 장점은 다양한 상황에서 손쉽게 사용 가능하며, 짧은 시간에도 불구하고 아동의 자폐성장애 증상의 수준을 빠르게 파악하여 자폐성장애와 비자폐성장애를 구별할 수 있다는 것이다. 또한 여러 연구에서 ABC의 타당성과 유용성이 입증되었고, 실시와 채점이 간편하고 경제적인 효율성이 뛰어나 자폐성장애 관련 연구와 다양한 임상현장에서 널리 사용되고 있다.

④ 결과

ABC의 결과는 총점이 68점 이상이면 자폐성장애, 53~67점은 자폐성장애 의심, 53점 미만은 자폐성장애 가능성이 희박하다는 것을 나타낸다.

(2) 아동기 자폐증 평정척도

① 목적 및 대상

CARS는 Schopler 등(1986)이 취학 전 아동을 포함한 모든 연령군의 아동을 대상으로 자폐성장애를 진단하고, 자폐증상이 없는 발달장애 아동들을 선별하기 위해 개발한 행동 평정척도다. 이 평정척도로 자폐성장애의 선별과 더불어 경증 내지 중간 정도의 자폐 아동과 중증 자폐 아동을 분류할 수 있다.

② 영역 및 내용

CARS는 사람과의 관계, 모방, 정서 반응, 신체 사용, 물체 사용, 변화에의 적응, 시각반응, 청각반응, 미각, 후각, 촉각 반응 및 사용, 두려움 또는 신경과민, 언어적 의사소통, 비언어적 의사소통, 활동 수준, 지적 기능의 수준과 항상성, 일반적 인상의 15개 항목으로 구성되어 있다.

채점은 15개 문항마다 1에서 4점까지 평정한다. 4개의 점수 외에도 행동이 두 범주 사이에 해당될 때 사용되는 중간점(1.5, 2.5, 3.5)을 줄 수 있다.

③ 장점 및 단점

CARS는 임상적 직관보다는 행동적이고 경험적인 자료를 강조하기 때문에 임상 분야뿐만 아니라 다른 전문 분야의 사람들도 진단이 가능하게 되어 있으며, 사용 연령이 취학 전 아동을 포함한 모든 연령군이라는 것이 장점이라고 할 수 있다. 그러나 이 검사는 미국의 CARS를 표준화하지 않고 번역해서 사용하고 있기 때문에 검사결과의 활용에 제한이 있다. 검사자가 부모와 면담을 통해 실시하는 경우에 정확한 정보를 파악할 수 있는가에 대한 신뢰도의 문제를 야기할 수 있으며, 부모가 평가할 경우에는 전문지식의 부족과 부모의 편파성으로 인해 결과가 다소 왜곡될 가능성이 있다(김태련, 박랑규, 1996).

④ 결과

CARS는 15개 문항의 전체점수 15~60점을 근거로 한 진단 범주에서 전체점수 15~29.5의 진단적 분류, 기술적 수준 모두 자폐증이 아님으로 진단된다. 전체점수

30~36.5의 진단적 분류는 자폐증, 기술적 수준은 경도, 중등도 자폐증으로 진단된다. 전체점수 37~60의 진단적 분류는 자폐증, 기술적 수준은 중도 자폐증으로 진단된다.

(3) 한국 자폐증 진단검사

① 목적 및 대상

K-ADS는 강위영과 윤치연(2004)이 DSM-IV-TR(APA, 2000)의 자폐성장애 진단기준과 Gilliam(1995)의 GARS(Gilliam Autism Rating Scale)를 기초로 하여 만 3세부터 21세까지의 아동 및 청소년을 대상으로 자폐성장애로 의심되는 아동을 조기에 발견하기 위해 개발한 선별 도구다.

② 영역 및 내용

K-ADS는 상동행동, 의사소통, 사회적 상호작용의 3개의 하위검사로 구성되어 있다. 검사문항은 3개의 하위검사마다 14개씩 총 42개로 구성되어 있다. 각 문항은 4점 척도로 평정하게 되어 있다.

검사는 아동과 적어도 2주 이상 정기적으로 접촉해 온 교사나 부모가 실시할 수 있다. 검사결과는 자폐지수(M=100, SD=15)와 백분위점수로 제시되며, 하위검사별로 표준점수(M=10, SD=3)와 백분위점수를 산출할 수 있다. 결과 해석은 하위검사의 표준점수로 자폐지수, 자폐 정도, 자폐 확률을 구하며, 표준점수로 검사 프로파일의 그래프를 작성하여 분석한다.

③ 장점 및 단점

K-ADS는 자폐성장애의 선별 도구는 물론 IEP의 변화 및 중재 목표를 설정하는 자료로도 활용할 수 있다. 이 검사는 실시와 채점이 용이하며, 검사대상자의 연령 폭이 3세에서 21세로 되어 있어 다양한 연령에서 폭넓게 사용할 수 있다. 그러나 표준화 과정에서 표집아동의 수가 적어 검사의 신뢰도와 타당도에 문제가 있을 수 있다. 검사자가 부모와 면담을 통해 실시하는 경우에 정확한 정보를 파악할 수 있는가에 대한 신뢰도의 문제를 야기할 수 있으며, 부모가 평가할 경우에는 전문지식의 부족과 부모의 편파성으로 인해 결과가 다소 왜곡될 가능성이 있다(강위영, 윤치연, 2004).

④ **결과**

K-ADS는 하위검사별로 표준점수(평균이 10이고, 표준편차가 3인 표준점수)와 백분위점수를 그리고 하위검사의 표준점수들의 합에 이해 자폐지수(평균이 100이고, 표준편차가 15인 표준점수)와 백분위점수를 제공한다.

(4) 심리교육 프로파일 개정판

① **목적 및 대상**

PEP-R은 Schopler 등(1990)이 만 1세에서 7세 5개월까지의 아동을 대상으로 자폐성장애 아동의 발달과 행동 특성을 평가하는 도구다. 이 검사는 자폐성장애 아동의 진단은 물론 아동의 학습 및 행동 발달을 평가하여 교육 프로그램에 활용할 수 있다.

② **영역 및 내용**

PEP-R은 발달척도와 행동척도로 나뉜다. 발달척도는 7개 영역의 131개 문항으로

표 2-4 **심리교육 프로파일 개정판의 척도 및 내용**

척도	하위영역	내용	문항 수
발달척도	1. 모방	다른 사람이 말한 것을 반복하거나 다른 사람이 하는 것을 흉내 내는 능력	16
	2. 지각	소리에 대한 반응, 시각추적, 형태, 색깔, 크기의 지각능력	13
	3. 소근육 운동	손 협응과 쥐기와 같은 운동 기능	16
	4. 대근육 운동	팔, 다리 등 대근육의 사용 운동 기능	18
	5. 눈 · 손 협응	눈과 손을 함께 사용하는 능력	15
	6. 동작성 인지	언어에 의존하지 않는 과제들의 수행능력과 언어이해 능력	26
	7. 언어성 인지	언어 또는 몸짓을 통해 표현하는 능력	27
	합계		131
행동척도	1. 대인관계 및 감정	사람들(부모 및 검사지)과의 관계와 정서반응	12
	2. 놀이 및 검사재료에 대한 흥미	선호하는 놀이 유형과 검사재료 사용 방법	8
	3. 감각 반응	시각 · 청각 · 촉각 자극에 대한 반응의 민감성과 감각 통합 양상	12
	4. 언어	의사소통 유형, 억양, 언어모방(반향어) 등	11
	합계		43

구성되고, 행동척도는 4개 영역의 43개 문항으로 구성되어 모두 174개 문항으로 이루어져 있다.

검사는 아동의 반응을 정확히 파악할 수 있는 검사자가 실시해야 한다. 발달척도의 문항은 검사 실시 중에 합격, 싹트기 반응, 실패의 세 수준으로 채점하며, 행동척도의 문항은 검사가 끝난 즉시 정상, 경증, 중증의 세 수준으로 채점한다.

③ 장점 및 단점

PEP-R은 자폐성장애 아동의 발달과 행동 특성을 평가하여 진단할 수 있는 검사다. 이와 더불어 검사문항 내용을 영역별 지도에 활용할 수 있는 유용한 검사다. PEP-R의 문항 통과 결과가 합격, 싹트기 반응, 실패의 세 수준으로 나타나기 때문에 싹트기 반응이 나타난 문항을 중심으로 IEP를 수립하여 지도하면 성취도를 높일 수 있다. 그러나 검사의 내용이 복잡하고, 검사 소요시간이 길어 검사의 실용도가 다소 떨어지는 단점이 있다(김태련, 박랑규, 2005).

④ 결과

검사 결과는 발달척도와 행동척도별로 제시된다. 발달척도에서는 7개 하위영역의 총 합격점을 근거로 하위영역별 발달 연령과 전체 발달 연령을 산출하여 발달척도 결과표를 작성한다. 행동척도에서는 4개의 하위영역이 표시되어 있는 사분원의 중심에서 바깥쪽으로 중증에 해당하는 문항 수만큼을 회색으로 칠하여 행동척도 결과표를 작성한다.

(5) 자폐증 진단 관찰 스케줄

① 목적 및 대상

ADOS는 Lord 등(1989)이 언어기능이 3세 이상인 아동 및 성인을 대상으로 놀이와 활동을 통해 자폐성장애 아동을 관찰하고 진단하기 위해 개발한 도구다. 이 검사는 구어발달이 정상인 아동뿐만 아니라 구어발달이 지체되어 있는 아동을 대상으로도 실시가 가능한 검사로 자폐성장애를 선별하고 진단할 수 있다.

② 영역 및 내용

ADOS는 4개의 모듈로 구성되어 있다. 모듈은 비구조화-구조화된 상황으로 구성된 사회적 의사소통의 순서를 제공한다. 각 상황은 특정한 사회적 행동을 평가하기 위해 미리 계획된 사회적 상황을 조합해서 제공한다.

표 2-5 자폐증 진단 관찰 스케줄의 모듈 구성 및 대상

구성	대상	상황
모듈 1	자발적이고 의미 있는 단어를 조합해서 반향어가 아닌 세 단어의 어절로 말을 할 수 없는 아동	이름에 대한 반응, 비눗방울놀이 등
모듈 2	어느 정도의 어구를 사용하지만 언어가 유창하지 않은 아동	구성과제, 가장놀이 등
모듈 3	장난감을 갖고 하는 놀이가 나이에 적절하고, 언어가 유창한 아동	실연과제, 친구와 결혼 등
모듈 4	언어가 유창한 청소년과 성인	그림의 묘사, 계획과 희망 등

검사 시간은 45분에서 1시간 정도가 소요된다. 검사는 아동을 대상으로 검사자와 아동 간의 상호작용을 관찰하고 기록하며 이루어진다. 이 검사는 아동의 언어 수준 및 생활 연령에 따라 네 가지 수준으로 구분하여 실시한다. 발화능력이 부족한 아동을 대상으로 하는 모듈 1에서부터 유창한 언어능력을 가진 성인을 대상으로 하는 모듈 4까지 연령과 언어 수준, 지능에 관계없이 알맞은 모듈을 선택해 사용할 수 있다. 이 검사는 대상자에게 자연스러운 사회적 상황을 제시함으로써 의사소통과 상호작용의 양상을 직접 관찰할 수 있으며, 표준화된 기준에 의해 채점하고 진단을 내릴 수 있다. 언어와 의사소통, 주고받는 사회적 상호작용, 놀이와 상상력, 상동적 행동과 제한된 관심, 기타 이상행동 등 5개의 하위영역에서 대상자를 포괄적으로 관찰하고 평가할 수 있다.

③ 장점 및 단점

ADOS는 자폐성장애와 관련된 행동을 직접 관찰하고 평가함으로써 자폐범주성장애의 진단은 물론 IEP 수립 및 교육의 효과를 평가하는 데 유용하게 사용할 수 있다.

이 검사의 대상연령은 언어기능이 3세 이상인 아동과 성인으로, 다양한 연령에서 폭넓게 사용할 수 있다. 또한 언어발달에 따라 단계별 모듈을 적용하도록 되어 있어

대상자의 수준에 맞게 검사할 수 있는 장점이 있다. 그러나 이 검사의 결과만으로 자폐성장애를 진단하고 IEP를 수립하는 데는 한계가 있으므로 다양한 검사와 병행해서 사용해야 한다(유희정, 곽영숙, 2009).

④ 결과

ADOS는 각 모듈의 마지막에 제시되어 있는 알고리듬에 ADOS에 의한 분류 및 전체적인 임상진단을 제공한다.

(6) 자폐증 진단 면담지 개정판

① 목적 및 대상

ADI-R은 Rutter 등(2003)이 언어발달 수준에 관계없이 만 2세 이상 자폐성장애가 의심되는 사람을 대상으로 자폐성장애를 평가하기 위해 DSM-IV와 ICD-10의 진단기준에 의거하여 개발한 반구조화된 부모 면담지다. 이 검사는 부모나 보호자와의 면담을 통해 이루어지며, 아동이 보이는 현재 행동에 초점을 두고 평가한다.

② 영역 및 내용

검사는 현재 행동 알고리듬과 진단적 알고리듬의 두 세트로 구성되어 있다. 현재 행동 알고리듬은 아동의 지도 전후의 효과 정도를 평가하는 데 유용하며, 진단적 알고리듬은 자폐성장애를 진단하는 데 사용할 수 있다.

검사 시간은 90분 정도가 소요된다. 검사는 언어 및 의사소통, 호혜적인 사회적 상호작용, 한정되고 반복적이며 상동적인 흥미 및 활동, 발생시점 평가 등 4개 하위영역의 93개 문항으로 구성되어 있으며, 각 영역별로 개별 점수를 산출할 수 있도록 되어 있다. 또한 40개 문항으로 구성된 축소형 평가서도 있다. 이 검사는 피검자의 행동을 직접 관찰하여 평가하는 ADOS와 상호보완적인 도구로 활용된다.

③ 장점 및 단점

ADI-R은 자폐성장애 평가 도구 가운데 가장 포괄적인 도구 중의 하나이며, 자폐성장애와 직접 관련이 없는 발달의 전 영역에 대한 평가가 가능하다. 이 검사는 자폐성장애의 진단뿐만 아니라 현재 행동 알고리듬을 통해 지도 전후의 효과를 평가하는 데도 유용하게 사용할 수 있다. 그러나 이 검사는 부모와의 면담을 통해 실시하는 면담지로 검사자가 아동의 정확한 정보를 파악할 수 있는가에 대한 신뢰도의 문제를 야기할 수 있으며, 부모가 평가할 경우에는 전문지식의 부족과 부모의 편파성으로 인해 결과가 다소 왜곡될 가능성이 있다(유희정, 2006a).

④ **결과**

ADI-R은 2개의 알고리듬(현재 행동 알고리듬, 진단적 알고리듬)을 제공한다.

3. 자폐성장애의 평가 과정 및 도구

1) 평가 과정

평가는 선별과 진단 과정을 거쳐 자폐성장애를 가진 것으로 판명된 아동을 대상으로 적격성 판정을 하고 의료지원, 교육지원, 가족지원 등 각 분야별 지원의 범위와 내용을 결정하기 위해 이루어지는 과정이다.

자폐성장애는 원칙적으로 경험이 많은 여러 분야의 전문가들, 소아정신과 의사, 심리학자, 특수교사, 언어치료사, 작업치료사 등 발달장애에 전문적인 지식을 가진 여러 전문가로 구성된 팀(multi-disciplinary team)이 아동을 평가하는 것이 이상적이다. 왜냐하면 자폐성장애의 적격성 판정, 서비스 자격 여부 결정, 개별화 교육계획 또는 기타 개입 프로그램에서 다루어야 할 강점과 약점의 패턴 식별에 대한 평가 등을 포함할 수 있기 때문이다. 어떤 경우에는 특정 문제에 대한 약리학적 또는 행동적 상담이나 서비스의 적합성 여부, 발작 가능성 평가 등 매우 구체적인 문제가 있을 수 있다(Volkmar et al., 2014).

실제로 자폐성장애 아동에 대한 평가는 다양한 측면에서 포괄적으로 이루어지고 있는데, 발달적 평가, 교육적 평가, 심리적 평가, 의학적 평가, 작업 및 물리적 평가 등이 있다. 평가는 교육학자, 심리학자, 의사, 교사, 작업 및 물리 치료사 등에 의해 개별적으로 이루어지기도 하고 팀 접근 평가, 학제 간 접근 평가 등이 이루어진다.

2) 평가 도구

자폐성장애 아동에 대한 평가는 아동의 발달 특성을 파악하는 것뿐만 아니라 적절한 교수계획 수립 및 실제를 제공하는 데 목적이 있다. 특별히 자폐성장애 아동을 위한 지원 영역과 범위를 결정하기 위해 평가가 이루어지는 것으로 아동에 대한 다양한 영역의 평가가 요구된다. 여기서는 자폐성장애 아동의 다양한 영역의 발달적 평가를 위해 행동발달, 사회적 행동, 감각-운동발달, 의사소통 능력, 지능 등에 대한 평가가 이루어져야 한다. 여기서는 이화-자폐아동 행동발달 평가도구(Ehwa-Check List for Autistic Children: E-CLAC), 사회성숙도 검사(Social Maturity Scale: SMS), 시각-운동통합 발달검사(Visual Motor Integration: VMI), 사회적 의사소통 질문지(Social Communication Questionnaire: SCQ), 한국 웩슬러 아동 지능검사(Wechsler Intelligence Scale for Children, 4th ed.: K-WISC-IV) 도구를 구체적으로 살펴보고자 한다.

(1) 이화-자폐아동 행동발달 평가도구

① 목적 및 대상

E-CLAC는 김태련과 박랑규(1996)가 일본의 Check List for Autistic Children-II를 모형으로 하여 한국의 만 1세부터 6세까지의 유아 및 아동을 대상으로 표준화한 검사로 자폐성장애 아동 및 발달장애 아동의 일반적인 행동 발달 및 병리적 수준을 평가하는 도구다. 이 검사는 아동의 일반적인 행동 특성과 지능 수준을 측정하고, 검사 결과를 토대로 아동의 IEP 수립의 기초 자료로 사용할 수 있다.

② 영역 및 내용

E-CLAC는 총 18개 영역의 56개 문항으로 구성되어 있다. 각 문항은 단계별로 표시하도록 되어 있는 척도문항과 해당되는 모든 항목에 표시하도록 되어 있는 비척도문항으로 구성되어 있다. 척도문항은 다시 발달문항과 병리문항으로 나뉜다.

표 2-6 **이화-자폐아동 행동발달 평가도구의 영역별 문항내용**

영역	문항내용	문항 수
1. 식사	자립의 정도, 편식의 정도, 식사시간	3
2. 배설	소변 습관, 대변 습관, 대변 장소	3
3. 수면	수면 습관(1), 수면 습관(2)	2
4. 착 · 탈의	옷 입기, 옷 벗기, 옷 입기 및 벗기 습관	3
5. 위생	씻기 및 몸단장, 위생습관	2
6. 놀이	어른들과의 놀이, 아이들과의 놀이 등	5
7. 집단에의 적응	집단적응성	1
8. 대인관계	부모와의 대인관계, 형제자매와의 대인관계 등	4
9. 언어	언어이해, 언어표현 등	5
10. 표현활동	변별능력, 그림 그리기 등	5
11. 취급하기	타인에의 의존성	1
12. 지시 따르기	지시 따르기	1
13. 행동	자발성, 집중성 등	5
14. 운동성	대근육운동, 소근육운동 등	5
15. 안전관리	안전인식	1
16. 감정표현	성내는 일, 기뻐하는 일, 무서워함	3
17. 감각표현	청각, 시각 등	5
18. 감각습관	통증, 추위, 더위, 구강습관	2
계		56

검사는 아동의 일상생활 전반을 잘 알고 있는 사람이 평가하는 것이 중요하다. 따라서 교사나 부모가 평가를 실시할 수 있다. 평가 시간은 40~50분이 소요된다.

③ 장점 및 단점

E-CLAC는 자폐성장애 아동을 대상으로 행동 발달 및 병리성 수준을 평가할 수 있으며, 자폐성장애로 의심되는 장애를 가진 아동을 선별하는 도구로도 활용할 수 있다. 또한 지적장애 또는 기타 장애를 가진 아동들의 경우에도 발달과정을 파악하는 데 활용할 수 있다. 그러나 이 검사는 검사자가 부모와 면담을 통해 실시하는 경우에 정확한 정보를 파악할 수 있는가에 대한 신뢰도의 문제를 야기할 수 있으며, 부모가 평가할 경우에는 전문지식의 부족과 부모의 편파성으로 인해 결과가 다소 왜곡될 가능성이 있다(김태련, 박랑규, 1996).

④ 결과

E-CLAC의 검사결과는 발달문항과 병리문항별로 사이코그램(psychogram)으로 나타낸다. 사이코그램이 완성된 후에 그림의 면적이나 각 문항에 따른 요철상태로 대상 아동의 발달이나 병리상태를 알 수 있다.

(2) 사회성숙도 검사

① 목적 및 대상

SMS는 Doll(1965)이 0세부터 만 30세까지의 모든 사람을 대상으로 자조, 이동, 작업, 의사소통, 자기관리, 사회화 등과 같은 변인으로 구성되는 개인의 적응행동을 평가하기 위해 개발한 적응행동검사를 김승국과 김옥기(1985)가 표준화한 것이다. 이 검사는 아동을 잘 아는 부모나 형제, 친척, 후견인과의 면담을 통해서 실시하여야 하며, 정보제공자의 응답이 신뢰할 수 없는 경우에는 대상아동을 직접 만나서 행동을 관찰하고 판단하는 것이 좋다.

② 영역 및 내용

6개의 행동 영역(자조, 이동, 작업, 의사소통, 자기관리, 사회화)에 걸쳐 117문항으로 구성되어 있다.

표 2-7 사회성숙도 검사의 구성 요소

<table>
<tr><th>유목</th><th>하위유목</th><th>내용</th><th>문항 수</th><th>전체</th></tr>
<tr><td rowspan="3">자조</td><td>일반</td><td>이동의 예비적 단계, 자조능력, 소변, 이동능력, 자기관리 능력, 의사소통 능력</td><td>14</td><td rowspan="3">39</td></tr>
<tr><td>식사</td><td>음료</td><td>12</td></tr>
<tr><td>용의</td><td>식사 도구 사용, 통제력과 변별력 유무, 전반적인 종합력 표현, 옷을 입고 벗기, 씻고 닦기, 몸단장</td><td>13</td></tr>
<tr><td>이동</td><td colspan="3">기어다니는 능력부터 어디든지 혼자 다닐 수 있는 능력까지를 알아보는 단순한 운동능력뿐만 아니라 그와 관련된 사회적 의미</td><td>10</td></tr>
<tr><td>작업</td><td colspan="3">단순한 놀이에서부터 고도의 전문성을 요하는 직업에 이르는 다양한 능력</td><td>22</td></tr>
<tr><td>의사소통</td><td colspan="3">동작, 음성, 문자 등을 매체로 한 수용과 표현</td><td>15</td></tr>
</table>

자기관리	금전의 사용, 구매, 경제적 자립 준비와 지원, 기타 책임 있고 분별 있는 행동 등의 독립성과 책임감	14
사회화	사회적 활동, 사회적 책임, 현실적 사고	17
6개 유목	117개 문항	

③ **장점 및 단점**

검사자의 행동이 영역별로 측정될 뿐만 아니라 행동 제시가 발달단계별로 이루어져 있으므로 프로그램의 계획 및 효과의 측정이 용이하다. 그러나 전문가가 아닌 보호자의 판단에 의존하여 검사를 수행하여야 하므로 검사 실시상의 문제가 발생할 수 있고, 지적장애를 겸하고 있는 나이가 많은 아동은 생활연령이 높아 사회성 지수가 낮게 나올 수 있다. 또한 영유아기 아동들의 행동에 관해서는 자세히 나와 있으나 나이가 들어 갈수록 문항이 자세히 분류되어 있지 못한 점이 있다.

④ **결과**

검사결과는 사회연령(Social Age: SA)과 사회성 지수(Social Quotient: SQ)로 분석된다(김승국, 김옥기, 1985).

(3) 시각-운동통합발달검사

① **목적 및 대상**

VMI는 Beery(1982)가 만 2세 이상 15세까지 아동을 대상으로 제작한 것을 우리나라에서 번안하여 사용하고 있는 것으로, 검사의 목적은 시지각과 소근육 운동 협응 능력을 평가하고, 조기 선별을 통한 학습 및 문제행동을 파악하는 데 있다. 개별 검사는 4세 이하인 아동에게 실시하며, 4세가 넘어선 아동의 경우 소집단으로 실시할 수 있다.

② **영역 및 내용**

VMI는 기하도형 모사능력과 학업성적 사이에 유의한 상관이 있다는 연구결과를 바탕으로 수직선, 수평선, 원 등 24개의 기하도형을 모사하도록 구성되어 있다.

표 2-8 시각-운동통합발달검사의 기하도형 구성 내용

번호	내용	번호	내용
도형 1	수직선	도형 13	이차원의 고리
도형 2	수평선	도형 14	6개의 원에 의한 삼각형
도형 3	원	도형 15	원과 마름모꼴
도형 4	십자형	도형 16	수직마름모꼴
도형 5	오른쪽 사선	도형 17	경사진 삼각형 붙여 그리기
도형 6	정방형	도형 18	8개의 점에 의한 원
도형 7	왼쪽 사선	도형 19	베르트하이머의 육각형
도형 8	경사십자형	도형 20	수평마름모꼴
도형 9	삼각형	도형 21	삼각형의 원 겹쳐 그리기
도형 10	열린 정방형과 원	도형 22	네커의 입방체
도형 11	세 직선의 교차	도형 23	앞이 좁은 상자
도형 12	화살표	도형 24	입체적인 별

이 검사에서 기하도형은 각 페이지별로 3개씩 굵은 검정색으로 인쇄되어 있다. 기하도형은 쉬운 것부터 복잡한 것의 순으로 배열되어 있으며, 아동의 경험에 크게 좌우되지 않는 구조로 되어 있어 끝까지 흥미를 유지하며 수행할 수 있도록 되어 있다.

이 검사는 아동이 도형을 따라서 그리되 한번 그린 것은 지워서 다시 그릴 수 없다. 또한 검사지를 돌려서 그려서도 안 된다. 검사의 시간제한은 없다.

③ 장점 및 단점

VMI의 장점은 기하도형이 아동에게 친숙하되 경험에 좌우되지 않아 흥미를 유지할 수 있다는 점과 발달 계열 및 난이도별로 과제가 배열되어 있다는 점이다. 또한 언어적 검사가 아니므로 청각장애 아동이나 언어장애 아동에게도 유용한 검사가 될 수 있다. 교사의 입장에서는 소집단의 아동들을 대상으로 실시할 수도 있으며, 특히 언어적 검사가 어려운 어린 아동들에게도 유용하게 사용할 수 있다는 점이 큰 도움이 될 수 있다.

한편 이 검사의 단점은 시각과 운동의 통합 능력을 평가하기 때문에 아동의 장애가 시각적 문제인지 아니면 운동적 문제인지, 혹은 이 두 가지가 연합되어 나타나는지를 알 수 없으며, 공간조직 기능을 측정하기 어렵다는 점이다. 또한 채점의 과정에서 일관성이 부족하고, 상당한 주관성이 포함된 해석을 할 수밖에 없도록 요강이 구성되어 있다는 점을 들 수 있다.

④ 결과

원점수는 3개의 도형을 연속 실패했을 때까지 정확하게 묘사한 전체 도형 수이며, 검사요강에 따라 연령점수, 표준점수, 백분위로 환산한다(박화문, 구본권, 1990).

(4) 사회적 의사소통 질문지

① 목적 및 대상

SCQ는 Rutter 등(2003)이 언어발달 수준에 관계없이 만 2세 이상을 대상으로 DSM-IV와 ICD-10의 진단기준에 의거하여 자폐성장애를 선별하는 검사인 ADI-R에서 문항을 추출하여 만들었다. 이 검사는 일생형(lifetime form)과 현재형(current form)의 두 가지 양식이 있다. 일생형은 진단 의뢰를 목적으로 전반적인 발달을 평정하는 것이고, 현재형은 중재 효과의 평가를 목적으로 진보를 평정하는 것이다.

② 영역 및 내용

SCQ는 자폐성장애의 주된 증후를 중심으로 내용이 구성되어 있으며, 각각 40문항으로 이루어진 일생형과 현재형이 있다. 선별 검사가 목적일 경우에는 일생형이 유용하며, 이전에 자폐성장애로 진단받은 아동의 시간에 따른 변화를 알고자 할 경우에는 현재형이 적절하다.

아동의 발달과 현재 행동에 대하여 잘 알고 있는 부모나 보호자가 사회적 상호작용, 언어와 의사소통, 행동의 제한적 · 반복적 · 상동적 패턴 등 세 가지 하위영역의 각 문항에 대하여 '예' 또는 '아니요'로 평정한다. 검사 시간은 기록에 10분 정도가 소요되며, 점수 계산에 5분 정도가 소요된다.

③ 장점 및 단점

SCQ는 자폐성장애 아동을 선별하기 위한 도구로 사용이 간편하다. 이 검사는 두 가지 양식으로 구성되어 있어 진단 의뢰와 발달을 평가할 수 있고, 중재 효과를 평가할 수 있는 장점이 있다. 그러나 검사가 질문지로 간편하게 제작되어 있어 자폐성장애 아동을 진단하고 평가하는 데 한계가 있다(유희정, 2006b).

④ 결과

일생형과 현재형은 별도로 총점이 제시되어 있으며, 일생형의 경우 15점 이상이면 자폐성장애의 가능성이 있는 것으로 해석한다. 이 검사는 자폐성장애의 심각도를 평정할 수 있으므로 집단 간 비교나 지도 전후의 효과 분석에도 유용하다.

(5) 한국 웩슬러 아동 지능검사

① 목적 및 대상

K-WISC-IV는 6세 1개월~16세 11개월까지 아동의 인지 능력을 평가하기 위한 개별 검사 도구다. 기존의 K-WISC-III(Wechsler, 1991)를 개정한 것으로 개정과정에서 인지발달, 지적 평가, 인지과정에 대한 최근 연구들을 통합하여 전반적인 지적 능력(전체검사 IQ)을 나타내는 합성점수는 물론, 특정 인지 영역에서의 지적 기능을 나타내는 소검사와 합성점수를 제공한다.

② 영역 및 내용

K-WISC-IV는 3판에서 4판으로 개정되면서 공통그림찾기, 순차연결, 행렬추리, 선택, 단어추리라는 5개의 소검사가 추가되었다. 그렇게 해서 4판에서는 소검사는 총 15개로 이루어져 있다. 검사는 〈표 2-9〉의 각 소검사 앞에 표시된 숫자 순서대로 실시한다.

표 2-9 한국 웩슬러 아동 지능검사의 구성 내용 및 실시 순서

1. 토막짜기	2. 공통성	3. 숫자	4. 공통그림찾기
5. 기호쓰기	6. 어휘	7. 순차연결	8. 행렬추리
9. 이해	10. 동형찾기	11. 빠진 곳 찾기	12. 선택
13. 상식	14. 산수	15. 단어추리	

③ 특성

K-WISC-IV는 전반적인 인지적 기능에 대한 포괄적인 평가를 할 때 사용할 수 있다. 또한 지적 영역에서의 영재, 지적장애 그리고 인지적 강점과 약점을 확인하기 위한 평가의 일부분으로 사용 가능하다. 따라서 임상장면 및 교육장면에서 치료 계획이나 배치 결정을 내릴 때 유용하다. 또한 인지 능력이 평균 이하로 추정되는 아동, 인지 기능을 재평가해야 하는 아동, 낮은 지적 능력이 아닌 신체적 · 언어적 · 감각적 제한이 있는 아동, 청각장애아 또는 듣는 데 어려움이 있는 아동의 평가 등이 가능하다.

표 2-10 **한국 웩슬러 아동 지능검사의 요인별 소검사**

구분	언어이해 지표 (VCI)	지각추론 지표 (PRI)	작업기억 지표 (WMI)	처리속도 지표 (PSI)
주요검사	공통성, 어휘, 이해	토막짜기, 공통그림찾기, 행렬추리	숫자, 순차연결	기호쓰기, 동형찾기
보충검사	상식, 단어추리	빠진 곳 찾기	산수	선택

④ 결과

검사결과는 전체적인 인지 능력을 나타내는 전체 지능지수와 언어이해 지표, 지각추론 지표, 작업기억 지표, 처리속도 지표의 점수 산출이 가능하다(곽금주, 오상우, 김청택, 2011).

4. 자폐성장애 학생의 교육 및 중재 계획을 위한 사정

1) 사정 과정

사정은 자폐성장애 아동을 위한 교육 및 중재 계획을 위해 반드시 필요한 과정이다. 사정은 검사의 실시와 해석 과정을 넘어 관련 진단적 · 법적 · 교육적 결정을 하기 위하여 대상 아동에 관한 정보를 다양한 방법을 사용하여 다양한 자원으로부터 수집하는 보다 광범위하고 체계적인 과정이다.

진단 · 평가 과정에도 아동에 대한 다양한 정보가 수집되지만 진단 · 평가 과정에서 얻은 정보만으로는 아동을 위한 교육 및 중재 계획을 수립하는 것이 어렵다. 교육 및 중재 계획을 수립하기 위해 의사결정을 내리는 데에는 진단 · 평가 과정에서 확보되지 않은 아동의 현행 학습 수준에 대한 정보와 학습 특성, 아동의 요구, 아동의 강점과 약점, 환경 특성 등에 대한 면밀한 조사가 이루어져야 한다.

교육 및 중재 계획을 위한 사정에는 다양한 종류의 조사 방법들이 사용되고 있는데, 간략하게 알아보면 다음과 같다.

첫째는 면담이나 질문지를 통한 간접 사정으로, 아동의 부모나 교사와 같이 아동을 잘 아는 주변인들에게 면담이나 질문지를 통해 간접적으로 정보를 확보하는 것이다. 구조화된 또는 반구조화된 면담이나 질문지를 통해 아동의 수행 수준, 정서 · 행동 특성, 강점과 약점 등 사정에 필요한 정보를 확보하게 된다.

둘째는 검사를 통한 사정으로, 아동의 가정이나 교육기관 같은 생활환경에서 아동의 정서 · 행동이나 학습 수행 수준, 사회적 관계 등을 직접적인 검사를 통해 사정하는 것이다. 검사는 동일한 검사를 받은 또래 아동들의 점수 분포인 규준에 아동의 점수를 비교함으로써 또래집단 내 아동의 상대적 위치를 확인할 수 있는 규준참조검사와 사전에 설정된 숙달 수준인 준거에 아동의 검사 점수를 비교함으로써 특정 영역에 있어서의 아동의 수준을 확인할 수 있는 준거참조검사가 있다.

셋째는 관찰을 통한 사정으로, 아동의 가정이나 학교와 같은 일상적인 환경에서 일어나는 아동의 정서 · 행동 특성, 학습 수행 능력, 사회적 관계 등을 직접 관찰하여 정보를 수집하는 것이다. 관찰 결과를 기록하는 방법에는 영상으로 기록하는 방법과 구조화된 또는 반구조화된 기록지에 기록하는 방법이 있다. 구조화된 기록 방법에는 체크리스트, 평정척도, 간격기록, 사건기록 등이 있고, 반구조화된 기록 방법에는 일화기록, 연속기록과 같은 서술기록이 있다.

넷째는 환경과 아동의 상호작용을 사정하는 환경사정으로, 아동과 환경적 요소는 하나의 시스템으로 함께 작용하여 아동의 발달을 도모하므로 아동이 학습하는 생태학적 환경에 대해 보다 광범위한 정보를 수집하여 사정하는 것이다(Munson & Odom, 1996). 아동의 발달 및 상황의 물리적 · 사회적 · 심리적 부분을 조사하고 사정하는 과정이다. 환경사정을 통해 중재 및 교육 계획에 장애가 될 수 있는 요소들을 확인하고 장애를 극복하는 데 필요한 기술을 찾아내어 중재 및 교육의 목표로 삼을 수 있다.

다섯째, 아동에게 직접 교육과정중심사정을 하는 것으로 현행 교육과정과 관련하여 아동의 수행에 대한 자료를 수집하여 사정하는 것이다. 교육과정중심사정에는 특정 행동을 수행하거나 결과를 산출하는 아동의 수행 능력을 관찰하여 판단하는 수행사정을 포함할 수 있다.

끝으로, 포트폴리오 사정으로 포트폴리오는 일정 기간 동안의 아동의 노력, 진행상태 및 성취 정도를 보여 주는 작품이나 산출물들로, 이를 통해 평가하고 사정하는 것이다(McLean et al., 1996). 포트폴리오 자료에는 아동의 최근 작품을 반영하는 것이 사정에 도움이 되므로 작품마다 작업 날짜를 기록하는 것이 필요하다. 포트폴리오는 아동이 진보 상태를 추적하는 데 도움을 줄 뿐만 아니라 중재 및 교육 프로그램 계획을 위한 사정에 중요한 정보를 제공할 수 있다.

2) 사정 지침

자폐성장애 아동을 이해하고 적절한 중재 및 교육을 실시하기 위해서는 전반적이고 포괄적인 사정 과정이 중요하다. 특히 자폐성장애 아동의 사정은 다른 아동의 연령, 증상, 강도, 도전 등과 아동의 특성을 어떻게 비교하는지에 대한 정보를 제공해야 한다. 또한 기술 숙달 정도, 기술 습득률, 숙달된 기술의 유지와 일반화 등 시간에 따른 개인 발달의 변화가 면밀하게 제공되어야 한다. 아울러 사정 결과를 중재 및 교육과 연계하기 위한 계획이 있어야 한다. 이상과 같은 사정 목적을 달성하기 위해 과정중심사정을 적용할 수 있다.

과정중심사정은 사정 과정에서 도출된 결과가 다시 전 단계의 사정 과정에 도입되는 순환과정을 기본으로 하고 있다. 자폐성장애 아동을 위한 과정중심사정의 개요는 [그림 2-1]과 같다.

과정중심사정의 목적은 사정 과정에서 계속해서 새로운 목적을 설정하고 중재 및 교육 프로그램을 개발할 수 있도록 아동의 학습과 수행을 지속적으로 측정하는 것이다. 따라서 이 접근법은 지속적인 자료 수집과 평가가 이루어질 때 유용하다. 또한 과정중심사정은 다음 사항에 기초하여 중재 및 교육이 이루어질 때 가장 효과적이라고 전제한다. 첫째, 아동의 강점과 약점, 학습 스타일에 적합한 목표인지 확인한다. 둘째, 명세적으로 정의되고 측정 가능한 목표에 적합하게 가르친다. 셋째, 아동의 수행을 목표와 비교하여 지속적으로 사정한다. 넷째, 아동의 수행에 대한 피드백에 근거하여 목

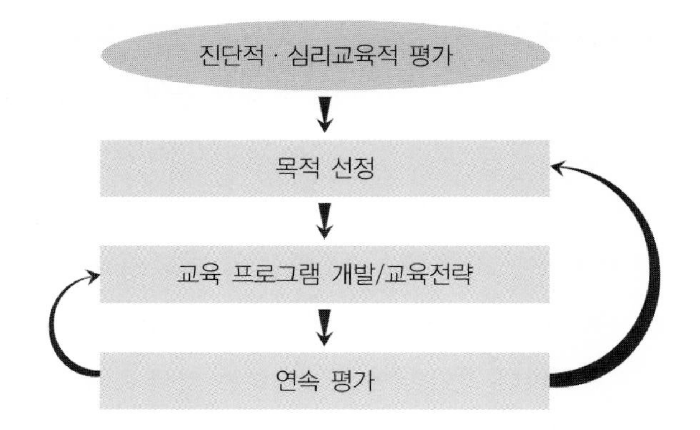

[그림 2-1] **자폐성장애 아동을 위한 과정중심사정**

적 선정, 교육 프로그램 개발 및 교육전략을 조정한다(Boutot & Myles, 2011).

3) 사정 전략

사정 과정에서 자폐성장애 아동을 직접 사정하는 경우 아동은 사정하는 동안 특별한 문제를 나타낼 수도 있다. 이러한 경우 아동은 흔히 '검사불능'으로 판정된다. 따라서 자폐성장애 아동과의 검사의 어려움을 해결하기 위해 다음과 같은 전략을 사용할 수 있다.

첫째, 아동에게 적절한 검사를 선정한다.

둘째, 사정 과정 동안에 나타나는 아동의 행동을 관찰하고 상세하게 기술한다. 검사를 하는 동안 아동의 행동 관찰을 통하여 선호하는 과제 유형, 집중 지속시간, 세부사항에 대한 주의력, 선호하는 과제와 자료 등에 대한 정보를 얻을 수 있다.

셋째, 아동의 특성을 고려한 환경지원과 강화전략을 사용한다. 아동의 주의와 과제 성공을 증가시키기 위해 환경지원과 강화전략을 통하여 검사 환경을 맞춤으로써 검사에서의 협조와 수행을 향상시킬 수 있다. 이러한 방법은 과제 완성에 필요한 환경 구조의 수준과 유형을 체계적으로 사정함으로써 교수에 관한 정보를 얻을 수 있다. 이 과정에는 아동에게 친숙한 사람이 참여한 가운데 친근한 장소에서 검사를 수행하며, 아동을 책상 가까이 서게 하거나 친근한 사람 무릎에 앉거나 바닥에 앉게 해서 검사를 할 수도 있다.

넷째, 아동의 특성을 고려하여 표준화된 검사 절차를 수정한다. 자폐성장애 아동의 특성을 반영하여 시각적 단서에 강점을 가진 아동이나 구어가 부족한 아동에게 검사 시 그림이나 카드, 도표 같은 시각적 지원을 하는 것이 도움이 될 수 있다.

자폐성장애 아동과의 검사에서 강화제를 사용하는 목적은 다음과 같다.

첫째, 동기를 높혀 과제 수행을 위한 순응과 노력을 향상시킨다. 둘째, 아동의 교수 프로그램에서 활용할 수 있는 기능적 강화제를 파악한다. 셋째, 아동이 선호하는 자극, 자기자극 행동, 관심사, 제한된 흥미 등을 사정한다.

검사에서 강화제 사용에 대한 전략과 지침은 아동의 부모나 교사에게 선호 자극과 비선호 자극에 대해 확인하기, 검사 시에 좋아하는 과자나 장난감 혹은 자료 등을 직접 가져오게 하기, 다양한 강화제에 대해 그 효용성을 확인하기, 포만을 예방하기 위해 전 회기에 걸쳐 강화제를 다양하게 사용하기, 최상의 수행이 되도록 강화 스케줄 고려하기, 강화제로서 사회적 강화, 즉 칭찬에 대한 아동의 반응 평가하기, 사소한 문제행동에 대해 계획된 관심소거 사용하기, 강화제로 과제나 작업 면해 주기 등이 포함된다(Boutot & Myles, 2011).

요약

발달기에 있는 아동의 자폐성장애에 대한 조기 선별은 문제가 진전될 수 있거나 교정 프로그램이 필요한 아동을 확인하기 위해 매우 중요한 절차다. 선별 과정에서 자폐성장애 위험요소를 나타내는 것으로 분류된 아동은 전문가 또는 전문가팀에 의해 자폐성장애 여부를 진단하는 과정이 요구된다. 선별과 진단 과정을 거쳐 자폐성장애를 가진 것으로 판명된 아동은 적격성 판정을 하고 의료지원, 교육지원, 가족지원 등 각 분야별 지원의 범위와 내용을 결정하기 위해 평가 과정이 이루어진다. 평가 이후 아동에 대한 교육 및 중재 계획을 위해 사정이 이루어지는데, 사정은 검사의 실시와 해석 과정을 넘어 관련 진단적 · 법적 · 교육적 결정을 하기 위해 대상아동에 관한 정보를 다양한 방법을 사용하여 다양한 자원으로부터 수집하는 보다 광범위하고 체계적인 과정이다. 선별 · 진단 · 평가 · 사정의 모든 과정은 자폐성장애 아동에게 장애 명칭을 부여하거나 분류하기 위한 절차가 아니라 아동에 대한 이해와 아동에게 가장 적합한 중재와 교육적 개입을 위한 과정인 것이다.

참고문헌

강위영, 윤치연(2004). **한국 자폐증 진단검사(K-ADS)**. 부산: 테스트피아.

곽금주, 오상우, 김청택(2011). **K-WISC-IV: 전문가 지침서**. 서울: 학지사 심리검사연구소.

교육부(2016). 장애인 등에 대한 특수교육법.

권유진(2014). 자폐스펙트럼장애와 발달지체의 변별진단에서 CBCL 1.5-5 DSM 전반적 발달문제 척도의 유용성. 숙명여자대학교 대학원 석사학위논문.

김승국, 김옥기(1985). **한국 사회성숙도 검사**. 서울: 중앙적성출판사.

김영아, 이진, 문수종, 김유진, 오경자(2009). 한국판 CBCL 1.5-5의 표준화 연구. **한국심리학회지: 임상, 28**(1), 117-136.

김태련, 박랑규(1996). **아동기 자폐증 평정척도**. 서울: 도서출판 특수교육.

김태련, 박랑규(2005). **심리교육 프로파일(PEP-R)**. 서울 : 도서출판 특수교육.

노선옥, 김수연, 김애화, 김형일, 남상석, 박순희, 유장순, 이성봉, 이효자, 정영옥, 정은희, 최선규, 한경근(2009). **특수교육대상아동 선별 · 진단검사 지침**. 경기: 국립특수교육원.

박화문, 구본권(1990). **시각-운동통합 발달검사(VMI) 실시요강**. 서울: 도서출판 특수교육.

오경자, 김영아(2008). **CBCL1.5-5 유아행동 평가척도 부모용**. 서울: 휴노컨설팅.

유희정(2006a). **자폐증 진단면담지 개정판(ADI-R)**. 서울: 학지사.

유희정(2006b). **한국판 사회적 의사소통 설문지(SCQ)**. 서울: 학지사.

유희정, 곽영숙(2009). **한국판 자폐증 진단 관찰 스케쥴(ADOS)**. 서울: 학지사.

정동영, 김형일, 정동일(2001). **특수교육 요구아동 출현율 조사 연구**. 경기: 국립특수교육원.

조광순, 조윤경, 홍성두(2008). **장애 영유아 선별 및 진단 · 평가 지침서 개발 I**. 경기: 국립특수교육원.

조수철, 신민섭(2007). **소아정신병리의 진단과 평가**. 서울: 학지사.

Achenbach, T. M., & Rescorla, L. A.(2000). *Manual for the ASEBA Preschool Forms & Profiles*. Burlington, VT: University of Vermont, Research Center for Children, Youth & Families.

American Psychiatric Association (2013). *Diagnostic and Statistical Manual of Mental Disorders* (5th ed.). Washington DC: Author.

Baron-Cohen, S., Allen, J., & Gillberg, C. (1992). Can autism be detected at 18 months? The needle, the haystack, and the CHAT. *British Journal of Psychiatry, 161*, 839-843.

Baron-Cohen, S., Cox, A., Baird, G., Swettenham, J., Nightingale, N., Morgan, K., Drew, A., & Charman, T. (1996). Psychological markers in the detection of autism in infancy in a large population. *British Journal of Psychiatry, 168*, 158-163.

Beery, K. E.(1982). *Developmental Test of Visual-Motor Integration* (rev. ed.). Chicago, IL: Follett Publishing.

Boutot, E. A., & Myles, B. S.(2011). *Autism Spectrum Disorders: Foundation, Characteristics, and Effective Strategies*. Pearson Education, Inc.

Dietz, C., Swinkels, S. H. N., Daalen, E., Kerkhof, I. H. G. M., Engeland, H., & Buitelaar, J. K.(2006). Screening for Autistic Spectrum Disorder in Children Aged 14-15 Months. II: Population Screening with the Early Screening of Autistic Traits Questionnaire(ESAT). *Journal of Autism and Developmental Disorders, 36,* 713-722.

Doll, E. A. (1965). *Vineland Social Maturity Scale*. Circle Pines, MN: American Guidance Service.

Gilliam, J. E. (1995). *Gilliam Autism Rating Scale(GARS)*. Austin, TX: Pro-Ed.

Heflin, L. J., & Alaimo, D. F. (2007). *Students with Autism Spectrum Disorders: Effective Instructional Practices*. Pearson Education, Inc.

Krug, D. A., Arick, J., & Almond, P. J.(1980). Behavior checklist for identifying severely handicapped individuals with high levels of autistic behavior. *Journal of Child Psychology and Psychiatry, 21,* 221-229.

Lord, C., Rutter, M., Goode, S., Heemsbergen, J., Jordan, H., Mawhood, L., & Schopler, E. (1989). Autism Diagnostic Observation Schedule: A standardized observation of communicative and social behavior. *Journal of Autism and Developmental Disorders, 19*, 185-212.

McLean, M., Bailey, D., & Wolery, M.(1996). *Assessing infants and preschoolers with special needs* (2nd ed., pp. 1-21). Columbus, OH: Merrill.

Munson, L. J., & Odom, S. L.(1996). Measure parent-infant interaction. *Topics in Early Childhood Special Education*, *16*, 1-25.

Robins, P. L., Fein, D., Barton, M., & Green, J. A. (2001). Appendix of modified checklist for autism in toddlers: An initial study investigating the early detection of autism and pervasive developmental disorders. *Journal of Autism and Developmental Disorders, 31*, 131-144.

Rutter, M., Le Couteur, A., & Lord, C. (2003). *Autism Diagnostic Interview-Revised(ADI-R)*. Los Angeles, CA: Western Psychological Services.

Schopler, E., Reichler, R. J., Bashford, A., Lansing, M. D., & Marcus, L. M. (1990). *Psychoeducational Profile Revised(PEP-R)*. Austin, TX: Pro-Ed.

Schopler, E., Reichler, R., & Renner, B. (1986). *The Childhood Autism Rating Scale(CARS)*. New York : Irvigton.

Swinkels, S. H. N., Dietz, C., Daalen, E., Kerkhof, I. H. G. M., Engeland, H., & Buitelaar, J. K. (2006). Screening for Autistic Spectrum in Children Aged 14 to 15 Months. I: The Development of the Early Screening of Autistic Traits Questionnaire(ESAT). *Journal of Autism and Developmental Disorders, 36*, 723-732.

Taylor, R.(2004). *Assessment of Exceptional Students: Educational and Psychological Procedures.* Boston: Allyn & Bacon.

Volkmar, F. R., Rogers, S. J., & Pelphrey, K. A.(2014). *Handbook of autism and pervasive developmental disorders* (4th ed.). Hoboken: John Wiley & Sons.

Wechsler, D.(1991). *Wechsler Intelligence Scale for Children* (3rd ed.). San Antonio, TX: Psychological Corporation.

제3장

영유아기 지원

1. 자폐성장애 영유아기의 특성
2. 자폐성장애 영유아기의 선별과 진단
3. 자폐성장애 영유아의 교육 및 보육
4. 자폐성장애 영유아의 가족

발달 초기에 나타나는 자폐성장애의 주요 특성은 의사소통과 사회적 상호작용의 결함, 제한적이고 반복적인 행동 · 흥미 · 활동 패턴으로 12~24개월 무렵에 부모들이 발달상의 문제로 의심하게 된다. 이 장에서는 자폐성장애 영유아기에 대한 특성과 선별과정에 대해 학습하고, 더불어 자폐성장애를 포함한 장애 영유아를 양육하는 가족의 특성과 교육 및 보육에 대해 이해하고자 한다.

- 자폐성장애 영유아기의 특성에 대해 설명할 수 있다.
- 자폐성장애 영유아기의 선별과 진단 과정에 대해 설명할 수 있다.
- 자폐성장애 영유아의 교육과 보육에 대해 설명할 수 있다.
- 자폐성장애 영유아의 가족과 부모의 심리적 적응과정에 대해 설명할 수 있다.

1. 자폐성장애 영유아기의 특성

ASD는 중추신경계의 손상이나 장애로 인한 신경발달장애로, 인지적 · 정서적 · 신체적 손상과 관련된다. 발달 초기에 나타나는 ASD의 주요 특성은 의사소통과 사회적 상호작용의 결함, 제한적이고 반복적인 행동 · 흥미 · 활동 패턴, 인지적 결함이다. 15세 이하 ASD를 대상으로 한 연구에서도 사회적 상호작용의 손상, 의사소통의 손상, 상상력의 손상과 함께 제한되고 반복적인 활동 · 관심이 동반되는 경향이 매우 높았다(Wing & Gould, 1979). ASD 증상은 대체로 12~24개월에 부모들로부터 인지되었다. 심한 경우에는 12개월 이전에도 부모들이 알았지만 증상이 뚜렷하지 않을 경우에는 24개월 이후에 알기도 하였다. 80~90%의 ASD 부모들은 24개월경에 자녀들의 비전형적인 발달 패턴을 인지하였고, 대략 3~4세 무렵에 ASD로 진단받았다. 이 중 20% 부모는 10개월 무렵에 비언어적 사회적 상호작용으로, 40% 부모는 11~17개월에 주로 나타나는 관심공유(joint attention)와 첫 단어 사용이 부족하거나 없어서, 나머지 40% 부모는 18개월 이후 보다 복잡한 상호작용에서 나타나야 할 의사소통과 상징 등에서 어려움을 보인다고 하였다(Chawarska et al., 2007).

9개월 미만의 영아들은 신체적으로는 정상발달을 하지만 의사소통의 지표가 되는 눈맞춤, 미소 짓기와 같은 시각적 접촉이나 사회적 관계에서 필요한 옹알이가 없었다(Bates, 1979). 태어나 1년 동안 ASD에게서 나타나는 사물에 대한 감각적 탐색은 보통의 영유아들과 비슷하지만, 24개월쯤부터는 발달상의 문제를 보여 사물을 탐색하는 능력이 기능적이거나 상징적인 형태로 대체되지도 못하였다. ASD들은 운동발달과 특이한 감각과 의례적인 행동과 같은 비전형적인 발달 패턴을 보여 부모들이 발달에 문제가 있음을 알게 된다. 따라서 ASD 영유아가 나타내는 위험신호는 눈맞춤 결여, 미소 짓기 및 옹알이의 결여, 자기 이름에 대한 반응 결여, 관심공유의 결여 등이었다.

미국의 경우, 자녀의 발달에 대한 걱정과 우려는 17~19개월부터 시작되었고(Coonrod & Stone, 2004), 진단 평균 연령은 4.5세(Centers for Disease Control and Prevention, 2012)였으며, 진단에 대한 중앙치 연령은 5.7세였다(Shattuck et al., 2009). 사회적 상호작용 및 의사소통과 관련된 증상은 24개월 무렵에 나타났지만, 진단은

3~4세 무렵에 나타난다(Charman & Baird, 2002).

영유아 발달에 대한 걱정과 진단 간에는 약 3년이라는 시간차가 생긴다. 이는 영아기에 나타나는 증상이 24개월 이후에 나타나는 증상에 비해 의심스러울 뿐 아니라 소수의 경우에는 처음 24개월 동안 정상발달처럼 보이기 때문에 조기 중재의 결정적 시기를 놓치게 된다. 따라서 교사나 전문가들은 생후 12~24개월 사이에 ASD들이 보이는 증후나 증상들을 찾아 발달상황과 조기중재에 필요한 사항을 신중하게 고려해야 한다.

ASD는 다소간의 전형적인 발달 이후 임상적으로 관찰 가능한 행동을 나타낸다(Kalb, Law, Landa, & Law, 2010; Ozonoff et al, 2011). ASD 영유아 성장곡선을 분석해 보면, 6~18개월 사이에 눈맞춤과 사회적 미소가 점진적으로 감소하면서 전형적인 사회적 의사소통 양상이 나타나지 않았다. 특정 영역의 전형적인 양상에서 출발해 다른 양상으로 발달할 가능성을 보이기 때문에 ASD 중재 시 ASD에 대한 다차원적인 접근이 필요하다.

1) 의사소통과 사회적 상호작용의 결함

DSM-IV-TR 진단에서 ASD가 포함되는 언어발달지체는 2세까지 단단어를 발달시키지 못하고, 3세까지 짧은 구를 사용하지 못하였다. ASD 유아들은 단단어나 두 단어의 자발적인 표현이 거의 없으며, 언어를 습득했더라도 어휘수준에 비해 이해능력이 많이 떨어져 간단한 질문이나 지시를 이해하지 못하는 경우도 많았다. 24개월 이후에는 횡설수설하는 언어(jargon)을 사용하기도 하고, 딱딱하고 일반적이지 않은 형식적인 문어체적인 말을 하곤 한다. 구어 발달이 미약한 영유아들은 반복적인 발성(목 울림소리, 높은 소리에 가까운 억양소리, 반복적인 홍얼거림 등)을 나타내고, 비정상적인 구어의 크기, 높이, 억양, 속도, 리듬, 강세, 운율 등을 보여 의사소통에 어려움을 보였다.

ASD 영유아들은 눈맞춤 등의 결여로 인해 말하는 이의 몸짓과 사용을 이해하지 못하고, 가리키기, 손 흔들기, 고개 끄덕이기 등의 행동을 하지 않는다. 또한 자신을 "나"로 지칭하지 않고 "○○이가"로 지칭하며, "나" 대신 "너"로 대명사를 바꾸어 부르기도 한다. 자신이 좋아하는 주제에 대해서는 독백처럼 계속 중얼거리며, 언어를 사회적 상호작용의 목적으로 사용하지 않는 등 집착적인 구어와 기계적인 암기로 이뤄진 언어를 사용하기도 한다. 관심 공유와 사회적 상호성의 결핍으로 인해 말을 할 수 있는 ASD 영유아조차도 상대방의 말에 반응하지 못하고 반향어나 자신의 말만 하여 다른 사람과 같은 주제로 이야기를 이어 나가기 어렵다.

ASD 영유아들이 주로 보이는 의사소통과 사회적 상호작용은 비전형적인 사회적 관계에서도 관찰된다. 의사소통과 사회적 상호작용을 조절하기 위해서는 다양한 비언어적 행동(눈맞춤, 미소 짓기와 같은 얼굴 표정, 몸자세와 몸짓 등)이 필요한데 ASD 영유아들에게는 이러한 행동이 현저히 부족하다. 영유아들은 양육자에게 자신의 요구와 만족을 울음이나 미소 등으로 알리지만 ASD 영유아들은 다른 사람의 주의를 끌기 위한 노력도 없고, 다른 사람에 대한 관심과 상호작용도 제한적이다. 도움을 요청할 때도 다른 사람의 눈을 보지 않고 손이나 몸을 끌어당겨 마치 다른 사람들을 도구로 여기는 듯 행동한다.

영유아들은 24개월 되면 자신이 좋아하는 물건을 다른 사람에게 보여 주는 행동을 한다. 하지만 ASD는 이러한 행동을 하지 않아 초기 증상으로 여기기도 한다(Baron-Cohen et al., 1996). ASD 영유아들은 다른 사람에게 흥미 있는 장난감을 가져와 보여 주거나 가리키는 행동을 하지 않으며, 어떤 행동을 시작할 때에도 양육자와 눈맞춤을 하지 않는다. 또래와의 관계에서도 흥미와 관심이 부족하여 다른 사람의 행동을 모방하는 것이 어렵고, 단순한 게임에도 참여하지 못해 우정을 형성하는 데 어려움을 겪게 된다.

2~3세 정도의 지적장애 영유아들이 다른 영유아 옆에서 단순병행놀이를 한다면 이는 발달수준에 적합한 활동을 하는 것이다. 4세 이상의 유아들은 상상놀이를 통해 사회적 역할놀이를 한다. 그러나 ASD 유아들은 또래에 대한 관심도 없고, 또래들의 사회적 접근에도 반응하지 않으며, 역할놀이에서 필요한 사회적 상호작용과 상상놀이도 어렵다. 간혹 또래들에게 관심이 있는 ASD 유아들은 사회적 상호작용에서 지나치게 지시적이거나 고집을 부려 또래들과 함께하는 놀이의 규칙 등을 함께하지 못한다. 또한 사회적 맥락에서 적절한 행동을 조절하는 능력이 부족하여 또래들이 흥미 없다는 것을 인식하지 못하고, 다른 사람의 단서에 적절한 반응을 하지 못해 자신의 행동을 변화시켜야 한다는 것을 알지 못한다.

ASD 영유아들은 사회적 상호작용에서 필요한 자발적인 기쁨, 관심 또는 성취 등을 공유하지 못하는 문제를 생후 12개월 이전에 보이기도 한다(Werner, Dawson,

Osterling, & Dinno, 2000). 이름을 불러도 반응하지 않고, 양육자의 안아 주기와 같은 접촉에도 반응을 보이지 않거나 싫어하며, 양육자에게 소리내기와 미소 등의 정서적인 표현을 하지 않는다(Chawarska & Volkmar, 2005). 이러한 특성은 양육자와의 정서적 유대감, 즉 애착을 형성하는 능력을 방해하게 된다. 하지만 ASD 영유아들 또한 자신을 돌봐 주는 양육자가 자기 곁을 떠날 때면 이전과 다른 반응을 보이며, 낯선 사람보다는 자신을 돌보아 주는 사람에게 더 많은 사회적 행동을 나타낸다(Sigman & Mundy, 1989).

2) 제한적이고 반복적인 행동

ASD의 제한적이고 반복적인 행동과 관심은 24개월 무렵에도 나타난다(Ozonoff, Macari, Goldring, Thompson, & Rogers, 2008). 단순한 가상놀이나 적절한 방법으로 장난감이나 사물을 가지고 노는 것이 아니라 한 줄로 세우거나 쌓고, 무너뜨리기, 굴리기 등을 반복하고, 손뼉치기, 손가락을 꼬거나 튕기기, 몸 흔들기, 손이나 팔에 힘을 줘 꼿꼿이 하기, 발끝으로 걷기 등의 비전형적인 행동을 반복하기도 한다. 반복적이고 상동적인 행동의 매너리즘으로 인해 문을 열었다 닫기, 전등을 켰다 끄기 등을 반복하기도 하고, 끈과 같은 도구들을 반복적으로 돌리기도 한다. 숫자나 단어, 상징적인 그림이나 사진에 집착하거나, 자동차 이름, 라면 이름 등의 상품명을 반복적으로 말하거나, 동일한 사물과 주제 등 일반적이지 않는 흥미로움에 집중하여 반복적으로 활동을 즐기기도 한다. 또한 사물의 일부분에 과도하게 집착하여 옷의 단추, 동물의 꼬리, 병의 뚜껑 등에 몰입하기도 한다. 이는 일반적이지 않은 사물에 대한 감각적 탐색을 보여 사물을 핥거나 킁킁거리며 냄새를 맡기도 하고, 특정 감각에 흥미를 갖기도 한다. 예를 들면, 질감이나 촉각에 대한 지나친 선호나 혐오를 보이기도 하고, 사물이나 사람을 곁눈질로 보거나 눈을 가늘게 뜨고 일반적이지 않은 시각적 탐색을 보이기도 한다. 이러한 행동은 일상적이지 않은 감각 자극에 과민하거나 과소한 반응으로 이어지기도 한다.

이러한 행동은 나이가 어리거나 능력이 낮을수록 더 자주 나타난다(Mesibov et al., 1997). 지적 능력이 부족한 영유아들은 특정 물건을 가지고 놀거나 수집하는 등의 독특한 행동에 몰두하지만, 지적 능력이 있고 나이 든 유아들은 더 복잡한 행동에 관심을 보인다. ASD는 강도나 초점에서 비정상적인 한 가지 이상의 제한적이고 상동적인 행동과 사물에 집착하게 되는데, 이러한 행동과 관심의 정도가 너무 강하고 압도적이어서 다른 활동을 효율적으로 할 수 없기 때문에 부모들은 종종 행동문제로 여기게 된다.

3) 인지적 결함

ASD의 지능이 평균 이상인 경우도 있지만 약 75%는 지적장애를 보인다(Joseph, Tager-Flüsberg, & Lord, 2002). 언어 혹은 상징적 기술이 발달되지 않은 지적장애도 반복적 행동이 흔하기 때문에 영유아기 시기에 ASD를 동반하지 않은 지적장애와 ASD를 구별하기는 쉽지 않다. ASD는 비언어적 기술(소근육 발달, 비언어적 문제해결 수준)에 비해 의사소통과 사회적 상호작용 수준이 유의미하게 차이가 있지만, 지적장애는 의사소통과 사회적 상호작용의 수준이 다른 지적 기술 간에 차이가 크지 않다(APA, 2013).

ASD의 주요 특성을 보다 잘 설명하기 위해 1990년대 이후 인지적 결함(cognitive deficits)에 대한 관심이 증가하였다. 인지적 결함을 설명하기 위해 마음이론, 중앙응집, 실행기능이라는 세 가지 영역에 관심을 갖기 시작하였고, 특히 발달 초기에 나타나는 인지 영역에 기반이 되는 관심 공유, 모방, 얼굴 표정, 지각행동을 보다 집중적으로 연구하였다(Volkmar, Lord, Baily, Schultz, & Klin, 2004). 즉, 관심 공유, 모방, 얼굴 표정, 지각 등과 같은 행동은 영유기 초기에 주로 나타나며 이러한 문제가 지속될 경우에는 마음이론, 중앙응집, 실행기능 같은 인지 영역의 결함으로 이어질 가능성이 있다.

약 4세가 되면 마음이론이 형성되어 다른 사람의 마음을 조망할 수 있게 된다. 마음이론(Theory of Mind: ToM)이란 자기 자신과 다른 사람의 마음상태에 대한 추론능력으로 다른 사람의 마음을 이해하는 능력이다. 그러나 ASD 유아들은 마음이론의 결여와 다른 사람의 관점을 이해하는 조망수용능력의 결여로 사람들과의 관계를 발전시키고 유지하는 능력에 문제를 보이게 된다. 3~4세가 되면 마음이론의 1차적인 능력(first-order ability)인 다른 사람의 마음상태에 대해 어느 정도 이해가 가능하게 된다. 5~6세 정도가 되면 2차적인 능력(second-order ability)인 다른 사람이 또 다른 사람에 대해 어떻게 생각하는지를 이해할 수 있게 된다. 그러나 대부분의 ASD 유아는 1차적인 능력을 제대로 수행하지 못하며, 2차적인 능력은 실패하게 된다(Baron-Cohen &

Swettenham, 1997). 따라서 마음이론의 결함은 인지적 결함과 함께 의사소통과 사회적 상호작용에도 영향을 미치게 된다.

중앙응집(central coherence)은 세부적인 정보들을 함께 엮어서 전체적으로 해석하는 능력이다. 이 능력이 미약하거나 결함을 보이면 전체보다는 특정 부분에 초점을 맞추는 경향을 보이게 된다(Happé & Frith, 1996). 실행기능(executive functions)은 두뇌의 전두엽이 조정하는 일련의 기능으로 계획, 충동통제, 행동과 사고의 조직화, 탐색 등을 포함한다(Mesibov et al., 1997). 실행기능의 결함 또한 인지적 결함으로 나타나 행동과 사고의 유연성에서 결함이 나타나게 되고, 이러한 결함으로 인해 행동이 유연하지 못하고 환경 내에서 일어나는 작은 변화에 적응하는 데 어려움을 겪게 된다.

2. 자폐성장애 영유아기의 선별과 진단

1) 선별 및 진단의 필요성

ASD는 유전자검사나 혈액검사 등으로는 확인되는 것이 아니고 ASD가 보이는 행동적 특성에 의해 발견된다. 영유아기의 ASD 검사는 전문화되고 적절한 조기 중재를 받을 수 있는 기회를 갖기 때문에 ASD를 발견하여 조기 중재하기 위해서는 영유아들이 보이는 행동을 면밀하게 관찰해야 한다. 교사나 전문가들이 ASD 영유아들을 잘 관찰하기 위해서는 정상적인 영유아 발달에 대한 이해가 선행되어야 하며, 이로써 ASD의 비전형적인 행동 특성을 이해할 수 있다. 영유아의 발달지체나 이상을 발견하고 선별하는 데는 많은 검사 도구들이 사용된다.

지난 15년 동안, ASD 연구자들은 이 장애를 새로운 질환으로 여겨 초기 증후와 증상을 확인하는 데 초점을 맞추었다. ASD 영유아에 대한 연구는 빠른 뇌 성장 기간 동안 주로 이루어져 조기 진단을 위한 기반을 마련하였으며, 조기 중재도 함께 이뤄질 수 있도록 하였다. 이로 인해 ASD 증상을 예방하거나 완화시키는 것을 목표로 하고 있다. 영유아기에 ASD의 주요 특성인 의사소통과 사회적 상호작용의 지체나 결함이 의심되면, 선별 및 진단 검사를 실시하여 영유아의 발달 정도나 비전형적인 증후와 증상을 발견해야 한다. 이미 ASD 영유아의 공식적인 선별 및 진단 검사들이 존재하기 때문에 이러한 검사를 통해 장애에 대한 전반적인 분석을 하고 조기 중재에 필요한 교육 및 서비스 계획을 수립해야 한다.

ASD 영유아들의 다양한 특성을 측정하는 위해서는 지능검사, 적응행동검사, 발달수준검사, 행동진단검사 등도 함께 이뤄진다. 지능검사를 통한 인지수준을 파악하는 일은 장차 영유아들의 예후와 교육 및 서비스 프로그램을 계획하고 수행하는 데 직접적인 영향을 미친다. 적응행동은 영유아들의 기본적인 환경을 관리하는 능력이기 때문에 보다 적극적으로 평가할 필요가 있다. 이외에도 전반적인 영유아의 발달수준을 파악하기 위해서는 다양한 행동문제, 사회적 상호작용, 대인관계, 공격행동, 우울과 같은 정서적 측면에 대해서도 검사하여야 한다.

2) ASD 영유아의 선별과정

미국신경학회(American Academy of Neurology, 2000)에서는 2단계로 ASD를 선별하고 진단해야 한다고 임상 권고하고 있다. 1단계는 인지적 · 사회적 · 언어적 발달 영역에서 ASD 위험요인이 있는 영유아를 발견하는 선별과정으로 1차적 선별과정이다. 2단계는 ASD 증후와 증상의 정도를 파악하여 조기 중재 프로그램을 제공하기 위한 진단과정으로 2차적 선별과정이다.

(1) 1차적 선별과정

1차적 선별과정에서는 모든 아동을 대상으로 보편적인 발달선별검사를 실시하게 된다. 이러한 ASD 영유아 선별과정은 보다 정밀하고 체계화된 검사를 통해 ASD의 교육과 서비스를 올바르게 결정할 수 있도록 돕기 위함이다. 이 과정의 대상은 일반적인 영유아로 소아과와 같은 1차 의료기관에서 발달검사를 통해 선별하게 된다. 이때의 검사들은 주로 양육자나 부모들로부터 '예/아니요'와 같은 간단한 검사를 통해 보다 신속하게 영유아의 발달상 문제나 특이점들을 검사하고 해석하게 된다.

1차적 선별과정도 다시 두 가지 단계를 거치게 된다.

1단계에서는 발달지체나 위험 영유아임을 밝히는 선별검사로 일반적으로 발달검사를 사용하여 영유아의 인지, 언어 및 의사소통, 운동, 사회적 상호작용, 자조, 행동 영역 등 다양한 발달 영역에 대한 발달수준을 탐색하게 된다. 이 단계에서 주로 사용되는 도구는 PEDS(Parent's Evaluation of Developmental Status; Glascoe, 2003)와 ASQ-3(Ages and Stages Questionnaire-3rd ed.; Squires & Bricker, 2009) 등이며, 우리나라에서는 덴버발달검사, 한국형 영유아발달검사, 부모 작성형 유아 모니터링 체계(Korea-Ages and Stages Questionnaire: K-ASQ) 등을 사용한다.

- PEDS: 영유아 상태에 대한 학부모 평가지로서 1~95개월 영유아들에게 열 가지 항목에 대해 양육자나 부모에게서 받는 보고서다. 이 검사는 인지, 표현언어, 수용언어, 사회 · 정서, 기타의 다섯 가지 발달 영역을 평가하게 된다.

- ASQ-3: 1~66개월 사이의 영유아들을 대상으로 하여 의사소통, 소근육발달, 대근육발달, 사회적 상호작용 및 문제해결 능력 등의 5개 영역 30개 항목을 알아보는 부모 보고서다. 이 검사는 30개월 이하의 영유아들을 대상으로 ASD 위험을 확인하는 1단계 선별검사로 활용된다.

- K-ASQ: 우리나라에서 실시되고 있는 부모 작성형 유아 모니터링 체계로서 4~60개월의 영유아를 대상으로 한다. 저비용으로 출생 후 5년간의 결정적 시기에 발달지체 유아를 선별한다. 질문지는 삽화로 표현되어 부모가 사용하기 편리하며, 가정이나 보건소, 병원, 어린이집, 십대부모 프로그램, 그 밖의 유아가 있는 환경에서 사용된다.

1단계 발달선별검사를 통해 비전형적인 발달과 ASD 위험 영유아를 발견하였다면, 2단계에서는 ASD의 특성을 알아보는 선별검사로 CHAT(Checklist for Autism in Toddlers; Baron-Cohen et al., 1996; Baird et al., 2000), M-CHAT(Modified-Checklist for Autism in Toddlers; Robins, Fein, Barton, & Green, 2001), ITC(Infant Toddler Checklist; Wetherby & Priant, 2002), 자폐증 성향 검사인 ESAT(Early Screening of Autistic Traits Questionnaire)를 사용하게 된다. Roux 등(2012)은 ASD 영유아들을 선별함에 있어 하나의 검사로는 ASD를 선별하기 어렵기 때문에 PEDS와 M-CHAT를 함께 실시하면, ASD 영유아를 선별하는 데 더 효과적일 것이다.

- CHAT: 18개월의 영유아를 양육하는 부모를 대상으로 9개 항목에 대해 검사하는 '영유아기 자폐증 체크리스트'다. 이 검사의 9개 항목 중 ASD를 가장 잘 예언하는 요인 세 가지는 18개월까지의 눈맞춤, 가리키기, 상상놀이의 결합이었다. 이 척도는 영유아들이 또래들에게 관심을 갖는지, 까꿍놀이나 숨바꼭질 같은 상호교환적인 놀이를 하는지, 초보적인 상상놀이를 하는지, 관심을 표현하기 위해 가리키기 등의 행동을 하는지, 양육자나 부모에게 물건을 보여 주기 위해 가져오는지, 눈맞춤이나 관심공유 행동을 하는지 등을 평가하게 된다.

- M-CHAT: '영유아기 자폐증 체크리스트 개정판'으로 18~24개월의 발달장애 위험유아를 판별하기 위한 검사다. 영유아를 대상으로 한 CHAT 9개 항목을 포함하여, CHAT에서 관찰로 평가되는 행동들에 대한 항목, 반복행동 등 몇 가지 항목을 추가하여 23개 항목에 대해 부모 또는 양육자들의 보고에 의해 검사다. CHAT보다 더 쉽게 체크할 수 있도록 수정되었으며, '흥미를 표현하기 위해 지적하기' '이름에 반응하기' '또래에게 관심 보이기' '공통된 것에 주의집중하기' '사회적 모방하기' 등의 문항에 '예/아니요'로 답을 하게 된다.

- ITC: 언어 및 의사소통 장애에 대한 위험 영유아를 선별하기 위한 것이다. ITC는 의사소통 및 상징 행동척도 발달 프로파일(Communication and Symbolic Behavior Scales Development Profile: CSBS-DP; Wetherby & Priant, 2002)과 비슷하다. ITC는 24개 항목의 부모 보고서로서 총점수는 사회적 의사소통 몸짓 사용, 음성, 상징 등의 3개 영역에서 점수를 산출하게 된다. 이 검사는 2,000명의 영유아를 대상으로 표준화하였고, 의사소통 지체의 위험을 나타내는 수준을 점수로 제공해 준다.

- ESAT: 자폐증 성향 검사로, 네덜란드 지역에서 시행된 조기발견 프로그램에서 의사들이 제공한 것이다(Swinkels et al., 2006).

(2) 2차적 선별과정

2차적 선별과정은 1차적 선별과정의 2단계를 통해 발달상의 문제와 ASD 위험이 높은 영유아가 대상이 된다. 따라서 이들이 가진 특정 장애에 대한 위험을 확인하는 과정이 된다. 2차적 선별과정에서는 주로 임상적인 경험을 가진 교사나 전문가가 부모로부터 병력에 대해 면담하고, 신경학적 평가를 통해 ASD를 진단하고 평가하게 된다. 따라서 이 단계에서는 교사나 전문가들이 발달지체, 언어장애와 같은 다른 발달장애를 ASD와 구분하여 조기중재 프로그램이 진행될 수 있도록 한다. 이때의 검사들은 영유아에 대해 잘 알고 있는 양육자나 부모, 교사를 통해 ASD 영유아들에 대한 정보를 제공받거나, 영유아를 직접 관찰하거나 상호작용을 통해 평가하게 된다. ASD의 진단은 시간이 걸리고 복잡한 과정이기 때문에 직접 관찰하고, 양육자나 부모가 제공하는 과거력, 발달력, 다른 전문가의 평가, 동반질환 등에 대한 의학적 검사 등의 종합적인 임상적 판단에 근거하여야 한다. 대표적인 검사로는 STAT(Screening Tool for Autism in Toddlers; Stone, Coonrod, & Ousley, 2000; Stone, Coonrod, Turner, & Pozdol, 2004), CARS/CARS2(Childhood Autism Rating Scales; Schoplerm, Reichler, & Renner, 1988), 사회적 의사소통 설문지인 SCQ(Social Communication Questionnaire; Berument et al., 1999)가 있다.

- STAT: 20분간의 놀이를 바탕으로 한 사회적 의사소통을 유도하기 위해 고안된 사회적 상호작용 검사다. 이 검사는 24~36개월의 영유아를 위해 개발된 검사로 4개 영역, 놀이(2개 항목), 요청(2개 항목), 주의집중(4개 항목), 운동능력(4개 항목)의 12개의 항목으로 구성되며, 놀이기술, 의사소통기술, 모방기술 등에 대해 평가하게 된다. 또한 각 항목은 기준에 따라 통과, 실패로 채점되며, 4개 영역별 점수는 경험적으로 유도된 수준별 점수와 비교한 후 동등한 가중치를 부여하여 총점수를 도출하게 된다. 지역사회기반 서비스가 실시되는 치료실, 조기중재센터 등에서 사용되도록 설계되었다.

- CARS/CARS2: ASD 선별을 위해 가장 많이 사용되고 있는 도구 중 하나로, ASD의 유무를 구별할 수 있으며 장애의 정도 또한 판별 가능하다. 훈련받은 평가자에 의해 실시되어야 되며, 평가자는 ASD 양육자와의 면담과 관찰 또는 상호작용에 근거해 항목별 점수를 표시해야 한다. 소요 시간은 대략 40~45분 정도 걸리며, 총 15개 항목으로 구성된다. 항목별로 1점에서 4점까지 평정되며 점수는 0.5씩 증가한다. 항목점수의 총점이 30점 이상이면 ASD로 진단 가능하다. 이

도구는 선별 도구로서 정확한 진단을 하기에는 부적절하다. 대상은 연령에 대한 제한은 없으며, 직접 관찰, 양육자나 부모의 보고, 의료기록 점검 등의 다양한 정보를 통해 평가된다.

- SCQ: 사회적 의사소통 설문지로 4세 이상의 유아동에게서 전반적 발달장애를 선별하기 위해 고안된 40개 항목들로 이뤄진 부모 보고서다. 6세 이하, 6세 이상 아동을 위한 두 가지 형태의 설문지가 있으며, 항목들은 호혜적인 사회적 상호작용, 언어 및 의사소통, 반복적이고 상동적인 행동 영역에서 그 유무가 기록된다. 예를 들면, '당신이 몸짓으로 표현하지 않으면, 아동은 얼마나 많은 언어를 이해할 수 있는가?' '아동이 누군가에게 뭔가를 시키려고 혹은 말하려고 다가설 때 웃음을 보이는가?' 등이 있다. 이러한 질문은 민감성, 특수성, 긍정적 예언가치로 다른 장애와 비교하였을 때 모두 높게 나타났다.

3) ASD 영유아의 조기발견

영유아기는 발달과정에 있어 결정적 시기이며, 성장 가능성이 가장 높은 중요한 시기다. 발달이 늦은 영유아를 조기발견하여 적절한 교육과 치료를 제공하면, 발달을 촉진시켜 발달가능성을 최대화할 수 있으며, 심한 장애로 발전하는 것을 예방하거나 최소화할 수 있다. 장애영유아의 조기발견과 관련된 법적 근거는 「장애인 등에 대한 특수교육법」 제5조, 제14조와 동법 시행령 제9조이며, 그 밖에 「장애인복지법」 제9조, 제10조, 제17조와 「모자보건법」 제7조 등에서 강조하고 있다.

우리나라에서 2007년 11월부터 새롭게 도입된 '영유아건강검진'은 영유아의 성장 · 발달상태를 확인하고, 양육자 및 부모들에게 올바른 건강교육을 제공하기 위해서다. 영유아검진의 주요 선별 목표 질환은 성장이상, 발달이상, 비만, 안전사고, 영아급사증후군, 청각이상, 시각이상, 치아 우식증 등이 있으며, 검진항목은 각 월령별로 특화된 문진과 진찰, 신체계측(키, 체중, 머리둘레)이 공통으로 실시되며, 아울러 2~3종의 건강교육과 발달평가 및 상담으로 구성된다.

영유아 검강검진에 관한 정보

• 검진 절차
−가정으로 발송되는 영유아 건강검진표 수령
−국민건강보험공단 고객센터(1577−1000), 홈페이지(www.nhic.or.kr) 또는 보건복지부 콜센터(국번 없이 129)에서 검진 시기 및 기관 확인
−검진기관 방문 및 검진 실시
−검진 결과 통보 확인

• 발달장애 정밀 진단비 지원
−의료급여대상자 영유아 중에서 영유아 건강검진 결과 '정밀평가필요' 대상에게 발달장애 정밀진단비(1인당 40만 원 이내) 지원
−자세한 문의는 해당지역 보건소에서 가능

3. 자폐성장애 영유아의 교육 및 보육

1) 조기교육의 정의

조기교육(早期教育)은 만 4~5세 아동을 대상으로 유아의 지적 잠재력을 조기에 개발하거나 훈련시키기 위해 실시하는 것이다. 그러나 장애영유아와 그 가족들에게는 보다 확장된 개념으로 조기중재나 조기치료보다 교육 및 보육을 조기교육이라 부르는 것이 적절해 보인다. 조기교육은 특별한 요구를 지니고 있거나 도움이 필요한 영유아와 그 가족을 위한 복합적이고 다양한 서비스를 총칭한다. 이러한 서비스는 장애를 지닌 영유아를 교육하거나 치료하는 것이 핵심이지만 가정과 지역사회를 포함한 장애영유아와 그 가족이 생활하고 있는 지역사회 전체를 고려해야 한다.

조기교육을 간략하게 정의하기는 쉽지 않지만 미국 공법 99−457(1986)의 조기교육 목적을 통해 이해할 수 있다. 공법에 제시된 조기교육의 목적은, 첫째, 장애영유아의 발달을 촉진하여 발달지체 가능성을 최소화하고, 둘째, 장애영유아가 학령기에 이르렀을 때 특수교육 및 관련 서비스의 요구를 최소화하도록 하여 교육비용을 절감하며, 셋째, 장차 영유아들의 시설수용 가능성을 최소화하여 스스로의 독립생활 가능성

을 높이고, 넷째, 장애영유아의 특별한 요구(demand) 및 욕구(need)를 충족시켜 장애영유아와 부모를 비롯한 그 가족구성원의 역량을 개발하여 가족구성원들의 기본적인 욕구가 충족될 수 있도록 하는 것이다. 즉, 조기교육은 영유아의 전반적인 발달을 촉진할 수 있도록 조기교육이 이뤄지는 곳에 장애영유아들을 직접 참여시켜 새로운 기술이나 지식을 학습할 수 있도록 돕고, 이를 통해 자기주도성을 촉진하여 독립생활을 가능케 하는 것이다. 또한 사회적 기술과 사회적 능력을 향상시키고, 영유아들이 학습한 내용이 보다 일반화될 수 있도록 지원하는 것이다.

2) 조기교육의 유형

(1) 가정중심

영유아기에 교육 프로그램을 시작하는 것은 매우 중요하며, 많은 프로그램이 가정에서 시작된다. 가정은 조기 중재서비스를 위한 '자연스러운 환경'으로 대부분의 아동들은 3세 이전에 가정에서 시작된다. 가족들과 협력적으로 일하는 것은 모든 조기중재 서비스에서 중요한 측면이며(Turnbull & Turnbull, 2006), 부모와 함께하는 가정중심 프로그램에는 교육 프로그램의 효과를 보증하는 연구들이 있다(Ozonoff & Cathcart, 1998; Smith, Groen, & Wynn, 2000). 가정중심의 프로그램이란 영유아와 그 가족들이 가정에서 교육서비스를 제공받을 수 있도록 전문가들이 한 달에 한 번에서 한 주에 여러 번 횟수를 정하여 가정을 방문하여 서비스를 제공하는 것이다. 가정으로 방문하게 되는 프로그램은 주로 영유아를 대상으로 하기 때문에 부모를 대상으로도 초점을 맞추게 되며, 부모들에게 영유아 자녀들과 함께 놀아 줄 수 있는 프로그램을 포함한 전반적인 가족지원 서비스를 제공하게 된다. 가정중심의 프로그램은 조기교육의 궁극적인 목표인 장애영유아 가족 스스로의 요구를 충족시켜 줄 수 있는 환경을 마련해 주어야 하며, 가족이 느끼는 문제를 스스로 해결할 수 있는 역량(empowering)을 가지고 있음을 가족구성원들이 깨닫도록 도울 수 있어야 한다.

이를 위해 가족중심의 전문가들은 가족 및 가정의 생태학적인 상황을 이해하고, 가족의 요구와 욕구를 진단하여 가족에게 제공해야 할 서비스의 우선순위를 결정하고, 가족들을 대상으로 효과적인 상담이 이뤄질 수 있도록 다양한 상담기술을 익혀야 한다. 이때 사용되는 프로그램들은 주로 응용행동분석에 기초하여 부모들에게 자녀들의 교육에 도움을 줄 수 있는 ASD 영유아의 기술을 증가시켰다. 가정은 ASD 아동을 위한 많은 교육 프로그램의 환경이며, 독립적인 환경이고, 기관중심과 공교육의 프로그램을 보충할 수 있는 장소이기도 하다.

현재 ASD을 위한 교육 프로그램은 많은 사적이고 비영리적인 단체들이 제공하고 있다. CARD(Center for Autism and Related Disorder), 자폐증 동반자(Autism Partnerships), TEACCH와 같은 일부 단체들의 프로그램은 국제적으로 알려진 곳들이다. 가정중심으로 이뤄지는 대표적인 프로그램은 LA의 캘리포니아 대학교에서 진행된 UCLA 자폐증 프로젝트로 Lavaas가 자폐아동들을 위해 개발한 행동치료 프로그램으로 3세 이전의 조기치료 및 주당 40시간의 집중적인 치료를 기반으로 한다. 응용행동분석을 기본으로 하여 행동수정방법을 일대일로 학습하게 되고 주로 불연속 시도 훈련 방법으로 접근하게 된다. 이 외에도 산타바바라의 캘리포니아 대학에서 이뤄지고 있는 중심축 반응훈련도 가정중심의 교육 프로그램 중 하나다.

(2) 기관중심

영유아를 위한 가장 보편적인 교육환경은 학교, 사설교육기관, 복지관, 병원 등 가정 외에서 이뤄지는 기관중심의 서비스를 말한다. 이러한 서비스는 아동중심의 서비스로 영유아들은 주로 하루에 3~6시간의 교육을 받으며 다양한 놀이 활동, 교육 및 치료활동에 참여하게 된다. 전문가들은 영유아의 요구와 욕구을 진단하고, 그에 따른 교육 및 치료를 제공하는 특수교사나 치료사들이다. 이러한 프로그램들은 특수한 환경 내에서 교육을 받는 것으로 최종적으로는 일반아동들과 어울릴 수 있도록 하거나 정규교육과정 내로 들어갈 수 있도록 하는 것을 목표로 한다.

기관중심의 전문가들은 다양한 가족지원 프로그램을 제공하기 위해 부모들에게 기관 프로그램의 활동을 관찰하거나 직접 참여하도록 돕고, 부모의 요구에 따라서는 부모교육을 통해 자녀가 기관에서 배운 학습 내용을 가정에서도 활용할 수 있도록 돕는다. 또한 전문가들은 영유아의 능력과 요구를 평가하고, 개별화계획을 세우며, 자극적인 환경을 제공하여 영유아들의 발달과 기능을 촉진할 수 있는 교육 및 치료 계획을 세워 효과적이고 효율적인 평가가 이뤄질 수 있도록 해야 한다. 대표적인 프로그램으로는 더글라스 발달장애센터, 프린스턴 아동발달연구소, 발덴 영유아기 프로그램, 학습경험-학령전기 아동과 부모를 위한 선택 프로그램(Learning Experiences-An

Alternative Program for Preschoolers and Their Parents: LEAP) 등이 있다.

3) 장애영유아 교육 및 보육

장애영유아의 교육은 3~5세를 대상으로 하며(「유아교육법」 제2조 제1항), 보육은 6세 미만의 취학 전 영유아를 대상으로 한다. 다만, 필요한 경우 어린이집의 원장이 만 12세까지 연장하여 보육할 수 있다(「영유아보육법」 제2조 제1항, 제27조)고 명시하였다. 또한 시행령 제23조에 따른 장애아 무상보육 실시에 드는 비용은 「보조금 관리에 관한 법률 시행령」 제4조에 따라 국가와 지방자치단체가 부담한다고 하였다. 장애영유아 교육 및 보육에서 장애영유아의 개념은 단순히 장애를 가진 영유아라는 개념과는 달리, 특수한 교육을 필요로 하는 장애영유아로 정의한다. 구체적으로 장애가 야기된 자, 발달지체를 경험하는 자, 발달지체를 가질 확률이 높은 정신적 혹은 신체적 조건을 진단받은 자, 조기중재 서비스가 제공되지 않으면 구체적 발달지체의 위험에 있는 영유아를 포함하게 된다.

- 장애아동 보육 서비스
  - 2003년부터 장애아동 보육료 무상지원
  - 장애아동을 위한 보육환경을 지원하기 위하여 장애아 통합 보육시설(국 · 공립, 평가인증 민간 보육시설, 서울형 어린이집) 설치비 지급
  - 교사 인건비 80% 지원, 치료사 인건비 전액 지원
  - 장애아 교재교구비 지원
  - 장애아동을 위한 전문가 순회지원 프로그램을 운영하여, 전문가 미채용 통합시설에 전문가를 지원하여 아동치료, 교사지원, 부모상담 및 가족프로그램 운영

- 장애아동 재활 서비스
  - 자폐성, 언어, 청각 등의 장애를 가진 아동 중 전국 가구 평균소득 100% 이하 가구의 장애아동은 언어, 청능치료, 미술, 음악치료, 행동, 놀이, 심리치료 등 재활치료 서비스 이용 가능
  - 자세한 문의는 보건복지부 콜센터(국번 없이 129)

• 만 5세 이상 특수교육대상자
−2010년부터 유치원 및 의무교육이 가능한 보육시설에서 의무교육 실시

장애아 보육 서비스 제공은 1994년 시범장애아탁아소의 설치 · 운영으로부터 시작되었다. 1995년 보건복지부의 보육사업 지침에 따라 장애아 보육 활성화를 위한 다양한 보육서비스 제공을 보육사업 추진목표의 하나로 설정하였고, 1996년 장애아 보육 활성화 방안의 마련으로 본격적으로 시행되었다(이상복, 정영숙, 문현미, 2006). 1996년에 개정된 「영유아보육법 시행규칙」에서 장애아 보육에 관한 규정을 신설하여 영아보육 반 편성기준에 따라 장애아 시범보육시설에 3명당 1명의 보육교사를 배치하도록 하고, 장애아가 5명 초과할 때마다 보육교사를 1명씩 증원하도록 하였다. 또한 장애아 10명당 특수교사 자격을 가진 보육교사 1명을 배치하고, 장애아가 20명 초과할 때마다 1명씩 증원하도록 하였다. 『2016년 보육사업안내』의 특수교사 및 장애아전담보육교사(pp. 311−314) 자격기준에 해당하는 경우 어린이집에서 특수교사 및 장애아전담보육교사로 근무 가능하다. 다만, 2016년 3월 1일부터는 「장애아동복지지원법」에 따른 자격 기준을 충족한 경우에만 한해 '특수교사' 및 '장애영유아를 위한 보육교사'로 근무할 수 있다.

「장애아동복지지원법」 제22조에는 국가와 지방자치단체가 「영유아보육법」 제27조에 따른 어린이집 이용대상이 되는 장애아동(이하 "장애영유아"라 한다)에 대하여 같은 법 제34조에 따라 보육료 등을 지원하고, 국가 및 지방자치단체는 「영유아보육법」 제10조에 따른 어린이집 또는 「유아교육법」 제2조 제2호에 따른 유치원을 이용하지 아니하는 장애영유아에게 「영유아보육법」 제34조 제2항에 따라 양육수당을 지급할 수 있다. 또한 제32조에 따른 장애영유아를 위한 어린이집은 장애영유아에 대한 체계적인 보육지원과 원활한 취학을 위한 보육계획을 수립 · 실시하여야 하며 대통령령으로 정하는 자격을 가진 특수교사와 장애영유아를 위한 보육교사 등을 배치하여야 한다고 명시하고 있다. 또한 제3항에 따른 특수교사와 장애영유아를 위한 보육교사의 자격 및 배치는 국가와 지방자치단체의 재정 및 교원수급여건을 고려하여 대통령령으로 정하는 바에 따라 순차적으로 실시한다고 하였다.

4) 장애영유아 교육 및 보육의 원리

장애영유아 교육 및 보육재정지원제도는 장애영유아의 교육 및 보육제도를 지원하기 위하여 형성된다. 따라서 장애영유아 교육 및 보육제도의 지침이 될 주요 원리들을 규명한다. 장애영유아 교육 및 보육은 장애영유아의 전인적 발달을 촉진하고, 사회경제적 불균등을 조기에 방지하며, 장애영유아 자신 · 가족 · 국가에 경제적으로 기여할 수 있게 하며, 부모의 취업에 기여할 수 있게 한다(Myers, 1991). 이러한 목적을 성취하기 위하여 장애영유아 교육 및 보육은 일반적으로 다음과 같이 시행되어야 한다.

(1) 교육 및 보육기회 균등

장애영유아는 개인의 잠재능력을 충분히 계발할 권리를 가지고 있으며, 일반영유아와 같이 행복하게 성장하여 복지를 누릴 수 있어야 한다. 장애영유아 교육 및 보육의 기회균등은「헌법」제31조 제1항의 교육기회균등 이념의 구현이며, 불리한 만큼 차별적 보상이 제공되어야 하는 수직적 기회균등과 장애영유아들 간에 균등한 보상이 제공되어야 하는 수평적 기회균등의 실현이다.

(2) 개별화교육계획

개별화교육계획은 장애영유아의 특수교육 및 관련 서비스의 제공을 묘사한 계획이다. 그리고 장애영유아 개인의 특수 요구에 근거하여 개발되며, 매년 갱신되어야 한다. 개별화교육계획은 개별 장애영유아의 발달에 적절한 특수교육 및 관련 서비스를 포함한다.

(3) 무상의 적절한 공교육 · 보육

무상의 적절한 공교육 · 보육은 모든 장애영유아가 무상으로 공공재정에 의한 특수교육 및 관련 서비스를 이용할 수 있어야 함을 의미한다. 무상의 특수교육 및 관련 서비스는 부모에게 경비부담이 없고, 공공의 감독하에 공공경비로 제공되며(Scrivner & Wolfe, 2002), 개별화교육계획에 정의된 대로 장애영유아의 특수한 요구에 적절한 특수교육 및 관련서비스가 무상으로 제공되어야 함을 의미한다.

(4) 통합교육 및 보육

통합교육 및 보육은 특수교육 대상자의 정상적인 사회적응능력의 발달을 도모하기 위하여 일반영유아 집단에서 장애영유아를 교육·보육하는 것을 말한다. 장애영유아는 일반 교육·보육 프로그램에 통합될 권리를 갖고 있다. 장애영유아의 통합은 서비스가 보호에서 교육 및 인간개발로 전환함을 의미한다. 통합은 0~2세의 경우, 보육시설이나 가정과 같은 상황에 조치되고, 개별 가족의 요구를 고려하여 융통성 있는 일과를 계획하며, 가족의 참여를 촉진하며, 보호나 수업을 위한 전문가의 도움을 제공한다. 3~5세는 주로 정규 보육시설이나 유치원에 조치된다.

(5) 최소제한적 환경

장애영유아는 특수한 상황을 제공하기보다 특수한 수업을 요구한다(Noonan & McCormick, 1993). 장애영유아의 교육·보육은 특수 요구를 충족시키면서 장애를 갖지 않은 영유아와 상호작용할 기회가 주어진 상황에서 최대한 이루어지도록 요구한다. 장애영유아 교육 및 보육의 장소는 가정과 가능한 한 가까운 곳에 제공되어 비학업적 활동에 참여할 수 있어야 한다.

(6) 조기중재

조기중재는 영유아의 생활에서 발달문제나 발달상 문제가 야기될 것 같음을 확인하고, 성장과 발달을 극대화하기 위한 바람직한 서비스를 제공하는 것을 의미한다. 그리고 주로 발달지체나 발달지체의 위험이 있는 영아를 대상으로 한다. 조기중재는 0~2세 영아의 발달에 영향을 미치고, 후에 더 강력한 특수교육의 필요성을 감소시킨다. 영유아에게 예방적 수단으로 경비투자는 추후 요구되는 더 비싼 프로그램 및 치료 경비를 절약할 수 있다(Ministry of Education, 2001).

4. 자폐성장애 영유아의 가족

20세기 후반 자폐성장애의 치료에 부모를 적극적으로 참여시키고, 가족의 결정을 최대한 존중하며 가족-치료자 관계에서의 동등성을 강조하는 방향으로 변화가 이뤄지고 있다. 이는 자폐성장애가 단순한 정서적 장애가 아니라 생물학적 원인에 의한 신경발달장애라는 인식이 확산되면서 자폐성장애 영유아에 대한 가족적 접근의 변화였다(Dykens & Volkmar, 1997). 실제 임상연구를 통해 가족이 치료에 적극적으로 개입할 때 자폐성장애의 성장과 발달에 더 큰 긍정적인 효과가 있음을 보고하였다. 적극적인 치료에 참여한 부모는 더 큰 자신감과 희망을 갖게 되고, 장애아동에 대한 치료효과가 더 오랫동안 유지되며, 가족 내 비장애 형제들에게도 긍정적인 영향을 주었다(Brestan & Eyberg, 1998; Koegel, Koegel, & Dunlap, 1996). 교사나 전문가들은 보다 효과적이고 포괄적인 치료적 접근을 위해 자폐성장애 가족들에게 장애에 대한 올바른 지식을 교육하고 이를 기반으로 가족들이 적절한 시기에 효과적인 방식으로 치료에 참여할 수 있도록 도와야 한다.

기본적인 가족지원의 목표는 자폐성장애의 부적절한 행동을 감소시키고, 사회적으로 바람직한 행동을 증가시키며, 가족관계를 향상시켜 가족구성원들을 효과적으로 개입시키는 것이다. 그러나 보다 더 구체적인 가족지원은 자폐성장애에 대해 정확하게 이해시키기, 가족이 직면하는 스트레스 특징 이해하기, 가족구성원들이 가지고 있는 특별한 가족자원을 평가할 수 있는 개별화된 목표 설정하기다. ASD 영유아의 가족은 그들의 고유 특성을 반영하는 독특하고 더 광범위한 생활 영역에서의 스트레스를 경험하기 때문에 ASD의 가족적 특성을 이해하여 정서적 지지를 제공할 필요가 있다. ASD 영유아들이 적절한 교육을 받고 사회적 지지체계 안에서 생활할 수 있도록 다양한 사회적 서비스 및 지지 모임, 후원단체에 대한 정보를 제공하고, 가족들이 발생할 수 있는 법적 문제에 효과적으로 대처할 수 있도록 도와야 한다.

자폐성장애의 가족적 접근에는 여덟 가지 접근방법이 있다. 부모교육, 공동치료자로서의 부모, 행동적 접근, 관계강화, 인지적 접근, 정서적 접근, 서비스 및 시설을 통한 지원, 후원 등이다. 보통 이러한 방법을 통합하여 자폐성장애의 가족을 지원하게 된다. 부모교육은 특히 영유아기에 중요하다. 이 시기에는 부모가 자폐성장애에 대한 기본적인 이해를 바탕으로 자폐성장애 영유아들이 향후 발달을 예측하고, 그것이 가족에게 미치는 영향이 무엇인지를 이해할 수 있도록 하는 것이 중요하다. 공동치료자로서의 부모는 자폐성장애의 치료자로서의 기능을 할 수 있게 훈련받은 부모를 의미한다. 부모로 하여금 자연스러운 언어 습득, 구조화된 훈육, 일반적인 행동수정 전략 등을 집에서나 일상생활에서 수행할 수 있도록 훈련시키는 일이다. 이와 동시에 행동적 접근을 사용하게 된다. 가정을 기반으로 한 행동분석모델은 자폐성장애 영유아의 형제자매들이 행동수정전략을 사용할 수 있도록 훈련시키기도 한다.

특히 관계강화 방법은 부모자녀관계의 양상을 향상시키는 것이 목적으로 정서적 지지의 중요성을 강조한다. 부모들은 지지모임과 자폐성장애의 가족 및 부모로부터 특별한 스트레스 대처기술을 교육받는 것에 대해 긍정적인 평가를 받았다. 교사나 전문가들은 부모에게 스트레스 감소전략으로서 비합리적인 믿음을 없애는 방법을 통해 지지 및 후원을 하게 된다. 이처럼 자폐성장애의 발달단계에 따라 그에 적합한 사회적 서비스 및 적절한 후원을 받는 것은 매우 중요하다.

1) 가족생애주기

가족생애주기(family life cycle)는 가족의 구조, 구성, 행동에서의 변화를 기술하기 위해 1930년대 농촌사회학에서 발전된 개념이다. 개인과 같은 가족은 생애주기를 가지고 있으며, 결혼, 출산, 학령기를 통해 자녀의 교육, 자녀가 결혼하여 떠남, 부모의 사망 등과 같은 주기를 통해 여러 단계로 구분된다. 이 개념은 Duvall과 Hill에 의해 시작되었으며, 단계에 대한 양화는 Glick에 의해 처음 발전되고, Petranek에 의해 확장되었다. 장애가족 또한 가족생애주기를 경험하게 된다. 부모가 가정을 형성하고, 자녀를 출산하고, 그 자녀가 성인이 될 때까지 장애아동과 그 가족구성원들 또한 가족생애주기에서 이루어지는 다양한 사건을 경험하게 된다. 따라서 교사와 전문가들은 장애가족들이 가족생애주기에서 경험하게 되는 상황을 이해하고, 그들이 그 시기마다 필요로 하는 다양한 요구와 욕구를 이해하여야 한다.

가족생애주기는 가족형성에서부터 가족생활 전 생애적 관점에서 조망할 수 있다. 가족생애주기가 가족생활 전반적인 내용과 관련하여 가족의 문제를 파악하는 데 도움이 되기 때문에 교사와 전문가들은 장애가족들의 가족생애주기를 활용하여 장애가족을 이해할 수 있어야 한다. 그러기 위해서는 먼저 현재 가족생애주기를 파악하고, 현재 가족생애주기에 대한 가족구성원의 인식 정도를 파악해야 한다. 또한 가족발달단계에서 성취해야 하는 가족과 가족구성원들의 과업에 대한 가족원들의 변화능력을 이해해야 한다.

가족생애주기에서 나타나는 각각의 단계는 개인 및 가족구성원이 원활하게 해결해

표 3-1 **가족생애주기에 따른 가족의 과제**

가족생애주기		과제
가족 형성기	신혼기	• 새로운 가정과 부부관계에 대한 역할 확립 • 원가족과의 분리 및 협력 • 일과 재정적 독립에서의 자신의 역할 수립 • 가족 및 가정계획 수립(임신, 출산, 교육, 주택 마련 등)
	영유아기 자녀를 둔 가족 (첫 자녀가 6세 이하)	• 자녀중심의 새로운 체계에 대한 수립 • 부부체계형성 및 부부역할의 재조명 • 친구와의 관계 재정비 • 자녀의 성장에 따른 가계설계, 가족여가계획
가족 확대기	학령기 자녀를 둔 가족 (첫 자녀가 7~12세)	• 가사, 육아 등의 공동참여와 부부역할 재검토 • 자녀의 양육 및 교육비 등의 재정계획 • 가족여가를 위한 지출계획
	청소년을 둔 가족 (첫 자녀가 13~18세)	• 자녀의 진학과 교육비 및 노후에 대한 재정계획 • 부모-자녀관계 형성 및 자녀교육에 관한 역할분담 • 노인세대 돌보기 위한 준비
가족 축소기	청년기 자녀를 둔 가족 (첫 자녀가 19세~독립 이전)	• 부부관계 재조정 • 부모-자녀와의 관계 및 역할 재조정 • 노부부를 위한 가계 설계 • 자녀의 취직 및 결혼지도
가족관계 재정립기	노부부기 (첫 자녀의 결혼 또는 독립)	• 신체적 쇠퇴에 다른 노후생활설계 • 건강과 취미를 위한 독립생활 시간관리 • 건강증진계획

출처: 강종구 외(2010), p. 101에서 수정하여 발췌함.

야 할 가족구성원들의 과제가 된다. 만약 개인 및 가족구성원들이 과제를 해결하지 못하게 되면, 가족구성원들은 가정생활을 영위하는 데 있어 전반적인 어려움에 처하게 될 것이다. 가족생애주기는 대체로 많은 가족들에게 변화에 대한 예측을 제공하게 되지만, 경우에 따라서는 예외적인 상황이 발생할 수도 있게 된다. 이러한 가족생애주기에 나타나는 변화에 적응하는 정도는 가족기능에도 영향을 미치게 된다. 따라서 교사와 전문가들은 가족생애주기에 따른 변화와 함께 그 과정에서 발생할 수 있는 사건과 가족구성원들의 요구와 욕구들을 면밀히 살펴볼 필요가 있다.

(1) 영유아기 장애자녀 가족

영유아기 장애자녀를 양육하는 가족은 자녀의 출생과 발달과정에서 자녀의 장애로 인해 정신적 충격을 받을 수 있다. 또한 부모가 자녀양육에 대한 체계적인 계획을 마련하지 못한 채 장애자녀를 양육하기 때문에 자녀를 양육하고 돌보는 상황에서 혼란을 경험하기도 한다. 대부분의 영유아 부모들 또한 자녀의 출생으로 부가되는 양육에 대한 어려움을 호소한다. 특별한 요구를 가진 영유아기 장애자녀를 양육해야 하는 부모들은 자녀를 양육하면서 발생하는 스트레스를 일반자녀를 양육하는 부모들보다 더 많이 경험하게 된다(이한우, 2002). 부모들이 경험하는 스트레스는 장애자녀의 출현과 함께 자녀양육에 관한 일과로 가정생활 전반에 가중되기 때문에 교사나 전문가들은 장애자녀를 둔 가족들이 가질 수 있는 스트레스를 이해하고, 그러한 문제를 잘 극복할 수 있도록 지원해야 한다.

이 시기 동안 부모들은 많은 스트레스에 노출되기 쉽다. 장애 정도가 모호하기 때문에 항상 불안을 느끼고, 장애아동의 불규칙적인 수면과 과활동성으로 인해 피로감이 증가하게 되고, 부모와의 효율적인 의사소통이 어렵기 때문에 스트레스를 더욱 가중하게 된다. 정상아동보다 위험한 행동을 하거나 특이한 식습관을 보일 수도 있다. 그래서 이 시기에 부모가 ASD에 대해 기본적으로 이해하고 초기 아동기에 보일 수 있는 특성과 행동 양상을 이해하는 것은 큰 도움이 된다. 특히 이 시기에는 진단 및 조기중재의 개입과 그 외 보조적으로 이용 가능한 관련 서비스가 중요한 요인이 된다.

물론 영유아 부모들이 경험하는 심리적 적응과정에서 나타나는 반응과 부모들이 장애자녀를 수용하는 과정은 가족의 특성과 기능에 따라 차이를 보일 수 있다. 그렇다고 하더라도 대부분의 영유아기 장애자녀를 양육하는 가족들을 위해, 교사와 전문가들은 장애가족에게 미치는 부정적인 영향을 최소화하고 가족의 긍정성을 향상할 수 있도록 가족중심의 중재와 조기개입 서비스인 개별화가족지원서비스(Individualized Family Service Plan: IFSP)를 제공해야 한다.

조기진단과 조기중재 때 필요한 가족지원에는 자폐성장애의 부모가 되는 것이 무엇을 의미하는지에 대해 이해하도록 돕는 것이 필요하다. 교사나 전문가들은 부모에게 자폐성장애에 대한 기본적인 교육과 적절한 치료개입의 필요성, 이용 가능한 관련 서비스에 대한 정보를 제공해야 한다. 또한 자폐성장애의 원인, 경과, 예후에 영향을 미칠 수 있는 요인 등에 대해서도 최신 정보와 자료를 통해 명확하게 제시하여 이해하기 쉽도록 도와야 한다. 중요한 점은 자폐성장애 영유아의 부모들 대다수는 자신의 아이가 ASD로 진단을 받은 경우 죄책감을 느끼기 때문에, 장애의 원인이 부적절한 부모의 양육방식이나 양육환경으로부터 기인한 것이 아니라는 것을 분명하고 명확히 알려 줘야 한다.

또한 교사나 전문가들은 진단에 대해 가족들과 효과적인 의사소통을 하고 가족들의 오해를 바로잡아 줄 필요가 있다. 개별 가족들이 각 ASD의 독특한 학습 패턴을 이해하여 향후 발달에 대한 적절한 예측을 할 수 있도록 도와야 한다. ASD는 여러 가지 기능 영역에서 불균형한 발달을 보이는데, 특히 고기능 ASD의 경우 언어 혹은 사회적 의사소통 능력에서는 현저한 저하를 보이는 데 비해 특정 영역에서는 정상 혹은 그 이상의 능력을 보여 부모들이 혼란스러워할 수 있다. 그래서 부모들이 기능의 장애를 일시적인 현상으로 보거나 동기 부족 등으로 보아 정상발달의 가능성이 있다고 생각하기 쉽다. 이에 대해 부모들이 적절한 이해를 하도록 돕는 것이 향후 효과적이고 만족스러운 가족관계를 이루도록 하는 데 매우 중요하다. 또한 자녀가 자폐성장애라는 진단이 개별 가족에게 미치는 정서적 영향에 대해서도 관심을 가질 필요가 있다. 각 가정의 재정상태나 가족유형, 형제유무 등 ASD에 대한 치료적 개입에 영향을 미칠 수 있는 여타 요소에도 관심을 기울여야 한다.

진단 이후 가족과 교사 및 전문가들은 향후 치료에 대해 전체적이고 체계적인 계획을 세우게 된다. 부모는 교사나 전문가의 도움하에 책임감을 가지고 중요한 선택사항에 대해 결정을 내리거나 개입 과정에 적극적으로 참여해야 한다. 추가적인 의학적 검사 등에 대한 안내를 받고 시행여부에 대해 판단하고, 만약 취학 전 서비스가 있다면 그에 대한 정보를 듣고 직접 방문한다거나 궁금한 점을 질문할 수 있는 기회가 제공되어야 한다. 부모들이 직접 장애아동의 문제행동이나 기능을 향상시키기 위한 다양한 훈육기법을 배우고 실제 적용할 수 있도록 교육하는 것 또한 중요하다. 자폐성장애의 부모들로 구성된 부모 지지 모임 등은 서로 정서적인 지지를 나누고, 실제적이고 세부적으로 필요한 양육정보 등을 빠르고 효율적으로 제공받을 수 있는 좋은 기회다. 또한 적절한 서비스 및 아동에게 필요한 특별한 의학적 검사나 취학 전 발달장애 아동을 위한 프로그램 등 이용 가능한 공공서비스가 있다는 것도 알려 주어야 한다.

(2) 학령기 장애자녀 가족

학령기 장애자녀의 부모와 그 가족들은 대체적으로 심리적 적응과정인 타협과 낙담과 좌절의 시간을 보내게 된다. 장애자녀의 부모들은 자신들의 아이에 대한 기대와 꿈을 포기해야 하는 슬픔에 직면하기도 하고, 장애자녀 문제를 자신의 탓으로 돌리기도 한다. 이런 경우에는 장애자녀에 대한 죄의식을 가질 수도 있고, 이로 인해 지속적인 우울을 만성화시킬 수도 있다. 어떤 부모들은 초등학교에 다니는 동안에도 여전히 평가를 받고 진단을 받으면서 장애자녀의 변화 가능성에 희망을 두기도 한다. 그러나 장애자녀의 변화가 단기간에 나타나기 어렵다는 것을 알게 되면서 좌절을 경험하게 된다.

학령기 장애자녀는 가정 밖의 활동으로 인해 새로운 환경에 노출되는 상황을 경험하게 된다. 학교생활의 시작은 장애자녀와 그 부모에게 새로운 도전이기도 하고, 극복해야 할 과업이기도 하다. 장애자녀 또한 처음으로 부모의 보호에서 벗어나게 되고, 새롭게 또래와 교사와의 관계를 형성하거나 학습하는 방법을 익히게 된다. 그러나 학교생활에서 또래와의 상호작용이 쉽지 않고, 의사소통에서도 문제를 보이게 되어 학교생활 전반에 어려움을 경험하게 된다. 문제행동을 보이는 장애아동은 또래친구들을 사귀기 어렵고, 동료와의 활동에서도 배제되기 쉽다. 따라서 부모들은 담임교사와의 협력관계를 형성하는 것이 중요하며, 특수학급에 있는 경우에는 특수교사와의 원활한 의사소통이 이뤄질 수 있도록 해야 한다. 장애자녀의 경우 학교생활을 시작하더라도 지역사회 내 다양한 관련 서비스 기관에 참여하는 경우도 많기 때문에 관련 서비스 기관 내에서 접근할 수 있는 인적·물적 자원을 확보할 수 있도록 해야 한다. 이 시기의 장애자녀와 그 부모들은 다양한 환경에 의해 부딪히게 되는 문제를 새롭게 경험하게 됨에 따라 학교와 같은 가정 밖의 외부활동에서 필요한 신체적·정서적 한계를 인식하게 된다. 따라서 교사와 전문가들은 학령기 장애자녀의 가족들에게 장애자녀를 위해 부모의 중요성이 지속됨을 인식시킬 필요가 있다.

또한 이 시기는 장애자녀 가족들이 자녀의 활동 반경에 대한 제한으로 지역사회 활동에 소극적인 태도를 보이기도 하고, 장애자녀로 인해 다양한 활동에 제한을 받기도 한다. 자녀의 장애와 관련된 의료적인 문제가 있을 경우에는 재정적인 어려움을 더 많이 경험하게 된다. 가정 밖의 활동을 통해 부모들은 장애자녀가 어떤 최상의 서비스를 받을 수 있을지에 대해 궁금해하기도 하고, 새로운 환경에의 적응에 대한 걱정과 고민을 시작하게 된다. 그만큼 장애자녀 가족은 사회적 고립과 경제적 문제에 직접적으로 부딪히게 되는, 더 많은 상황에 놓이게 된다는 것을 교사나 전문가가 이해하고 있어야 한다.

(3) 청소년기 장애자녀 가족

장애자녀들에게도 청소년기는 삶의 중심이 가족에서 학교와 지역사회로 더욱 확장되는 시기이고, 장차 성인으로서 독립된 생활을 해야 하는 전이 과정에 놓이게 된다. 또한 청소년기에 접어든 장애자녀들은 신체적으로나 정서적으로 극단적인 변화를 경험하게 된다. 장애청소년들도 또래와 동일하게 신체적 · 정서적 변화를 경험하게 되며, 다른 사람들이 자기를 어떻게 인식하는지에 대해서 조금씩 민감해지기도 한다. 따라서 청소년기 장애자녀 가족들은 자녀의 독립성을 보장해 주고, 자녀에 대한 통제나 보호를 덜 하도록 변화를 취할 필요가 있다. 그러나 장애부모들은 자녀를 독립시키는 것보다 여전히 부모에게 의존하도록 하는 것이 부모로서의 역할을 다하는 것이라고 생각할지도 모른다. 그러나 부모가 자녀들의 독립적인 생활을 돕지 않으면 장애자녀들은 더 소외되고, 가족 내에서 무관심해지거나 성적인 징후에 대해 혼란과 두려움을 경험하게 될지도 모른다.

어쩌면 이 시기의 부모들은 장기간 자녀양육으로 인해 에너지가 소진되어 장애청소년인 자녀의 욕구에 민감하게 반응하기 힘겨울 수 있고, 장애자녀의 학교를 방문하거나 교사와 만나는 것을 어려워할 수도 있다. 일반적으로 장애자녀가 중 · 고등학교에 들어가게 되면 대부분의 부모들은 학교생활에 참여하기를 두려워하거나 힘들어 한다. 그러다 자녀가 고등학교를 졸업하게 되며, 자녀를 대학 등의 상급학교로 진학시킬지, 취업을 하도록 할지 등에 대해 결정을 내려야 한다. 이처럼 청소년기 장애자녀를 둔 부모들은 자녀의 일상생활에서의 독립뿐 아니라 직업을 통한 사회통합이 가능할 수 있도록 자기결정기술을 향상시키기 위해 지속적인 노력을 기울여야 한다는 것을 교사나 전문가들은 알아야 한다.

(4) 성인기 장애자녀 가족

성인기 장애자녀를 부모들은 대부분 장년기나 노년기에 해당하게 된다. 다시 말해, 장애 유형에 상관없이 성인기 장애자녀를 돌보는 부모의 부담 중 하나는 부모 자신들의 노화다. 노화로 인해 장애자녀의 부모들은 본인들의 신체적 · 경제적 능력이 저하되고, 더 이상 성인 장애자녀를 돌보기 어려운 상황에 봉착할 것을 염려하고, 본인 사망 후 자녀의 돌봄 문제에 대해 고심하게 된다. 간혹 성인기 장애자녀 중에서는 직장생활을 통해 원가족으로부터 경제적 독립을 이루거나 결혼 등으로 새로운 가족생애주기에 따른 과업을 경험하기도 한다. 그러나 현실적으로는 장애자녀가 독립된 생활을 하거나, 직업생활을 통한 경제적 독립은 어려운 상황이다. 따라서 이 시기에는 성인 장애자녀를 위한 양육과 보호에 대한 부담을 잘 대처하기 위해서 국가적인 차원의 사회적 지원이 절실하다는 사실을 교사와 전문가들이 이해하고 있어야 하며, 이에 대한 지원을 함께 고민해 봐야 한다.

표 3-2 가족생애주기에 따른 장애가족의 특성

생애주기 단계	부모
유아기 (0~5세)	• 정확한 진단 • 형제자매와 친척들에게 장애 알리기 • 지원서비스 결정
초등학교 학령기 (6~12세)	• 가족 기능을 수행하기 위한 일과 세우기 • 장애의 적용에 대한 정서적인 적응 • 통합에 대한 문제 결정 • IEP 회의 참석 • 지역사회 자원들 탐색 • 과외활동계획 • 전문가들과의 긍정적인 관계 형성 • 가족과 아동에게 적절한 교육 관련 정보 모으기 • 아동의 미래에 대한 계획 세우기 • 다른 교수전략 이해하기
청소년기 (13~21세)	• 만성적 장애에 대한 정서적인 적응 • 성적인 문제들에 대한 고려 • 왕따나 또래로부터의 거부 등에 대한 고려 • 장래 직업에 대한 계획 • 사춘기로 인한 신체적 · 정서적 변화에 대한 대처 • 중등교육에 대한 계획 • 학교로부터 성인기 삶으로의 전이에 대한 계획 • 학령기 이후 선호하는 삶에 대한 계획

성인기 (21세부터)	• 성인기에 희망하는 거주 형태에 대한 계획 • 성인기의 집중적 지원에 대한 정서적 적응 • 가족 이외의 사회화 기회 요구에 대한 계획 • 직업 프로그램의 시작 • 가족 의사결정에 따른 성인기 삶의 변화에 대한 적응

출처: Brown, McDonnell, & Snell(2017), p. 67에서 수정하여 발췌함.

2) 부모의 심리적 적응과정

보통의 가정에서는 자녀의 출생이 부모뿐 아니라 가족구성원들에게 기쁨이 되기도 하지만, 새로운 역할에 적응해야 하는 과업에 책임감을 느끼기도 한다. 특히 특별한 요구를 가진 장애자녀가 태어났을 경우에는 일반 가정에서 느끼는 책임감에 더하여 심리적 · 경제적 어려움을 경험하게 된다. 장애자녀를 양육하면서 부모들이 느끼는 어려움은 장애자녀를 양육하면서 느끼는 심리적 · 정서적 어려움과 함께 육체적 · 경제적 부담감, 가족들 간의 갈등, 사회적 오명으로 인한 사회적 고립, 사회서비스의 부

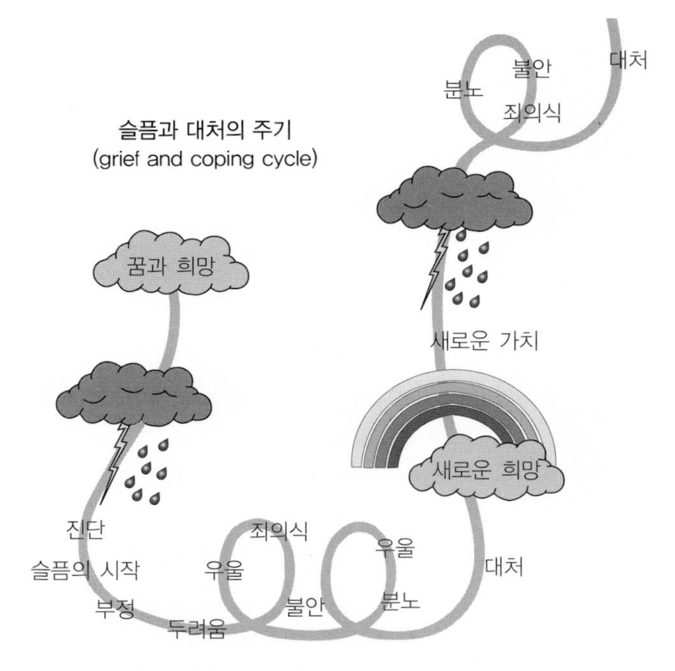

[그림 3-1] 장애부모의 심리적 적응과정

출처: O'Shea, O'Shea, Algozzine, & Hammitte(2001), p. 198.

족, 장애자녀가 보이는 행동문제에 대한 이해, 자녀의 미래에 대한 불안감 등을 호소하고 있다.

장애자녀를 양육하는 모든 가정이 심리적 · 사회적 어려움을 경험하는 것은 아니다. 하지만 자녀가 장애로 밝혀지면서부터 갖게 되는 새로운 과업과 그 자녀를 받아들이기까지 부모들은 여러 단계의 심리적 적응과정을 경험하게 된다. 이러한 심리적 적응과정은 자녀가 성장하는 동안 단 한 번만으로 끝나는 것이 아니라 자녀가 성장 · 발달하는 내내 순환적으로 반복된다. 따라서 교사나 전문가들은 장애자녀와 그 가족구성원들에게 주어진 발달적 · 사회적 · 환경적 변화에 잘 적응할 수 있도록 그들의 심리적 적응과정에 대한 이해가 필요하다.

Kübler-Ross(1969)는 암환자들을 대상으로 그들이 겪는 '슬픔의 단계'를 밝히고 각 단계에서 보이는 슬픔에 관한 행동을 기술하였다. 이러한 심리적 적응과정은 충격과 불신 그리고 부인 단계, 화와 분노 단계, 타협 단계, 좌절과 낙담 단계, 수용 단계 등이다. 따라서 각 단계마다 교사나 전문가들은 장애자녀의 부모와 그 가족구성원들을 지원할 수 있도록 그들의 이야기에 경청하고 공감하는 태도를 보이고, 때로는 정확한 정보를 제공해 주는 등의 지원에 노력해야 할 것이다.

(1) 충격과 불신 그리고 부인

충격과 불신 그리고 부인(Shock, disbelief, & denial) 단계는 부모들이 자신의 자녀가 장애를 가졌다는 것을 알게 된 후 보이는 첫 번째 심리적 반응이다. 일반적으로 부모들은 자신의 자녀에게 생각지도 못했던 장애가 있다는 말을 듣게 되면 충격에 빠지게 된다. 그 충격으로 인해 자녀의 장애를 진단한 의사나 전문가를 믿지 못하고, 다른 전문가들을 찾으며 많은 시간과 에너지를 소비하게 된다. 부모들은 여러 곳에서 자녀에 대한 진단이 비슷하다는 것을 알게 되면 자신이 직접 자녀의 장애를 고쳐 보겠다고 검증되지도 않은 치료법들을 찾기도 한다. 이는 여전히 부모들이 자녀의 장애를 믿지 못하고 있음을 나타낸다.

장애자녀를 어느 정도 양육한 부모들은 심리적 적응과정의 첫 단계를 떠올릴 때마다 그 조기진단의 과정이 너무도 복잡하고 힘들었다고 한다. 대부분의 부모들은 다른 아이들과 달리 자녀가 발달이 지체되고 있음을 알아채고 의심한 뒤에도 자폐 등의 발달장애로 진단받기까지 시간이 꽤 걸렸다고 이야기한다. 또 다른 아이들과 달리 어떠한 발달 영역이 늦었는지 물어보면 대부분은 늦은 언어발달로 인해 치료실이나 병원을 찾았다고 한다. 한 연구에서는 17~18개월의 자폐아동 부모들은 자녀의 발달에 대해 걱정을 하면서도 22~23개월까지 자녀에 대한 도움을 구하지 못했다고 한다. 또한 자폐아동 부모들을 대상으로 자녀의 문제를 인식하고부터 자폐성장애로 진단하기까지 걸리는 시간이 0개월에서 13년까지로 그 범위가 컸으며, 중앙치는 9개월이었다고 한다(서경희, 이효신, 김건희, 2012).

교사와 전문가들은 부모들이 보이는 충격과 자녀의 장애를 부인하는 행동, 그로 인해 발생하는 두려움, 불안 등은 다른 장애자녀들을 둔 부모들도 경험하는 감정임을 이해시킬 필요가 있다. 그리고 무엇보다 장애자녀의 부모들이 이야기하고자 하는 모든 내용을 적극적으로 들어 주고 수용해 주면서 부모들이 자신의 자녀를 이해할 수 있도록 도와야 한다. 그러나 이 시기에 교사와 전문가들은 자녀에 대한 정확한 이해가 필요하다고 자녀의 한계와 미래에 대해 너무 노골적으로 이야기할 필요는 없다. 장애자녀로부터 자신을 방어하여 자녀의 교육적 · 의료적 서비스 등을 완전히 포기할 수도 있기 때문에 때때로 교사와 전문가들은 신중한 말과 행동이 필요하다. 따라서 이시기의 교사나 전문가들은 수용적인 태도로 부모들의 이야기를 적극적으로 경청하고, 자신의 감정을 표현할 수 있도록 지지하고 격려해 주어야 한다. 특히 부모들에게 장애자녀를 양육하면서 자녀와 함께 놀이 활동, 여가활동 등에서 공유할 수 있는 다양한 방법을 제공해 주는 것이 필요하다.

(2) 화와 분노

부모들은 자녀가 지닌 장애를 더 이상 부정할 수 없을 때 자신을 포함해 다른 사람들에게 화(anger)를 내거나 자신이 처한 상황에 분노(resentment)하게 된다. 부모들은 자녀의 장애가 자신도 모르는 실수나 잘못에 의한 것인지도 모른다고 생각하기도 하고, 지금껏 나쁘게 살지 않았는데 왜 내게 이런 상황이 벌어졌는지에 대해 신과 다른 사람을 원망하며 분노하게 된다. 어쩌면 부모가 화와 분노를 보이는 것은 자녀의 장애를 어느 정도 인정하기 시작했다는 의미일지도 모른다. 하지만 그것을 인정하기엔 너무도 힘든 일이기 때문에 자녀의 문제를 긍정적으로 받아들일 수 없는 것이다.

따라서 이 단계에서 교사나 전문가들은 장애부모들에게 올바른 정보를 제공하고 전문성을 발휘하여 부모들이 자녀에 대한 새로운 태도와 신념을 가질 수 있도록 적극적인 지원을 해야 한다. 교사나 전문가들은 장애자녀들이 할 수 있는 과제를 통해 자녀들이 무엇인가를 할 수 있다는 것을 부모들에게 보여 줘야 한다. 부모들에게 자신의 자녀가 조금씩이라도 변화가 이루고 있다는 것을 알게 해 주어야 한다. 또한 이 시기에 교사나 전문가들은 부모들이 직접 자신의 자녀를 통제할 수 있도록 그 방법을 알려 주어야 한다. 부모가 직접 자신의 자녀를 통제하여 부모로서의 자신감을 경험하는 것은 중요하다. 이처럼 교사나 전문가의 역할은 부모들에게 자녀의 발달에 보다 긍정적인 영향을 미칠 수 있는 중요한 위치에 있다는 것을 늘 염두에 두고 책임 있는 자세와 태도를 갖추어야 할 것이다.

(3) 타협

세 번째 단계는 타협(bargaining)이다. 부모들은 자신이 이 상황을 더 이상 받아들일 수도 믿을 수도 없는 자신의 운명으로 여기고, 자녀의 장애를 수용해야 한다는 사실에 여전히 힘들어하며, 때때로 그 사실을 외면하고, 자신의 운명을 바꾸어 보려고 세상과 타협하기 시작한다. 이 시기의 부모들은 어쩌면 자신이 최선을 다해 노력하면 자녀의 장애가 나아지거나 없어질 수 있을 것이라고 생각하며 장애자녀를 교육하고 치료하는 데 에너지를 쏟게 된다. 그러나 자신의 노력에 비해 자녀가 나아지거나 진전이 없음을 깨닫게 되면 부모들은 또다시 좌절과 낙담으로 우울에 빠지게 된다.

이 단계에서 교사와 전문가들은 무엇보다 부모들이 느끼는 감정을 수용하고 공감해 주는 것이 필요하며, 부모들이 경험하는 복잡하고 힘든 감정은 당연하다는 것을 이해시킬 필요가 있다. 그리고 이때 교사와 전문가들은 자신의 견해를 부모들에게 지나치게 강요해서는 안 되며, 너무도 힘든 상황에서 나타나게 되는 부모의 합리적이지 못한 행동을 비난해서도 안 된다.

(4) 좌절과 낙담

부모라면 누구나 자신의 자녀에 대해 부품 꿈과 기대를 가지게 된다. 그러나 장애자녀의 부모들은 자신의 자녀에 대한 꿈과 희망이 현실적으로 가능하지 않다는 것을 깨닫게 되면서 뭔지 모를 허전함과 슬픔과 함께 자신의 삶 전체에 대한 허무함이 밀려오게 된다. 이러한 슬픔과도 같은 감정이 좌절(depression)과 낙담(discouragement)이라고 할 수 있다. 장애부모들은 이러한 좌절과 낙담을 견뎌 내야만 장애자녀를 수용할 수 있게 된다. 따라서 교사와 전문가들은 부모와 함께 자녀의 문제에 대해 보다 현실적이고 실현 가능한 방법을 모색하게 된다. 교사와 전문가들은 자녀에 대한 부모들의 노력을 현실적으로 받아들일 수 있도록 긍정적인 측면에 초점을 맞추어야 한다. 부모들의 노력이 좌절로 이어지지 않도록 부모들을 적극적으로 도와야 한다. 부모들의 깊은 좌절과 슬픔이 지속적이고 만성적으로 나타난다면 교사와 전문가들은 부모들에게 보다 전문적인 상담을 제공해 주어야 한다. 부모들의 좌절과 슬픔을 극복할 수 있도록 돕는 방법 중에는 장애자녀를 둔 다른 부모들과 만나게 함으로써 이러한 힘겨움이 혼자만의 문제가 아닐 수 있음을 알려 주어야 한다. 또한 가족들이 함께 이러한 상황을 이겨 나갈 수 있도록 가족의 강점과 함께 그들의 역량을 강화해 나가는 것을 도와야 한다.

(5) 수용

장애자녀의 부모들은 자녀의 출생을 통해 여러 심리적 적응과정을 경험하면서 자신의 자녀에 대해 이해하고, 자녀의 장애를 수용하게 된다. 수용(acceptance)은 부모들이 자녀가 지닌 장애를 정확히 이해하고, 인정하는 것이며, 더 이상 비합리적인 죄의식을 가지지 않고, 다른 사람을 원망하지도 않음을 의미한다. 또한 장애자녀의 성장·발달에 도움을 줄 수 있는 새로운 교육과 지원방법 등을 교사와 전문가와 함께 찾아보면서 부모와 그 가족구성원 모두 긍정적인 반응을 보일 수 있도록 노력한다.

복합적인 문제를 보이는 아동의 부모를 대상으로 한 Patterson과 Leonard(1994)의 연구에서는 부모들이 긍정적·부정적 반응을 반반씩 보인다고 하였다. 긍정적 반응을 보이는 부모들은 장애자녀를 양육하면서 부부간의 결속력이 강화되고, 가족구성원들 간에도 강한 유대감을 형성했다고 하였다. Sandler와 Mistretta(1998) 또한 긍정적인 가족은 가족구성원들이 가족을 위해 구체적으로 어떻게 하는 것이 좋을지 늘 노력하고 있었으며, 어려움을 극복한 다른 장애가족들의 경험을 통해 문제를 해결하려 한다고 하였다. 따라서 교사와 전문가들은 장애자녀를 둔 부모들이 긍정적인 반응을 보일 수 있도록 가족의 또 하나의 일원으로서 그들을 지지하고 지원해 주어야 할 것이다.

참고문헌

강영희(2014). **생명과학대사전**. 서울: 아카데미.

강종구, 김미경, 김영한, 옥정달, 이정규, 이태훈, 이한우, 정주영, 한석실, 한은미, 허명진(2010). **특수교육학개론**. 서울: 학지사.

구본권(2001). 장애유아 통합교육의 사례분석. **한국영유아보육학, 24**, 149-178.

김정진, 임은희, 권진숙(2007). **사회복지실천기술론**. 경기: 서현사.

백은령, 김선아, 양숙미, 엄미선, 윤철수(2008). **사회복지실천론**. 서울: 대왕사.

서경희, 이효신, 김건희(2012). **자폐스펙트럼장애**. 서울: 시그마프레스.

오혜경(2001). 장애아동 가족지원에 관한 고찰. **사회복지리뷰, 6**, 53-75.

이상복, 정영숙, 문현미(2006). 장애아동 보육시설의 실태와 보육정책적 함의. **정서행동장애연구, 22**(1), 47-76.

이정림(2013). **장애영유아 통합보육 · 교육의 실태 진단 및 정책과제**. 서울: 육아정책연구소.

이한우(2002). 발달장애아동 가족지원 특성과 양육스트레스 연구. **정서학습장애아연구, 18**(3), 327-349.

조수철 외(2011). **자폐장애**. 서울: 학지사.

최민숙(2007). **장애아동 교육을 위한 가족참여와 지원**. 서울: 학지사.

American Academy of Neurology (2000). Practice parameter: screening and diagnosis of autism. *Neurology, 55*(4), 468-479.

American Psychiatric Association (2013). *Diagnostic and statistical manual of mental disorders* (5th ed.). Washington, DC: Author.

Baird, G., Charman, T., Baron-Cohen, S., Cox, A., Swettenham, J., Wheelwright, S., & Drew, A. (2000). A screening instrument for autism at 18 months of age: A 6-year follow-up study. *Journal of the American Academy of Child & Adolescent Psychiatry, 39*(6), 694-702.

Baron-Cohen, S., Cox, A., Baird, G., Swettenham, J., Nightingale, N., Morgan, K., Drew, A., & Charman, T. (1996). Psychological markers in the detection of autism in infancy in a large population. *British Journal of Psychiatry, 168*(2), 158-163.

Baron-Cohen, S., & Swettenham, J. (1997). Theory of mind in autism: Its relationship to executive funtion and central cherence. In D. J. Cohen & F. R. Volkmar (Eds.), *Handbook of autism and pervasive developmental disorders* (pp. 880-893). New York: Wiley.

Bates, E. (1979). *The emergence of symbols: Cognition and communication in infancy*. New

York, NY: Academic Press.

Berument, S. K., Rutter, M., Lord, C., Pickles, A., & Bailey, A. (1999). Autism screening questionnaire: Diagnostic validity. *British Journal of Psychiatry, 175*, 444-451.

Brestan, E. V., & Eyberg, S. M. (1998). Effective psychosocial treatments of conduct-disordered children and adolescents: 29 years, 82 studies, and 5,272 kids. *Journal of Clinical Child Psychology, 27*, 180-189.

Brown, F. E., McDonnell, J. J., & Snell, M. E. (2017). **중도장애학생의 교육** (박은혜, 한경근 공역). 서울: 시그마프레스. (원저 2016년에 출판)

Centers for Disease Control and Prevention(2012). Prevalence of autism spectrum disorders: Autism and developmental disabilities monitoring network, 14 sites, United States, 2008. *Morbidity and Mortality Weekly Report Surveillance Summaries, 61*(3), 1-19.

Charman, T., & Baird, G. (2002). Practitioner review: Diagnosis of autism spectrum disorder in 2-and 3-year-old children. *Journal of Child Psychology and Psychiatry and Allied Disciplines, 43*(3), 289-305.

Chawarska, K., Paul, R., Klin, A., Hannigen, S., Dichtel, L. E., & Volkmar, F. (2007). Parental recognition of developmental problems in toddlers with autism spectrum disorders. *Journal of Autism and Developmental Disorders, 37*(1), 62-72.

Chawarska, K., & Volkmar, F. R. (2005). Autism in infancy and early childhood. In F. R. Volkmar, R. Paul., A. Klin, & D. Cohen (Eds.), *Handbook of autism and pervasive developmental disorders* (3rd ed., pp. 223-246). Hoboken, NJ: John Wiley & Sons.

Coonrod, E. E., & Stone, W. L. (2004). Early concerns of parents of children with autistic and nonautistic disorders. *Infants & Young Children, 17*, 258-268.

Cunninghan, C. E., & Boyle, M. H. (2002). Preschoolers at risk for attention deficit hyperactivity disorder and oppositional defiant disorder: family, parenting, and behavior correlates. *Journal of Abnormal Child Psychology, 30*(6), 555-569.

Delaney, E. M., & Kaiser, A. P. (2001). The effect of teaching parents blended communication an behavior support strategies. *Behavior Disorder, 26*, 93-116.

Dunst, C. J. (1990). *Family-centered assessment and intervention practices. Family Systems Intervention Monograph, 1*, NO. 1. Morgantion, NC: Family, Infant and Preschool Program, Western Carolina Center.

Dunst, C. J., & Trivette, C. M. (1994). Aims and principle of family support programs. In. C. J. Dunst, C. M. Trivette, & A. G. Deal (Eds.), *Supporting and strengthening families* (p. 42). Cambridge, MA: Brookline Books.

Dunst, C. J., Trivette, C. M., & Deal, A. G. (1988). Supporting & Strengthening Family:

Methods. *Strategies and Practices* (pp. 37-41). Cambridge, MA: Brookline Books.

Dykens, E. M., & Volkmar, F. R. (1997). Medical conditions associated with autism. In D. J. Cohen, & F. R. Volkmar (Eds.), *Handibook of autism and pervasicve developmental disorder* (2nd ed., pp. 388-407). New York: Wiley.

Glascoe, F. P. (2003). Parents' evaluation of developmental status: How well do parents' concerns identify children with behavioral and emotional problems? *Clinical Pediatrics, 42*, 133-138.

Happé, F., & Frith, U. (1996). The neuropsychology of autism. *Brain, 119*(4), 1377-1400.

Joseph, R. M., Tager-Flüsberg, H., & Lord, C. (2002). Cognitive profiles and social-communicative funcioning in children with autism spectrum disorder. *Journal of Child Psychology and Psychiatry, 43*(6), 807-821.

Kalb, L., Law, J. K., Landa, R., & Law, P. (2010). Onset patterns prior to 36 months in autism spectrum disorders. *Journal of Autism and Developmental Disorders, 40*(11), 1389-1402. doi: 10.1007/s10803-010-0998-7

Koegel, L. K., Koegel, R. L., & Dunlap, G. (1996). *Positive behavioral support*. Baltimore, MD: Brookes.

Kübler-Ross, E. (1969). *On Death and Dying*. New York: Macmilan.

Marcus, L. M., Kunce, L. J., & Schopler, L. (2005). *Handbook of Aautism and Pervasive Developmental Disorders* (3rd ed., pp.1055-1086). John Wiley and Son.

Mesibov, G. B., Adams, L. W., & Klinger, L. (1997). *Autism: Understanding the disorder*. New York: Plenum Press.

Ministry of Education (2001). *Introduction to the early childhood education discretionary grants scheme*. New Zealand. http://www.minedu.govt.nz/ web/document/document. -page.cfm?id=4387&p=1037.1038.4334.

Myers, R. G.(June, 1991). *The development of young children: why we should invest and some suggestions about what can be done*. A Discussion Paper Prepared for The Agency for International Development. Consultative Group on Early Childhood Care and Development. http://www.ecdgroup.com/archive/develo.html.

Noonan, M. J., & McCormick, L. (1993). *Early intervention in natural environments*. Pacific Grove, CA: Brooks/Cole Publishing Co.

O'Shea, D., O'Shea, L., Algozzine, R., & Hammitte, D.(2006). **장애인 가족지원** (박지연, 김은숙, 김정연, 나수현, 윤선아, 이금진, 이명희, 전혜인 공역). 서울: 학지사. (원저 2001년에 출판)

Ozonoff, S., & Cathcart, K. (1998). Effectiveness of a home program intervention for young children with autism. *Journal of Autism and Developmental Disorders, 28*(1), 25-32.

Ozonoff, S., Iosif, A., Young, G. S., Hepburn, S., Thompson, M., Colombi, C., … Rogers, S. J. (2011). Onset patterns in autism: Correspondence between home video and parent report. *Journal of the American Academy of Child & Adolescent Psychiatry, 50*(8), 796-806. e791. doi:http://dx.doi.org.10.1016/j.jaac.2011.03.012.

Ozonoff, S., Macari, S., Goldring, S., Thompson, M., & Rogers, S. J. (2008). A typical object exploration at 12 months of age is associated with autism in a prospective sample. *Autism, 12*, 457-472.

Ozonoff, S., Rogers, S. J., & Hendren, R. L. (2003). *Autism spectrum disorders: A research review for practitioners.* London: American Psychiatric Publishing, Inc.

Ozonoff, S., South, M., & Provencal, S. (2005). Executive funtions. In F. Volkmar, R. Paul, A. Klin, & D. Cohen (Eds.), *Handbook of autism and pervasive developmental disorders* (pp. 606-627). New York: John Wiley & Sons.

Parett, H. P., & Petch-Hogan, B. (2000). Approaching families: facilitating culturally/linguistically diverse family involvement. *Teaching Exceptional Children, 33*(2), 4-10.

Patten, J. R., Paine, J. S., & Beirne-Smith, M. (1987). *Mental Retardation*. Columbus: Charles E. Merill Publishing Company.

Patterson, G. R., & Leonard, B. J. (1994). Care giving and children. In E. Kahann, D. Biegel, & M. Wykle (Eds.), *Family care giving across the lifespan* (pp. 133-158). Beverly Hill, CA: Sage.

Robins, D. L., Fein, D., Barton, M. L., & Green, J. A. (2001). The Modified Checklist for Autism in Toddlers: An initial study investigating the early detection of autism and pervasive developmental disorders. *Journal of Autism and Developmental Disorder, 31*, 131-144.

Roux, A. M., Herrera, P., Wold, C. M., Dunkle, M. C., Glascoe, F. P., & Shattuck, P. T. (2012). Developmental and autism screening through 2-1-1: Reaching underserved families. *American Journal of Preventive Medicine, 43*, S457-S463.

Sandler, A. G., & Mistretta, L. A. (1998). Positive adaptation in parents of adults with disabilities. *Education and Training in Mental Retardation and Developmental Disabilities, 33,* 123-130.

Schoplerm, E., Reichler, R. J., & Renner, B. (1988). *Childhood Autism Rating Scale.* Los Angeles, CA: Western Psychological Services.

Scrivner, S., & Wolfe, B. (2002). *Universal preschool: much to gain but who will pay?* Working Paper Series. Foundation for Child Development. New York. ED 473-930.

Shattuck, P. T., Durkin, M., Maenner, M., Newschaffer, C., Mandell, D. S., Wiggins, L., Lee, L.C., Rice, C., Giarelli, E., Kirby, R., Baio, J., Pinto-Martin, J., & Cuniff, C. (2009). Timing of identification among children with an autism spectrum disorder: Finding from a population-based surveillance study. *Journal of the American Academy of Child & Adolescent Psychiatry, 48*, 474-483.

Sigman, M., & Mundy, P. (1989). Social attachment in autism children. *Journal of Child Psychiatry, 28*(1), 74-81.

Smith, T., Groen, A. D., & Wynn, J. W. (2000). Randomized trial of intensive early intervention for children with pervasive developmental disorder. *American Journal on Mental Retardation, 105*, 269-285.

Squires, J., & Bricker, D. (2009). *Ages & Stages Questionnaires: A parent-compelted child monitoring system* (3rd ed.). Baltimore, MD: Paul H. Brookes.

Stani, K., & Lalley, J. (2003). Standards for Prevention Programs: Building Success through Family Support. *Family support America*. New Jersey.

Stone, W. L., Coonrod, E. E., & Ousley, O. Y. (2000). Screening Tool for Autism Two-Year-Olds (STAT): Development and preliminary data. *Journal of Autism and Developmental Disorder, 30*, 607-612.

Stone, W. L., Coonrod, E. E., Turner, L. M., & Pozdol, S. L. (2004). Psychometric properties of the STAT for early autism screening. *Journal of Autism and Developnetal Disorders, 6*, 691-701.

Swinkels, S. H., Dietz, C., van Daalen, E. Kerkhof, I. H., van Engeland, H., & Buitelaar, J. K. (2006). Screening for autistic spectrum in children aged 14 to 15 months I: The development of the Early Screening for Austistic Traits Questionnaire (ESAT). *Journal of Autism and Developmental Disorders, 36*, 723-732.

Turnbull, A. P., & Turnbull, H. R. (1997). *Families, professionals, and exceptionality: A special partnership* (3rd ed.). Upper Saddle River, NJ: Merrill.

Turnbull, A. P., & Turnbull, H. R. (2001). *Families, professionals, and exceptionality: A special partnership*. Columbus, OH: Merrill.

Turnbull, A. P., & Turnbull, H. R. (2006). *Families, and Exceptionality* (5th ed.). Upper Saddle River, NJ: Merrill/Prentice Hall.

Volkmar, F. R., Lord, C., Baily, A., Schultz, R. T., & Klin, A. (2004). Autism and pervasive developmental disorders. *Journal of Child Psychology and Psychiatry, 45*(1), 135-170.

Werner, E., Dawson, G., Osterling, J., & Dinno, N. (2000). Brief report: Recognition of autism spectrum disorder before one year of age: A retrospective study based on home videotapes. *Journal of Autism and Developmental Disorders, 30*(2), 157–162.

Wetherby, A. M., & Priant, B. M. (2002). Introduction to autism spectrum disorders. In A. M. Wetherby & B. M. Priant (Eds.), *Autism spectrum disorders: A transactional developmental perspective* (pp. 1–7). Baltimore, MD: Paul H. Brookes Publishing Co.

William, L. H. (2006). *Exceptional Children* (8th ed.). NJ: Pearson Education Inc., Prentice Hall.

Wing, L., & Gould, J. (1979). Severe impairments of social interaction and associated abnormalities in children: Epidemiology and classification. *Journal of Autism and Developmental Disorders, 9*(1), 11–29.

제4장

교수 및 지원 환경 구축

1. 자폐성장애의 문화
2. 자폐성장애 문화의 특징
3. 구조화된 교수
4. 부모훈련 프로그램
5. TEACCH의 부모 협력
6. 보조공학

자폐성장애는 신경학적 문제로 인한 발달장애지만, 자폐성장애를 위한 성공적인 교수 및 지원 환경을 구축하기 위해서는 그들의 문화를 존중하고 이해해야만 한다. 그렇다면 자폐성장애를 교수 및 지원하는 교사와 부모의 역할은 무엇인가? 단지 그들의 문화를 이해하는 것 이상으로 할 수 있는 것은 무엇인가? 교사와 부모의 역할은 우리들 문화와 자폐성장애들의 문화를 잇는 통역사 역할일 것이다. 따라서 교사와 부모는 자폐성장애만이 갖는 특징적인 문화를 이해하고 그 문화에 의해 교수 및 지원 환경을 구축할 수 있는 역량을 갖추어야 할 것이다. 이 장에서는 자폐성장애에 대한 철학적 신념과 자폐성장애의 문화적 이해가 돋보이는 TEACCH 프로그램 속에서 성공적인 교수 및 지원 환경을 학습하고자 한다.

더불어 자폐성장애의 문화, 구조화된 교수, 부모훈련 프로그램, TEACCH의 부모 협력과 관련된 내용은 Mesibov 등(2004)의『The TEACCH approach to autism spectrum disorders』를 근거로 내용을 구성하였다.

학습목표

- 자폐성장애의 문화를 설명할 수 있다.
- 자폐성장애 문화의 특징을 설명할 수 있다.
- 자폐성장애 문화의 특징을 기반으로 자폐성장애 교수 방향을 설정할 수 있다.
- 구조화된 교수를 설명할 수 있다.
- TEACCH의 부모훈련 프로그램의 최근 동향을 설명할 수 있다.
- TEACCH의 부모 협력을 설명할 수 있다.
- 자폐성장애 학생을 위한 보조공학을 설명할 수 있다.

1. 자폐성장애의 문화

문화란 자연상태에서 벗어나 일정한 목적 또는 생활 이상을 실현하고자 사회구성원에 의하여 습득, 공유, 전달되는 행동양식이나 생활양식의 과정 및 산물을 포함한다. 문화적 규범은 인간의 상호작용 이외에도 사람들의 생각, 먹고, 입고, 일하고, 여가를 보내고, 자연 현상을 이해하고 의사소통하는 방식에 영향을 미친다. 문화는 이러한 측면에서 매우 다양하므로 다른 집단의 문화를 이해하는 데 어려움이 있다. 또한 문화적 차이를 부정적으로 평가할 수도 있다.

엄격한 인류학적 의미에서 문화 학습이란 다른 사람들이 문화를 가르쳐 주기 때문에 사람들은 특정 방식으로 생각하고 느끼고 행동한다. 물론 자폐성장애는 진정한 문화가 아니다. 그것은 신경학적 장애로 인한 발달장애다. 그러나 자폐성장애 학생 역시 생각하고, 먹고, 입고, 일하고, 여가를 보내고, 세상을 이해하고, 의사소통하는 방식에 영향을 미치고, 스스로 자신을 평가 절하하는 경향이 있다. 그래서 어떤 의미에서 자폐성장애는 문화로 생각할 수 있다. 이는 자폐성장애를 지닌 사람들이 독특하고 예측 가능한 사고와 행동 양식을 산출한다는 것이다. 자폐성장애를 지닌 사람에게 교사 또는 부모의 역할은 문화 간 통역사의 역할과 같다. 두 문화를 모두 이해하고 자폐성장애가 없는 사람의 기대와 규칙을 자폐성장애로 바꾸어 번역할 수 있는 사람이다. 자폐성장애를 지닌 사람들과 효과적으로 상호작용하기 위해서 우리는 자폐성장애의 문화와 관련된 강점과 약점을 이해해야 한다.

자폐성장애라고 정의되는 기본적인 문제는 완전히 되돌릴 수 없기 때문에 교육적 · 치료적 목표로 '정상'을 추구하지 않는다. TEACCH 프로그램의 장기 목표는 자폐성장애를 지닌 사람들이 가능한 한 편안하고 효과적으로 성인으로서의 우리 문화에 적응하도록 하는 것이다. TEACCH 프로그램은 자폐성장애가 갖는 차이를 존중하고, 우리 문화에서 기능하는 데 필요한 기술을 가르치기 위해 자폐성장애의 문화 안에서 목표를 설정하고 달성한다. 예를 들어, 우리가 외국을 여행하면서 그 나라의 언어 일부를 배우고, 화폐 가치나 국가의 관습에 관한 정보를 수집할 때, 우리나라 언어를 만나게 되면 매우 기쁠 것이다. 이와 같이 교육을 받는 학생들을 위한 교육서비스는 첫째, 지식과 기술을 향상시키는 것, 둘째, 환경을 보다 이해하기 쉽게 만드는 것, 이 두 가지 보완적인 목표를 통해 사회에서 보다 편안하고 효과적으로 기능할 수 있도록 해야 한다.

우리 문화에서 자폐성장애 학생의 적응력을 키우는 교수목표를 달성하기 위해서는 학습 및 상호작용에 영향을 미치는 자폐성장애에 대한 문화의 강점 및 약점을 중심으로 교육 프로그램을 설계해야 한다. 자폐성장애 학생에 대한 이러한 접근법은 진단을 목적으로 약점을 확인하는 것과는 다르다. 자폐성장애의 사회적 상호작용이나 의사소통 문제의 진단 목적은 자폐성장애를 다른 장애와 구별하는 데 유용하지만, 자폐성장애를 가진 사람의 세계를 이해하고, 그들이 이해에 따라 어떻게 행동하는지를 개념화하는 것에는 상대적으로 충분하지 않다.

우리는 다른 사람의 경험을 완전히 이해하는 것이 불가능하다는 것을 알고 있다. 우리는 말 그대로 다른 사람들의 눈을 통해 무엇이 보이는지 알지 못하며, 다른 사람이 생각하거나 느끼는 모든 것을 알 수는 없다. 따라서 우리는 자폐성장애 문화에 대한 이해가 완전하지 않고, 우리들 자신의 문화적 관점이 포함된 이해와 해석을 한다. 그럼에도 불구하고 오랜 기간 동안 자폐성장애 학생의 행동 및 의사소통을 세심하게 관찰한 것을 바탕으로 예측 가능한 자폐성장애 학생의 사고, 학습 및 신경행동 특성에 대한 이해를 확립했다.

다음은 이 장애의 '문화'를 구성하는 자폐성장애 학생의 기본 특징이지만, 자폐성장애 학생에게만 나타나는 것은 아니다. 자폐성장애 학생에게서 관찰되는 많은 특성은 지적장애, 학습장애, 주의력결핍 과잉행동장애, 의사소통장애와 같은 다른 장애에서도 나타날 수 있다. 일부는 강박장애, 성격장애 및 불안장애와 같은 특정 정신장애에서도 나타날 수 있다. 이러한 특성은 정상적으로 성장하는 어린이나 우리들에게서도 나타난다. 자폐성장애를 구별하는 것은 문제의 수와 정도이며, 문제 간의 상호작용과 중요한 기능에서 장애를 초래하는 것이다. 자폐성장애는 결핍의 복합체이지 다른 어떤 특성도 아니다(Mesibov et al., 2004).

2. 자폐성장애 문화의 특징

1) 사고의 차이

(1) 의미 개념화

자폐성장애 학생 사고의 주된 특징은 의미 해석을 자신의 경험에 비추어 개념화하는 것이 어렵다는 것이다. 자폐성장애 학생들은 환경에 따라 행동하고, 배운 기술을 사용하고, 많은 언어를 구사할 수도 있지만, 활동이 의미하는 바를 이해하는 능력은 제한적이다. 사건과 생각의 관계를 결합하는 것에 어려움을 보인다. 이러한 의미 개념화의 어려움은 다른 여러 가지 인지장애와 관련되어 있다.

자폐성장애 학생은 세부 사항, 특히 시각적 세부 사항을 잘 관찰하는 데 아주 능숙하다. 그들은 주변 물건이 바뀐 것을 쉽게 지각하고, 작은 쓰레기나 한 올의 실을 찾고, 일부분 벗겨진 페인트, 조금 열린 서랍 등에 주의를 빼앗긴다. 또한 반사된 빛, 팬이나 형광등의 소리, 손끝으로 느끼는 천의 감각적인 세부 사항에 쉽게 주의를 빼앗긴다. 고기능 자폐성장애 학생들은 일반적으로 라디오 방송에서 나오는 전화번호, 차량번호와 같은 사소한 세부 정보를 잘 암기한다. 그러나 자신이 암기한 내용의 상대적 중요성을 평가하는 능력은 떨어진다. 예를 들어, 길을 건너는 동안 매달려 있는 전선줄에 관심을 빼앗겨 교통사고 위험에 직면할 수도 있다. 또는 자신의 생일 파티에 주위 사람이 기다리고 있음에도 불구하고 케이크의 촛불 끄는 것에는 관심도 없이 자신의 방으로 들어가 사소한 소음에 사로잡힐 수도 있다.

자폐성장애 학생과 동시대를 살아가는 사람들 간에 차이를 느낀다. 우리는 대부분 상황을 이해하고 서로 의사소통하여 감정공유를 하지만, 자폐성장애 학생은 이러한 것에 때때로 제한적이다. 예를 들어, 자폐성장애 학생은 가족과 생일 파티에서 빨간 풍선에 대해 재미있는 이야기를 나누는 데 어려움이 있을 수 있다. 왜냐하면, 그 빨간 풍선에 대한 자폐성장애 학생의 유일한 경험인 '빨간색' 자체가 싫다는 것이다. 또 다른 예는 단어 연상 게임에서 호랑이, 숲, 야생이라는 단어를 제시하면, 세부 사항에 집중하기 때문에 '타이거 우즈'와 골퍼를 연관시키는 데 어려움을 겪는다. 특히, 동음이의어 사용에도 어려움을 겪는다.

(2) 산만함

자폐성장애 학생은 교사와 부모의 말씀에 주의집중하는 것이 때때로 어렵다. 그 이유는 교사와 부모의 말씀보다 더 흥미로운 감각에 집중하기 때문이다. 또한 관심이 한 감각에서 다른 감각으로 빠르게 전환되며, 이러한 산만함은 시각적 감각이 원인이 된다. 예를 들어, 선생님이 학생 책상 위에 쓰다 남은 분필을 놓을 수 있고, 그 분필의 깨진 부분이 주의를 산만하게 할 수도 있다. 또는 학생이 교실에서 무엇인가를 보고 너무 매료되어 더 면밀한 관찰을 위해 주의를 빼앗길 수도 있다. 청각 자극 또한 매우 혼란스러울 수 있다. 교사나 부모는 듣지 못하는 어떤 소리 때문에 주의집중을 빼앗길 수도 있다. 자폐성장애 학생은 과거에 경험한 막대기, 줄, 컵 또는 다른 물건에 대한 집착과 같은 내부 자극에 의해 혼란스러울 수도 있다. 또는 운율, 숫자 세기, 계산하기, 암기된 것을 회상하는 것 때문에 내적 인지 과정에 혼란이 생길 수도 있다. 산만함의 원인이 무엇이든, 자폐성장애 학생은 외부 자극의 중요도와 내부 생각을 정리하여 우선순위를 결정하는 데 커다란 어려움을 겪는다. 어떤 학생은 항상 모든 감각이 새롭고, 흥미롭고, 감동하며, 끊임없이 탐구하는 반면, 어떤 학생은 주변의 자극을 적극적으로 차단하여 매우 제한적인 것에만 몰두하기도 한다.

(3) 구체적 사고 대 추상적 사고

인지 수준에 관계없이 자폐성장애 학생은 구체적인 사실과 설명보다는 상징적이거나 추상적인 언어 개념에 상대적으로 큰 어려움을 겪는다. 자폐성장애의 문화에서 단어는 한 가지 의미만을 가지며, 추가적으로 내포된 의미 또는 미묘한 연상은 존재하지 않는다. 예를 들어, 평균 지능을 가진 자폐성장애 학생에게 '일찍 일어나는 새가 벌레를 잡는다.'라는 속담이 무슨 뜻인지 묻자 "새가 아침 일찍 일어나면 벌레를 잡을 수 있고, 잡으면 바로 먹고 또 다른 벌레를 찾는다."라고 대답한다. 즉, 부지런한 사람이 이득을 보거나 기회를 잡는다는 내포된 의미 해석이 어렵고, 단지 직접적인 사실에 대해서만 대답을 한다.

구체적 사고의 또 다른 측면은 자폐성장애 학생이 일반적으로 규칙과 기대를 구체적이고, '흑백'인 방식으로 해석한다는 것이다. 자폐성장애를 가진 어떤 성공한 컴퓨터 프로그래머는 '중간이 없는' 흑백 논리가 성공할 수 있었던 원인이라고 밝혔다.

(4) 사고의 연합 및 통합

자폐성장애 학생은 관련 개념을 모아서 통합하는 것보다 개념을 이해하는 것이 더 쉽다. 특히 개념이 다소 상충되는 것처럼 보일 때 더욱 그렇다. 예를 들어, 환경보호 활동을 하는 자폐성장애 청년이 4월에 A 캠핑장으로 캠핑을 떠났다. 그는 주로 낙엽이 지는 가을에만 그 캠핑장에 갔었고, 이팝나무 꽃이 피는 4월에 간 것은 처음이었다. 지난 가을에 캠핑을 갔을 때 4월에 피는 이팝나무 꽃이 정말 예쁘다는 것을 관리하는 여종업원이 이야기해 준 것을 듣고, 이 캠핑장을 4월에 다시 찾아온 것이다. 청년이 캠핑 도구를 정리하고 식당으로 식사하러 왔을 때, 식탁에는 이팝나무 꽃이 꽃병에 화려하게 꽂혀 있었다. 환경보호 활동을 하는 그 청년은 이것을 보고 화가 나서 그 꽃을 들고 캠핑장 주인을 찾아가서 꽃을 꺾은 잘못과 자연보호의 중요성을 꾸짖었다. 그 말을 듣고 주인은 그곳을 관리하는 여종업원이 당신이 꽃을 좋아해서 화병에 꽂아 둔 것이라고 말했지만, 청년은 "나를 좋아하기 때문에 꽃을 꺾으면 안 된다. 그 여종업원은 자연보호의 중요성을 알고 싶어 할 것이고 나도 그 여종업원이 좋아서 꾸중하는 것이다."라고 말했다. 청년은 모순된 개념, 즉 환경보호와 좋아하는 사람을 위해 꽃을 꺾는다는 것을 이해하지 못했던 것이다.

(5) 일의 조직화와 순서화

정보의 여러 부분을 통합하는 조직화 및 순서화에 관련하여 일반적인 어려움이 있다. 조직화는 목표를 달성하기 위해 몇 가지 요소를 통합해야 한다. 예를 들어, 여행 계획을 세우고 있다면 출발하기 전에 여행 가방에 필요한 물건을 챙길 수 있도록 필요한 물건을 미리 예상해야 한다. 또 다른 예로는 과제를 성공적으로 완수하기 위해 사전에 모든 학습 자료 준비물을 갖출 필요가 있다. 조직화 기술은 즉각적인 상황과 원하는 결과를 동시에 집중하는 능력이기 때문에 자폐성장애 학생에게는 어렵다. 이런 종류의 두 가지 동시 집중은 구체적인 사고와 세부적인 것에 집중하는 자폐성장애 학생에게는 무척이나 어려운 일이다.

순서화도 자폐성장애 학생에게는 조직화와 마찬가지로 어려움이 있다. 자폐성장애 학생이 어떤 일을 시작한 후 혼란스러울 때 다시 하거나 특정 단계를 반복하고, 완성하지 못하는 것은 흔히 볼 수 있는 것이다. 또한 자폐성장애 학생들이 비논리적이고 비효율적인 순서로 과제를 하는 것은 흔한 일이며, 주의를 기울이지 않아서 그렇게 행동하는 것처럼 보일 수도 있다. 예를 들어, 아침에 일어나서 머리를 감은 다음 샤워를 하고 다시 머리를 감을 수 있다. 때때로 신발 신고 양말을 신기도 한다. 이것은 복잡한 여러 단계에서 단위단계의 수행은 하지만, 단계 간 관계 또는 최종 결과와의 관계 의미를 이해하지 못하고 있다는 것이다.

(6) 일반화

자폐성장애 학생은 특정 상황에서 학습한 기술이나 행동을 다른 상황에서 사용하는 데 큰 어려움을 겪는다. 예를 들어, 노란 칫솔로 양치하는 법을 배웠다면, 파란 칫솔로 양치하는 것은 망설여지는 경우가 있다. 설거지하는 법을 배웠지만 안경을 씻는 데 동일한 기본 절차가 사용된다는 것을 알지 못한다. 문법은 배웠지만 활용하지 못해서 어려움을 겪을 수도 있다. 예를 들어, 고기능 자폐성장애 성인이 아침에 출근하자마자 열린 작업장 공간에서 작업복을 갈아입었다. 그때 다른 동료들은 바쁘게 일을 하고 있었고, 이때 동료들이 그에게 작업장 내에서 작업복을 갈아입는 것을 보고 싶지 않다고 말했다. 청년은 이것을 분명히 이해했고, 다음부터는 직원들이 지나다니는 주차장에서 작업복을 갈아입었다. 그는 동료가 말한 일찍 출근하라는 의미를 이해하지 못했다. 그는 단지 작업장에서 옷을 갈아입지 않았으므로 규칙을 잘 따르고 있다고 생각했다.

(7) 시간

자폐성장애 학생은 시간 개념의 다양한 측면에 어려움이 있는 것으로 보인다. 자폐성장애 학생은 우리 문화 기준으로 너무 빨리 또는 너무 천천히 활동을 수행할 수 있다. 자폐성장애 학생은 '시작' '중간' '끝'의 개념이 명확하지 않아서 불행한 활동이 '영원히 지속되는 것'이라 느낄 수 있고, 기다리는 것도 어렵다. 독립생활을 하는 자폐성장애 성인조차도 약속에 늦거나 정해진 일정을 조정하는 데 문제가 있다.

2) 학습의 차이

자폐성장애 학생이 학습하는 방법은 여러 측면에서 우리 문화의 전형적인 패턴과 다르다. 이러한 차이점을 고려하여 교육 프로그램을 적절하게 조정하면 자폐성장애 학생에게 큰 도움이 될 수 있다.

(1) 시각 대 청각 학습자

자폐성장애 학생은 시각적 학습자다(Quill, 1997). 자폐성장애를 갖고 성공한 Temple Grandin(1995)은 시각적 정보에 의한 학습의 통찰력과 명쾌함을 이야기했다. Grandin은 시각적 정보가 많은 작업에서 어떻게 정밀도를 향상시키는지를 설명하지만, 개념화와 추상화는 여전히 어렵다고 말한다. 그래서 자신의 어려움을 보완하기 위해 추상적인 것을 시각화하려고 노력했다. 예를 들어, Grandin은 지갑을 주워 돌려주는 아이를 묘사하며 '정직'의 개념을 이해하고 기억했다.

(2) 촉구 의존

자폐성장애 학생들은 여러 가지 정보를 통합하여 주변 세계를 이해하는 데 어려움을 겪는다. 과제를 시작하여 정형화된 작업을 완성하는 데에도 주변 사람들의 촉구와 단서에 의존적이다. 이러한 의존은 결국 일반화 문제를 초래하게 된다. 결국 자신이 해야 할 일에서 다른 사람들에게 너무 의존적이 되어 다른 환경이나 일을 할 때 도움 없이는 독립적으로 일을 시작하고 완성하는 것이 어려워진다.

자폐성장애를 가진 어린 아동이 언어를 학습하기 위해 집중적인 일대일 치료를 받은 사례가 있다. 이것은 구조화된 환경에서 치료자와 일대일로 말하는 단어의 수는 증가시킬 수 있지만, 아동의 의존성이 증가하고, 일반화가 되지 않았기 때문에 아동은 다른 상황과 다른 사람들 앞에서 새로 습득한 단어를 거의 사용하지 않는다는 것이다.

3) 신경행동 패턴의 차이

(1) 강한 충동성

자폐성장애 학생은 좋아하는 물건이나, 정형화된 행동 패턴의 반복을 매우 강렬하고 지속적으로 추구한다. 어떤 측면에서 강박장애 증상을 닮은 이러한 충동적인 행동은 교사, 부모, 학생 스스로가 통제하고 수정하는 데 매우 어려울 수 있다.

(2) 과도한 불안

자폐성장애 학생은 때때로 이성을 잃을 정도의 높은 수준의 불안을 느끼는 경향이 있다. 불안은 예측할 수 없는 미래 사건에 대한 두려움으로 인해 발생할 수도 있고, 어떤 경우에는 생물학적 요인에 기인한 것일 수도 있다. 인지적 결핍으로 인해 자폐성장애 학생은 자신에게 기대되는 것과 주변에서 일어나는 일을 이해하는 데 어려움을 겪고, 변하는 환경 때문에 불안과 혼란의 경험이 가중된다.

(3) 감각과 지각의 차이

수년 동안 자폐성장애 학생의 감각처리 체계가 특별한 것으로 알려져 왔다(Schopler, 1966). 우리는 자폐성장애 학생이 특이한 음식을 먹거나, 손가락 튕기는 것을 바라보며 시간을 보내거나, 뺨에 천을 문지르거나, 특이한 소리나 진동을 즐기는 것을 보았다. 자폐성장애 학생은 날카로운 소리가 들릴 때 일반 사람들이 반응하는 것처럼 하지 않는다. 그래서 청각장애로 오해할 때도 있다. 자폐성장애 학생 일부는 간지럽히거나 꼬집어도 움찔거리거나 아픔을 느끼지 않는 것처럼 보인다. 어떤 경우는 반복적으로 몇 시간 동안 몸을 앞뒤로 흔든다. 여러 측면에서 자폐성장애 학생은 잠자리에서 일어나는 순간부터 몸에 닿는 감각의 일부 또는 전부를 처리하는 것에서 전형적인 차이를 나타낸다.

3. 구조화된 교수

1) 구조화된 TEACCH의 교육적 접근

구조화 개념은 처음부터 자폐성장애를 가진 사람의 작업 수행을 위한 TEACCH 프로그램의 접근 방법에 근거를 두고 있다. Eric Schopler 등은 정신분석이론에 기초하여 구조화되지 않은 임상적 접근은 성공하지 못했다는 사실을 인식하고 역발상을 하게 되었다. 즉, 고도로 구조화된 개발에 초점을 맞추었다. Eric Schopler가 1972년 창립한 TEACCH 방법의 구조화된 교수는 지금까지 계속 발전해 왔다.

구조화된 교수는 각 개인의 특정 상황에 개별적으로 적용될 수 있는 '자폐성장애 문화'에 대한 이해와 존중을 기반으로 하는 교육, 치료 원칙, 전략이다. 특히 구조화된 교수는 다음을 포함한다.

- 자폐성장애 개인의 기능 수준, 소질, 특별한 관심사, 성격, 감각, 습관, 잠재력 등을 지원하는 접근
- 자폐성장애가 필요로 하는 것(청각 학습을 보충하기 위한 시각 또는 문자 정보, 어느 정도의 외부 조직 지원)
- 인지 기능, 독립 및 일상생활 기술, 사회적으로 수용 가능한 행동, 사회적 상호작용 기술, 레크리에이션, 직업 기술(성인용)을 포함한 삶의 모든 측면을 가르치고 지원하는 데 사용할 수 있는 자폐증 관련 지원, 학문적 기술(초보 학습자를 위한) 및 지역사회에서의 전형적인 활동 참여
- 예견되는 문제행동 예방 또는 문제행동이 나타날 때 이를 효과적으로 다루기 위한 자폐증 관련 문제해결 전략

구조화된 교수는 기본적으로 시각적 구조의 다양한 요소를 사용하여 환경의 기대와 기회를 자폐성장애 학생이 이해하고 작업을 완성하고 즐길 수 있도록 바꾼다. 부모, 교사, 치료자 및 구조화된 교수법을 사용하는 모든 사람(연구자, 가족, 의뢰인, 고용주 등)은 다문화 통역사로 기능하여 자폐성장애를 가진 사람들이 우리 문화에서 필요로 하는 기대와 기술을 이해할 수 있도록 지원하고 비장애인이 필요로 하는 것을 이해하고 적응하도록 지원한다.

따라서 구조화된 교수는 두 가지 상호보완적인 목표를 가진다. 첫째, 개인의 기술 향상, 둘째, 환경을 보다 이해하기 쉽고, 환경의 요구를 명료하게 만드는 것이다. 즉, 쉽게 일할 수 있게 하는 환경의 변화를 포함한다. 첫 번째 목표를 달성하기 위해 개인의 새로운 기술과 행동을 교수하고 실습한다. 그러나 무엇보다 중요한 것은 환경이 자폐성장애 학생 개개인의 능력과 이해 및 학습 방법과 일치하도록 상황에 맞게 수정되어야 한다는 것이다.

구조화된 교수는 아동과 성인 모두에게 적합하며, 가정, 학교, 상점 및 기업, 캠프 및 기타 레크리에이션 환경, 주거용 프로그램, 대학 캠퍼스 등과 같은 다양한 환경에서 유용하다. 구조화된 교수는 새로운 기술을 가르치는 방법이자 자폐성장애 학생이

교육 내용을 이해할 수 있도록 의미 있게 환경을 구성하는 방법이다.

2) 구조화된 교수 관련 정보

모든 연구 및 임상문헌이 자폐성장애 학생의 구조화 및 시각적 정보의 중요성을 강조한다.

(1) 구조화

TEACCH 프로그램 내의 구조화는 활동 조직화, 물리적 환경 구성, 활동 순서를 포함한다. 구조화는 개념화 및 조직화 기술에 어려움을 겪는 자폐성장애 학생에게 필수적이다. Rutter와 Bartak(1973)이 제시한 교실의 구조화 기술은 오늘날에도 여전히 중요하고, 일반적인 광의의 의미가 TEACCH 철학과 매우 유사하다. 그들은 "구조화된 상황은 아동이 무엇을 해야 할지 결정할 수 있는 작업방향이 있다는 것을 의미한다.…… 일반아동은 자신을 위해 어떤 물건을 찾아 기회를 잡고 이득을 얻지만, 자폐아는 장애 자체가 장애가 되므로 기회를 잡는 방법을 배울 필요가 있다.…… '구조화'는 경직이나 기계적 학습의 함축적 의미가 아니며, '억제' 또는 '강압'의 함축적 의미도 아니다."라고 정의한다.

연구에 따르면, 자폐성장애 학생의 중재방법으로서 구조화의 유용성을 보고하고 있다. Schopler, Brehm, Kinsbourne와 Reichler(1971)의 연구에서 자폐아동이 구조화되지 않은 조건에서보다 구조화된 환경에서 보다 더 적절한 행동을 나타내었다. 그리고 Rutter와 Bartak(1973)의 연구 중 한 부분에서 구조화가 학업 성취에 더 큰 영향을 미쳤다고 보고한다.

(2) 시각적 정보

자폐성장애 학생이 배우고 기능하는 데 음성언어 정보보다 시각적 정보가 더 효과적인 것으로 나타났다(Quill, 1995; Schuler, 1995; Tubbs, 1966). 예를 들어, 신경 심리학 연구(Dawson, 1996)의 '과학 상태'에서는 시각 공간 조직 기술이 '단축'된다고 하였다. 장애는 여러 측면(언어와 기억)에서 나타났다. 연구에 따르면 자폐성장애인들 중 웩슬러 IQ 테스트에서 발견되는 특징적인 패턴은 시각적 공간(블록쌓기 하위검사)과 언어 및 사회적 추론(예: 이해력 하위검사)에서 차이가 있었다(Mesibov, Shea, & Adams, 2001). Grandin(1995)은 고기능 자폐성장애의 박사 학위를 가진 여성으로서 '그림에서 생각하기'와 같은 인지 스타일을 보였다. Hodgdon(1995, 1999)과 Janzen(2003)은 언어발달과 자폐성장애인들의 적절한 행동을 지원하기 위한 시각적 방법의 효과에 기초하여 여러 가지 교육 자료를 개발했다.

수많은 임상연구는 자폐성장애를 가진 사람들을 보다 효과적으로 돕기 위해서는 시각적 방법이 중요하다고 보고한다. 예를 들어, Carr, Binkhoff, Kologinsky와 Eddy(1978)는 "구어를 사용하지 않는 4명의 자폐아동에게 수화를 사용하도록 가르쳐 주었다. 4명 중 3명은 표현에서 시각적 단서에 반응하였지만 청각적 단서에는 반응하지 않았다."고 보고했다. Boucher와 Lewis(1989)는 취학 연령 아동이 말하기에 대한 반응보다 쓰기에 대한 반응에서 오류를 유의미하게 적게 나타냈다. MacDuff, Krantz와 McClannahan(1993)은 그룹홈에서 지내는 자폐증을 지닌 4명의 소년(9~14세)에게 사진 일정표(방과 후 활동)를 제시한 결과 일반화 기술이 향상되었다고 하였다. Krantz, MacDuff와 McClannahan(1993)은 사진 일정표를 3명의 소년(6~8세)의 부모에게 가르쳐 사용했으며, 가정중심의 중재로 아동의 친사회적 행동은 증가했고, 파괴적인 행동은 감소하였다고 보고했다. Pierce와 Schreibman(1994)에 의하면 자폐증과 지적장애가 있는 3명의 소년(6~9세)에게 옷을 입거나 상차림을 하는 것과 같은 다양한 일상생활에 대한 순서를 그림으로 가르쳤다. 모든 아이들이 그림 순서에 따라 스스로 과제를 완성하였으며, 그림의 순서를 바꿀 때 아이들이 새로운 그림 순서에 따라 과제를 수행하였다.

시각적 방법은 문제행동을 감소시키는 것으로 나타났다(Mesibov, Browder, & Kirkland, 2002). 예를 들어, Peterson, Bondy, Vincent와 Finnegan(1995)은 자폐성장애를 지닌 2명의 학령기 아동을 대상으로 임상실험을 실시한 결과, 파괴적인 행동과 저조한 과제수행이 교사의 구두 지시와 관련되었음을 밝혔다. 제스처 또는 그림으로 구두 지시를 대체한 결과 문제행동이 감소하고 과제수행 능력이 향상되었다. Dooley, Wilczenski와 Torem(2001)은 교실에서의 공격행동 감소와 협동행동 향상 연구에서 학령전기 아동에게 활동을 전환하는 것을 돕기 위해 사진 일정표를 사용하였다.

요약하면, 구조화의 중요성과 자폐성장애의 언어처리 기술보다 시각처리 기술의 상대적 강점을 활용한 중재에서 효과를 검증한 많은 임상 및 연구가 있었다.

3) 구조화된 교수의 목표

(1) 상황에 대한 예측과 의미 학습

구조화된 교수는 환경과 학습활동에서 우연히 일어나는 사건이나 상황에 당황하거나 혼란스러운 것을 예방하고, 자폐성장애 학생에게 예측 가능한 환경을 제공하여 과제를 이해하고 성공할 수 있도록 돕는다. 조직화와 예측 가능한 구조화된 환경은 자폐성장애 학생의 지엽적인 지각을 벗어나게 하고, 주변 환경을 이해하고, 변별을 돕는다. 어린 학생과 구체적 학습자의 경우, 이러한 환경에 대한 예측으로 의례적 일상생활, 의미 있는 관심, 사건, 사람 관련 등에 언어적 의미를 부여하고, 결국 그들의 욕구를 충족시킬 수 있는 의사소통의 의미를 파악하게 된다. 성인이나 우수한 능력의 사람에게도 예측 가능한 환경은 새로운 활동과 기대를 이해할 수 있어서 스트레스 감소에 도움이 된다.

(2) 성인 생활을 위한 기술

기술과 행동은 정형화된 발달 순서의 목록보다는 미래에 성인이 되어 사회에 기능적으로 적응하는 것을 목표로 한다. 가능한 한 아주 어린 나이부터 독립 생활과 개인의 삶에 대한 만족을 위해 기초 기술을 가르쳐야 하고, 개인의 기술 개발을 위한 영역은 자기관리 기술, 일상생활 기술, 의사소통 기술, 학업 및 직업 기술, 여가 및 레크리에이션 활동 기술, 지역사회 생활을 포함한다. 특정 기술 교수는 개인의 생활연령, 발달수준, 인지능력에 따라 다르지만, 모든 연령대의 기술 교육은 독립적인 생활을 목표로 구조화된 교육 환경을 지원해야 한다.

(3) 자발적 의사소통

의사소통 교수의 중요한 목표 중 하나는 자연스럽고 의미 있게 사용하는 것이다. 자폐성장애를 가진 일부 학생들은 먼저 의사소통이 존재한다는 사실 자체를 배워야 한다. 즉, 어떤 표현 행동으로 다른 사람의 행동에 영향을 주고 자신의 욕구를 충족할 수 있다는 것이다. 이 표현 행동은 소리를 내고, 종을 울리며, 물건을 교환하고, 그림을 교환하고, 단어를 말하고, 단어를 입력하고, 제스처 또는 기호를 사용하는 등의 다양한 방법이 있다. 의사소통 능력이 있는 학생들은 어휘 추가, 복잡한 문법 구조, 확장된 언어체계(예: 말하기 및 쓰기)를 포함한 다양한 영역에서 실용적 언어 사용과 같은 세부적인 내용을 배울 수 있어야 한다.

(4) 독립

자폐성장애 학생 관점에서 볼 때, 교수자가 의미 없는 다양한 행동과 기술, 교사나 부모의 요구 준수, 규칙 준수, 자료, 언어기술만 가르치기 때문에 이해, 의미 연결, 일반화의 근본적인 문제를 해결하지 못하고 있다. 자폐성장애 학생 자신이 배우고 있는 것을 이해하지 못하고, 자신 삶의 부분과 연결하여 이해하지 못하는 한, 배움에서 오는 성취감을 경험하지 못한 채 끊임없이 학습만 할 것이다. 자폐성장애 학생이 새로운 기술을 배우고 새로운 환경에서 적응하는 방법을 배우려면 교사의 역할이 매우 중요하다. 그러나 궁극적으로 우리는 자폐성장애 학생이 도움 없이 스스로 적응하기를 바란다. 왜냐하면 우리 문화는 교사에게 평생 동안 지원받지는 않기 때문이다. 따라서 가능한 한 스스로 환경의 기대를 이해하고 수행할 수 있도록 교육 목표를 설정하는 것은 개인의 발달 측면에서 매우 중요한 우선순위이며, 자폐성장애 학생이 우리 문화에 어울릴 수 있도록 돕는 보편적인 목표를 반영한 것이다.

4) 전통적 교육방법의 한계

자폐성장애 문화로 인해 자폐성장애 학생을 가르치는 데에는 전통적 교육방법이 일반적으로 적합하지 않다. 그 이유는 전통적 교육방법이 몇 가지 한계를 가지고 있기 때문이다.

첫째, 일반적으로 사람들에게 새로운 기술과 행동을 가르치는 가장 간단하고 효과적인 방법은 언어를 사용하는 것이지만, 자폐성장애 학생에게는 이러한 방법이 효과적이지 못하며 때로는 비생산적이다. 예를 들어, 정규 수업 시간에 교사는 하루 종일 말하고, 익혀야 할 모든 기술을 설명하는데, 도움 요청하기 방법, 가위 사용법, 문장 쓰기 방법, 방정식 푸는 방법, 과제하는 방법 등이 이에 해당한다. 일반적으로 아이들을 키우는 부모들은 말하기 방법, 행동하지 말아야 할 것, 집안일을 잊어버렸을 때 일어날 일 등을 가르칠 때 언어적 방법에 크게 의존한다. 구두 설명과 지시는 대부분의 사람에게는 잘 통하지만, 인지 능력에 관계없이 모든 자폐성장애 학생에게는 잘 통하지 않는다. 폭넓은 표현어휘를 가진 자폐성장애 학생조차도 종종 교사나 부모의 구두 설명에 대해 이해하고 처리하는 데 제한적이다. 예를 들어, 자폐성장애 학생이 교사나 부모가 말하고 있다는 것을 모를 수도 있고, 교사의 입술이 움직이는 모습만 보고 있을 수도 있고, 방에서 나는 소음에 귀를 기울이고 있을 수도 있다. 귀를 기울이더라도 함축적이거나 이중적인 의미, 관용구, 복잡한 구조 또는 추상적 개념을 포함하는 언어를 이해하지 못할 수도 있다. 자폐성장애 외에도 지적장애가 있는 사람들도 구어적 수단을 통해 효과적으로 학습할 가능성이 낮다. 따라서 교사와 부모가 언어를 하나의 교육 양식으로 사용해서는 안 되며, 자폐성장애 학생과 교사, 부모 모두 언어에만 의존하는 것은 비생산적이다.

둘째, 우리 문화는 구두 지시와 함께 시연을 보여 주지만, 자폐성장애에게는 효과적이지 못하다. 이는 시연의 의미를 식별하고 이해하는 능력에 달려 있기 때문이다. 예를 들어, 교사나 부모가 학생에게 칼과 포크를 사용하는 방법을 모방하기를 바랄 수 있다. 그러나 행동에 초점을 맞추지 않고 줄무늬 셔츠나 소리에만 관심을 가질 수 있다. 또한 행동이 시연되는 중요한 순간을 지켜보지 못할 수도 있다. 자폐성장애 학생은 다른 사람의 행동을 관찰할 수 있지만 같은 형태로 보이도록 자신의 행동을 구성하는 방법을 모른다. 물론 교사가 무엇을 말했는지, 또는 누구를 봐야 하는지 잘 모를 수도 있다. 시범은 비언어적인 장점이 있고 때로는 우리에게 유용하지만, 종종 교육방법으로는 신뢰할 수 없거나 충분하지 않을 수 있다.

마지막으로, 우리 문화에서 일반적으로 학생들의 성취에 칭찬, 미소, 등 두드림, "잘했어." 또는 "나는 네가 자랑스러워."와 같은 사회적 반응으로 보상한다. 하지만 자폐성장애 학생은 이것을 잘 이해하지 못한다. 앞서 사회적 반응 행위의 효과는 학생이 교사가 기뻐하는 것을 해석할 수 있는 능력과 교사가 학생을 자랑스러워한다는 의미 해석에 달렸다. 그러나 자폐성장애 학생은 미소, 토큰, '엄지손가락 들기' 등의 의사 전달 의도를 이해하지 못하거나 교사가 자랑스러워하는 의미를 알지 못할 수도 있다. 전체적으로 사회적 강화는 종종 자폐성장애 학생들에게 효과가 제한적이다. 우리는 사회적 강화를 제공하기보다 추가적인 다른 강화 방법을 고려해야 한다.

자폐성장애 학생에게 전통적 교육방법을 적용하는 것이 효과가 없거나 필요하지 않다는 것을 의미하지 않는다. 전통적 방법의 한계로 인해 다른 방법을 고려하고 사용해야 한다는 것을 의미한다.

5) 구조화된 교수의 요소

구조화된 교수의 요소는 다음과 같다. 물리적 환경의 조직화, 활동 순서의 예측, 시각 일정표, 의례적 행동과 유연성, 작업/활동 시스템, 시각적으로 구조화된 활동이다.

(1) 물리적 환경의 조직화

모든 물리적 구조화와 조직화는 자폐성장애 학생이 활동이나 과제에 대해 흥미롭고, 분명하게 관리할 수 있도록 해야 하지만 물리적 환경의 조직화 정도와 유형은 개인에 따라 차이가 있다.

① 학교

수업에서 어린 학생과 구체적인 학습자를 위해 교실의 적절한 물리적 배치를 개발하는 것이 자폐성장애 학생의 욕구, 학습 스타일, 감각의 차이에 도움이 될 것이라는 확신이 필수적인 첫 번째 단계다. 학생들은 교실 안의 특정 영역에서 기대되는 활동과 구역을 표시하는 물리적 경계를 알려 주는 시각적 조직화를 필요로 한다. 물리적 조직화는 학생들이 환경을 이해하고 과제를 효과적으로 수행할 수 있도록 하는 가구 배치를 포함한다. 가구의 조직화와 배치는 자극 감소, 산만함 감소, 불안 감소, 독립성과 일관되고 효율적인 과제수행을 촉진할 수 있다. 고려할 요인은 소음(예: 복도, 인터폰, 또래친구), 시각적 자극(예: 창문, 복도, 놀이 공간), 효율적인 이동 공간(다른 활동 영역으로 이동), 화장실과의 근접성, 교출 경향이 있는 학생을 저지하는 칸막이 등이 있다.

시각적 단서는 또한 물리적 구조화를 지원하는 데 사용될 수 있다. 예를 들어, 교실의 중요한 부분에 이름표를 붙일 수 있다. 색 표시 또는 이름표 자료는 개개인의 작업 영역, 사용할 수건, 점심 테이블에 앉을 위치 등을 확인하는 데 유용한 방법이다.

[그림 4-1] 교실 구조화의 예

고기능 자폐성장애 학생이 일반학급에서 효과적으로 자기관리를 하기 위해서는 물리적 조직화와 관련한 몇 가지 고려 사항이 있다. 대부분의 학생들은 활동 또는 주의산만이 최소가 될 수 있는 교실에서의 과제수행 영역을 필요로 한다. 소음, 시각적 자극 또는 불안 수준이 높아지면 다른 조용한 영역(예: '안전한 피난처')이 필요하다.

학생들의 연령대는 학교 환경에서의 물리적 조직화를 고려하는 또 다른 요인이다. 어린 학생들은 놀이, 독립 및 개인 과제, 간식, 자기계발 기술 영역 그리고 화장실 훈련을 위한 영역이 필요하다. 보다 높은 연령대 어린이의 경우, 즐겨 하는 여가 수행 공간, 직업기술 개발 공간, 가사실습 및 자조 기술실습 공간, 독립적인 개별 과제수행 공간, 그룹 활동을 위한 공간, 전체 수업 공간이 필요하다.

모든 교육 자료는 학생들의 기능수준을 고려하여 명확하게 표시되어야 하며, 개인 수준에 적합해야 한다. 특정 활동에 필요한 자료는 그 장소에 있어야 한다. 왜냐하면 자료를 언제 어디서나 쉽게 접근할 수 있어야만 독립적 기술이 향상되기 때문이다.

② 기타 환경

물리적 조직화는 가정과 직장 등 다른 환경에서도 똑같이 중요하다. 발달이 매우 지연되고 나이가 어린 자폐성장애 학생은 자신이 어디에 있어야 하는지에 대한 습관화 또는 명확한 이해가 없다면 집에서 방과 방 사이를 서성이며 방황할 수도 있다. 우리는 어디에서 먹는지, 어디에서 노는지, 어디서 옷을 입는지를 잘 알 수 있지만, 자폐성장애 학생은 명백한 물리적 경계가 없으면 우리 문화가 기대하는 어떤 시간과 장소에서 무엇을 해야 하는지에 대해 어려움을 경험한다. 비장애 성인에게도 명확한 시각적 단서와 이름표는 어디에 앉고 서는 위치, 사물을 찾는 방법, 다른 장소로 이동하는 방법 등의 정보 확인에 유용하게 쓰인다.

(2) 활동 순서의 예측

구조화된 교수의 기본 원칙은 자폐성장애 학생이 활동 순서를 예측 가능하게 하는 것이다. 예측 가능성은 사람이 자신의 환경을 이해하는 데 도움이 되며, 자폐성장애 학생에게 특별한 문제가 되는 불확실성과 당황으로 인한 불안을 감소시킨다. 예측 가능성은 순차적인 활동을 하고, 활동 순서를 이해하기 어려운 자폐성장애 학생에게는 특히 중요하다. 학교에서 예측을 위해서는 당일 학습활동 일정표가 필요하다. 계획된 일련의 단계는 레크리에이션 시간, 재활 시간, 교과 시간, 일상생활 훈련 등을 위해 유용하게 사용될 수 있다. 대부분의 사람들은 일반적으로 가정생활에서는 일정표가 구성되어 있지 않은데, 이 때문에 어려움을 겪거나 가족들이 행동문제로 어려움을 겪고 있다면 가정 일정표를 권장한다. 모든 환경에서 활동 순서는 시각적 방법을 통해 자폐성장애 학생에게 전달해야 한다.

(3) 시각 스케줄

다음 활동 순서를 알려 주기 위해 시각적 방법을 사용하는 이유는 다음과 같다.

첫째, 교사나 부모가 단순히 구두로 다음에 무엇을 할 것인지 알려 주면, 언어가 완전히 이해되지 않거나 흘려 버릴 수 있지만, 시각적 의사소통은 보다 이해하기 쉽고, 언제나 확인할 수 있어 정보 확인이 쉽기 때문이다.

둘째, 시각 스케줄은 자폐성장애 학생이 어려워하는 전환 행동을 쉽게 한다. 전환 과정에서 다음에 무엇을 해야 하는지 수시로 확인하면 예상치 못한 당황스러움, 원하지 않는 활동 중단 및 장소 변경으로 인한 스트레스로 발생하는 바람직하지 않은 문제 행동을 줄일 수 있기 때문이다.

셋째, 시각 스케줄은 자폐성장애 학생이 교사나 부모의 지시에 독립적으로 목표를 성취할 수 있도록 돕는다.

자폐성장애 학생은 시각 정보가 가장 이해하기 쉽기 때문에 활동에서 활동으로 전환하는 시각 스케줄을 사용하게 되면 교사나 부모의 추가적인 촉구를 필요로 하지 않을 수 있다. 자폐성장애 학생에게 시각적 또는 문자 일정을 따르게 하면 교사와 부모

M	assembly	civics	lunch	history	computers	break	maths	home
Tu	english	French	lunch	drama	drama	break	drama	home
W	maths	science	lunch	sport	sport	birthday	home	
Th	maths	free	lunch	art	art	break	music	home
F	history	accounting	lunch	cooking	cooking	break	assembly	home

[그림 4-2] 일일 일정표의 예

의 감독이 더욱 효율적이며, 자폐성장애 학생은 안정감, 능률, 독립심을 증가시키게 된다.

시각 스케줄은 활동내용과 개별 학습자의 능력에 따라 다양한 형태로 꾸밀 수 있다. 어떤 사람은 그날의 읽기 활동에 대해 체크리스트를 사용할 수도 있다. 이는 자신의 생활을 조직화하는 일반적인 사람들과 크게 다르지 않다. 능력이 낮은 경우 단순한 그림이나 사진을 활용하여 작성된 일정을 사용할 수 있다. 가장 단순한 '다음 할 일'만을 나타내는 구체적 활동만 제시된 일정을 사용할 수도 있다.

자폐성장애 학생들이 일과에서 스스로 선택할 수 있는 시간을 포함하면 의사소통 동기가 높아지고, 일정에 스스로 참여할 동기를 높일 수 있다. 실제적으로 일정을 작성할 때 자폐성장애 학생에게 더 많은 선택권을 주어야 한다. 시각 스케줄은 일정이 변경될 수 있음을 시사하는 내용을 포함해서 작성한다. 일정은 매일 같아서는 안 되며 미리 계획된 일정을 의도적으로 변경하여 자폐성장애가 변경된 일정을 수용할 수 있도록 한다. 우리는 자폐성장애 학생이 틀에 박힌 일상을 보내기를 원하지 않으며, 자폐성장애 학생이 일정을 이해하고 활용할 수 있기를 원한다. 우리의 목표는 자폐성장애 학생이 다음 일어날 일의 순서를 시각 스케줄을 통해 의사소통하여 환경 변화에 적응할 수 있도록 하는 것이다.

학급에서 구조화된 교수는 학급 일정표와 개인 일정표 2개를 동시에 사용할 수 있다. 일반적으로 학급 일정표는 전체 수업에 대한 일정표다. 학생 개인별 특정 과제 활동을 나타내지는 않지만, 일반적인 수업 시간, 간식시간, 점심시간, 현장학습 등을 나타낸다. 견학, 특별활동, 학교행사, 기타 특별 프로그램이 있는 경우를 제외하고 일반 학급 일정은 주마다 비교적 일정하다.

개인 일정표는 각 개인별로 작성된다. 고기능 자폐성장애의 일일 개인 일정표는 대부분 사람들이 사용하는 '할 일' 목록 또는 수첩에 약속을 기록하는 것과 유사하다. 일반적으로 하루 종일 시간대별로 특정 활동을 어디에서 하고, 언제 끝나고, 다음 시간은 무엇을 하는지를 보여 준다. 문자를 이해할 수 없는 학생의 경우 일정표는 그림이나 사진, 사물

[그림 4-3] 개인 일정표의 예

또는 그 밖의 다른 것으로 만들어진다. 예를 들어, 책상이나 탁자 그림은 공부 시간, 그네 타는 그림은 실외 시간, 화장지는 욕실, USB 메모리는 컴퓨터 시간, 가방은 하교 시간을 나타낼 수 있다.

개념화 또는 조직화에 문제가 있는 학생에게 하루 전체 일정을 제시하면 혼란스럽기 때문에 한 번에 반나절 일정, 몇 가지 일정, 또는 한 가지 일정만 제시할 수도 있다. 중요한 것은 일정 유형과 제시되는 활동의 수는 학생의 이해 및 조직화의 능력수준에 맞게 제시되어야 한다는 것이다.

(4) 의례적 행동과 유연성

의례적 행동(틀에 박힌 일) 사용을 권장하는 두 가지 이유는 다음과 같다. 첫째, 의례적 행동은 자폐성장애 학생의 불안을 감소시키고, 주위 환경을 예측하고 이해할 수 있는 또 다른 전략(시각 스케줄 외)이다. 둘째, 만약에 교사나 부모가 의례적 행동을 제시하지 않으면, 학생 스스로 사회적으로 수용하기 어려운 형태의 의례적 행동을 만들 수 있기 때문입니다. 예를 들어, 학생이 교실에 들어올때 학급 사물함 모두 만지는 의례적 행동을 만들 수도 있고, 점심시간에 수저통에 있는 모든 숟가락을 냄새 맡는 사회적으로 수용하기 어려운 의례적 행동을 만들 수도 있기 때문이다. 그러나 교실에 들어가서 자신의 사물함만 만지게 하고, 점심시간에 개인 숟가락을 사전에 배치해 놓으면, 잠시 혼란스러울 수도 있지만 결국 이전의 의례적 행동은 잊히게 될 것이다. 더 나은 것은 학생 스스로 사회적으로 수용하기 어려운 새로운 의례적 행동은 만들지 않을 것이다. 의례적 행동은 환경 변화가 있을 때 특히 필요하다. 왜냐하면 자폐성장애 학생에게 환경 변화는 가장 불안하고 도전적이기 때문이다.

의례적 행동은 우리 문화의 현실이 반영되므로 융통성을 가르쳐야 한다. 조금 다른 작업재료, 산책길, 즐기는 게임, 음식, 좋아하는 곳 방문 등의 의례적 행동은 존중되어야 하지만 서서히 변화되어야 한다. 구조화는 의례적 행동이 예측 가능하고, 의례적 행동은 구조화에 따라 달라져야 한다.

(5) 구조화된 작업/활동 시스템

일정표와 물리적 구조화는 하루 동안 각 활동을 어디에서 하고, 어떤 순서로 하는지를 나타낸다. 학생이 활동을 위해 특정 구역에 오면, 학생에게 주어지는 것이 작업/활동 시스템이다. 작업/활동 시스템은 자폐성장애 학생이 작업 또는 활동을 이해하고, 집중하고, 스스로 작업을 완료할 수 있도록 하므로 매우 중요하다.

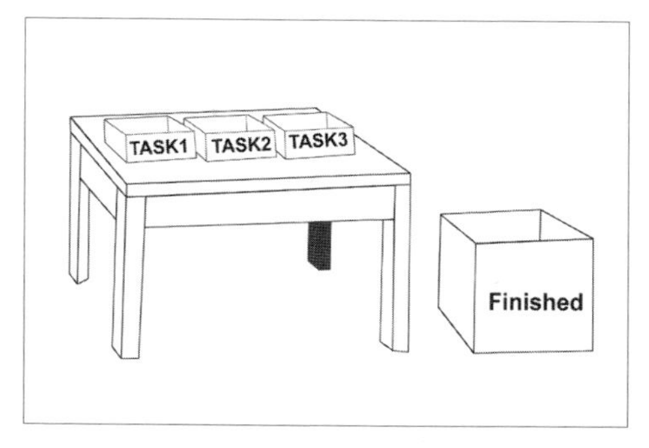

[그림 4-4] 작업/활동 시스템의 예

개인의 작업/활동 시스템은 네 가지 질문에 답하는 조직화된 시스템이다. 첫째, 어떤 작업 또는 활동을 해야 하는가? 둘째, 특정 작업 기간 동안 얼마나 많은 작업을 해야 하는가? 또는 작업에 걸리는 시간은 얼마인가? 셋째, 작업의 진도와 작업이 끝났음을 어떻게 알 수 있는가? 넷째, 작업이나 활동이 완료된 후 무엇이 일어나는가? 일정표와 마찬가지로 작업/활동 시스템은 각 개인이 이해할 수 있도록 시각적으로 제공된다. 고기능 자폐성장애 학생의 경우 작업 목록을 문자 수준으로 표시된 목록으로 제시할 수 있다. 학생은 작업 영역의 교재, 폴더, 바구니, 기타 용기에 붙어 있는 단어를 참조하여 일을 한다. 작업/활동 시스템에는 작업 항목의 수 또는 작업이 끝나는 시간을 나타내야 한다. 학생이 작업/활동 시스템의 문자로 된 작업 목록을 보고, 바로 어떤 상황이 진행되어야 하는지 알아야 한다. 문자로 된 작업 목록이 모두 체크되었다면 작업이 완료되었음을 의미한다. 다음에 일어날 일에 대한 문장 설명은 또한 작업/활동 시스템의 일부가 된다.

언어를 이해하지 못하는 학생은 작업/활동 시스템을 언어가 아닌 다른 방법인 그림, 기호, 색, 숫자, 사물 등으로 구성할 수 있다. 예를 들어, 자신의 작업 테이블의 위에서 아래로 벨크로에 다양한 색상을 붙여 순서대로 구성할 수도 있다. 각각의 색상은 작업해야 할 상자의 색상에 해당된다. 학생은 작업/활동 시스템의 색상을 동일한 색상의 상자와 일치시켜 어떤 작업을 해야 하는지를 알고, 색상의 수에 따라 얼마나 많은 작업을 해야 하는지 이해한다. 예를 들어, 색상이 다른 원 3개가 제시되었다면 3개의 작업량을 의미하는 것이다. 작업 테이블의 작업/활동 시스템은 작업단계가 완성되면, 그 단계에 해당하는 원을 제거하고, 모든 단계가 완성되면 모든 원이 제거된다. 완성된 제품은 완성된 제품을 보관하는 상자로 옮긴다. 작업을 성공적으로 마친 후 그다음에 수행될 활동은 작업/활동 시스템 하단에 그림으로 표시한다(예: 컴퓨터 활동 그림, 간식 시간, 여가 시간 등). 작업/활동 시스템에 대한 추가적인 정보는 www.autismsociety-nc.org에서 참고하기 바란다.

우리는 일반적으로 작업/활동 시스템을 가르칠 때 일대일 실습, 신체적 촉구, 시각적 촉구, 언어적 촉구, 사회적 강화를 통해 활동을 가르치고, 학생이 독립적으로 작업을 수행할 수 있을 때까지 가르친다.

자폐성장애 문화에서 설명한 바와 같이 자폐성장애 학생은 우리 문화의 여러 측면에서 의미를 찾고, 행동을 조직하고 순서를 정하는 데 어려움을 겪는다. 작업/활동 시스템은 의미 있는 다양한 작업과 상황에 접근하기 위한 체계적인 전략이다. 자폐성장애 학생이 작업을 하는 동안 '시작' '중간' '끝'의 진도를 확인함으로써 혼란을 예방할 수 있으며, '끝'이라는 개념은 특정 활동이 완료되었을 때 만족감과 완성이라는 의미 있는 자존감을 얻는다. 작업/활동 시스템은 또한 업무와 사건을 보다 예측 가능하게 하므로 자폐성장애 학생의 불안감을 덜어 주고, 일반화에도 쉽게 적용된다. 왜냐하면 학생이 작업/활동 시스템을 따르는 것을 배웠을 때, 시스템은 광범위한 설정에서 다양한 활동으로 전이될 수 있기 때문이다. 작업/활동 시스템이 사람들의 생활에 적용되는 예시는 다음과 같다.

- 지하철이나 버스를 타고 목적지까지 거쳐 가는 정류장의 수
- 설거지를 위해 닦고, 헹구고, 정리할 때까지 일련의 작업
- 바지를 내리고, 화장실을 사용하고, 휴지를 사용하고, 물을 내리고, 바지를 올리고, 손을 씻고, 교실로 돌아오는 의례적 행동
- 칫솔에 치약을 묻히고, 칫솔질하고, 거품을 뱉고, 입을 헹구고, 욕실 조명을 끄고, 외출 순서에 따라 학교 버스를 기다리는 행동
- 자유시간을 갖기 위해 수학문제를 풀고, 책을 두 페이지 읽는 행동
- 집에 가기 전에 해야 할 재활 활동 등

(6) 시각적으로 구조화된 활동

앞에서 언급한 바와 같이 새로운 과제를 소개하고 새로운 기술을 가르치는 데 전통적 교육방법은 자폐성장애 학생에게 그다지 효과적이지 않다. 자폐성장애 학생은 주로 시각을 통해 학습에 참여하는 시각적 학습자라는 사실을 확인했다. 자폐성장애 학생을 위해 모든 활동은 시각적 또는 행동적 요소를 가져야 한다. 언어만으로 교수하는 것은 실패할 수 있다. 자폐성장애 학생이 직접 보고, 만지는 활동이 없다면, 그 활동은

학생의 관심을 오래 끌기 어렵다. 시각적 정보가 작업을 명확히 하고, 이해하기 쉽게 하고, 의미 있게 하는 세 가지 측면은, ① 시각적 교수, ② 시각적 조직화, ③ 시각적 명확성이다.

① 시각적 교수

시각적 교수는 자폐성장애 학생 자신이 해야 할 일이 무엇인지 알 수 있도록 하며, 모든 작업에 필요한 필수 구성 요소로서 여러 가지 형식이 있다. 블록을 조립하는 작업일 경우, 완성된 블록 샘플을 학생 앞에 제시해 두고 작업하게 하는 방법도 여기에 해당한다. 시각적 교수의 또 다른 형식은 지그다. 이 지그는 물건이 놓일 정확한 위치를 나타내는 실루엣이다. 자폐성장애 학생은 퍼즐을 좋아하기 때문에 지그는 시각적 교수 내용으로 유용할 수 있다. 예를 들어, 포크, 나이프, 숟가락의 지그를 사용하면, 여러 식사 도구 중 하나를 정확한 위치에 놓을 수 있다. 고기능 자폐성장애 학생에게는 문자로 된 작업목록이 과제에 필요한 내용과 순서를 정확히 설명하는 데 효율적인 방법이다.

시각적 교수는 다음의 이유로 필수적이다. 첫째, 자폐성장애 학생이 상대적으로 약한 언어 기술 대신 강점인 시지각 기술을 사용하여 정확히 무엇을 해야 하는지를 이해하기 쉽게 한다. 둘째, 시각적 교수를 따르도록 학습하는 것은 자폐성장애 학생에게 비교적 제한적이기는 하지만, 우리 문화 속에서 효과적으로 기능하기 위해 매우 중요한 적응성을 배운다. 즉, 자폐성장애 학생은 특정 방식으로 작업을 완성하는 것을 배운 경우에는 해당 의례적 행동이나 일반적인 접근방식을 변경하는 것은 때때로 불가능하다. 그러나 시각적 교수를 따르는 학생의 메커니즘은 또 다른 활동을 변경할 때 쉽게 전이가 된다. 예를 들어, 사람들이 식탁 위에 접시를 올려놓지만, 때때로는 식탁 위의 냅킨에 올려놓기도 한다. 종이를 접어 버리기도 하고 종이를 찢어 버리기도 한다. 일반 젓가락이 있지만, 포장된 젓가락도 있다. 외투 착용은 집에 가는 것도 의미하지만, 집을 나가는 것도 의미한다. 학생이 시각적 교수를 따르는 것을 배울 때, 지시 사항이 변경되면 반응행동이 변경되고,

[그림 4-5] 식사 도구의 지그 예

동일한 시각적 교수 자료로 반응 순서를 바꾸어 행동할 수도 있기 때문에 시각적 자료로 교수하는 것이 필요하다.

② 시각적 조직화

교재의 시각적 조직화는 자폐성장애 학생의 학습을 촉진시킨다. 이것은 일반적으로 활동에 사용되는 교재를 정리하고 친숙해지게 한다. 자폐성장애 학생은 교재가 깔끔하게 정리되어 있지 않고 친숙하지 않으면 쉽게 산만해진다. 이렇게 정리되지 않은 교재는 자폐성장애 학생을 당황하게 하거나 압도되게 하여 주위를 맴돌거나 바닥에 눕는 행동 등을 유발할 수도 있다. 자폐성장애 학생은 일반적으로 교재 자체를 조직화하는 능력이 제한적이기 때문에 교사나 부모들이 교재를 매력적이고 질서정연하고 최소한의 자극으로 조직화하는 것이 필수적이다.

예를 들어, 다양한 교재 중에서 하나를 선택할 때 자폐성장애 학생은 교재가 정면의 테이블 위에 쌓여 있는 것보다 박스에 깔끔하게 정리되어 있으면 대개 과제수행에 성공적이고 덜 불안해한다. 비슷한 예로 학생에게 아침에 위생생활 절차를 가르치기 위해 모든 위생도구를 세면대 위에 무질서하게 놓아두는 것보다 비누, 샴푸, 치약, 칫솔, 수건, 드라이기 등 다양한 도구를 시각적으로 구분이 되는 용기에 담아 사용하면 더욱 성공적일 수 있다. 학업과제의 경우도 책상 위에 쌓아 두는 것보다 각각의 폴더에 정리해 두는 것이 더 좋다. 구조화된 교수에서는 일반적으로 파일 폴더, 칸막이 상자, 상자, 벨크로, 양면테이프, 유리테이프 등과 같은 것으로 다양한 조직화를 구현할 수 있다. 시각적 조직화의 또 다른 예로 창문 청소와 같은 집안일에 시각적 구조화를 추가하는 것이다. 만약에 창문이 크다면 자폐성장애 학생은 어디서 어떻게 시작할지 결정하지 못하고 망설일 수 있다. 이때 유리테이프를 사용하여 창문을 네 구역으로 시각적 구분을 하면 작은 공간이 되어 관리하기 쉬워진다. 이처럼 시각적 지원을 제공하는 것이 단순하지만 자폐성장애 학생에게는 복잡했던 작업을 쉽게 완성할 수 있게 도와준다.

③ 시각적 명확성

시각적 명확성은 자폐성장애 학생이 가장 중요한 핵심 요소와 기능을 찾을 수 있게 도와준다. 너무 많은 교재를 사용하는 작업은 혼란스럽거나 압도적인 반면, 시각적으로 조정된 교재는 작업을 이해하기 쉽게 한다. 예를 들어, 정렬을 가르치기 위해 시작하는 곳에 시각적으로 명확하고 독특한 색이나 도형을 사용한다(예: '빨간색 대 오렌지색'보다는 '빨간색 대 녹색' 또는 '대형 대 중형'보다는 '대형 대 소형'). 탁자를 닦고 깨끗한지 확인하기 위해 확대하여 본다고 생각하면 더 쉽게 이해될 것이다. 학생이 학습을 할 때 시각적 표시로 페이지를 접도록 하고, 필요한 부분만 강조 표시하도록 하고, 공간이 좁으면 포스트잇을 사용하는 등의 작업이 포함된다.

4. 부모훈련 프로그램

TEACCH 프로그램의 공동 창립자들은 부모들이 자녀를 위한 전문가로서 '공동 치료사'라고 최초로 제안하였다(Schopler & Reichler, 1971). TEACCH 연구는 자폐성장애 학생 부모가 자녀에게 다양한 기술을 가르치는 데 매우 효과적이라고 한다(Marcus, Lansing, Andrews, & Schopler, 1978; Schopler, Mesibov, & Baker, 1982; Short, 1984). 일부 연구자들은 심지어 부모가 클리닉 기반 치료사보다 교육에 더 효과적이라고 보고했다(Koegel et al., 1982; Schopler & Reichler, 1971). Dawson과 Osterling(1997)은 부모훈련이 자폐증 학생에게 성공적인 조기중재 프로그램의 구성 요소라고 보고했다. 또한 부모훈련은 어머니의 우울 증상을 감소시키고(Bristol, Gallagher, & Holt, 1993), 긍정적인 가족 상호작용을 증가시키는 데 기여하였고(Koegel, Bimbela, & Schreibman, 1996; Moes, 1995), 레크리에이션 활동을 증가시켰다(Koegel et al., 1982)고 보고했다.

1) 전통적 행동수정

전통적 행동수정의 부모훈련은 부모에게 단서, 촉구, 긍정적 강화, 소거와 같은 학습 절차를 가르쳐 왔다. 이 기법은 입원 또는 외래 자폐증 아동 13명을 대상으로 새로운 기술 습득을 위해 Lovaas, Koegel, Simmons와 Long(1973)에 의해 초기 연구가 수행되었다. 조작적 행동수정 후 일부 학생들은 시설이나 다른 주거 환경으로 갔고, 4년 후 추적연구 결과, 학생들은 자신이 배운 기술 대부분을 잃어버렸다. 그러나 부모에 의해 행동수정 훈련을 받은 학생들은 배운 기술을 유지했거나 어떤 경우에는 진전을 보였다.

행동수정 관련 부모훈련 프로그램이 일반적으로 처음에는 좋은 성공을 보였음에도 불구하고, 후속연구에 의하면 많은 부모가 훈련을 받은 전통적 행동수정 기법을 더 이상 사용하지 않는 것으로 나타났다(Harris & Powers, 1984). 예를 들어, Howlin과 Rutter(1987)는 포괄적 가정 기반 프로그램을 개발하여 2~11세 사이의 자폐성장애 아동의 부모를 대상으로 임상심리학자에게도 가르칠 수 있는 정도로 훈련시켜 자녀의 의사소통, 놀이 및 사회 기술 훈련을 실시했다. 훈련은 가정방문(방문 횟수는 처음 6개월 동안 매주, 다음 6개월 동안은 월 2~3회, 마지막 6개월 동안은 월 1회)을 하여 실시하였다. 이 연구에는 16가족이 참여했으며, 프로그램을 마치고 대조군과 비교하였다. 연구의 결과, 18개월만에 중재집단의 어린이들은 사회적 의사소통, 협력, 놀이 패턴에서 비교집단보다 더 개선되었으며, 의식적 행동과 충동성이 감소된 것으로 나타났다. 그러나 이 연구에 참여한 가족 후속연구에서 Holmes, Helmsley, Rickett과 Likierman(1982)은 부모훈련 집단의 부모 중 일부는 여전히 그 기술을 사용하고 있다고 보고했으며, 실제로는 실험군과 대조군 간에는 차이가 없다고 밝혔다. 지원이 끝난 후 일반적인 개선에 대한 가족들의 인식은 두 그룹 모두 상황이 개선되었거나 그대로 남아 있다고 생각했다. Harris, Wolchik과 Weitz(1981)는 10주간 집단 워크숍으로 취학 전 아동의 부모에게 행동수정 교육을 하였다. 대부분의 자녀는 프로그램 기간 동안 언어 기술의 구조에 대해 진전을 보였지만, 1년 후 더 많은 진전을 이루지는 못했다. 그리고 연구자들은 대부분 부모가 교육에 더 이상 참여하지 않고 있음을 보고했다.

2) 최근 행동수정

1986년 Helm과 Kozloff는 행동수정 부모훈련 프로그램이 인간의 행동과 발달에 대한 부적절한 모델을 반영하고 있고, 문제행동의 기능에 초점을 맞추기보다는 특정 행동에 지나치게 집중하여 행동 개선에 문제가 있다고 했다. 전통적 행동수정을 적용하던 Koegel과 Schreibman은 자폐성장애 학생들의 문제행동 중재와 관련해서 전통적 행동수정에 대한 한계를 깨닫게 되었다(Koegel et al., 1982). 전통적 행동수정에서는 치료사가 강화 준거를 만들어 음식이나 칭찬으로 미리 정의된 표적행동에 대해서만 아동에게 보상했다. Koegel과 Schreibman은 '중심축 반응훈련'(Schreibman, 1997)이라고 불리는 대안 기술을 개발했다. Schreibman(1997)은 아이가 가지고 놀고 싶은 물건을 선택하게 하거나 아이의 반응 시도에 보상을 주고, 자연 강화제를 사용하였다(예: "자동차"라고 말하면 원하는 장난감 자동차를 아이에게 준다). Koegel 등(1996)은 자폐성장애 학생의 부모를 두 집단으로 무작위로 나누어 한 집단에만 중심축 반응훈련을 한 연구결과를 보고했다. 가족들이 중심축 반응훈련을 배운 후 다양한 차원에서 비교하였다. 중심축 반응훈련 집단은 비교집단에 비해 유의하게 행복하고 스트레스가 적었으며 자녀와의 상호작용에 더 적극적이었고 의사소통 방식도 긍정적이었다.

마찬가지로, Koegel, Symon과 Koegel(2002)은 5일간의 집중적 프로그램에서 자폐성장애 아동의 가족에게 중심축 반응훈련을 가르쳤다. 중재 프로그램 후 3개월 동안 집에서 녹화한 비디오테이프를 분석한 결과, 모든 부모가 이 기술을 올바르게 사용했고, 모든 아동의 기능적 표현언어는 기초선에 비해 증가했으며, 모든 관찰자는 부모가 더 적극적으로 상호작용했다고 평가했다. Kaiser, Hancock과 Nietfeld(2000)는 부모에게 '강화된 환경중심 교수'를 6개월간 훈련시킨 후 적용한 결과, 대부분 아동들의 사회적 의사소통과 접근에 대해 부모의 만족도가 높아졌다.

몇몇 연구자들은 학부모가 구체적인 교수법을 배우는 것이 중요하지만(Harris, Wolchik, & Milch, 1982), 일반적인 원리를 배우는 것도 장기적 강점을 가진다고 했다(Helm & Kozloff, 1986; Holmes et al., 1982; Moes, 1995; Schreibman et al., 1984). 이 입장은 부모가 자신의 특정 가족 상황에서 행동수정 원리를 적용할 수 있도록 하는 것이 바람직하다는 것이다. 예를 들어, Frea와 Hepburn(1999)은 연구에서 2명의 부모에게 직접 관찰 기술을 가르치고, 중재를 설계하고, 문제행동의 기능평가를 통해 대체행동을 찾는 방법을 가르쳤다(공격적이거나 자해하는 행동 대신 '도와주세요.'). Marshall과 Mirenda(2002)는 행동관리 계획을 연구자가 단순히 설계하는 것이 아니라 부모와 협력하여 설계하는 것이 중요하다고 했다. 그들이 발표한 사례 연구에서도 확인되듯이 부모와 전문가 간의 협력 과정은 모두 동의하는 실질적인 행동지원 계획을 세울 수 있으며, 부모에게 행동기능평가 및 행동수정 기법 적용에 대한 연습과 확신을 주어 미래에도 새로운 문제행동을 다룰 수 있게 되었다.

3) 부모를 위한 다면 프로그램

부모교육에 관한 최근의 연구는 표준 행동 기술과 원리에 국한하여 지원하는 것보다 더 광범위한 것에 초점을 두고 있다. Howlin과 Rutter(1987)는 교수전략을 부모 지원에 포함해야 한다고 주장한다. 예를 들어, Harris(1984a, 1984b)는 임상가들이 효과적인 개별 중재 프로그램을 개발하기 위해 행동관리 기술과 가족 개개인 및 가족 시스템의 정서적 건강을 포함해야 한다고 오랫동안 주장해 왔다. Konstantareas(1990)는 가족 구성원들과 함께할 수 있는 포괄적인 정신의학적 접근법에 갈등과 심리적 요구를 해결하고, 자녀발달자극과 자녀관리에 관한 실질적인 지원을 포함하였다. Whitaker(2002)는 많은 부모들이 자폐성장애의 특징을 다루는 것 외에도 자녀 발달의 다른 영역도 지원을 원한다고 보고했다.

Stahmer와 Gist(2001)는 부모 프로그램의 다양한 측면에서 지원의 중요성을 뒷받침하는 연구에서 자폐성장애 부모에게 한 집단은 개별화된 기술 훈련만 시켰고, 다른 집단은 그 교육에 추가적으로 부모교육 지원을 포함하였다. 그 결과, 부모교육 지원이 추가된 집단에서 두드러진 긍정적 성과를 나타냈다. Whitaker(2002)는 다면적 자폐성장애 지원 프로그램의 서비스를 받은 취학 전 아동의 부모를 인터뷰한 결과, 부모는 자폐성장애에 대한 실용적 정보(예: 자폐성장애에 대한 정보와 자녀를 관리하고 가르치는 전략)와 정서적 지원을 요구한다고 밝혔다.

4) 부모훈련의 다른 이슈

몇몇 연구자들은 부모훈련 프로그램이 유용하지 않다는 보고도 있다(Symon, 2001). Helm과 Kozloff(1986)는 연구에 참여한 가족들 중 1/3이 부모훈련 프로그램이 도움이 되었고, 1/3은 보다 제한적 범위 내에서 도움을 받았고, 1/3은 프로그램 기간 동안 크게 바뀌지 않았다고 보고했다. 유사하게 Plienis, Robbins와 Dunlap(1988)은 일부 가족은 좋은 성과를 거두었고, 일부 가족은 그렇지 않다고 했다. 부모훈련 프로젝트의 효과에 대해서 개인차 또는 하위집단 간의 차이 변인이 결과에 상당한 영향을 미친다고 보고했다. Whitaker(2002)는 아동이 진단을 받은 직후 부모훈련이 제공되었을 때, 일부 부모는 감정적으로 정보를 받아들여 프로그램을 적용할 마음의 준비가 되어 있지 않았다고 언급했다.

5. TEACCH의 부모 협력

TEACCH 접근법의 부모와의 협력은 다음과 같다.

- 부모에게 자폐성장애의 본질을 이해하도록 가르친다.
- 기술 개발 및 행동관리에 대한 구체적인 전략과 일반적인 접근방법을 제공한다.
- 각 가정을 위한 개별화 중재 프로그램을 제공한다.
- 자폐성장애와 가족이 직면하는 어려움을 이해하고, 전문가 및 다른 부모들의 네트워크를 구축(Marcus, 1977)한다.

1) 가치

서비스를 제공함에 있어 부모에 대한 TEACCH 방식의 기본 가치는 다음과 같다.

- TEACCH는 전문가의 특별한 도움이 필요한 아동에 대한 광범위한 지식을 보유하고 있지만 부모는 자신의 자녀를 다른 어느 누구보다 잘 알고 있으며, 임상 환경에서 전문가의 제한된 관찰을 보완해야 한다는 점을 인식하고 부모에 대한 자식의 정보를 존중한다. 부모의 풍부하고 더 포괄적인 관찰을 존중한다.
- TEACCH는 각 가족의 개성을 존중하며, 그들의 일을 지원하는 것이 우선순위임을 알고, 가능한 한 안정적 지원이 되어야 한다. 부모의 배경, 성격, 요구 및 능력은 개성을 존중하는 틀 내에서 수용될 수 있다.
- TEACCH는 부모가 자녀들을 위해 갖는 사랑을 존중하며, 전문가는 승진과 전출 후에도 가장 열정적이고 헌신적인 보호자이며 옹호자가 된다.
- TEACCH는 심한 요구와 스트레스에 직면하여도 해결 방법을 찾고, 부모와의 관계개선을 존중한다(Schopler, 1995).
- TEACCH는 부모의 정치적 지지, 새로운 서비스 개발, 자원봉사를 지원하고 존중

한다.

- TEACCH는 부모가 자녀에게 가능한 한 독립적인 생활을 할 수 있도록 기술을 가르치는 데 필요한 정보 지원, 감정적인 지원, 포괄적인 서비스 및 전문적인 지원을 하며 부모의 요구를 존중한다.

2) 유용한 치료 전략

제공되는 치료서비스는 많은 형태가 있다. 최근 TEACCH 센터 아홉 곳에서 부모에게 제공된 서비스는 다양한 기술 개발 활동(예: 인지, 시각 운동, 언어/의사소통, 독립적 놀이, 자조기술)에 대한 치료사의 시연, 부모실습에 대한 치료사의 피드백 등이다. 그리고 모든 TEACCH 센터에는 일방창문과 음향 시스템이 있어 부모가 치료사와 함께 모든 것을 관찰할 수 있으며, 반대의 경우도 가능하다.

- 활동 간 전환을 위한 그림 또는 문자로 된 일정 목록 사용에 대한 실습
- 부모가 집에서 실습하거나 다른 가족과 공유할 수 있는 실습 비디오테이프
- 기술 개발에 중점을 둔 제작 프로그램
- 자폐성장애의 특성에 대한 논의와 가정에서 구조화된 교육 원리
- 부모와 치료사가 함께 사용할 교재 만들기
- 권장 도서 및 웹사이트
- 구조화를 위한 가정방문 또는 가정에서 자녀와 함께 활동하는 것을 체크하기 위한 방문
- 가정에서 사용이 제안된 '과제' 또는 데이터 수집
- 부모와 개별화교육을 위해 필요한 서비스에 대한 지원과 추천 제공
- 고기능 자폐성장애/아스퍼거 증후군 학생 및 부모/성인 자녀를 둔 가족상담
- 구조화된 교수, 사회이야기 쓰기(Gray, 1998), 고기능 자폐성장애/아스퍼거 증후군과 같은 주제에 대한 부모를 위한 워크숍
- 어머니 집단, 아버지 집단, 자폐성장애 성인 부모를 위한 집단 등 모임 추진
- 부모 집단의 전문 프레젠테이션
- 학교 IEP 및 기타 학부모 회의 참석

3) 부모 만족

TEACCH 서비스에 대한 지속적인 프로그램 평가의 일환으로 지난 1~2년 동안 지역 TEACCH 센터의 여러 곳에서 진단 또는 치료 서비스를 받은 부모에게 그들이 받은 서비스의 다양한 측면에 대해 만족도 조사를 실시하였다. 부모를 대상으로, 1점(매우 불만족)에서 5점(매우 만족)까지 선택하는 항목에 대한 평균 응답은 다음과 같았다.

- TEACCH 평가의 결과는 명확하고 완벽하게 설명되었다. / 4.91점
- 귀하의 자녀에 관한 질문과 우려하는 부분이 분명히 제기되었다. / 4.90점
- 전반적으로 나는 TEACCH 치료에 만족했다. / 4.85점
- 치료는 최초 회의에서 확인한 관심사 및 문제에 초점을 맞추었다. / 4.85점
- 가정이나 다른 환경에서 이 전략을 사용할 때 도움이 되는 전략이었다. / 4.83점
- 전반적으로 TEACCH의 개별 가족 치료에 만족한다. / 4.85점

이처럼 TEACCH 서비스에 대한 부모들의 만족도는 높은 것으로 나타났다.

6. 보조공학

보조공학과 관련된 내용은 Boutot과 Myles(2010)의 『Autism Spectrum Disorders: Foundations, Characteristics, and Effective Strategies』를 참조하였다.

자폐성장애 학생들은 교육, 레크리에이션, 고용, 사회적인 것 등 삶의 영역 전반에서 공학으로부터 많은 혜택을 받을 수 있다. 보조공학은 그들의 독립성을 증대시키고, 의사소통과 문해 기술을 발달시키고, 사회적 능력을 구축함으로써 자폐성장애 학생을 도울 수 있다. 이것은 아동들의 삶에 전반적인 능력을 향상시키고 일반적인 교육환경에의 접근성 증가로 교육의 기회를 평등하게 만드는 데 기여한다. 특히 시각적 자극이 많이 반영된 공학은 자폐성장애 학생에게 특별한 도움이 될 수 있다. 자폐성장애 학생의 일반적인 학습경향 중 하나는 시각적 학습자이고 사상가라는 점이다(Dettmer, Simpson, Myles, & Ganz, 2000; Edelson, 1998; Grandin, 1995). 따라서 시각적 지원과 전

략을 사용하는 보조공학은 자폐성장애 학생에게 많은 도움이 된다.

자폐성장애를 가진 사람들을 위한 보조공학 서비스의 조항에 대한 결정이 이루어질 때, 진단보다는 인간의 기능과 관련된 요소에 결정 근거를 두는 것이 중요하다. 진정한 문제는 자신의 환경 내에서 기능하는 데 학생들이 요구하는 적절한 지원을 어떻게 제공할 것인가에 대한 어려움이다.

기능이라는 용어는 어떤 필요조건을 만족시키기 위한 요구에 대응하는 것으로 한 사람이 취하는 행동으로 정의될 수 있다. 국립보조공학연구소(NATRI)에서는 인간의 기능 영역 일곱 가지를 범주화하고 있다. 이 개념화는 기능적 적용에 따라 보조적이고 적용할 수 있는 장치를 설치하고 범주하기 위해 Melichar(1978)이 제안한 것이다. 이러한 일곱 가지 범주는 다음과 같다.

1) 존재

존재는 가장 기본적인 첫 번째 범주로서 삶을 지속시키는 데 필요한 기능을 지칭한다. 이 기능은 수유, 배설, 목욕, 몸단장, 수면을 포함한다. 자폐성장애 아동을 위한 서비스는 해당되는 기능을 수행하는 방법을 가르치는 데 초점을 맞추고, 수많은 장치가 이러한 기능을 수행하는 데 있어 아동을 돕기 위해 존재한다.

2) 의사소통

수많은 의사소통과 관련된 기능 중 구어적 표현과 쓰기 표현, 시각적이고 청각적 수용, 정보의 내부적 처리과정, 사회적 상호작용이 있다. 공학의 사용, 특히 보완대체 의사소통(Augmentative and Alternative Communication: AAC)의 사용은 의사소통의 어려움이 자폐성장애 아동에 있어 핵심적인 결손이라는 점을 고려해 볼 때, 엄청난 도움이 된다. AAC 체계는 하나의 "상징, 원조, 전략 그리고 의사소통을 강화하기 위해 개인에 의해서 사용되는 기법을 포함해서, 통합된 구성요소의 집합"이다(American Speech-Language-Hearing Association, 1991, p. 10). 의사소통을 위한 시각적 체계들은 자폐성장애 아동들의 인지적 장점에 적합하다(Quill, 1995). 현장 전문가들은 자폐성장애 아동의 의사소통과 관련된 요구조건을 비추어 볼 때, 현재 그리고 미래에도 AAC가 기능적 의사소통자의 역할을 할 것이라 주장한다(Beukelman & Mirenda, 1998).

AAC 체계는 비교적 낮은 기술체계(예: 의사소통 게시판과 대화 책과 같이 배터리나 전자 장치가 없는 간단한 적용)에서 높은 기술 장치(예: 복잡한 전자 장치나 컴퓨터 위주의 공학)에 걸쳐 그 범위가 다양할 수 있다. AAC 체계는 대체로 비도구적 의사소통체계와 도구적 의사소통체계로 분류될 수 있다. 비도구적 AAC 체계는 표현적 의사소통을 위해 외부적 의사소통 장치를 필요로 하지 않고, 수화, 얼굴 표정, 제스처, 비상징적 발성 등을 포함한다. 도구적 AAC 체계는 산출을 위한 외부적 의사소통 장치로서 사진 의사소통판과 음성출력 장치를 포함한다(Beukelman & Mirenda, 1998; Miller & Allaire, 1987).

의사소통 중재의 주된 목표는 자연스러운 환경 내에서의 기능적 의사소통 기술 습득이다. 비록 구조화된 접근이 여전히 이용되지만, 오늘날 최고의 실행으로서 강조되는 것은 자연스러운 일상과 환경에서 기능적 언어를 사용하는 것이다(Beukelman & Mirenda, 1998; Calculator & Jorgensen, 1991). 기능적 의사소통은 "미리 결정된 목적을 성취하기 위한 실체적 언어의 사용이다. 기능적이기 위해서, 언어는 다른 사람의 행동에 영향을 미쳐야 하고, 주어진 사회적 맥락에서 적절하고 자연스러운 결과를 가져와야 한다"(Calculator & Jorgensen, 1991). 기능적 의사소통은 자폐성장애 아동의 시공간적 장점과 읽기와 쓰기의 시각적 특성을 고려할 때, 읽고 쓰기 학습을 증진하는 데 도움이 될 것이다.

기능적 의사소통에 현대적이고 빈번하게 사용되는 한 예시는 그림 교환 의사소통체계(Picture Exchange Communication System: PECS)다. PECS 프로그램을 사용하는 사람들은 학생들이 의사소통 상대에게 그림 카드를 주면서 요구하는 의사소통의 교환을 강조한다.

입력과 출력에 초점을 맞춘 수많은 AAC가 존재한다. 음성출력 의사소통 보조기(Voice Output Communication Aid: VOCA)는 합성되고 디지털화된 말을 생산하는 휴대 가능한 AAC 장치다. 의사소통을 위해 본인의 의사 출력뿐만 아니라, 타인의 의사를 입력하는 데에도 사용된다. 여러 가지 사례연구는 보완대체 의사소통에 시각적 상징을 사용하는 것이 효율적이라는 것을 입증하였다(Hodgdon, 1995; Quill, 1997; Peterson, Bondy, Vincent, & Finnegan, 1995). 여러 가지 '입력' 방식이 존재하고, 특히 시각 스케줄의 사용은 자폐성장애 아동이 연속되는 활동을 이해할 수 있도록 도와주는 시각적 표상에 접근하도록 하는 것이다. 시각적 일정표는 수많은 기술의 성취를 촉진하기 위한 방식에서 많이 사용되었다.

의사소통 범주의 필요성은 행동지원을 위한 필요성과 일치해야 한다. 즉, 문제행동을 대체하기 위해 기능적 의사소통 훈련이 필요하다. 자폐성장애를 가진 아동은 문제행동을 대체하기 위해 AAC를 사용하는 것을 배울 수 있다(Mirenda, 1997). AAC 형식은 문제행동에 기능적으로 동일한 기능을 해야만 하고(Horner et al., 1990), 체계적 접근으로 실행자들이 사용하기 쉽게 계획되어야 한다.

3) 신호지원, 보호, 위치 잡기

어떤 아동은 안정된 상태를 유지하기 위해 또는 몸의 일부분을 지지하기 위해 도움을 필요로 한다. 자폐성장애에 부가적으로 소근육 또는 대근육 사용의 어려움, 감각적 어려움을 가진 아동들은 이 기능적 범주에서 AAC의 지원을 필요로 할 수 있다. 예를 들어, 무거운 조끼, 큰 볼, 촉각 장난감, 진동 펜, 스쿠터보드, 그네 종류 등의 지원과 투입으로 아동의 요구조건을 만족시킬 수 있다.

4) 이동과 유연성

이동과 유연성 범주의 기능에는 기기, 걷기, 계단 사용, 측면과 수직의 이동, 환경 탐색이 해당된다. 휠체어, 특수 승강기, 지팡이, 보행보조기, 개조된 세발자전거, 목발 등이 이러한 기능을 지원하기 위해 사용될 수 있다.

5) 환경의 상호작용

환경은 수정될 수 있거나 아동이 환경을 수정할 수 있다. 환경의 상호작용은 일상 활동, 실내 활동과 실외 활동의 다수 수행에서 보이는 것처럼 이러한 적용과 연관된 기능을 포함한다. 예로는 음식 준비, 전자 제품의 작동, 시설에 접근하기, 삶의 공간 구조화하기를 포함한다. 이 범주의 기능을 수행하기 위해서는 학교 시설에 대한 구조화가 요구될 수도 있다.

6) 교육과 전이

교육과 전이 범주는 학교 활동과 다양한 형태의 치료와 연계된 기능을 포함한다. 수많은 공학이 학교의 맥락 내에서 사용될 수 있고 컴퓨터 보조 교수(Computer-Assisted Instruction: CAI), 오디오 교수적 테이프, 확대경, 독서대, 교육을 촉진시킬 수 있는 다른 자료와 장비가 포함될 수 있다. CAI는 컴퓨터-처리 촉구, 시스템의 학습 프로그램, 공학기반의 커리큘럼 적용, 단어 예언의 글쓰기 프로그램, 가상현실을 사용하는 것을 포함한다. 보드메이커와 같은 컴퓨터 소프트웨어는 언어 보드판이나 VOCA 전시를 위해 환경적으로 특정한 시각적 언어 도구의 창조를 가능하게 한다.

'Picture-It, Pix-Writer, Writing with Symbols 2000'과 같은 소프트웨어들은 구와 문장을 위한 상징적 표현을 제공하고 사회상황이야기와 수정된 커리큘럼상의 자료를 만들어 내는 데 사용될 수 있다. 또한 CAI는 독서 부분에서 도움을 받을 수 있다. Chen과 Bernard-Optiz(1993)는 컴퓨터 모니터를 통한 강사의 학문적 과제 전달을 비교했고 성인-처리의 중재(adult-delivered intervention)보다는 CAI에 아동들이 더 많은 관심을 보이고 더 나은 수행을 한다는 것을 밝혀냈다. Heimann 등(1995)은 CAI 프로그램과 전통적인 교수 접근을 아동에게 수업하는 데 사용했다. 자폐성장애 아동은 전통적인 교수보다 CAI에서 현저한 성과를 거두었다. 특히 가상 환경(Virtual Environment: VE)이 특정한 기술을 습득하는 것을 촉진하였다. 여기서 VE는 컴퓨터로 만들어진 실제나 상상적인 환경의 3차원 시뮬레이션이다. 자폐성장애를 위해 최초로 만들어진 분야는 협력적 가상 환경(Collaborative Virtual Environment: CVE)의 사용이다. CVE는 보조공학으로, 교육공학으로, 잠재적인 마음이론 장애 도움 처리 수단으로 사용되기 시작했다. CVE의 사용에는 가상 현실 속의 아바타가 가장 중요하다. 사용자는 컴퓨터 환경 내에서 사용자의 정체성의 재현물로 정의되는 아바타를 스스로 선택하여 의사소통을 할 수 있다.

7) 스포츠, 피트니스, 레크리에이션

집단 및 개인적 놀이, 스포츠, 취미, 레저 시간과 연관된 기능은 이 기능 범주에 포함된다. 활동에 참여하는 것을 증진시키기 위해서 이 범주에서 기능을 촉진시킬 수 있는 폭넓은 장비와 장치가 있다.

표 4-1 **공학적 해결의 예**

구분	접근을 증가시키는 공학	수업의 도구인 공학
무기술	물리, 언어, 작업치료사	체계적 교수 절차
낮은 기술	고무 손잡이가 있는 연필 찍찍이 붙이기 올라간 책상 휠체어	플래시 카드 오버헤드 프로젝트 칠판
중간 기술	휠체어 보청기	계산기 교수용 비디오테이프
높은 기술	적응형 키보드 소리 합성기 가상 실제 장치	교수용 컴퓨터 소프트웨어 상호작용 멀티미디어 시스템 하이퍼링크 있는 컴퓨터 텍스트

출처: Blackhurst(1997): Boutot & Myles(2012)에서 재인용.

공학은 낮은 기술 그림 그리기에서 최첨단의 목소리 출력 시스템에까지 앞의 기능을 수행하기 위해 여러 가지 형태를 취할 수 있다. Blackhurst(1997)는 무기술(no-tech), 낮은 기술, 중간 기술, 높은 기술 도구에 걸쳐 있는 연속적인 공학기반의 해결책을 제시하였다(〈표 4-1〉 참조). 〈표 4-1〉에서 확인할 수 있듯이, 보조공학은 다른 장애를 가진 아동에게는 다른 목적을 위해 사용될 수 있다.

Handleman과 Harris(2000)는 자폐성장애 아동을 위한 포괄적인 조기교육 프로그램에서 중요한 여러 가지 영역을 설명한다. 이러한 영역에는 사회적 · 인지적 발달, 구어적 · 비구어적 의사소통, 적응 기술, 증가한 운동활동 능력, 행동적 어려움의 개선이 있다. 이러한 영역이 조기교육 프로그램에서는 구체적이지 않다. 왜냐하면 각 영역은 자폐성장애를 가진 사람들의 삶의 모든 연령대에서 아주 중요하기 때문이다. 언급된 대로 보조공학은 포괄적인 교육 프로그램에서 학생들이 특정한 목적을 충족시키도록 돕기 위한 중재에 사용될 수 있기 때문에 여러 가지 형식을 취할 수 있고 많은 기능을 수행할 수 있다.

요약

지금까지 이 장에서는 자폐성장애를 위한 성공적인 교수 및 지원 환경을 구축하기 위해서 TEACCH 프로그램을 통하여 살펴보았다. 요약하면 자폐성장애가 성공적으로 우리 사회에 기능하기를 바란다면, 교사와 부모들은 그들의 문화적 특징이 학업을 준비하고, 직업을 준비하고, 사회적 관계를 준비하는 모든 것에 하나하나 반영해야 할 것이다. 따라서 향후 자폐성장애를 지원하는 모든 관계자들은 자폐성장애의 문화적 특징에 기반하여 우리 문화와 자폐성장애 문화를 연결하는 통역사로서 전문적 노력이 필요하다.

참고문헌

권충훈, 김민동, 강혜진, 권순황(2014). **특수교육공학**. 서울: 학지사.

American Speech-Language-Hearing Association (1991). Report: Augmentative and Alternative communication. *ASHA, 33*(Suppl. 5), 9-12.

Beukelman, D. R., & Mirenda, P. (1998). *Augmentative and alternative communication: Management of severe communication disorders in children and adults* (2nd ed.). Baltimore: Brookes.

Blackhurst, A. E. (1997). Perspectives on technology in special education. *Teaching Exceptional Children, May/June, 29*, 41-48.

Boucher, J., & Lewis, V. (1989). Memory impairments and communication in relatively able autistic children. *Journal of Child Psychiatry and Psychology, 30*, 99-122.

Boutot, E. A., & Myles, B. S. (2012). **자폐스펙트럼장애: 특징과 효과적인 전략** (서경희, 이효신, 김건희 공역). 서울: 시그마프레스.(원저 2010년에 출판).

Bristol, M. M., Gallagher, J. J., & Holt, K. D. (1993). Maternal depressive symptoms in autism: Response to psychoeducational intervention. *Rehabilitation Psychology, 38*, 3-10.

Calculator, S., & Jorgensen, C. M. (1991). Integrating AAC instruction into regular education settings: Expounding on best practices. *Augmentative and Alternative Communication, 7*, 204-212.

Carr, E. G., Binkhoff, J. A., Kologinsky, E., & Eddy, M. (1978). Acquisition of sign language by autistic children. I: Expressive labeling. *Journal of Applied Behavior Analysis, 11*, 489-501.

Chen, S. H. A., & Bernard-Optiz, V. (1993). Comparison of personal and computer-assisted instruction for children with autism. *Mental Retardation, 31*, 368-376.

Dawson, G. (1996). Brief Report: Neuropsychology of autism: A report on the state of the science. *Journal of Autism and Developmental Disorders, 26*, 179-184.

Dawson, G., & Osterling, J. (1997). Early intervention in autism. In M. J. Guralnick (Eds.), *The effectiveness of early intervention* (pp. 307-326). Baltimore: Paul Brookes.

Dettmer, S., Simpson, R. L., Myles, B. S., & Ganz, J. B. (2000). The use of visual supports to facilitate transitions of students with autism. *Focus on Autism and Other Developmental Disabilities, 15*, 163-169.

Dooley, P., Wilszenski, F. L., & Torem, C. (2001). Using an activity schedule to smooth school transitions. *Journal of Positive Behavior Interventions, 3*, 57-61.

Edelson, S. M. (1998). *Learning styles and autism.* From http:www.autism.org, retrieved January 16, 1998.

Frea, W. D., & Hepburn, S. L. (1999). Teaching parents of children with autism to perform functional assessments to plan interventions for extremely disruptive behaviors. *Journal of Positive Behavior Interventions, 1*, 112-116.

Grandin, T. (1995). *Thinking in pictures: And other reports from my life with autism.* New York: Random House.

Gray, C. (1998). Social stories and comic strip conversations with students with Asperger syndrome and high-functioning autism. In E. Schopler, G. B. Mesibov, & L. J. Kunce (Eds.), *Asperger syndrome or high-functioning autism?* (pp. 167-198). New York: Plenum Press.

Handleman, J. S., & Harris, S. L. (2000). *Preschool education programs for children with autism.* Austin, TX: Pro-Ed.

Harris, S. L. (1984a). Intervention planning for the family of the autistic child: A multilevel assessment of the family system. *Journal of Marital and Family Therapy, 10*, 157-166.

Harris, S. L. (1984b). The family of the autistic child: A behavioral-systems view. *Clinical Psychology Review, 4*, 227-239.

Harris, S. L., & Powers, M. (1984). Behavior therapists look at the impact of an autistic child on the family system. In E. Schopler & G. B. Mesibov (Eds.), *The effects of autism on the family* (pp. 207-224). New York: Plenum Press.

Harris, S. L., Wolchik, S. A., & Milch, R. E. (1982). Changing the speech of autistic children and their parents. *Child & Family Behavior Therapy, 4,* 151-173.

Harris, S. L., Wolchik, S. A., & Weitz, S. (1981). The acquisition of language skills by autistic children: Can parents do the job? *Journal of Autism and Developmental Disorders, 11*, 373-384.

Heimann, M., Nelson, K. E., Tjus, T., & Gilberg, C. (1995). Increasing reading and communications skills in children with autism through an interactive multimedia computer program. *Journal of Autism and Developmental Disorders, 25*, 459-480.

Helm, D. T., & Kozloff, M. A. (1986). Research on parent training: Shortcomings and remedies. *Journal of Autism and Developmental Disorders, 16*, 1-22.

Hodgdon, L. A. (1995). *Visual strategies for improving communication: Practical supports for school and home*. Troy, MI: QuirkRoberts.

Hodgdon, L. A. (1999). *Solving behavior problems in autism: Improving communication with visual strategies*. Troy, MI: QuirkRoberts.

Holmes, N., Hemsley, R., Rickett, J., & Likierman, H. (1982). Parents as cotherapists: Their perceptions of a home-based behavioral treatment for autistic children. *Journal of Autism and Developmental Disorders, 12*, 331-342.

Horner, R. H., Dunlap, G., Koegel, R. L., Carr, E. G., Sailor, W., Anderson, J., et al. (1990). Toward a technology of nonaversive behavior support. *Journal of the Association for Persons with Severe Handicaps, 10*(3), 40-44.

Howlin, P., & Rutter, M. (with Berger, M., Hemsley, R., Hersov, L., & Yule, W.). (1987). *Treatment of autistic children*. New York: John Wiley & Sons.

Janzen, J. (2003). *Understanding the nature of autism: A guide to the autism spectrum disorders* (2nd ed.). San Antonio, TX: Therapy Skill Builders.

Kaiser, A. P., Hancock, T. B., & Nietfeld, J. P. (2000). The effects of parent-implemented Enhanced Milieu Teaching on the social communication of children who have autism. *Early Education & Development, 11*, 423-446.

Koegel, R. L., Bimbela, A., & Schreibman, L. (1996). Collateral effects of parent training on family interactions. *Journal of Autism and Developmental Disorders, 26*, 347-359.

Koegel, R. L., Schreibman, L., Britten, K. R., Burke, J. C., & O'Neill, R. E. (1982). A comparison of parent training to direct child treatment. In R. L. Koegel, A. Rincover, & A. L. Egel. *Educating and understanding autistic children* (pp. 260-279). San Diego: College Hill Press.

Koegel, R. L., Symon, J. B., & Koegel, L. K. (2002). Parent education for families of children with autism living in geographically distant areas. *Journal of Positive Behavior Interventions, 4*, 88-103.

Konstantareas, M. M. (1990). A psychoeducational model for working with families of autistic children. *Journal of Marital & Family Therapy, 16*, 59-70.

Krantz, P. J., MacDuff, G. S., & McClannahan, L. E. (1993). Programming participation in family activities for children with autism: Parents' use of photographic activity schedules. *Journal of Applied Behavior Analysis, 26*, 137-138.

Lovaas, O. I., Koegel, R., Simmons, J. Q., & Long, J. S. (1973). Some generalization and follow-up measures on autistic children in behavior therapy. *Journal of Applied Behavior Analysis, 6*, 131-166.

MacDuff, G. S., Krantz, P. J., & McClannahan, L. E. (1993). Teaching children with autism to use photographic activity schedules: Maintenance and generalization of complex response chains. *Journal of Applied Behavior Analysis, 26*, 89-97.

Marcus, L. M. (1977). Patterns of coping in families of psychotic children. *American Journal of Orthopsychiatry, 47*, 388-399.

Marcus, L. M., Lansing, M., Andrews, C. E., & Schopler, E. (1978). Improvement of teaching effectiveness in parents of autistic children. *Journal of the American Academy of Child Psychiatry, 17*, 625-639.

Marshall, J. K., & Mirenda, P. (2002). Parent-professional collaboration for positive behavior support in the home. *Focus on Autism and Other Developmental Disabilities, 17*, 216-228.

Melichar, J. F. (1978). ISAARE: A description. *AAESPH Review, 3*, 259-268.

Mesibov, G. B., Browder, D. M., & Kirkland, C. (2002). Using individualized schedules as a component of positive behavioral support for students with developmental disabilities. *Journal of Positive Behavior Interventions, 4*, 73-79.

Mesibov, G. B., Shea, V., & Adams, L. W. (2001). *Understanding Asperger syndrome and highfunctioning autism*. New York: Kluwer Academic/Plenum Press.

Mesibov, G. B., Shea, V., & Schopler, E. (with Adams, L., Merkler, E., Burgess, S., Mosconi, M., Chapman, S. M., Tanner, C., & Van Bourgondien, M. E.). (2004). *The TEACCH approach to autism spectrum disorders*. New York, NY: Springer.

Miller, J. F., & Allaire, J. (1987). Augmentative communication. In M. A. Snell (Eds.), *Systematic instruction of persons with severe handicaps* (3rd ed., pp.273-296). Upper Saddle River, NJ: Merrill/Pearson Education.

Mirenda, P. (1997). Functional communication traing and augmentative communication: A research review. *Augmentative and alternative communication, 13*, 207-225.

Moes, D. R. (1995). Parent education and parent stress. In R. L. Koegel & L. K. Koegel (Eds.), *Teaching children with autism: Strategies for initiating positive interactions and improving learning opportunities* (pp. 79-93). Baltimore: Paul Brookes.

Peterson, S. L., Bondy, A. S., Vincent, Y., & Finnegan, C. S. (1995). Effects of altering communicative input for students with autism and no speech: Two case studies. *AAC: Augmentative and Alternative Communication, 11,* 93-100.

Pierce, K. L., & Schreibman, L. (1994). Teaching daily living skills to children with autism in unsupervised setting through pictorial self-management. *Journal of Applied Behavior Analysis, 27,* 471-481.

Plienis, A. J., Robbins, F. R., & Dunlap, G. (1988). Parent adjustment and family stress as factors in behavioral parent training for young autistic children. *Journal of the Multihandicapped Person, 1,* 31-52.

Quill, K. A. (1995). Visually cued instruction for children with autism and Pervasive Developmental Disorders. *Focus on Autistic Behavior, 10,* 10-20.

Quill, K. A. (1997). Instructional considerations for young children with autism: The rationale for visually cued instruction. *Journal of Autism and Developmental Disorders, 27,* 697-714.

Rutter, M., & Bartak, L. (1973). Special educational treatment of autistic children: A comparative study-II: Follow-up findings and implications for services. *Journal of Child Psychiatry and Psychology, 14,* 241-270.

Schopler, E. (1966). Visual versus tactual receptor preference in normal and schizophrenic children. *Journal of Abnormal Psychology, 71,* 108-114.

Schopler, E. (1995). *Parents' survival manual: A guide to crisis resolution in autism and related developmental disorders.* New York: Plenum Press.

Schopler, E., Brehm, S. S., Kinsbourne, M., & Reichler, R. J. (1971). Effect of treatment structure on development in autistic children. *Archives of General Psychiatry, 24,* 415-421.

Schopler, E., Mesibov, G. B., & Baker, A. (1982). Evaluation of treatment for autistic children and their parents. *Journal of the American Academy of Child Psychiatry, 21,* 262-267.

Schopler, E., & Reichler, R. J. (1971). Parents as cotherapists in the treatment of psychotic children. *Journal of Autism and Childhood Schizophrenia, 1,* 87-102.

Schreibman, L. (1997). Theoretical perspectives on behavioral intervention for individuals with autism. In D. J. Cohen & F. R. Volkmar (Eds.), *Handbook of autism and pervasive developmental disorders* (pp. 920-933). New York: John Wiley & Sons.

Schreibman, L., Koegel, R. L., Mills, D. L., & Burke, J. G. (1984). Training parent-child interactions. E. Schopler & G. B. Mesibov (Eds.), *The effects of autism on the family* (pp.

187-205). New York: Plenum Press.

Schuler, A. L. (1995). Thinking in autism: Differences in learning and development. In K. A. Quill (Eds.), *Teaching children with autism: Strategies to enhance communication and socialization* (pp. 11-32). New York: Delmar.

Short, A. B. (1984). Short-term treatment outcome using parents as co-therapists for their own autistic children. *Journal of Child Psychology & Psychiatry & Allied Disciplines, 25*, 443-458.

Smith, T., Groen, A. D., & Wynn, J. W. (2000). Randomized trial of intensive early intervention for children with pervasive developmental disorder. *American Journal on Mental Retardation, 105,* 269-285.

Smith, T., Groen, A. D., & Wynn, J. W. (2001). "Randomized trial of intensive early intervention for children with pervasive developmental disorder." Errata. *American Journal on Mental Retardation, 106*, 208. Abstract retrieved November 12, 2002 from Psych INFO database.

Stahmer, A. C., & Gist, K. (2001). The effects of an accelerated parent education program on technique mastery and child outcome. *Journal of Positive Behavior Interventions, 3*, 75-82.

Symon, J. B. (2001). Parent education for autism: Issues in providing services at a distance. *Journal of Positive Behavior Interventions, 3,* 160-174.

Tubbs, V. K. (1966). Types of linguistic disability in psychotic children. *Journal of Mental Deficiency Research, 10*, 230-240.

Whitaker, P. (2002). Supporting families of preschool children with autism: What parents want and what helps. *Autism, 6,* 411-426.

Autism Society of North Carolina www.autismsociety-nc.org

제5장

교수전략 및 학습지원

1. 자폐성장애 학생의 학업적 특성 및 교수법
2. 자폐성장애 학생의 학습지원 전략
3. 자폐성장애 학생의 교육과정 적용

자폐성장애의 핵심 증상은 사회적 의사소통 및 사회적 상호작용의 지속적인 결함과 제한적이고 반복적인 행동이나 흥미, 활동으로 규정되고 있다. 이런 증상들로 인해 자폐성장애에 대한 초창기 연구는 대부분 사회성 기술훈련, 의사소통 기술훈련 및 문제행동을 개선하는 데 초점을 맞춰 왔다. 그러나 최근 들어 자폐성장애의 발생률이 증가하고 학교교육 참여가 높아지면서 자폐성장애의 독특한 학습욕구를 반영한 교수학습이 강조되고 있다. 이에 학계에선 자폐성장애를 위한 교수학습 전략과 학습지원에 대한 연구가 활발히 이루어지고 있다.

이 장에서는 그동안 이루어진 자폐성장애의 학업적 특성에 따른 교수법과 학습지원 전략을 살펴봄으로써 수업 장면에서 자폐성장애를 위한 교수 적합화 실천 방법을 제시한다.

학습목표

- 자폐성장애의 읽기, 쓰기, 수학 특성을 이해할 수 있다.
- 자폐성장애의 읽기, 쓰기, 수학 특성에 따른 중재 교수법을 설명할 수 있다.
- 자폐성장애의 학습지원 전략에 대해 설명할 수 있다.
- 자폐성장애의 일반적인 학업 특성에 대해 알 수 있다.
- 자폐성장애의 교수 적합화 실천방법을 알 수 있다.

1. 자폐성장애 학생의 학업적 특성 및 교수법

1) 읽기

(1) 자폐성장애의 읽기 특성

읽기는 글자를 해독하고 이해하여 사고를 확장시키는 행위다. 읽기 능력 안에는 해독과 사고의 두 가지 능력이 모두 포함되어 있다고 볼 수 있다. 즉, 읽기는 시각을 통하여 문자를 지각하고 지각한 문자를 음성 기호로 옮기며, 의미를 이해하고, 이해한 것을 분석, 비판, 수용, 적용하는 행동이다(국립특수교육원, 2009).

Chall(1983)은 읽기 발달의 시작부터 성숙한 수준에 이르기까지의 과정을 0단계에서 5단계로 가정하였는데, 0단계는 읽기 전 단계, 1단계는 음운 읽기와 해독 단계, 2단계는 확인 및 유창성 단계, 3단계는 새로운 학습을 위한 읽기 단계, 4단계는 다양한 관점에서의 읽기 단계, 5단계는 구성과 재구성의 단계로 제시하였다.

읽기는 쓰기, 셈하기와 더불어 교과학습에 필요한 기본적인 요소일 뿐만 아니라 성공적인 학업성취를 위한 필수적인 요소다(Dunlap, Kern, & Worecester, 2001). 학교의 모든 교과서는 텍스트와 삽화(또는 이미지)로 이루어져 있어 특히나 읽기에 문제가 있으면 학습을 하는 데 큰 어려움을 겪게 된다. 현행 교육과정의 성격과 학습 간 학습부담도 격차 등을 고려해서 읽기 영역에서 뒤처지면 정보자료에 대한 접근성이 떨어지므로 학년이 올라갈수록 다른 교과목에서도 또래들의 학업성취 수준에 비해 현저하게 뒤처지게 된다. 따라서 읽기에 어려움을 가진 아동이 고학년으로 갈수록 학업성취에 있어 격차가 크게 벌어지는데, 이런 격차를 해소하기 위해서는 무엇보다 우선적으로 초등학교 저학년에서부터 읽기 유창성과 읽기 이해 문제를 정확히 진단하고 조기중재를 실시하는 것이 필수적이다(최영경, 정훈영, 2014).

표 5-1 Chall의 읽기발달 단계

단계	적정 연령, 학년	각 단계의 완성단계에서 보이는 특징과 숙달 〈숙달기술〉	습득 방법	읽기와 듣기의 관계
0단계: 읽기 전 단계 '가짜 읽기-읽는 척하기'	6개월~6세 학령기 전	• 아동은 읽는 '척'하고, 이전에 누군가가 읽어 줬던 책을 보며 다시 이야기하며, 알파벳 이름을 대고, 일부 상징들을 알아보며, 자신의 이름을 쓰고, 책, 연필, 종이를 가지고 논다.	• 아동이 책과 읽기에 보이는 흥미를 따뜻하게 인식하고 반응하는 어른(혹은 나이 많은 아동)이 책을 읽어 줌 • 아동에게 책, 종이, 연필, 블록, 알파벳을 제공받음 • 대화적 읽기	• 대부분의 아동은 누군가가 읽어 주는 이야기나 아동용 그림책을 이해할 수 있다. 6세 정도에는 수천 개의 단어를 듣고 이해할 수 있으나, 그중 읽을 수 있는 단어는 많지 않다.
1단계: 음운 읽기와 해독 단계	6~7세 1학년~2학년 초	• 아동은 글자와 소리 간의 관계와 문어와 구어의 관계를 배운다. • 아동은 높은 빈도로 사용되는 단어와 발음상으로 보통의 '발음하기 어렵지 않은' 단어로 구성된 글을 읽을 수 있으며, 새로운 한 음절 단어를 '소리 내어' 읽기 위해 통찰력과 기술을 사용할 수 있다.	• 글자-소리 관계에 대한 직접교수(발음 중심 교수)와 연습, 학습한 음운 요소가 포함된 단어와 높은 빈도로 사용되는 단어가 사용된 간단한 이야기를 읽음 • 좀 더 높은 수준의 언어 패턴, 단어, 개념을 발달시키기 위해 아동이 독립적으로 읽을 수 있는 단계보다 한 단계 높은 글을 읽어 줌	• 아동이 읽는 언어의 어려움 정도는 그들이 들어서 이해하는 단어의 수준보다 훨씬 낮다. 1단계의 마지막에서 대부분의 아동은 4천 개 이상의 단어를 이해할 수 있지만, 약 600개의 단어만을 읽을 수 있다.
2단계: 확인과 유창성 단계	7~8세 2~3학년	• 아동은 유창함이 증가하면서 간단하고 친숙한 이야기를 선택해서 읽는다. • 이는 친숙한 이야기와 맥락을 읽을 때, 이미 알고 있는 단어와 기본적인 해독 요소를 강화함으로써 이루어진다.	• 수준 높은 해독 기술에 대한 직접교수, 유창한 읽기를 촉진하는 것을 돕는 친숙하고 재미있는 내용의 다독(교수와 독립 수준) • 아동의 언어, 단어, 개념을 발달시키기 위해 그들의 독립적 읽기 수준보다 한 단계 높은 글을 읽어 줌	• 2단계의 마지막에서 약 3천 개의 단어를 읽고 이해할 수 있으며, 약 9천 개의 단어를 들었을 때 알 수 있다. 듣기가 여전히 읽기보다 효과적이다.

3단계: 새로운 것을 학습하기 위한 단계 A단계 B단계	9~13세 4~8학년 중급 4~6학년 중학교 7~9학년	• 읽기는 개인의 관점에서 전반적으로 새로운 아이디어를 학습하고, 새로운 지식을 얻고, 새로운 감정을 경험하고, 새로운 태도를 배우는 데 사용된다.	• 새로운 아이디어와 가치, 익숙치 않은 단어와 구문이 있는 잡지, 신문, 일반서, 참고서, 교과서를 공부하고 읽음 • 단어의 체계적 학습과 토론을 통해 문서에 반응하기, 질문에 대답하기, 글쓰기 등 점점 더 복잡한 글을 읽음	• 3단계의 시작 단계에서, 같은 내용에 대한 듣기 이해력이 읽기 이해력보다 효과적이다. • 3단계의 마지막에서 읽기를 매우 잘하는 경우, 읽기와 듣기가 비슷하거나, 읽기가 더 효과적일 수 있다.
4단계: 다양한 관점 단계	15~17세 10~12학년	• 읽기는 다양한 관점과 함께 다양한 종류의 설명적, 묘사적 내용으로 넓게 이루어진다.	• 물리, 생물, 사회과학, 인문학, 양질의 대중문학, 신문, 잡지를 다독하고 학습 • 단어와 단어부분(word parts)의 체계적 학습	• 어려운 내용과 가독성에 대해 읽기 이해력이 듣기 이해력보다 더 낫다. 글을 잘 읽지 못하는 이들은 읽기 이해력과 듣기 이해력이 비슷할 수 있다.
5단계: 구성과 재구성 단계	18세 이상 대학과 그 이후	• 읽기는 개인의 (개인적/직업적) 필요와 목적을 위해 사용된다. 읽기는 새로운 지식을 만들어 내고, 시너지를 내기 위해 자신의 지식과 다른 이의 지식을 통합하는 데 사용된다. 이는 빠르고 효과적으로 이루어진다.	• 더 어려운 글의 다독, 개인의 즉각적인 필요를 넘어선 독서(읽기) • 논문, 시험, 에세이 그리고 다양한 지식과 관점의 통합을 필요로 하는 다른 형식의 글쓰기	• 읽기가 듣기보다 더 효과적이다.

출처: Chall(1983).

한편, 자폐성장애의 읽기에 대한 선행연구를 살펴보면 다음과 같다.

첫째, 자폐성장애는 읽기에 있어 단어 재인(word recognition)에는 상대적으로 강점을 가지고 있지만, 읽기 이해(decoding)에는 어려움이 있다고 보고되었다(김희진, 임동선, 2012; O'Connor & Klein, 2004; Wahlberg & Magliano, 2004). 즉, 자폐성장애는 단순히 소리 내어 읽기에는 일반아동에 비해 뒤처지지 않으며 오히려 뛰어난 능력을 보이기도 하지만, 글을 읽고 내용을 이해하는 데에는 결손을 보인다고 해석된다. 이러한 선행연구들은 대부분 일반아동과 지적 수준이 비슷한 고기능 자폐성장애를 상대로 이루어졌다. 이는 곧 자폐성장애는 지적 수준이 높다 하더라도 글을 읽고 이해하는 데에는 어려움이 있으며, 이로 인해 교과학습 성취에도 어려움이 생긴다는 것을 의미한다.

둘째, 자폐성장애는 읽기 이해에 있어 글자 그대로 언어를 이해하려 하고, 은유적 표현, 비유적 표현, 간접 화행 등을 이해하는 데 결손이 있다(송현주, 2010; 최성욱, 서경희, 2009; Attwood, 1998; Landa, 2000). 예를 들어, 다의어, 동음이의어, 은유적 표현, 비유적 표현, 간접 화행 등은 종종 문장 속 맥락에 따라 다르게 해석되는데, 자폐성장애는 겉 뜻 그대로 해석하고 받아들인다. 이런 현상은 자폐성장애의 마음이론의 결함(서경희, 2002; Safran, 2001), 실행기능의 결함(Margaret et al., 2010) 등으로 설명되고 있다.

표 5-2 자폐성장애가 어려워하는 표현

구분	예
다의어	• 세희는 머리가 길다. • 지연이는 머리가 좋다.
동음이의어	• 사과가 정말 맛있다. • 네가 친구에게 먼저 사과해.
은유적 표현	• 내 마음은 호수요. • 실패는 성공의 어머니다.
비유적 표현	• 시간이 마치 바람처럼 지나간다. • 아기 피부가 솜털같이 하얗다.
간접 화행	• 아침에 학교로 가는 건호에게 엄마가 말씀하셨다. "신발장 뒤에 우산 있다."

셋째, 자폐성장애는 안내문, 설명문에 비해 추상적 글, 문제해결 및 비판적 사고를 필요로 하는 글을 이해하는 데 더 어려움이 있다(이미경 2014; Griswold, Barnhill, Myles, Hagiwara, & Simpson, 2002). 안내문이나 설명문은 어떤 지식이나 정보, 사건을 독자에게 전달하고 이해시키기 위해 객관적인 사실, 시간 순서 등을 쉽고 명확하게 쓴 글로서 단어 이면의 의미를 추론하거나 맥락을 사용하여 글을 이해할 필요 없이 있는 사실 그대로를 받아들이면 된다. 그러나 추상적 글, 문제해결 및 비판적 사고를 필요로 하는 글 등은 맥락을 참조하여 그 정보를 조직하고 활용해 문장의 속 뜻을 추론할 수 있어야 한다. 약한 중앙응집을 나타내는 자폐성장애는 문장을 이해할 때 맥락적 정보를 충분히 활용하여 조직화하고 추론하는 데 어려움이 있어(서경희, 안미경, 2011; 정훈영, 서경희, 2012; Jollife & Baron-Cohen, 1999) 추상적 글, 문제해결 및 비판적 사고를 필요

로 하는 글을 읽고 이해하는 데 종종 실패하게 된다.

(2) 자폐성장애의 읽기 중재 교수법

① 음운인식 훈련

음운인식(phonological awareness)은 하나의 말이 더 작은 구성 요소로 나누어지고, 음소와 음절이 다양하게 조작됨을 이해하는 것을 의미한다(Chard & Dickson, 1999). 다시 말해, 문장은 단어로, 단어는 음절로, 음절은 개별 음소로 구성된다는 것을 이해하는 것이다.

이런 음운인식이 가능하면 글을 읽거나 문장을 사용할 때 소리와 문자의 상관성을 쉽게 이해할 수 있으며, 단어 재인 및 읽기 학습에 도움이 된다.

일반적으로 음운인식 훈련은 단순한 단위(어절, 음절)에서 복잡한 단위(음소, 결합, 대치, 탈락, 첨가)로 전개된다.

표 5-3 **음운인식 훈련 순서**

수준	훈련 단계	예시
단순한 단위	어절 수 세기	• 동요나 동화 등을 활용하여 전체 어절 세기 /곰/ /세/ /마리가/ /한/ /집에/ /있어/. /아빠/ /곰/ /엄마/ /곰/ /애기/ /곰/ /아빠/ /곰은/ /뚱뚱해/. /엄마/ /곰은/ /날씬해/. /애기/ /곰은/ /너무/ /귀여워/. /으쓱으쓱/ /잘한다/.
	음절 수 세기	• 동요나 동화 등을 활용하여 음절로 나누어 세기 /곰/세/마/리/가/한/집/에/있/어/
	같은 음절 찾기	• 제시하는 단어와 첫소리(두운) 또는 끝소리(각운)가 같은 단어 찾기 〈나비〉 고래, 나무, 비누 〈모자〉 다리, 머리, 과자
	음절 생략하기	• 주어진 단어에 특정 위치의 음절을 생략하고 말하기 〈강아지 → ◯아지, 개나리 → 개◯리, 컴퓨터 → 컴퓨◯〉
	음절 결합하기	• 음절과 음절을 결합하여 단어 만들기 〈아+빠 → 아빠, 다+람+쥐 → 다람쥐〉
	음절 대치하기	• 단어의 각 음절을 다른 음절로 바꾸어 단어 만들기 〈사과 → 사람, 개구리 → 개나리〉

복잡한 단위	음절을 음소로 나누기	• 음절을 더 작은 단위의 음소로 나누기 〈강 → ㄱ+ㅏ+ㅇ, 가방 → ㄱ+ㅏ+ㅂ+ㅏ+ㅇ〉
	같은 음소 찾기	• 단어 속에서 같은 자음과 모음 찾기
	음소 결합/대치/생략/첨가하기	• 결합: ㅅ+ㅣ → 시, ㅇ+ㅜ → 우 • 대치: 차 → 가(자음 대치), 처(모음 대치) • 생략: 학 → 하(ㄱ생략), 공 → 고(ㅇ생략) • 첨가: 와 → 왕(ㅇ첨가), 사 → 산(ㄴ첨가)

② 마인드맵 훈련

자폐성장애인들은 시각적인 강점을 가지고 있으므로 자폐성장애 교육 시 시각적 지원이 이루어져야 함을 강조(정훈영, 서경희, 2010; Cardon, 2007; Savner & Myles, 2000)하고 있다. 따라서 자폐성장애인에게 읽기 중재를 선택할 경우 그들이 강점을 보이는 시각적 정보처리 과정을 활용하는 것을 고려해 볼 수 있다(김소연, 이소현, 2011).

마인드맵(mind-map)은 마음속에 지도를 그리듯이 줄거리를 이해하며 정리하는 방법으로, 핵심 단어를 중심으로 거미줄처럼 사고가 파생되고 확장되어 가는 과정을 확인하고, 자신이 알고 있는 것을 동시에 검토하고 고려할 수 있는 일종의 시각화된 브레인스토밍 방법이다. 영국의 두뇌학자 토니 부잔(Tony Buzan)은 1970년대 초, 두뇌 활동이 주로 핵심 개념들을 상호 관련시키거나 통합하는 방식으로 이루어진다는 연구결과를 바탕으로 시각적 사고 기법인 마인드매핑(mind mapping)을 개발하였다(국립특수교육원, 2009).

• 마인드맵의 구조와 작성 방법(한국부잔센터)
- 종이는 가로로 놓고 사용한다.
- 생각의 핵심이 되는 중심내용, 즉 주제는 항상 중심이미지에서 시작한다.
- 중심이미지에 연결되는 주가지는 나뭇가지의 가지처럼 굵게 시작하여 가늘게 뻗어 나간다.
- 주가지에서의 연결은 가늘게 핵심이미지와 핵심어를 통해 연결해 나간다.
- 이어지는 가지들도 나뭇가지의 마디처럼 서로 연결되는 구조로 연결해 나간다.

표 5-4 마인드맵 작성 순서

I 중심이미지 그리기	• 먼저 중심생각(달리 말한다면 '주제'라고도 표현할 수도 있다.)을 찾는다. 중심생각은 그림으로 나타내며 가능하면 여러 가지 색을 사용한다. 이렇게 하면 두뇌가 항상 중심생각에 집중할 수가 있다. • 중심이미지를 표현할 때는 적어도 세 가지 이상의 색을 사용하라. 색상은 두뇌의 상상력을 돋우고 시각적인 주의를 이끈다. 그래서 중심이미지는 종이의 중앙에 이미지로 3~4색을 사용하여 입체적으로 표현한다. 주제를 강조하여 한눈에 알아볼 수 있도록 하기 위함이다.
II 주가지 그리기	• 중심이미지와 관련된 주된 내용들을 중심이미지에서 뻗어 나온 가지 위에 핵심어나 이미지를 사용해서 표현한다. 여기서 주된 내용들은 중심이미지를 설명하는 내용들을 묶어 낼 수 있는 작은 주제들이다. • 이미지의 중심에서 뻗어 나가는 이 가지들은 주제를 확실하고 두드러지게 보이기 위해 선명하고 굵은 선을 사용하고 각자 다른 색을 사용한다.
III 부가지 그리기	• 부가지들은 주가지 끝에서 부드러운 곡선으로 연결시켜 준다. • 이미지가 아니라 핵심으로 표현할 때는 글씨는 정체로 쓰되 주가지에 썼던 글씨보다 조금씩 작은 글씨로 표현한다. • 주가지에서 부드럽게 바깥쪽으로 가지를 펼쳐 나간다. 이 부주제들은 주가지의 내용을 보충 설명해 주는 내용이다.
IV 세부가지 그리기	• 부가지 내용을 더 자세히 보충할 수 있는 내용이 세부가지에 자리 잡게 된다. • 이 세부가지들은 필요하면 얼마든지 덧붙일 수 있다.
V 세부사항 첨가	• 더 자세한 세부사항을 첨가한다. • 주제, 부주제 혹은 다른 사항들을 얼마든지 더할 수 있다.

출처: 한국부잔센터.

1. 중심 이미지 그리기

2. 주가지 그리기

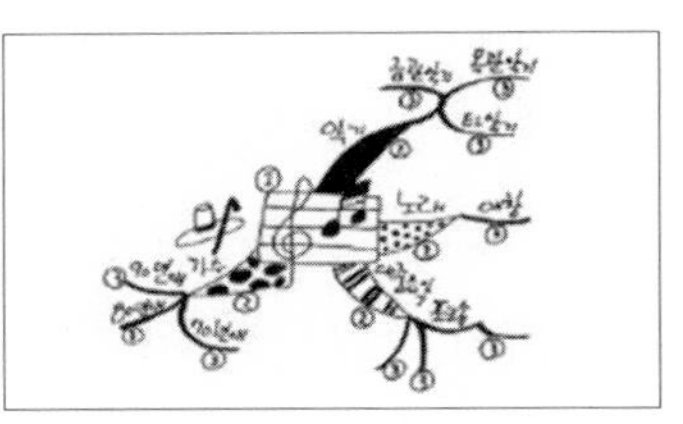

3. 부가지 그리기

4. 세부가지 그리기

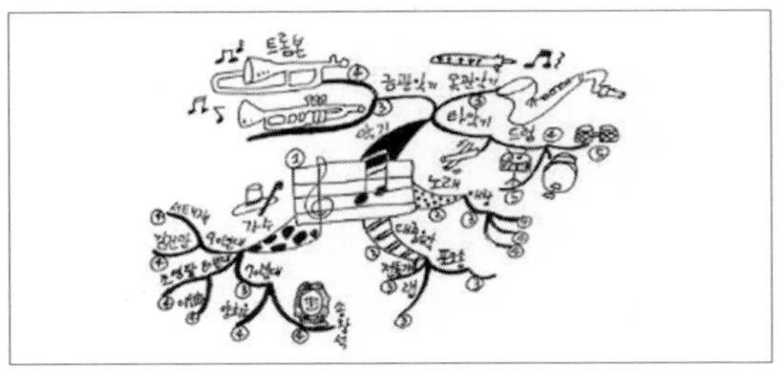

5. 세부사항 첨가

[그림 5-1] 음악에 대한 마인드맵 그리기

출처: 한국부잔센터.

③ 상보적 교수

앞에서 소개한 음운인식 훈련은 초기 읽기 단계와 저학년의 자폐성장애나 중증 자폐성장애에게 적용하기 용이하며, 다음 단계로 마인드맵을 활용하여 읽기 이해를 지도하면 효과적이다. 그러나 추상적 글을 읽거나 글을 읽고 문제를 해결해야 하는 보다 고차원적인 읽기를 지도하기 위해서는 초인지 전략(meta-cognitive strategy)이 필요하다. 이와 같이 읽기에 문제를 보이는 학생들을 위해 Palincsar & Brown(1984)은 초인지 이론과 Vygotsky의 구성주의 이론에 근거하여 상보적 교수를 개발하였다.

상보적 교수(Reciprocal Teaching)는 교사와 학생의 능동적인 상호작용으로 학습자의 고등정신기능 발달에 도움을 주기 위한 초인지 교수전략의 일종이다. 교사와 학습자 또는 학습자들끼리 서로 역할을 바꿔 가면서 대화를 통해 교재 내용에 대한 이해력과 자기점검 능력을 향상시키는 전략이다(국립특수교육원, 2009).

Palincsar(1986)는 상보적 교수는 교사가 학생들에게 예측하기, 질문 만들기, 명료화하기, 요약하기 전략을 제공하여 교사와 학생 또는 학생들 상호 간에 대화를 통해 능동적으로 학습해 나가는 과정이라 했다. 이 네 가지 전략은 항상 어떤 순서가 정해져 있는 것은 아니지만, 저학년일수록 예측하기를 먼저 하는 것이 좋은 효과를 얻을 수 있다.

표 5-5 상보적 교수전략

전략	접근방법
예측하기	주어진 제재를 읽고 말하는 이가 다음에는 무엇을 논의하고자 하는지 예측하도록 한다.
질문 만들기	내용의 핵심이 되는 가장 중요한 단어를 찾아야 하고, 이를 바탕으로 단순 사실의 확인부터 이해, 적용, 분석, 종합, 평가에 이르기까지 다양한 수준의 질문을 만들 수 있도록 해야 한다.
명료화하기	다시 읽기나 새로운 단어나 애매모호한 단어의 정확한 뜻을 사전이나 질문을 통해 밝혀내도록 한다.
요약하기	학생들이 이해한 그대로를 써서 표현하도록 한다. 요약은 문장으로부터 시작하여 단락으로 발전하고, 이어 전체 제재를 요약하는 방식이 일반적이다.

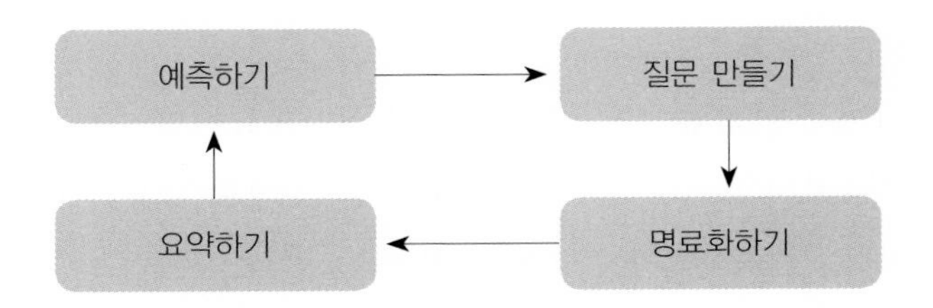

김 교사는 학생들과 함께 질문하고 토론하면서 교사 주도로 수업을 하다가, 점진적으로 학생들이 학습에 대한 주도권을 갖도록 하였다. 김 교사는 수업 시간에 학생들과 함께 다음과 같은 방법으로 교수학습활동을 하였다.

- 예측하기
  - 학생들은 글의 제목을 보고 글의 내용을 예측한다.
- 질문 만들기
  - 학생들은 자신이 읽은 글에서 중요한 내용을 파악하기 위해 질문을 만든다.
  - 학생들은 교사의 입장에서 학생들에게 물어보고 싶은 내용을 질문으로 만든다.
- 명료화하기
  - 학생들은 본문에 있는 어려운 단어의 뜻을 알아보기 위해 글을 다시 읽는다.
  - 학생들은 이해하지 못한 문맥의 뜻을 파악하기 위해 본문의 내용을 점검한다.
- 요약하기
  - 학생들은 주요 내용을 서로 질문하고 대답한다.
  - 학생들은 자신들이 답한 내용을 모아서 요약한다.

[그림 5-2] **상보적 교수전략도**
출처: 한국교육과정평가원.

2) 쓰기

(1) 자폐성장애의 쓰기 특성

자폐성장애의 쓰기에 관한 연구는 읽기에 비해서 많지 않은 편이다. 정은혜, 곽승철, 전병운(2013)에 의하면 2000년 이후 자폐성장애의 쓰기에 관한 연구 중 외국 사례는 철자 쓰기, 표준화된 검사를 사용하여 대략적인 프로파일을 본 연구와 쓰기 중재 효과를 알아본 4편의 연구로 한정되어 있으며, 우리나라의 경우도 철자 쓰기, 쓰기 능력에 관한 3편의 연구로 매우 제한적이다.

쓰기는 언어발달의 위계적 측면에서 듣기, 말하기, 읽기 능력을 획득한 다음, 마지막에 발달된다. 쓰기는 단순히 글자를 쓰는 낮은 수준의 능력에서부터 자신의 생각을 글로 표현하는 높은 수준의 능력에까지 그 범위가 다양하다(박미정, 2006).

선행연구에서 보고한 자폐성장애의 쓰기에 관한 특성을 살펴보면 다음과 같다.

Church 등(2000)은 3세에서 15세 사이의 아스퍼거장애 아동 40명을 대상으로 한 연구에서 초등학교 연령 아동들의 대부분에게 쓰기는 대단히 어려운 과제이며, 몇몇은 쓰기 과제 때 보조 교사의 도움을 받고 있으며, 또 어떤 아동들은 작은 부분에 대한 강박증을 보이며 쓰기 학습이 느리다고 보고했다. 또한 몇몇 교사들은 아스퍼거장애 아동들이 너무 완벽하게 글씨를 쓰기 위해 지우개로 여러 번 지우고 다시 쓰면서 자신의 노트에 구멍을 내기도 한다고 했다. 고등학교 연령 5명의 아동들을 추적한 결과, 2명의 아동은 창작 소설 쓰기를 잘했지만 여전히 5명 모두 글쓰기에 물리적으로 어려움이 있다고 했다.

Myles 등(2003)은 문어 기술(written language skills) 연구를 위해 16명의 아스퍼거장애 아동과 일반 또래 청소년을 대상으로 글쓰기 가독성과 문어 기술에 대한 표준화 검사를 실시하였으며, 보다 구체적인 특성을 조사하기 위해서 표준화 검사에서 샘플을 발췌하여 비공식적 분석을 실시하였다. 연구 결과, 문어 기술에서는 두 집단 간에 의미있는 차이가 없었으나 글쓰기 기술에서는 아스퍼거장애 그룹의 아동들이 훨씬 알아보기 어려운 글자와 단어를 썼다. 또한 비공식적 분석 결과 아스퍼거장애 그룹의 아동도 문법적 규칙에서는 일반아동과 비슷한 수준으로 글을 쓰는 것이 가능하지만, 질적인 면(가령, 문장이 단순하며 형태소 등의 사용이 단조롭다.)에서 어려움이 많은 것으로 나타났다.

Myles 등(2003)은 연구결과에 따른 아스퍼거장애 아동들의 학교교육에 대한 시사점으로 그들에게 구두법과 철자와 같은 쓰기 규정보다는 생각을 정교화하여 기록하도록 가르치는 데 초점을 두어야 한다고 강조했다.

선행연구들을 종합해 보면 자폐성장애 아동은 읽기와 마찬가지로 단순 철자 쓰기와 글씨 쓰기에는 일반아동들에 비해 큰 어려움은 없어 보이지만 자신의 생각을 정리하여 문장으로 구성하고 논리적으로 표현하는 데에는 어려움이 있음을 알 수 있다.

자폐성장애의 인지적 특성으로는 마음이론 결손, 약한 중앙응집, 실행기능 결함을 들 수 있다. 마음이론은 타인의 입장을 고려하여 생각하는 것이고, 중앙응집은 맥락

정보를 조합하여 전체적으로 인식하는 능력을 말하며, 실행기능은 문제를 해결하기 위해 문제를 파악하고 계획하고 전략을 세우는 것이다. 이러한 인지적 결함으로 인해 자폐성장애는 쓰기에 있어 질적인 결함을 보이는 것으로 추정된다.

글은 자신을 표현하고 타인과 소통하는 수단이다. 따라서 글을 쓸 때는 타인의 입장을 생각하여 읽는 사람이 글쓴이의 마음과 생각을 느끼게 하고 이해하고 공감할 수 있게 써야 한다. 그렇게 하려면 표현할 가치가 있는 그 무엇을 내면에 쌓아야 하고, 그것을 실감 나고 정확하게 표현할 수 있는 능력을 갖추어야 한다(유시민, 2015).

(2) 자폐성장애의 쓰기 중재 교수법

① 비디오 모델링

비디오 매체를 활용하여 비디오 속 모델이 수행하는 행동을 관찰한 후 이를 모방하도록 하는 기법으로 실제 모델링보다 시간과 비용 면에서 경제적이고, 특정 부분을 강조하거나 반복 재생할 수 있는 장점이 있다. 또한 비디오 시청 자체가 학생들의 주의집중을 높여 주기 때문에 장애학생의 학습이나 행동에 긍정적인 효과를 기대할 수 있다(국립특수교육원, 2009).

시각적 강점을 지닌 자폐성장애 아동에게 비디오 모델링(video modeling)은 주로 사회적 기술(김정일, 2005; 박지윤, 김은경, 2008; Dauphin et al., 2004; Reagon et al., 2006)이나 의사소통 기능(권보은, 강영심, 2010; 조재규, 2008; Charlop & Milstein, 1989; Thiemann & Goldstein, 2001)을 향상시키는 중재법으로 사용되어 왔으며, 그 효과도 매우 긍정적이라 보고되고 있다. 최근에 들어서는 비디오 모델링을 활용하는 방법이 자폐성장애 아동에게 철자 쓰기나 문장 쓰기에 효과적이라는 연구도 보고되고 있다(김정일, 허유승, 2008; Kinney et al., 2003).

Dowrick(2003)은 비디오 모델링의 중재 6단계를 개념화, 촬영 전, 촬영, 촬영 후, 시청하기, 평가의 6단계로 제시하고 있으며, 이들 각 단계들을 분리된 속성으로 고려하기보다는 통합적이고 연속적인 과정으로 이해하는 것이 합당하다(국립특수교육원 2004에서 재인용).

Kinney 등(2003)은 자폐성장애 아동에게 철자 생성을 교수하기 위해 컴퓨터 비디오 모델과 보상의 사용에 대해 연구하였다. 먼저 1단계에서는 자폐성장애 아동에게 선생

1. 개념화

문제 정의하기 → 목표 설정하기

2. 촬영 전

계획하기 → 이미지 확인하기

3. 촬영

자기모델링 도구 → 비디오 캡처

4. 촬영 후

비디오 분할 → 자기모델링 테이프

5. 시청하기

시간 계획하기 → 테이프 재생

6. 평가

자료 수집하기 → 추수지도

[그림 5-3] **비디오 자기모델링 중재의 6단계**

출처: 국립특수교육원(2004), p. 60.

1. 글자 쓰는 비디오 모델 보기

2. 모델 클로즈업

3. 완성된 글자 클로즈업

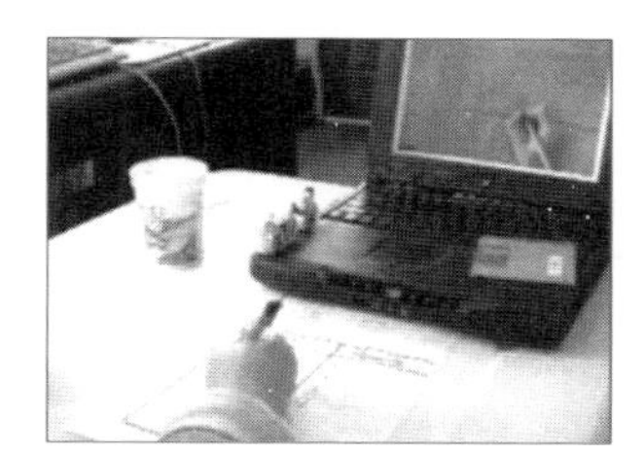

4. 비디오 모델 따라 쓰기

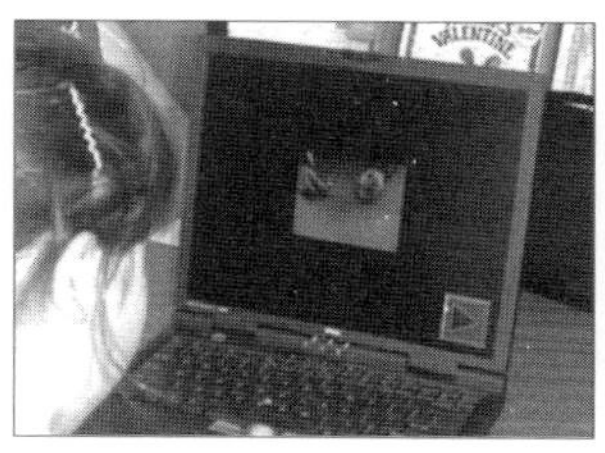

5. 보상으로 재미난 비디오 보기

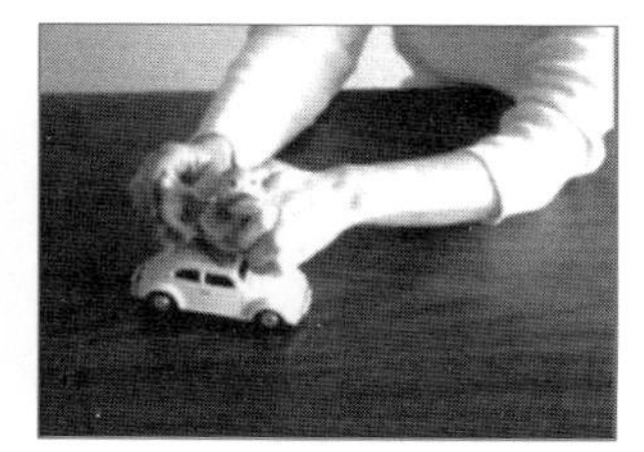

6. 재미난 비디오 클로즈업

[그림 5-4] **컴퓨터 활용 비디오 모델로 ASD아동에게 글자 생성 가르치기**

출처: Kinney, Vedora, & Stromer(2003), p. 23.

님이 목표 단어를 쓰는 것을 컴퓨터 영상으로 시청하게 한 후 그림과 받아쓰기에 기반한 5개의 단어로 구성된 3세트를 철자에 맞게 쓰게 한다. 2단계에서는 1단계에서 학습한 5개의 단어(예: tore, lock)를 기반으로 3개의 시작 자음과 3개의 끝 단어로 구성된 4개의 새로운 단어(예: lore, tock) 쓰기를 가르쳤다. 3단계와 4단계에서는 4개의 3 × 3 행렬로 구성된 새로운 단어 쓰기를 가르쳤다. 연구 결과, 자폐성장애 아동은 빠르게 단어 쓰기를 익혔으며 시작 자음과 끝 단어를 재결합하는 원리를 학습할 수 있었다.

② 문장 완성하기

문장완성검사(sentence completion test)는 불완전한 문장을 제시해서 빠진 부분을 메우도록 함으로써 조사하고자 하는 내용과 관계되는 반응을 도출하는 방법으로 문장완성법이라고도 한다(서울대학교 교육연구소, 1995). 문장완성검사는 미완성된 문장을 자신의 경험, 욕구 등을 채우는 투사 방식으로 주로 성격진단을 위해 사용되고 있다.

박미정(2006)은 총체적 언어 접근법이 학령기 자폐성장애 아동의 읽기와 쓰기 능력 개선에 미치는 효과를 밝히는 연구에서 문장완성검사를 응용한 문장 완성하기 프로그램을 만들어 적용한 결과, 쓰기 능력에 긍정적인 영향이 있다고 보고했다. 이 연구에서 문장 완성하기는 1단계－한 문장 단계, 2단계－두 문장 단계, 3단계－세 문장 단계, 4단계－한 문단 단계, 5단계－한 쪽 단계로 프로그램을 구성하여 적용하였다.

문장 완성하기에서 문장 속 괄호를 채우기 위해서는 문장에 사용된 단어들의 정보와 전체 맥락을 조합해야 하는데, 앞에서도 언급했듯이 약한 중앙응집을 가지는 자폐성장애의 약점을 보완할 수 있는 좋은 중재법이라 할 수 있다.

표 5-6 문장 완성하기

단계	예시
한 문장	• 잠을 잘 때 (베개)를 베고 잡니다. • 자동차에는 둥근 (바퀴)가 4개 있습니다.
두 문장	• 오늘은 엄마와 할머니가 김치를 담그십니다. 엄마가 무와 마늘을 사러 (시장)에 가신 동안 할머니는 채소를 다듬고 계십니다.
세 문장	• 진아는 (생일파티)를 하기 위해 친구들을 집으로 초대했습니다. 엄마는 맛있는 음식을 차려 주셨습니다. 진아는 선물을 받아서 기뻤습니다.

한 문단	• 점심식사 후에 정수는 공원에서 누나의 연을 날리려고 밖에 나갔습니다. 정수는 줄을 풀고 아주 빨리 달렸습니다. 그러자 (바람)이 불어 연이 공중으로 떠올랐습니다. 정수는 하늘로 (연)이 날아가는 것을 보았습니다.
한 쪽	• 추운 (겨울)입니다. 형석이가 아침에 일어나 보니, 온 세상이 하얗게 (눈)으로 덮여 있었습니다. 형석이는 빨리 밖으로 나가서 친구들과 눈싸움을 하고 싶습니다. 엄마는 형석이가 감기에 걸리지 않도록 따뜻한 목도리와 (장갑)을 주셨습니다. 형석이는 (목도리)를 두르고 장갑을 끼고 학교 운동장으로 갔습니다. 학교 운동장에는 기현이와 미경이가 눈사람을 만들고 있었습니다. "형석아! 같이 눈사람 만들자. 이리 와." 하며 미경이가 웃으면서 형석이에게 손짓을 하였습니다. 형석이는 미경이와 함께 눈덩이를 굴렸습니다. 기현이가 만든 큰 눈덩이 위에 작은 눈덩이를 올려 눈사람을 만들었습니다. 형석이가 "다 됐다." 하고 소리치자, 미경이가 "우리, 눈사람에게 예쁜 얼굴을 만들어 주자."라고 말하였습니다. 기현이가 나뭇가지로 눈썹을 붙이고, 검정색 단추로 눈을 만들었습니다. 미경이는 당근으로 코를 만들고, 빨간색 털실로 활짝 웃고 있는 입을 만들었습니다. 그리고 형석이는 목에 하고 있던 목도리를 (눈사람)에게 해 주었습니다. "야, 예쁜 눈사람을 다 만들었다!" 모두들 기뻐하며 눈사람 주위를 뛰어 다녔습니다.

출처: 박미정(2006).

③ 과정중심쓰기

이성영(1995)은 글쓰기 교육을 결과중심쓰기(product-based writing)와 과정중심쓰기(process-based writing) 교육으로 나누었다. 결과중심쓰기는 텍스트 자체에 초점을 두는 것으로 철자, 문법 등의 객관적인 요소를 강조하는 반면, 과정중심쓰기는 글쓰는 행위 자체에 초점을 두고 글쓰기 전부터 쓰기까지의 전 과정에 걸쳐 교사가 개입하여 지도하는 것을 강조하고 있다. 이재승(1998)은 전통적으로 쓰기 수업에서는 과제를 제시하여 글을 쓰게 한 다음, 그 글에 나타난 오류를 분석하는 데 초점을 두어 왔는데, 이런 식의 접근을 통해서는 학생들에게 쓰는 방법을 구체적으로 가르치기 어렵다고 했다. 따라서 학생들의 쓰기 능력을 길러 주기 위해서는 교사들의 역동적인 개입이 필요하며, 학생들의 글쓰기 과정에 참여하여 각각의 과정에서 구체적인 방법을 가르쳐 줄 때, 학생들의 쓰기 능력 증진을 기대할 수 있다고 했다.

한편, 방선주와 김은경(2010)은 과정중심쓰기 교수가 자폐성장애 아동의 쓰기 능력에 미치는 효과를 알아보기 위해 특수학교에 재학 중인 자폐성장애 고등학생 3명을 대상으로 한 연구에서 표현 정확성의 범주와 내용 구성의 범주 모두에서 쓰기 능력이 향상되었음을 보고하였다.

이런 과정중심쓰기는 연구자에 따라 2단계, 3단계, 4단계, 5단계 이상으로 나누는데, 우리나라 교육 현장에서는 주로 신현재와 이재승(1997)이 제시한 쓰기 전 활동(계획), 쓰기 활동(기술), 쓰기 후 활동(검토)의 3단계를 사용하고 있다. 특히 과정중심쓰기는 자폐성장애 아동에게 계획하기, 수정하기, 조정하기 등 일련의 과정을 학습함으로써 인지적 결함 중의 하나인 실행기능을 훈련하는 효과뿐만 아니라 쓰기 전 활동에서 사용되는 브레인스토밍(brainstorming)을 통한 마인드맵 그리기는 생각을 시각화함으로써 시각적 학습에 강점을 지니는 자폐성장애 아동에게 아주 적절한 중재법이 될 수 있다.

표 5-7 과정중심쓰기 단계별 활동

단계	활동
쓰기 전 활동(계획)	브레인스토밍, 즉흥극, 다발짓기(clustering), 독서, 목록화(listing), 마인드 매핑(mind mapping), 개요짜기(outlining), 경험하기, 일지쓰기, 미디어 보기
쓰기 중 활동(기술)	자기점검, 협의, 빨리쓰기(speedwriting), 초고 쓰기, 줄거리 쓰기(storywriting)
쓰기 후 활동(검토)	교정, 편집, 돌려 읽기, 제시하기, 편지로 보내기, 출판하기, 평가하기

출처: 신현재, 이재승(1997), p. 228.

표 5-8 과정중심쓰기 교수의 구체적인 절차

단계	절차	내용
쓰기 전	생각 꺼내기	쓰기 주제 확인하기
쓰기 전	생각 꺼내기	생각 꺼내기 전략(마인드맵)을 활용하여 글감과 관련된 것 떠올리기
쓰기 전	생각 꺼내기	교사는 생각을 떠올리는 과정을 시범 보이기
쓰기 전	생각 꺼내기	생각을 자유롭게 떠올리지 못하는 학생에게 도움 주기
쓰기 전	생각 묶기	생각 꺼내기 전략(마인드맵)을 통해 작성한 것을 보고 어떻게 쓸 것인지 글을 쓰는 순서를 결정하기
쓰기 전	생각 묶기	생각 묶기 전략(다발짓기)을 활용하여 아이디어를 묶거나 분류하기
쓰기 전	생각 묶기	교사는 생각 묶기 과정을 시범 보이기
쓰기 중	초고 쓰기	말로 쓰기를 하여 생각을 자연스럽고 편안하게 말하기
쓰기 중	초고 쓰기	글감에 대한 글쓴이의 풍부한 경험과 지식, 깊은 안목과 폭넓은 생각이 잘 드러나도록 쓰기
쓰기 중	다듬기	체크리스트를 활용하여 글을 다듬기

쓰기 후	평가하기	글을 쓴 목적과 관련지어 평가하기
		객관적이고 합리적인 평가기준을 활용하여 평가하기
		글쓰기 과정 평가하기
		글의 장점과 단점을 잘 파악하게 한 후, 부족한 부분을 보완하기
	작품화하기	글을 발표할 때에는 자신 있게 또렷한 목소리로 읽기
		교실 뒤편에 있는 학급 게시판에 쓴 글 게시하기

출처: 방선주, 김은경(2010), p. 162.

3) 수학

(1) 자폐성장애의 수학 특성

기본 교육과정 수학과는 생활 주변의 여러 가지 사물과 현상을 수학적으로 탐구하면서 수학의 기본적인 개념을 이해하고 기능을 습득하여 실생활의 문제를 합리적으로 해결하는 능력과 태도를 기르는 교과로 일상생활 속에는 여러 가지 수학적 현상이 내재되어 있기 때문에 실생활에서 부딪치는 여러 가지 문제를 해결하기 위해서는 수학적 지식과 방법이 필요하다(교육부, 2015).

김소년(2001)은 자폐성장애 아동의 수학 능력을 알아보기 위해 자폐성장애 아동(10~12세) 20명을 대상으로 기초학습기능검사(KEDI-Individual Basic Learning Skills Test)를 실시한 결과, 셈하기 검사에서 기초 개념 이해 부분에 있어 수 세기나 숫자 보고 읽기는 잘 되는 반면, 수 개념, 양 개념과 일대일 대응 개념 등에 낮은 수행을 보였다고 했다. 또한 계산 능력에 있어서도 기초적인 덧셈, 뺄셈의 경우에는 잘 수행하는 편이지만 받아올림과 받아내림이 있는 덧셈, 뺄셈 그리고 곱셈과 나눗셈에서도 낮은 수행을 보이며, 문제해결력에서는 가, 감, 승, 제를 모두 이용한 문장제 문제 풀기나, 둘 이상의 연산과 한 단계 이상이 요구되는 문제 풀기에서는 대부분 실패를 했다고 보고하고 있다. 이에 상반되게 Chiang과 Lin(2007)은 아스퍼거장애 아동과 고기능 자폐성장애 아동을 대상으로 한 수학 능력 연구에서 AS/HFA 대부분은 또래 학년들과 비교할 때 평균적인 수학 능력을 가지고 있으며, 몇몇은 수학 영재가 있었다고 보고하고 있다. Church 등(2000) 역시 아스퍼거장애 아동의 학습 경험 연구에서 몇몇의 아스퍼거장애 아동들은 수학 영역에서 매우 뛰어난 성과를 보였다고 한다.

선행연구들의 결과를 종합해 보면 Chiang과 Lin(2007), Church 등(2000)의 연구 대상은 자폐성장애 아동 중 고기능 아스퍼거장애 아동이나 고기능 자폐성장애 아동이었으며 또래아동들과 비교해서 수학 능력에 있어 비슷한 수준을 보이거나 몇몇은 오히려 영재적인 능력을 보인다고 했다. 그에 비해 김소년(2001)의 연구에서는 외국의 연구 대상보다는 저기능 자폐성장애 아동을 대상으로 해서 수학의 기초적인 수 읽기, 수 세기, 단순 덧셈과 뺄셈은 잘 수행하는 편이지만 보다 높은 차원의 양적 개념, 올림차수와 내림차수가 있는 연산 계산에는 어려움이 있는 것으로 판단된다.

자폐성장애 아동의 수학 능력에 대해서는 앞으로 더 많은 연구가 이루어져야 할 것으로 사료된다.

(2) 자폐성장애의 수학 중재 교수법

최혜승(2015)은 학령기 자폐성장애 학생을 위한 학업 중재 연구 분석에서 수학 중재 연구는 3편에 불과하여 수학 중재에 관한 증거기반실제(evidence-based practice)를 파악하기에는 매우 제한적이지만 3편의 수학 연구에서 적용한 교수전략에 모두 시각적 지원 요소가 포함되어 있어 자폐성장애의 수학 교수 전략에는 시각적 지원 요소가 핵심임을 강조하고 있다.

• 터치수학

터치수학(touchmath)은 숫자 위에 그 수만큼의 터치포인트(touch points-dots)를 배열하여 계산하는 기법을 기반으로 하고 있다. 터치수학은 시각, 청각, 촉각의 감각을 결합하는 특성을 가진다. 수의 개념은 숫자에 점과 점을 배치하여 학습한다. 터치수학은 CSA(Concrete-Semiconcrete-Abstract; 구체적-반구체적-추상적)를 동시에 제시할 수 있으며, 포인트(dots)는 각 숫자에 맞게 체계적으로 배열된다(Yıkmış, 2016).

Yıkmış(2016)는 터치수학 교수가 자폐성장애에게 덧셈하기에 효과적인지를 알아보기 위해 8~10세 사이 3명의 자폐성장애 학생에게 적용한 결과, 3명 모두에게 효과적임을 밝혔다.

김상은과 김은경(2010) 역시 터치수학과 직접교수를 적용한 수학지도가 자폐성장애 학생의 덧셈과 뺄셈 연산에 미치는 효과를 알아보기 위해 특수학교 중학교 2~3학년에 재학 중인 자폐성장애 학생에게 적용한 결과, 3명 모두 덧셈과 뺄셈 수행 능력 향상에 효과적임을 밝혔다.

터치수학이 자폐성장애 학생에게 효과적인 이유는 두 가지 측면에서 살펴볼 수 있다. 먼저 터치수학은 시각, 청각, 촉각 감각을 결합하여 수 개념을 제시함으로써 시각적 강점을 지닌 자폐성장애의 감각적 특성에 적절하며, 두 번째는 터치수학의 구조화된 구성 방식이다. 자폐성장애 학생의 특징 중 하나가 반복적인 패턴을 추구하는 것인데 터치수학이 지닌 일정 패턴의 교수법은 이런 자폐성장애의 특성을 잘 반영할 수 있어서다.

[그림 5-5] **터치수학 숫자 포인트**

출처: 터치수학.

• 일의 자리에서 화살표 방향으로 숫자를 더하고 답을 작성한 후, 십의 자리에서 숫자를 더해 답을 작성 하세요.

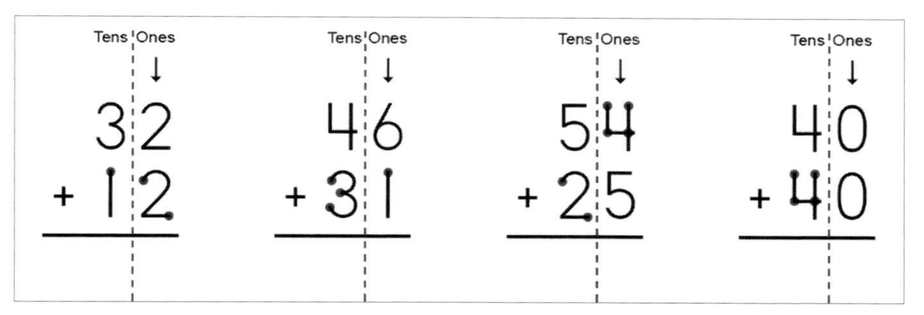

• 오른쪽 화살표 방향에서 시작합니다. 먼저 일의 자리의 숫자를 빼고 답을 작성합니다. 그리고 십의 자리의 숫자를 빼서 답을 작성합니다. 여러분이 작성한 답이 동전 계산과 일치하나요?

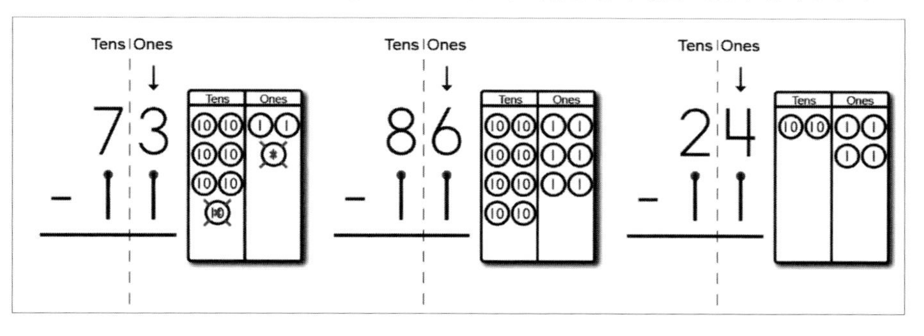

[그림 5-6] **터치수학 예시**

출처: 터치수학.

터치수학은 구체적→반구체적→추상적의 순서로 진행되며, 각각의 단계는 교사의 시범 보이기→수행하기→점검하기의 순서로 실시한다.

표 5-9 **터치수학 훈련 단계**

구체적 단계	• 그림카드 등을 활용하여 각 숫자에 배열된 터치포인트 연습 • [그림 5-5]의 경우 숫자 위에 스티커 붙이기 또는 색칠하기 등으로 연습
반구체적 단계	• 연필로 종이에 숫자를 쓰면서 터치포인트 연습 • [그림 5-5]의 경우 연필로 종이에 터치포인트에 따라 쓰기 연습
추상적 단계	• 머릿속으로 터치포인트를 생각하며 쓰는 연습 • [그림 5-5]의 경우 터치포인트를 생각하면서 손가락으로 허공에 숫자 쓰기 연습

2. 자폐성장애 학생의 학습지원 전략

1) 시각적 지원

자폐성장애 학생은 종종 언어적 정보를 이해하고 기억해 내고 주목하는 데 어려움을 겪는다(Cohen & Sloan, 2007). 그러나 반대로 시각적 처리 능력은 전반적으로 자폐성장애의 상대적인 강점으로 인지된다(정훈영, 서경희 2010; Cardon 2007; Savner & Myles, 2000). 따라서 교실에서의 시각적 지원의 사용은 자폐성장애에게 학습 관련 정보 접근을 가능하게 해 주고, 명확하고 예측 가능한 기대에 대해 의사소통을 하고, 추상적인 문제를 해결하는 데 도움을 준다.

(1) 시각 스케줄

시각 스케줄(visual schedules)은 하루의 각 활동들을 묘사하고, 곧 다음에 일어날 활동에 대해 구체화하며, 언제 그 활동이 끝나는지를 보여 준다(Dettmer et al., 2000; Meadan et al., 2011). 시각 스케줄은 시간이 흐르면서 줄어드는 성인의 지도・지원과 함께 제시된다. 시각 스케줄은 '먼저-그다음' 접근방식(예: '먼저 수학을 하고 그다음 밖에 나가 놀자')을 사용하고, 하고 싶지 않은 활동을 마친 후에 하고 싶은 활동을 보상으로 배치함으로써 학생들에게 지속적인 동기부여가 될 수 있다.

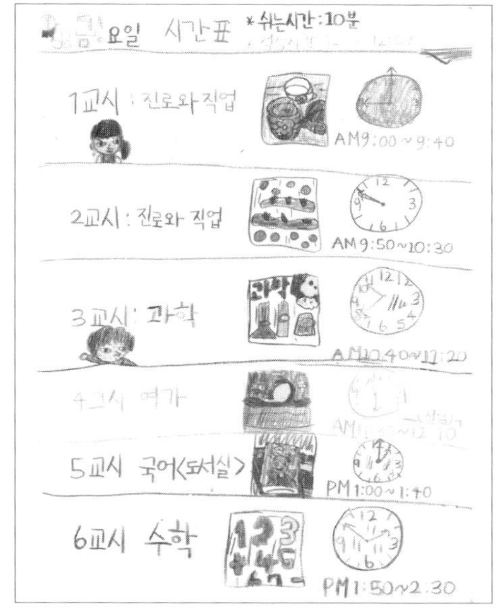

그림과 글자 활용　　　　아이폰(iOS 10.0) 활용

[그림 5-7] **시각 스케줄**

시각 스케줄은 자폐성장애 학생의 수준과 흥미에 따라 사진, 그림, 기호, 글자로 묘사할 수 있으며, 최근에는 스마트폰, 모바일 앱을 활용하여 보다 손쉽게 개인의 스케줄을 시각적으로 관리할 수 있다. 고학년의 자폐성장애 학생의 경우 스마트폰을 활용하여 자신의 일과를 스스로 조정하게 해 보는 것은 아주 좋은 방법이다.

(2) 그래픽 조직자

학교의 교과서 대부분은 글자로 된 지문으로 구성되어 있다. 지문이나 교과 주제를 지원하기 위한 시각적 전략 중의 하나는 그래픽 조직자를 사용하는 것이다.

그래픽 조직자(graphic organizer)는 텍스트로 이루어진 교과서의 내용을 선, 원 및 상자를 사용하여 원인과 결과, 핵심 의미, 정보에 대한 비교와 대조, 흐름 등을 그래픽으로 제시하는 것(Ellis & Howard, 2007)으로 교과서의 내용을 한눈에 볼 수 있어 자폐성장애 학생의 교수학습 시 적절하게 사용될 수 있다.

그래픽 조직자는 다양한 교과(사회, 과학, 수학)에서 다양한 방법으로 사용되는데 (Horton et al., 1990), 학습에 있어 여러 정보들을 관련지을 수 있는 정보를 제공하며 (DiCecco & Gleason, 2002), 수학에서 자폐성장애 학생이 어려워하는 문장제 문제해결[1] 능력을 향상시킬 수 있으며(Woodward & Montague, 2002), 기타 학습 과제를 할 때 사실과 추론의 관계를 시각적으로 묘사함으로써 고차원적 문제를 해결할 수 있도록 도와준다(Hudson, Lignugaris-Kraft, & Miller, 1993).

그래픽 조직자를 선택할 때는 글의 세부적인 구조를 파악하는 것이 중요하며, 가장 적합한 그래픽 조직자를 선정하기 위해서는 글 속의 개념들의 관계를 잘 파악해야 한다(Hughes, Maccini, & Gagnon, 2003).

① 벤 다이어그램

벤 다이어그램(Venn Diagram)은 개념 또는 인물에 대한 비교와 대조에 대한 이해를 돕는 것으로 둘(또는 그 이상) 사이에 공통점과 차이점을 2개(또는 그 이상)의 원으로 중첩되는 부분과 떨어진 부분으로 나타내어 표시한다.

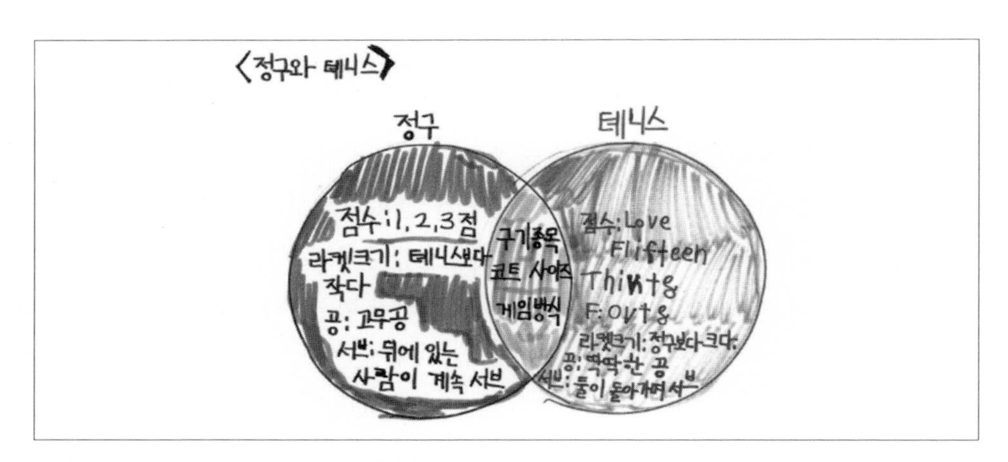

[그림 5-8] 벤 다이어그램

② 사건 순서 순환도

사건 순서 순환도(series-of-events chain)는 사건의 순서나 일련의 사건들이 중심 사건에 어떻게 작용하지를 이해하는 데 사용되며, 일련의 사건들을 발생 순서대로 나열하는 방식이다.

---

1) 수학은 수식제와 문장제로 구분되는데, 수식제는 덧셈, 뺄셈, 곱셈, 나눗셈 등을 말하며, 수식제 이외의 문장으로 된 표현을 문장제라 함.

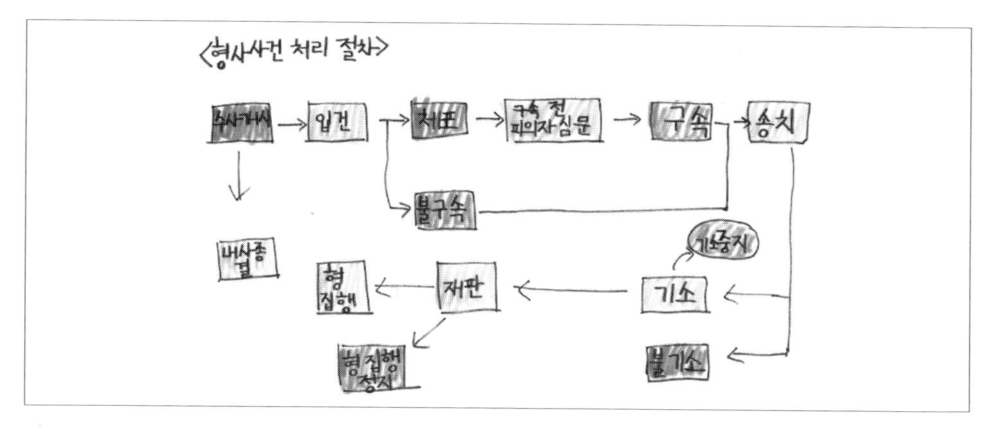

[그림 5-9] 사건 순서 순환도

③ 개념 지도

개념 지도(concept map)는 개념에 대한 확장적 사고를 정립할 때 사용된다. 개념 지도는 개념들 사이의 연결을 확인하여 아이디어를 정리하고 기억력을 향상시키는 데 도움이 되는 마치 브레인스토밍 같은 역할을 한다. Shmaefsky(2007)는 개념 지도를 그릴 때 기본 개념을 가운데 두고 그 개념의 추가 정보는 가지에 두어야 하며, 그중 기본 개념에 중요한 순서에 따라 가까이 배치해야 효과적이라 했다.

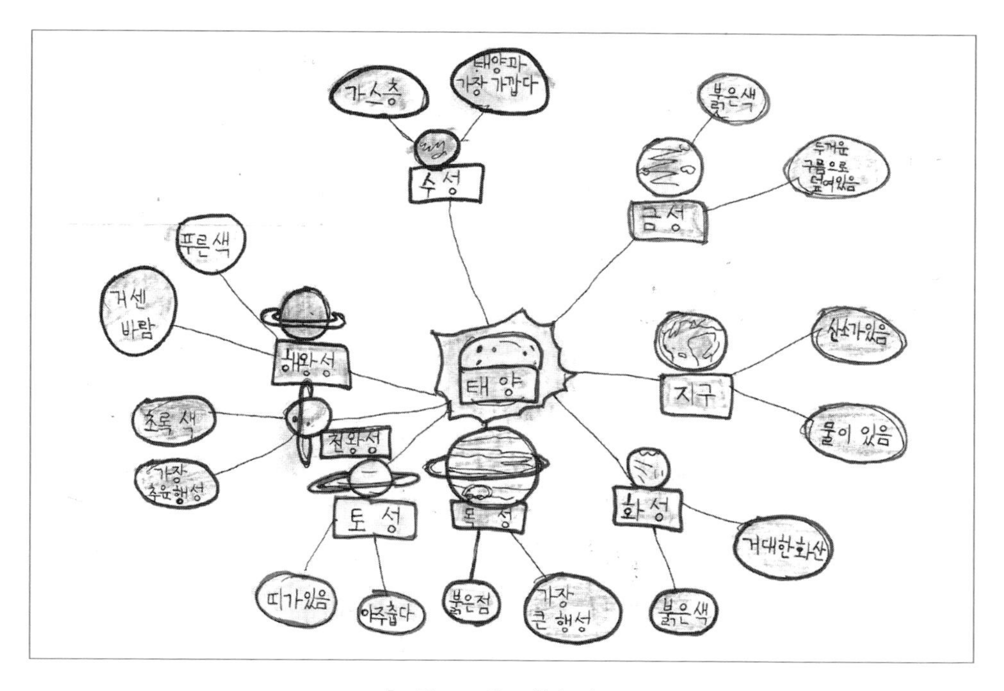

[그림 5-10] 개념 지도

④ 이야기 지도

이야기 지도(story map)는 이야기의 중요한 구성 요소들을 시각적으로 나열하는 방식으로 학습에 대한 학생들의 관심과 흥미를 유발할 수 있다. 그래서 이야기 지도는 학습 전 또는 읽기 전 단계에서 학습 동기유발로 자주 사용된다.

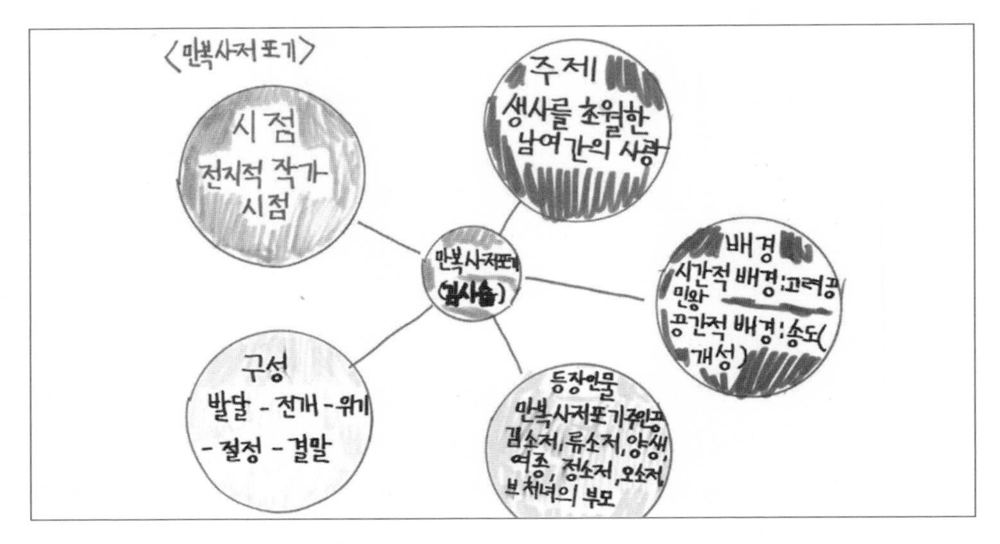

[그림 5-11] 이야기 지도

⑤ 나무 네트워크

나무 네트워크(network tree)는 상위 개념과 하위 개념의 관계를 연결 지을 때 사용하는 것으로 상단에 상위 개념을 두고 그에 따른 하위 개념들을 그 아래에 배열하는 방법이다.

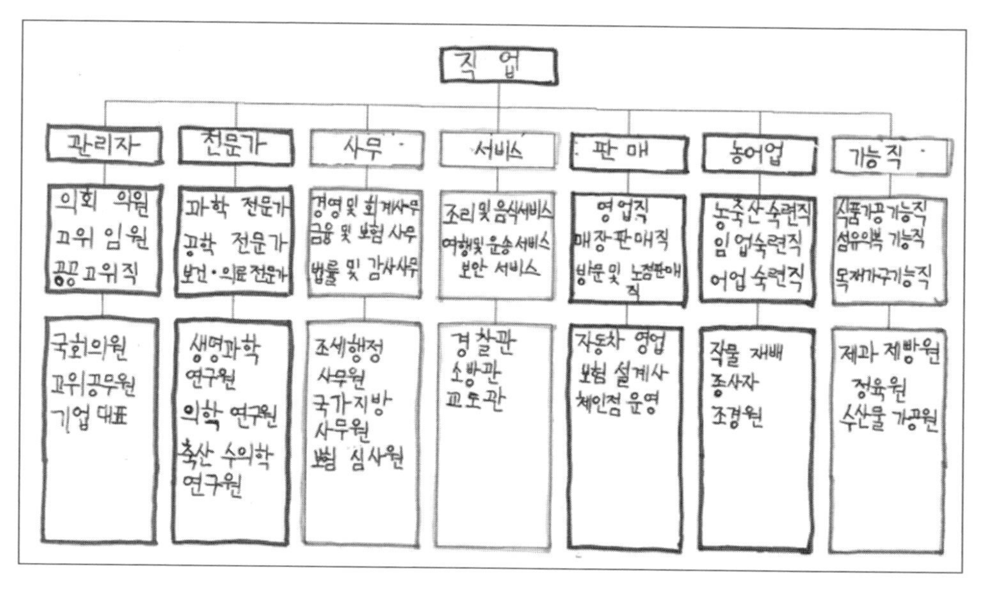

[그림 5-12] **나무 네트워크**

⑥ **생선뼈 지도**

생선뼈 지도(fishbone map)는 어떤 사건에 대한 복잡한 관계, 영향력을 파악하여 원인과 결과를 밝혀낼 때 사용한다. 생선뼈 지도 활용 시 다양한 색을 칠하여 제시하면 사건 관계에 대해 보다 쉽고 명확하게 이해할 수 있다.

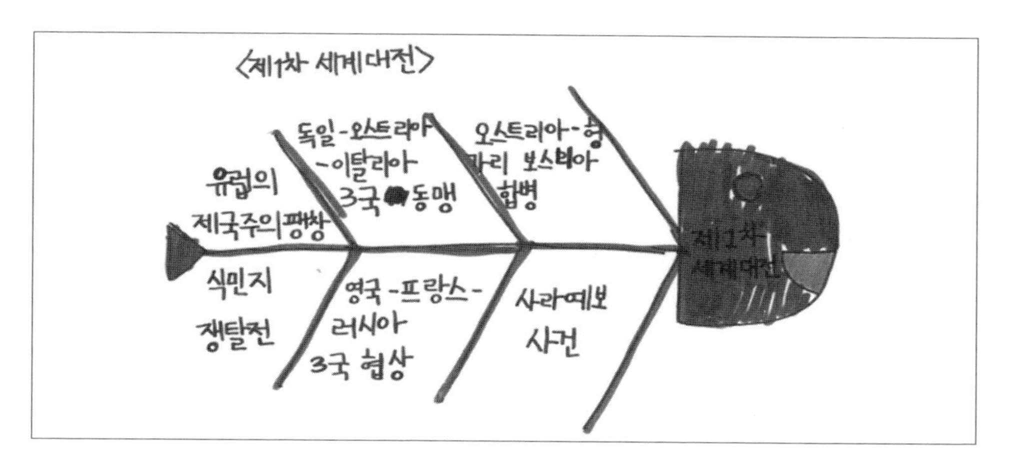

[그림 5-13] **생선뼈 지도**

2) 또래중재지원

통합학급에 배치된 자폐성장애를 가진 아동들은 교과활동 시 일반아동들과 자연스럽게 상호작용할 것이라 기대된다(Koegel, Koegel, Frea, & Green-Hopkins, 2003). 그러나 이런 기대와는 달리 일반아동들은 교사의 유도가 없으면 자폐성장애 아동과 상호작용하지 않을 수 있다(Laushey & Heflin, 2000). 또래조정교수(peer-mediated instruction)와 또래조정중재(peer-mediated intervention) 전략은 전형적으로 발달한 아동들에게 자폐성장애 아동을 받아들이고 상호작용하는 방법을 위해 만들어진 중재를 포함한다. 또래조정중재는 주로 자폐성장애 아동에게 사회성, 사회적 의사소통 능력, 상호작용 등에 효과가 있으며, 최근 연구에서는 읽기, 쓰기 등의 학업기술 영역에서도 긍정적인 효과가 있다고 밝혀지고 있다.

또래교수의 장점은 다음과 같다(국립특수교육원, 2009).

- 또래교사는 교사로부터 배운 내용을 또래학생에게 교수하는 과정을 통해 자신이 학습한 내용에 대해 반성적 점검을 경험하게 되고, 이는 또래 교사의 학습 내용에 대한 이해 수준을 높이는 데 기여하여 학업 성취도를 높임
- 또래 교사와 학생이 역할을 번갈아 가면서 사회적 기술과 의사소통 기술의 향상에 효과를 높임
- 개별화 수준을 높여 더욱 신속하고 구체적인 피드백을 제공
- 교실의 심리적 분위기를 협력적이고 덜 권위적으로 구성
- 수업 시간 동안 교사의 개입을 줄여 주면서도 실제 교수 시간의 비율은 높여 줌

한편, 또래교수는 연구자에 따라 또래협동, 협력학습 등으로 불리는데, 김향지와 정봉도(1998)는 통합교육을 위한 또래조정중재와 관련된 용어를 〈표 5-10〉과 같이 분류하여 정의했다.

또래중재지원의 활용에 있어서 체계적인 계획이나 아동에 대한 훈련이 없으면 학습목표에 도달하기 매우 어려우며, 또래교수에 참여하는 학생들에게도 긍정적인 경험을 제공하기에 어려움이 있다(이은주, 2003). 따라서 또래중재지원에 있어 또래훈련은 매우 중요한 위치를 차지하고 있다. 또래훈련 방법에는 주로 대상 이해교육, 활동

표 5-10 **또래조정중재 관련 용어 분류**

분류	정의	또래 수준
또래교수 (peer tutoring)	• 학생이 기술 교정이나 보충수업에서 다른 또래 학생을 도와주기 위해 개별화 수업에 참여하는 것으로, 학생이 또래를 가르치는 교사의 역할을 담당함. • 또래교수는 또래지도 학생과 지도 받는 학생 사이에 권위나 지식의 정도가 크지 않고, 가르치는 활동을 하는 데 특별한 주장을 하지 않기 때문에 상호 간에 신뢰성이 형성됨.	우수한 학생 또는 선행학습한 학생
또래협동 (peer collaboration)	• 또래협동 학습은 아동들이 과제해결 방법에 대해 서로 관심을 갖고 의견을 교환함으로써 발견학습을 지도하는 것으로, 이것은 다른 또래들의 지원과 격려하에서 이루어지는데 과제수행을 위해 서로 간의 협의를 강조함. • 또래협동은 동질집단으로 구성된다는 점에서 능력이 다른 아동과 짝이 되어 학습하는 또래교수와는 다르며, 능력이 다른 4~5명 아동이 소집단을 구성하여 개별적으로 주어지는 과제를 해결하는 협력학습과는 집단 구성이나 같은 과제를 함께 수행한다는 점에서 차이가 있음.	수준이나 능력이 유사한 학생
협력학습 (collaborative learning)	• 협력학습은 학생들이 공동의 목표를 향해 활동함으로써 서로 돕고, 그들의 다양한 기능이 존중되고 이용되며, 구성원들이 집단을 위해 무엇이든 기여하는 것으로 교사가 이런 활동이 가능하도록 과제를 구조화해야 함. • 예로는 능력별 팀학습(Student-Team-Achievement Division), 토너먼트식 학습(Team-Games-Tournnament), 과제분담학습(Jigsaw)이 있음.	능력들이 각기 다른 이질적인 학생들

안내, 하위 기술 설명, 모델링과 연습, 역할 놀이, 피드백, 강화, 시각자료 활용 등이 있으며 자세한 사항은 〈표 5-11〉과 같다.

표 5-11 **또래중재지원에 참여하는 학생 훈련**

항목	내용
대상 이해교육	대상 학생의 장애에 대한 특성과 프로그램의 필요성을 이해
활동 안내	대상 학생과 또래가 하게 될 활동의 내용과 규칙 안내
하위 기술 설명	중재 중 또래가 해야 할 세부 행동들을 구체화하여 설명
모델링과 연습	또래가 수행할 하위 기술을 시범 보이고 연습
역할 놀이	참여하는 또래들 각자가 맡은 역할을 서로 바꾸어 가면서 하위 기술을 훈련

피드백	하위 기술 수행의 정확도를 높이기 위해 다양한 점검과 확인 실시
강화	훈련 동기와 효과를 높이기 위해서 다양한 강화 방법 사용
시각자료 활용	스크립트나 동영상, 판서, 파워포인트 등의 시각자료를 활용하여 훈련

출처: 장미순, 김은경(2013), p. 317.

3) 보조공학 활용 지원

교실 환경 안에서 공학의 적용은 21세기부터 학생의 학습을 증진시키기 위해 사용되고 있다(Heinich, Molenda, Russell, & Smaldino, 2001).

보조공학(Assistive Technology) 활용 지원에 대해 Burgstahler(2003)는 공학이 학생들이 교실에 참여하고, 또래와 상호작용하고, 기술 없이는 성취할 수 없었던 학문적인 과제를 성취하는 데 도움을 준다는 것을 시사하면서 장애를 가진 학생의 학문적 성취와 독립성에서 공학의 역할에 대해 강조한다.

(1) 컴퓨터 지원 교수

컴퓨터 지원 교수(Computer-Assisted Instruction: CAI)는 학업에 대한 관심과 동기부여를 증가시키고, 학업 과제 수행 시간을 증가시킨다(Okolo, Bahr, & Rieth, 1993). Romanczyk 등(1999)의 연구는 자폐성장애 학생은 선생님이 제공하는 일반 교수에 비해 컴퓨터를 통해 제공되는 교수 방법을 더 선호하며, 교사가 제시하는 과제보다 컴퓨터를 통해 주어지는 과제를 훨씬 더 빨리 학습한다고 보고하고 있다.

CAI는 다양한 양식(그래픽, 음성, 사진, 영상 등)으로 학습 관련 정보를 제공함으로써 자폐성장애 학생에게 학습에 대한 이해와 집중력을 향상시키는 데 도움이 되고 있다. 자폐성장애 학생에게 읽기, 쓰기, 수학, 과학, 사회, 역사, 음악에 이르기까지 다양하게 CAI가 적용될 수 있으며, 그 효과도 매우 긍정적이다.

특히 근래에는 인터넷의 비약적인 발전으로 학습 관련 정보나 보충 자료를 누구나 쉽게 검색하고 활용할 수 있어 학교교육에서 CAI는 매우 중요한 역할을 하고 있다.

(2) 정보통신기술 활용

정보통신기술(Information-Communication-Technology: ICT) 활용은 웹(web) 콘텐츠,

교육용 CD, 소셜네트워크서비스(Social Network Services: SNS), 모바일 콘텐츠, 스마트폰, 태블릿 PC용 앱, 클라우드, 모바일 앱, e-러닝, 원격수업 등을 활용하는 광범위한 교수법을 의미한다.

ICT는 장애학생의 교수학습에서 중요한 매체 및 도구로 활용되고 있으며, 질적인 수업이 되기 위해서 필수적으로 고려해야 할 요소 중의 하나다. 그래서 특수교육 분야에서는 수업 전반에서 ICT가 적절하게 활용될 수 있도록 물리적 환경 조성과 함께 실제적인 활용을 위한 다양한 지원이 이루어져 왔다(김영걸, 이희광, 2008).

수업 시 ICT는 도입 과정, 전개 과정, 마무리 과정에서 사용되는데, 수업 흐름에 따른 ICT 활용법은 〈표 5-12〉와 같다.

표 5-12 **수업 흐름에 따른 ICT 활용법**

시기	활용 내용
도입	주의집중, 전시 학습 상기, 학습목표 제시, 학습동기 유발
전개	정보 제공, 정보 검색, 모델링, 시범 보이기, 질문 및 발화, 과제 연습, 반복 수행
마무리	요약, 자기점검, 또래 점검, 평가, 차시 예고, 강화

특히 최근에는 학교 현장에 무선 인터넷 보급과 다양한 스마트 기기의 보급 확대로 특수교육에서도 스마트러닝에 대한 연구가 활발히 이루어지고 있다.

Melhuish와 Falloon(2010)은 iOS 기기가 교육을 위한 다섯 가지 독특한 지원성을 제공한다고 했는데, 그에 따른 지원성은 다음과 같다.

- 휴대성: 한 장소에서 다음 장소로 쉽게 움직일 수 있도록 축소된 크기
- 구입 가능성과 접근성: 지속적인 웹 접근과 제한적인 가격
- 빈번한 학습 기회 제공: 사용자는 언제, 어디서나 정보를 처리할 수 있음
- 연결성: 사용자를 다른 사람들, 다른 기기와 연결하여 사용 가능함
- 개별화: 사용자의 요구에 따라 개별화할 수 있음

국내에서 자폐성장애 학생에게 스마트 기기를 활용한 교육의 대부분은 사회적 행동, 일상생활 적응기술, 자기결정력 등에 관한 연구들(김영준, 도명애, 이춘옥, 박정미,

2014; 장은진, 김향지 2016; 정명철, 한경임, 2016; 한동욱, 강민채, 2013)이지만, 수학교과(유현아, 방명애, 홍점숙, 2016; 최진혁, 김일수, 박재국, 2015)와 직업교과(송승민, 한경근, 2016)에 활용한 연구도 있어 향후 시각적 강점과 혼자 고립되어 있기를 선호하는 자폐성장애 학생에게 스마트 러닝이 중요한 역할을 할 것이라 기대된다.

3. 자폐성장애 학생의 교육과정 적용

1) 자폐성장애의 일반적인 학습 특성

자폐성장애의 일반적인 학습 특성에 대한 이해가 부족하면 교사들은 종종 자폐성장애의 부적응 행동을 악화시키거나, 자폐성장애 학생들이 학습과정에서 실패감을 갖고 좌절하게 만들 수 있다. 따라서 학교에서 자폐성장애 학생을 위한 교육과정 적용, 교육 프로그램을 설계할 때 교사는 자폐성장애의 일반적인 학습 특성뿐만 아니라 자폐성장애 학생 개개인의 고유한 감각적인 특성까지 파악해야만 성공적인 교수학습을 이룰 수 있다.

Ozonoff와 Schetter(2007)는 자폐성장애 학생의 교육 시 자폐성장애가 가진 학습 강점과 학습 방법에 맞춘 중재가 필요한데 이에 필요한 구성 요소로, 첫째는 약점을 상쇄하는 조정, 수정, 보상 전략이 있고, 둘째는 부족한 기술을 직접 훈련시키는 것이 있다.

Ozonoff와 Schetter(2007)는 자폐성장애의 일반적인 학습 강점과 약점을 〈표 5-13〉과 같이 제시하였다.

〈표 5-13〉에서 볼 수 있듯이 학습 영역에서 자폐성장애는 일반적으로 단순 읽기, 암기와 계산하기, 시각적 지각능력과 미세 운동에 있어 강점을 보이는 반면, 화용론적 의사소통, 실행기능, 청각적 지각능력 등에서 약점을 보인다.

자폐성장애를 가르치는 교사들은 그들이 가지는 이와 같은 일반적인 학습 특성을 반드시 고려해야 하며, 나아가 자폐성장애 학생 개개인이 가지는 독특한 개성(예: 특정 환경, 특정 촉감, 특정 소리, 특정 캐릭터에 대한 반응 등)을 충분히 반영해야 한다.

표 5-13 **자폐성장애의 일반적인 학습 강점과 약점**

학습 영역	강점	약점
언어/의사소통	음운론/구문론	화용론
수학	계산	개념
읽기	해독	이해
실행기능	없음	적응성/조직 기술 계획하기/자기점검
지각능력	시각	청각
주의집중력	집중된 것/고정된 것	분리된 것/움직이는 것
기억	암기	작업 기억 기억 전략 및 조직
일반화	없음	자극 생성/반응 일반화
동기	즉각적/직접적	지연적/간접적 사회적
감각-운동	미세 운동	감각 수용/감각 조절 운동 계획

출처: Ozonoff & Schetter(2007), p. 140.

2) 자폐성장애의 교수 적합화

교수 적합화(instructional adaptation)는 일반학급에서 일반학교 교육과정에 의해 이루어지는 수업에 장애학생이 최적의 수준으로 참여하고 성취할 수 있도록 교수 환경, 교수 집단, 교수 방법, 교수 내용, 평가 방법 등을 조절하는 것이다. 현재 우리나라에서는 교수 수정과 교수 적합화라는 용어가 혼용되고 있으며, 교육과정 적합화(curricular adaptation) 혹은 교육과정 수정(curriculum modification)이라는 용어도 같거나 비슷한 용어로 사용되고 있다. 장애학생을 포함하는 모든 학생들의 특성과 요구의 다양성을 인정하고 알맞은 교육을 하기 위한 노력은 지속적으로 이루어져 왔는데, 특수교육에서의 개별화교육, 일반교육에서의 수준별 학습, 통합교육 상황에서의 교수 수정은 모두 이러한 노력의 일환이라 할 수 있다(국립특수교육원, 2009).

조정(accommodation)은 장애학생이 근본적으로 교육과정의 수준을 낮추거나 변화시키지 않고 단순히 물리적 변화(예: 자리 배치, 시기, 일정 등)나 환경적 변화로 일반 교육과정과 시험에 참여하는 것이다. 즉, 조정의 목표는 교육과정의 수정 없이 최소제한

표 5-14 자폐성장애의 교수 적합화를 위한 조정과 수정

구분	조정	수정
개념	물리적/환경적 변화	교육과정 수준의 변화
적용 대상	고기능 자폐성장애 또는 경증 자폐성장애	중증 자폐성장애
교육목표	또래 학년 학습 수준에 접근	자폐성장애 학생 개개인의 최대 기대 수준 도달
교수 내용 및 방법	최소제한환경의 변화	구조적/인지적 변화
평가 방법	일반 시험/표준 평가 (시간, 일정, 자리 배치 등 조정)	개인차를 고려한 평가 (대안 평가, 평가 조정 등)

표 5-15 자폐성장애 학생을 위한 조정과 수정의 사용 예

구분	내용
조정	• 페이스 시간 연장/시간 조정, 잦은 휴식 제공, 종종 활동 변화주기 • 환경 학습지원을 위한 나머지 학습, 좌석 우선 배치, 경계선 표시(시청각 고려), 숙려 기간 • 교수 시각과 촉각 복합한 교육방법 강조, 개별 또는 소그룹 지도, 모델링이 포함된 영상, 시각적 단서 제공 • 교재/교구 계산기, 컴퓨터, 워드 프로세서, 다양한 AAC 도구 활용, 색상 강조 • 과제 조금씩 작은 단위로 지시하기, 과제 형식 변경(매치하기, 선택형, 빈칸 채우기) • 강화와 후속 과정 긍정적 강화 사용(구체적 강화 사용), 학습 이해에 대해 계속적으로 체크하기, 반복 훈련, 행동 계약서 작성, 체크리스트 작성, 자기점검 • 시험 적용 문제를 학생에게 직접 읽어 주기, 글자 대신 구두 답변 허용, 시험 시간 조정
수정	• 교과목 낮은 이해 수준으로 수정된 교육과정 사용하기 • 교재와 환경/보조공학 이해하기 쉽게 수정된 교과서 사용(교과서 지문의 어휘, 개념 등의 단순화) • 학년 승급 시험의 비중 조절 • 과제 간단한 어휘와 쉬운 문장으로 된 과제 제시 • 시험 적용 난이도를 낮춘 시험

출처: Ozonoff & Schetter(2007), p. 142.

환경(least restrictive environment)에서 일반 교육과정에 접근하는 것이다. 반면에 수정(modification)은 일반 교육과정의 수준을 낮추거나 수정시키거나 수정된 시험을 보게 하는 것으로 교육과정 구성의 수준 변화 및 구조적, 인지적 변화를 포함한다(Ozonoff & Schetter, 2007).

정상 지능을 가진 자폐성장애 아동들은 또래 학년 수준에 접근할 수 있는 학업적 기술 역량을 가지고 있으므로 통합교육 시 교육과정 조정은 필수 사항이지만, 때로는 교육과정 수정이 필요할 수 있으니 정상 지능의 자폐성장애 아동이라 할지라도 교육과정 조정과 수정은 자폐성장애 학생 개개인의 역량과 특성을 고려하여 적절하게 적용해야 한다.

따라서 자폐성장애의 교수 적합화를 위한 교육과정 조정과 수정은 앞에서 언급한 자폐성장애 학생의 일반적 학습에 대한 강점과 약점 그리고 자폐성장애 학생 개개인의 감각적 특성, 개인차 등을 종합적으로 판단하여 적용해야 한다.

다음은 자폐성장애의 교수 적합화를 위한 음악 수업의 한 예다.

• 통합학급 음악 수업

– 감상 수업 프로그램

다음 감상 수업 프로그램은 차이코프스키의 발레 음악 〈백조의 호수〉 중 '정경'을 제제곡으로 한 수업 지도안이다. 이 곡은 비상교육의 5~6학년 음악 교과서 중 셋째 마당 '음악, 온 누리에 사랑을 담아'의 5단원 '음악의 다양한 멋과 맛'에 수록되어 있다. 제시된 지도안은 교사용 지도서의 내용을 인용하였으며 보편적 학습설계와 교수 적합화 이론을 적용한 자폐성장애 학생을 위한 음악수업 지도 내용을 첨가하였다. 지도안의 내용은 유럽과 아프리카의 음악을 듣고 특징에 따른 신체 표현을 위한 것이지만 한 차시에 활동할 수 있도록 유럽의 음악만을 감상하는 수업으로 재구성하였다.

표 5-16 자폐성장애 학생의 통합 수업을 위한 음악 감상 수업 지도안

교수학습 과정		교수학습 활동		자료 및 유의점
단계	학습 내용	일반아	자폐성장애 학생	
도입	음악 문화의 다양성 소개	• 요요요~(LG U+ 광고음악) 음악에 가사를 붙인 노래를 부르며 음악시간을 시작한다. • 세계지도를 함께 보면서 각 문화권의 음악을 들어 본 적이 있는지 알아본다. –들어 본 지역에 원을 그려 표시한다. • 유럽의 한 마을 모습 사진을 본다. –이 지역의 음악에 대한 상상을 한다. • 그룹 신화의 노래 〈T.O.P.〉를 들려준다. 노래의 전주에 귀를 기울인다. • 〈백조의 호수〉 중 '정경'을 듣고 특징에 따른 신체 움직임을 할 수 있다. –〈활동 1〉 〈백조의 호수〉 음악 듣기 –〈활동 2〉 음악의 특징 살피기 –〈활동 3〉 음악 듣고 춤 동작 만들기	• 학생이 선호하는 음악이 광고 음악인 것을 고려하여 이를 활용한 노래를 음악시간 시작할 때마다 부른다. • 주의를 집중시키고 흥미유발을 위해 방송에서 나온 신화의 〈T.O.P.〉 공연 영상을 보여 준다. • 〈백조의 호수〉 '정경'을 듣고 특징에 따른 신체 움직임을 할 수 있다. –〈활동 1〉 〈백조의 호수〉 음악 듣기 –〈활동 2〉 음악에 맞춰 신체 움직이기 –〈활동 3〉 음악 듣고 춤동작 모방하기	• 백조의 호수 발레공연사진준비 • 신화의 〈T.O.P.〉 전주곡이 차이코프스키의 '정경'이며 오늘의 감상곡임을 암시함
전개	〈활동 1〉	• 〈백조의 호수〉에 대하여 간단히 소개한다. –발레(공연, 춤) 음악이다. –러시아의 작곡가 차이코프스키가 만들었다. –'정경'은 아름다운 풍경이라는 뜻으로 석양에 백조들이 날아오르는 장면에서 연주된다. • 〈백조의 호수〉는 독일의 전설을 소재로 한 동화를 줄거리로 한다. –〈백조의 호수〉 동화를 들려준다. • 눈을 감고 석양 하늘을 나는 백조의 무리를 상상하며 듣는다.	• 〈백조의 호수〉를 설명할 때 다양한 시각자료(호수, 백조, 발레 사진 등)를 사용한다. –설명하는 동안 음악을 낮은 소리로 들려준다.	
	〈활동 2〉	• 발레 동영상 또는 백조 군무의 사진을 보며 음악을 듣는다. –가볍게 몸을 움직이며 음악의 흐름을 느낀다. • 가락을 허밍으로 노래하거나 악기로 연주하면서 그 특징을 파악한다.	• 음악을 듣고 음악의 특징 또는 느낌을 그림카드에서 찾는다. –음악을 듣고 연상되는 동작을 그린 그림카드를 제시하고 어울리는 동작을 찾는다(예: 물결 소리 같은 음색을 내는 악기, 하프 사진과 악기 소리 음원 준비).	• 그림카드로 음악의 특징 제시

		–음악이 주는 동적인 성격을 이야기한다(날아오르는 느낌, 점음표의 춤추는 동작 등). –악기의 음색 및 가락이 주는 분위기를 이야기한다(밝고 고운 악기 소리, 희망적이면서도 슬픈 느낌). • 리코더 또는 멜로디언으로 주요 가락을 연주하며 가락의 특징을 익힌다.	–셈여림의 차이를 소리로 구분하고 그림으로 찾기(춤 동작이 큰 사진과 동작이 작은 사진 제시) • 리듬 타악기로 박자에 맞춰 자유롭게 연주한다. –악기의 음색 및 분위기를 이야기할 때 낱말 카드와 악기 사진을 이용해 설명한다.	
	〈활동 3〉	• 짝과 함께 손을 잡고 교과서의 안내대로 춤을 춘다. –교사의 4/4박자 기본박에 맞춰 부분 동작을 익힌 후 박자를 세면서 움직인다. –어느 정도 익숙해지면 음악에 맞춰 느낌을 살려 춤으로 표현한다. • 모둠별로 의견을 모아 음악에 어울리는 다양한 춤 동작을 만든다. –몇 가지 동작을 모아 하나의 춤으로 표현한다.	• 음악을 들으며 가볍게 몸을 움직인다. –일반학생들이 4박자의 기본 동작을 익힐 때 4/4박자를 느끼며 손뼉을 치거나 무릎을 친다. –간단한 신체 움직임을 교사와 함께 모방하도록 한다.	• 음악의 셈여림을 몸을 웅크리다가 점점 펼치는 동작으로 표현하기
마무리	음악의 특징과 춤 동작	• 각 모둠별로 춤 동작을 발표한다. –창의적인 춤 동작과 음악의 특징에 대해 설명한다. • 음악의 특징에 대해 이야기한다.	• 신체 동작이 어려울 경우 음악의 분위기에 어울리는 그림카드 찾기 활동으로 대체한다. • 모둠원이 창의적인 춤 동작을 발표할 때 리듬악기로 일정박을 연주하거나 손뼉을 친다.	

〈**평가**〉

평가 관점	일반	음악의 특징을 살려 신체 움직임을 할 수 있는가?	
	자폐성 장애	박자에 맞춰 일정한 신체 움직임을 할 수 있는가?	
평가 계획	기준	평가 내용	평가 방법
	상	음악을 듣고 음악의 특징에 어울리는 신체 움직임을 모두 표현할 수 있다.	관찰 평가
	중	음악을 듣고 음악의 특징에 어울리는 신체 움직임을 대부분 표현할 수 있다.	
	하	음악을 듣고 음악의 특징에 어울리는 신체 움직임을 일부 표현할 수 있다.	
	자폐성 장애	음악을 듣고 음악의 특징에 어울리는 신체 움직임으로 표현하기에 참여할 수 있다.	

출처: 장은언(2016), pp. 67-86.

앞서 감상 수업 지도안에는 자폐성장애 학생이 소리에 민감한 반응을 보이는 특징을 고려하여 다음과 같이 활동 예시를 전개하였다. 음악을 들려주고 특별한 소리에 집중하여 듣고 질문하는 활동으로 자폐성장애의 참여를 유도한다. 예를 들어, 〈활동 2〉의 '음악 듣고 특징 파악하기' 과정에서 하프 소리가 나오는 부분을 들려주고 새로운 악기 소리를 들은 사람은 손을 들어서 표시하도록 한다. 이때 들은 악기 소리를 다시 들려주고 악기 사진과 함께 알아맞히도록 하는 방법을 사용한다(이 부분은 특수교육과정의 5~6학년군 악기의 음색을 탐색하며 음악듣기 항목에 해당).

보편적 학습설계 원리의 '공평한 사용'은 모든 학생들이 음악을 듣고 신체 움직임으로 표현하는 활동으로 음악수업의 내용적인 면의 공평한 접근과 참여를 뜻한다. '간단하고 직감적인 사용 원리' 역시 〈활동 2〉의 셈여림, 박자 등에 관한 설명을 교사가 직접 목소리의 크기 조절, 신체 표현과 병행하며 설명을 하는 방법으로 표현할 수 있다. 또한 '인식 가능한 정보 원리'에 따라 언어 설명이나 답변하는 방식 이외에 교사의 질문에 다양한 그림카드를 준비하여 그중에 선택하여 답변하는 방식을 취할 수 있다. 예를 들어, 음악의 분위기를 표현할 때 평화로운 자연 풍경, 시장의 시끌벅적한 모습, 고독한 사람의 모습 등의 사진이나 그림을 준비하여 그중에 선택하여 답변을 대신하도록 한다. 이러한 방법은 일반학생들에게도 동일하게 적용할 수 있다. 또한 〈활동 3〉에서 일반학생들이 창의적인 춤 동작 만들기를 할 때 자폐성장애 학생과 일부 일반학생은 교사와 함께 춤 동작을 모방하기, 음악에 맞춰 간단한 손뼉치기와 발구르기를 할 수 있다.

교수 적합화 이론은 평가기준에 차별화를 둔다. 일반학생이 음악의 특징을 신체 움직임으로 표현할 때 자폐성장애 학생은 신체 움직임을 모방하거나 신체 표현에 참여하는 것에 의의를 두는 별도의 평가기준을 적용하는 것이다. 또한 교수 방법적인 면의 수정에서 일반학생들은 음악의 특징을 파악하여 이야기할 때 장애아는 음악에 어울리는 그림을 찾는 활동 등으로 수정한다.

요약

손무(孫武)의 『손자병법(孫子兵法)』 '허실편(虛實篇)'에 이런 말이 있다.
훌륭한 전략은 일정한 형태를 갖추는 것이 아니라 물과 같아야 한다. 물은 일정한 형태가 없이 지형에 따라 움직이고 그 방향을 결정한다. 따라서 상대의 형편과 내부 사정에 맞춰 거기에 적응하고 물처럼 변화하는 것이야말로 최고의 전략이다.
『손자병법』에서처럼 ASD학생의 교수학습 방법에도 왕도는 없다.
최고의 ASD 교수학습 방법은 ASD의 일반적인 특성과 개개인의 개성에 맞춘 유연성 있는 교수학습 방법이야말로 ASD를 위한 최고의 교수 적합화 전략이 될 것이다.

참고문헌

교육부(2015). **특수교육 교육과정 총론**. 서울: 교육부.

국립특수교육원(2004). **장애학생을 위한 비디오 자기모델링 기법과 적용**. 경기: 도서출판 유연상사.

국립특수교육원(2009). **특수교육학 용어사전**. 서울: 도서출판 하우.

권보은, 강영심(2010). 비디오 자기모델링 중재가 자폐아동의 자발적 인사하기에 미치는 효과. **특수아동교육연구, 12**(3), 409-426.

김상은, 김은경(2010). Touchmath 원리와 직접교수를 적용한 수학지도가 자폐성장애 학생의 덧셈 · 뺄셈 연산 수행에 미치는 효과. **특수교육학연구, 45**(2), 89-113.

김소년(2001). 자폐성장애 아동의 수학 능력. 단국대학교 대학원 미간행 석사학위 논문.

김소연, 이소현(2011). 생활 속 글감을 활용한 마인드맵 교수가 중학교 자폐 학생의 읽기 전략 수행 및 읽기 이해에 미치는 영향. **자폐성장애연구, 11**(1), 1-22.

김영걸, 이희광(2008). 장애학생 교수 · 학습에서 ICT활용교육 실태 분석과 내실화 방안. **특수교육저널: 이론과 실천, 9**(4), 415-447.

김영준, 도명애, 이춘옥, 박정미(2014). 스마트폰을 활용한 교구제작활동이 자폐성장애 학생의 헤어관리기술에 미치는 효과. **자폐성장애연구, 14**(3), 81-103.

김정일(2005). 비디오 활용 또래모델링이 자폐성장애 유아의 적절한 요구행동 형성증진에 미치는 효과-사례연구-. **재활과학연구, 44**(4), 23-44.

김정일, 허유승(2008). 컴퓨터 활용 비디오 모델링이 자폐성 아동의 단어 철자쓰기 증진에 미치는 효과. **재활복지, 12**(1), 83-99.

김향지, 정봉도(1998). 통합교육을 위한 또래교수 전략 탐색. **재활과학연구, 14**(1), 171-188.

김희진, 임동선(2012). 과제 난이도에 따른 고기능 자폐아동의 작업기억 수행능력. **언어청각장애연구**, 17(3), 451-465.

박미정(2006). 총제적 언어 접근법이 학령기 자폐성 아동의 쓰기 능력에 미치는 효과. 대구대학교 대학원 미간행 석사학위 논문.

박지윤, 김은경(2008). 비디오 자기모델링을 활용한 지역사회중심교수가 자폐아동의 자동판매기 이용 기술 수행에 미치는 효과. **정서 · 행동장애연구**, 24(4), 93-120.

방선주, 김은경(2010). 과정중심 쓰기 교수가 자폐성장애 학생의 쓰기 능력에 미치는 효과. **정서 · 행동장애연구**, 26(3), 151-178.

서경희(2002). 고기능 자폐아와 아스퍼거 장애아의 마음이론 결손과 중재. **정서 · 학습장애연구**, 18(3), 37-64.

서경희, 안미경(2011). 고기능 자폐장애 청소년과 아스퍼거 청소년의 화용론적 특성: 질적 · 양적 연구. **정서 · 행동장애연구**, 27(1), 21-49.

서울대학교 교육연구소(1995). **교육학용어사전**. 서울: 도서출판 하우동설.

송승민, 한경근(2016). 스마트러닝 기반의 직업교육이 자폐스펙트럼장애 고등학생의 도서 분류 작업 정확도에 미치는 효과 분석. **정서 · 행동장애연구**, 32(3), 217-239.

송현주(2010). 아스퍼거 장애 관련 최근 연구. **한국심리치료학회지**, 2(2), 45-55.

신현재, 이재승(1997). 쓰기 교육에서 과정 중심 접근의 의미. **한국초등국어교육**, 13, 204-240.

유시민(2015). **유시민의 글쓰기 특강**. 서울: 도서출판 생각의길.

유현아, 방명애, 홍점숙(2016). 스마트 러닝 기반의 수세기 학습이 자폐성장애 학생의 수세기 수행과 수업참여행동에 미치는 영향. **자폐성장애연구**, 16(1), 27-51.

이미경(2014). 고기능 자폐스펙트럼장애 초등학생의 읽기이해력 특성. **특수아동교육연구**, 16(3), 1-21.

이성영(1995). **국어교육의 내용 연구**. 서울: 서울대학교출판부.

이은주(2003). 또래교수 관련 논문 분석을 통한 통합교육 현장에서의 또래교수의 효과적 활용 방안 탐색. **특수아동교육연구**, 5(2), 63-80.

이재승(1998). 과정 중심 쓰기 교육의 구현 방안. **청람어문교육**, 20(1), 283-301.

장미순, 김은경(2013). 자폐스펙트럼장애 아동 대상의 또래 활용 중재에 대한 국내 연구 동향 분석. **정서 · 행동장애연구**, 29(3), 311-336.

장은언(2016). 자폐성장애 학생을 포함한 초등학교 통합음악수업 프로그램 연구. **음악교육공학**, 27, 67-86.

장은진, 김향지(2016). 태블릿 PC를 활용한 상황이야기 중재가 자폐성 아동의 사회적 행동에 미치는 영향. **특수교육재활과학연구**, 55(1), 247-268.

정명철, 한경임(2016). 모바일 AAC 앱 토크프렌드를 이용한 중재가 지역사회 상황에서 자폐성장애 고등학생의 자기결정력에 미치는 효과. **정서 · 행동장애연구**, 32(3), 321-341.

정은혜, 곽승철, 전병운(2013). 자폐성장애 학생의 쓰기중재 연구 동향. **정서 · 행동장애연구,** 29(3), 383-408.

정훈영, 서경희(2010). 감각 자극 양식에 따른 고기능 자폐아의 정서인식 특성. **정서 · 행동장애연구,** 26(2), 77-93.

정훈영, 서경희(2012). 아스퍼거장애 아동의 간접 화행 이해 특성에 관한 연구. **정서 · 행동장애연구,** 28(1), 73-101.

조재규(2008). 컴퓨터 기반 비디오 자기모델링이 자폐장애학생의 사회적 의사소통 기술에 미치는 효과. **재활과학연구,** 47(3), 95-115.

최성욱, 서경희(2009). 동화 중심 인지행동중재가 아스퍼거 장애 아동의 사회적 인지 및 친사회적 행동에 미치는 효과. **정서 · 학습장애연구,** 25(2), 77-101.

최영경, 정훈영(2014). ADHD아동과 일반아동 간의 읽기 유창성 및 읽기 이해력 비교 연구. **정서 · 행동장애연구,** 30(4), 133-152.

최진혁, 김일수, 박재국(2015). 스마트기기를 활용한 비디오 자기 모델링이 자폐스펙트럼장애 학생의 수학 문장제 문제해결에 미치는 효과. **특수교육재활과학연구,** 54(4), 403-423.

최혜승(2015). 학령기 자폐성장애 학생을 위한 학업 중재 연구 분석: 국내 읽기, 쓰기, 수학 중재 연구를 중심으로. **특수교육교과교육연구,** 8(3), 77-110.

한동욱, 강민채(2013). 자폐성장애 아동의 적응행동 향상을 위한 스마트 콘텐츠 개발 향상에 대한 연구. **디지털융복합연구,** 11(10), 123-131.

Attwood, T. (1998). *Asperger's Syndrome: A Guide for Parents and Professionals*. London: Jessica Kingsley Publishers.

Burgstahler, S. (2003). The role of technology in preparing youth with disabilities for postsecondary education and employment. *Journal of Special Education Technology, 18*(4), 7-19.

Cardon, T. A. (2007). *Initiations and interactions: Early intervention techniques for parents of children with autism spectrum disorders*. Shawnee Mission, KS: Autism Asperger Publishing Company.

Chall, J. S. (1983). *Stages of reading development.* New York: McGraw-Hill.

Charlop, M. H., & Milstein, J. P. (1989). Teaching autistic children conversational speech using video modeling. *Journal of Applied Behavior Analysis, 22*(3), 75-285.

Chard, D. J., & Dickson, S. V. (1999). Phonological awareness: Instructional and assessment guidelines. *Intervention in School and Clinic, 34*(5), 261-270.

Chiang, H. M., & Lin, Y. H. (2007). Mathematical ability of students with Asperger syndrome and high-functioning autism: A review of literature. *Autism, 11*(6), 547-556.

Church, C., Alisanski, S., & Amanullah, S. (2000). The social, behavioral, and academic experience of children with asperger syndrome. *Focus on Autism and other Developmental Disabilities, 15*(1), 12-20.

Cohen, M. J., & Sloan, D. L. (2007). *Visual Supports for People with Autism: A Guide for Parents and Professionals*. Bethesda, MD: Woodbine House.

Dauphin, M., Kinney, E. M., & Stromer, R. (2004). Using video-enhanced activity schedules and matrix training to teach sociodramatic play to a child with autism. *Journal of Positive Behavior Interventions, 6*(4), 238-250.

DiCecco, V. M., & Gleason, M. M. (2002). Using graphic organizers to attain relational knowledge from expository text. *Journal of Learning Disabilities, 35*(4), 306-320.

Dettmer, S., Simpson, R., Myles, B., & Ganz, J. (2000). The use of visual supports to facilitate transitions of students with autism. *Focus on Autism and Other Developmental Disabilities, 15*(3), 163-170.

Dunlap, G., Kern, L., & Worecester, J. (2001). ABA and academic instruction. *Focus on Autism and Developmental Disabilities, 16*, 129-136.

Ellis, E., & Howard, P. (2007). Graphic organizers: Power tools for teaching students with learning disabilities. *Current Practice Alerts, 13*, 1-4.

Griswold, D. E., Barnhill, G. P., Myles, B. S., Hagiwara, T., & Simpson, R. L. (2002). Asperger syndrome and academic achievement. *Focus on Autism and Other Developmental Disabilities, 17*(2), 94-102.

Heinich, R., Molenda, M., Russell, J., & Smaldino, S. (2001). *Instructional media and technologies for learning* (7th ed.). Englewood Cliffs, NJ: Prentice-Hall.

Horton, S. V., Lovitt, T. C., & Bergerud, D. (1990). The effectiveness of graphic organizers for three classifications of secondary students in content area classes. *Journal of Learning Disabilities, 23*(1), 12-22.

Hudson, P., Lignugaris-Kraft, B., & Miller, T. (1993). Using Content Enhancements to Improve the Performance of Adolescents with Learning Disabilities in Content Classes. *Learning Disabilities Research & Practice, 8*(2), 106-126.

Hughes, C. A., Maccini, P., & Gagnon, J. C. (2003). Interventions that positively impact the performances of students with learning disabilities in secondary general education classrooms. *Learning Disabilities, 12*(3), 101-111.

Jolliffe, T., & Baron-Cohen, S. (1999). A test of central coherence theory: linguistic processing in high-functioning adults with autism or Asperger syndrome is local coherence impaired? *Cognition, 71*(2), 149-185.

Kinney, E. M., Vedora, J., & Stromer, R. (2003). Computer-Presented video models to teach generative spelling to a child with autism spectrum disorder. *Journal of Positive Behavior Interventions, 5*(1), 22-29.

Koegel, L. K., Koegel, R. L., Frea, W., & Green-Hopkins, I. (2003). Priming as a method of coordinating services for students with autism. *Language, Speech, and Hearing Services in School, 34*(3), 228-235.

Landa, R. (2000). Social language use in Asperger syndrome and high-functioning autism. In A. Klin, F. R. Volkmar, & S. S. Sparrow (Eds.), *Asperger syndrome* (pp. 125-155). New York: The Guilford Press.

Laushey, K. M., & Heflin, L. J. (2000). Enhancing social skills of kindergarten children with autism through the training of multiple peers as tutors. *Journal of Autism and Developmental Disabilities, 30*(3), 183-193.

Margaret, S. C., Jenifer, W., Alison, W., & Brianne, B. (2010). Executive Functioning in Children with Asperger Syndrome, ADHD-Combined Type, ADHD-Predominately Inattentive Type, and Controls. *Journal of Autism and Developmental Disorders, 40*(8), 1017-1027.

Meadan, H., Ostrosky, M. M., Triplett, B., Michna, A., & Fettig, A. (2011). Using Visual Supports With Young Children With Autism Spectrum Disorder. *Teaching Exceptional Children, 43*(6), 28-35.

Melhuish, K., & Falloon, G. (2010). Looking to the future: M-learning with the iPad. *Computers in New Zealand Schools: Learning, Leading, Technology, 22*(3), 1-15.

Myles, B. S., Huggins, A., Rome-Lake, M., Hagiwara, T., Barnhill, G. P., & Griswold, D. E. (2003). Written language profile of children and youth with Asperger syndrome: From Research to Practice. *Education and Training in Developmental Disabilities, 38*(4), 362-369.

O'Connor, I. M., & Klein, P. D. (2004). Exploration of strategies for facilitating the reading comprehension of high-functioning students with autism spectrum disorders. *Journal of Autism and Developmental Disorders, 34*(2), 115-127.

Okolo, C. M., Bahr, C. M., & Rieth, H. J. (1993). A retrospective view of computer-based instruction. *Journal of Special Education Technology, 12*(2), 1-27.

Ozonoff, S., & Schetter, P. I. (2007). Executive dysfunction in autism spectrum disorders: From research to practice. In I. Meltzer (Eds.), *Executive function in education: From theory to practice* (pp. 133-160). New York: Guilford Press.

Palincsar, A. S. (1986). The role of dialogue in provinding scaffolded instruction. *Educational*

Psychologist, 21(1-2), 73-98.

Palincsar, A. S., & Brown, A. L. (1984). Reciprocal teaching of comprehension-fostering and comprehension-monitoring activities. *Cognition and Instruction, 1*(2), 117-175.

Reagon, K., Higbee, T., & Endicott, K. (2006). Teaching pretended play skills to a student with autism using video modeling with a sibling as model and play partner. *Education and Treatment of Children, 29*(3), 1-12.

Romanczyk, R., Weiner, T., Lockshin, S., & Ekdahl, M. (1999). Research in autism: Myths, controversies, and perspectives. In D. B. Zager (Eds.), *Autism: Identification, education, and treatment* (2nd ed., pp. 23-61). Mahwah, NJ: Erlbaum.

Safran, S. P. (2001). Asperger Syndrome: The emerging challenge to special education. *Exceptional Children, 67*, 115-160.

Savner, J. L., & Myles, B. S. (2000). *Making visual supports work in the home and community: Strategies for individuals with autism and Asperger syndrome*. Shawnee Mission, KS: Autism Asperger Publishing Company.

Shmaefsky, B. R. (2007). E-concept mapping. *Journal of College Science Teaching, 36*(4), 14-15.

Thiemann, L. S., & Goldstein, H. (2001). Social stories, written text cues, and video feedback: Effects on social communication of children with autism. *Journal of Applied Behavior Analysis, 34*(4), 425-446.

Wahlberg, T., & Magliano, J. P. (2004). The ability of high function individuals with autism to comprehend written discourse. *Discourse Processes, 38*(1), 119-144.

Woodward, J., & Montague, M. (2002). Meeting the challenge of mathematics reform for student with LD. *The Journal of Special Education, 36*(2), 89-101.

Yıkmış, A. (2016). Effectiveness of the touch math technique in teaching basic addition to children with autism. *Educational Sciences: Theory & Practice, 16*(3), 1005-1025.

터치수학 www.touchmath.com
한국교육과정평가원 www.kice.re.kr
한국부잔센터 www.buzankorea.co.kr

제6장

감각 · 지각 · 운동 지원

1. 자폐성장애의 감각 · 지각 · 운동 특성
2. 자폐성장애의 감각체계별 특성
3. 감각통합의 형성단계와 발생과정
4. 감각처리장애의 분류
5. 자폐성장애의 감각 · 지각 · 운동 평가
6. 자폐성장애의 감각 · 지각 · 운동 관련 중재

자폐성장애 아동은 감각조절 문제를 호소하는 대표적인 장애로서 사회적 상호작용 및 의사소통 기술에 어려움이 있고 반복적이고 제한된 행동, 흥미, 활동을 주요 특징으로 하며, 감각자극에 대한 반응에서도 일반아동과 다르고, 감각처리에 많은 어려움을 겪는다. 진단적 특징으로는 감각 정보에 대한 과잉 또는 과소반응이나 환경의 감각 영역에 대한 특이한 관심을 보인다. 예를 들어, 통증이나 온도에 대한 명백한 무관심, 특정 소리나 감촉에 대한 부정적 반응, 과도한 냄새 맡기 또는 물체 만지기, 빛이나 움직임에 대한 시각적 매료 등을 자주 보인다. 즉, 자폐성장애와 관련된 비정상적인 행동들은 다양한 감각 정보를 등록하고 처리하는 데 있어 어려움이 있음을 보여 주는 것이다.

따라서 이 장에서는 자폐성장애의 감각 · 지각 · 운동 특성을 살펴봄으로써 이와 같은 특성을 가진 학생들에 대한 이해를 돕고 나아가 특수교육 현장에서 실천 가능한 구체적인 감각 · 지각 · 운동 관련 중재를 제시한다.

학습목표

- 자폐성장애의 감각 · 지각 · 운동 특성을 설명할 수 있다.
- 자폐성장애의 감각체계별 특성을 설명할 수 있다.
- 감각통합의 발생과정 및 형성단계를 설명할 수 있다.
- 감각처리장애의 유형과 특성을 설명할 수 있다.
- 자폐성장애의 감각 · 지각 · 운동 평가방법을 설명할 수 있다.
- 자폐성장애의 감각 · 지각 · 운동 관련 중재를 설명할 수 있다.

나는 그림으로 생각한다

• 자폐성장애와 감각 문제

나는 압력을 좋아하고 내 몸에 가해지는 압력을 아주 정확하게 조절할 수 있다. 압력을 천천히 높였다가 낮출 때 가장 기분이 편해진다. 압착기를 매일 사용하면 불안감이 없어지고 긴장이 풀린다. 다른 자폐성장애인들도 압력을 통해 안정을 찾을 수 있다. 어떤 남자는 허리띠를 꽉 조이고 신발도 발 사이즈보다 작은 것을 신는다. 어떤 여자는 몸의 특정 부위에 압력을 가하면 감각기관이 더 잘 기능한다고 한다. 글을 배우는 데도 촉각을 사용할 수 있다. 자폐성장애인에게는 과도하게 민감한 피부 감각 역시 큰 문제다. 나는 어렸을 때 교회를 가려고 머리를 감는 것과 옷을 입는 것이 가장 싫었다. 나 말고도 교회에 가려고 옷을 입는 것과 목욕을 싫어하는 아이들은 많이 있었다. 하지만 나는 머리를 감는 것이 싫은 정도가 아니라 손가락에 재봉용 금속 골무를 끼고 머리를 문지르는 것처럼 두피가 너무 아팠다. 빳빳한 페티코트가 살에 닿는 느낌은 마치 겉으로 드러난 신경 말단을 사포로 문지르는 것 같았다. 사실 늘 입던 옷이 아닌 다른 옷을 입는 것 자체를 감당하기 힘들었다. 바지에 익숙해지면 치마를 입어서 맨다리가 드러나는 것을 참지 못했다. 여름에 반바지에 익숙해지면 긴바지를 견디질 못했다. 보통 사람은 몇 분이면 적응하지만 나는 최소 2주는 걸려야 새로운 옷에 적응했다. 새 속옷도 공포의 대상이어서 나는 브래지어를 다 해져 떨어질 때까지 입는다. 새 브래지어는 적어도 열 번 정도는 세탁해야 비로소 편하게 입을 수 있다. 봉재선이 피부에 닿으면 마치 바늘로 찌르는 것 같아서 요즘도 브래지어를 뒤집어 입을 때가 많다. 자폐성장애인들에게 신체를 거의 다 덮을 수 있는 부드러운 옷을 입히면 감각으로 인해 발생하는 문제행동을 많이 예방할 수 있을 것이다.

• 청각 문제

나는 시끄러운 소리에 실제적인 고통을 받았다. 자폐성장애 아동은 소리가 들리지 않는 것처럼 보이는 경우가 많다. 나는 주의를 분산시키는 소리가 나면 사고의 맥락을 놓쳐 버리는 문제를 지금도 겪고 있다. 두 사람이 동시에 말할 때, 나는 한 사람의 말만 걸러 내어 듣지를 못한다. 나는 존 벌리의 검사 중 두 가지 영역에서 낮은 성적을 보였는데, 둘 다 동시에 진행되는 2개의 대화를 듣는 능력을 평가하는 것이었다. 이 검사를 통해 다른 소리 속에서 어떤 특정 음성에 주목하고 처리하는 능력이 심하게 손상되어 있다는 것을 알 수 있었다. 벌리 박사는 장애가 심한 귀에 특정 주파수의 소리를 걸러 내는 귀마개를 끼우는 방법으로 청각처리장애를 지닌 사람의 듣기 능력을 향상시킬 수 있다고 했다. 나는 귀에 거슬리는 소음을 차단하기 위해 혼자서 콧노래를 부르곤 하였다.

• 시각 문제

나는 다른 사람들의 얼굴을 잘 기억하지 못해 당혹스러운 상황에 놓일 때가 많다. 또한 형광등 조명 때문에 곤란을 겪는 자폐성장애인도 많다. 일부 자폐성장애 아동은 곁눈질로 보는 것을 선호하는데, 시각적 이미지 왜곡 현상으로 그 이유를 어느 정도 설명할 수 있다.

• 냄새와 맛

자폐성장애 아동 중에서 냄새 맡는 것을 좋아하는 아동이 많이 있다. 그래서 냄새로 사람을 기억하는 자폐성장애인들도 종종 있다.

• 감각 혼란

감각처리장애가 심한 사람은 시각, 청각 등의 다른 감각들이 서로 섞이는 경우가 많은데, 특히 피곤하거나 마음이 불안할 때 그런 일이 자주 있다. 즉, 보는 것과 듣는 것을 동시에 할 수 없다는 의미다. 다른 사람과 교제할 때 직접 만나는 것보다는 전화로 통화하는 것이 더 편하다고 말한다. 감각처리장애가 심한 사람들은 현실이 어떤지 파악하기가 너무나 힘들다. 자폐성장애인에게 현실이란 사건, 사람, 장소와 같은 소리와 형체가 서로 혼란스럽게 교차하는 거대한 덩어리 같은 것이다. 자폐성장애인들이 보이는 지각 문제를 조현병의 망상이나 환각과 혼동하는 의사나 전문가들이 있는데, 이것은 서로 다른 형태다. 자폐성장애인들은 시각적 사고방식과 지나치게 민감한 감각 때문에 다른 사람과 교제하고 어울리는 게 힘든 것이다.

• 감각통합

많은 자폐성장애 아동이 감각통합으로 도움을 받는다. 이 중재는 촉각 과민성을 감소시켜 주고 신경계를 안정시키는 역할을 한다. 이 중재의 두 가지 주요 구성 요소는 강한 압력을 가하는 것과 1분에 10~12회 움직이는 그네를 통해 천천히 전정기관을 자극하는 것이다. 자폐성장애인의 행동은 이상스럽게 보이는 게 많지만, 사실 이런 행동들은 왜곡되거나 지나치게 강렬한 감각 자극에 대한 반응일 뿐이다. 감각통합 프로그램은 두뇌가 아직 발달 중인 아주 어린 아동들에게 더 큰 효과가 있을 것으로 보인다.

출처: Grandin(2006).

1. 자폐성장애의 감각 · 지각 · 운동 특성

자폐성장애는 사회적인 상호작용과 의사소통 기술에 있어서 비정상적인 발달을 보이며 관심 영역이 한정적이고 활동에도 제한적인 특성을 보인다. 이러한 자폐성장애 아동은 중추신경계의 신경학적 처리 미흡으로 인해 발달지연, 사회성 결여, 언어와 의사소통 영역, 정서 영역에서 미성숙함과 일탈행동이 관찰되는데, 이러한 문제는 외부 감각을 받아들이고 감각 정보를 처리하는 과정에서 정상적으로 감각통합을 이루지 못하는 감각통합기능 때문인 것으로 보는 시각도 있다. 자폐성장애 아동은 또래 일반아동과 비교해 보았을 때 사회적 상호작용, 의사소통, 감각처리, 놀이, 감정과 행동의 조절에서 의미 있는 도전을 경험하게 된다. 이러한 아동들이 겪는 다양한 어려움 중 하나는 감각 경험에 대해 비정상적으로 반응한다는 것이다(Strock, 2004). 이러한 예로 무의미하게 손을 흔들거나 소리를 내는 행동 등의 자기 자극 행동은 외부 환경으로부터 오는 감각 자극을 조직화하여 자신이 속한 환경에 효율적으로 적응하지 못해 상황에 따른 적절한 적응행동(adaptive behavior)을 비효율적으로 처리하거나 잘못 해석하는 감각조절장애로, 감각추구의 한 유형으로 해석될 수 있다(Arnwine, 2006; Koomar et al., 2004). 이 외에도 다른 사람들이 말하는 것을 듣지 않는 것처럼 보이거나 이름을 불러도 반응이 없는 행동은 낮은 감각등록과 주변 감각 자극에 대한 과소반응과 연관 있다(Allen & Courchesne, 2001; Bryson, Landry, & Wainwright, 1997; Dunn & Brown, 1997; Ermer & Dunn, 1998). 감각처리란 감각을 효과적으로 받아들이고 이를 적절한 정보로 사용하는 능력이다(Fisher et al., 1991). 중추신경계의 기능 이상으로 인해 감각처리에 장애가 생기면 아동기의 놀이, 일상생활 활동 등에서 정상적인 발달을 심각하게 방해할 수 있다(Ayres, 1979). 이러한 감각처리의 문제는 인지 및 지각 능력의 발달을 저해시켜 아동과 환경 사이의 상호작용을 방해하고, 아동의 실제적인 적응행동에 부정적인 영향을 미치기 때문에 자세 조절 능력을 바탕으로 이루어지는 학교, 가정, 지역사회 활동의 전반적인 참여를 제한받게 된다.

DSM-IV-TR(APA, 2000)에서 제시하고 있는 전반적 발달장애(자폐장애)의 진단 준거에는 감각 결함에 대한 내용이 구체적으로 제시되지 않았지만, 감각 결함과 관련된 상동행동과 판에 박힌 일이나 의식적 행동들은 핵심 결함으로 포함되어 있었다. DSM-

5(APA, 2013)에서는 자폐성장애의 주요 증상으로 'B. 제한적이고 반복적인 행동이나 홍미, 활동' 안에 '4. 감각 정보에 대한 과잉 또는 과소 반응 또는 환경의 감각 영역에 대한 특이한 관심(예, 통증/온도에 대한 명백한 무관심, 특정 소리나 감촉에 대한 부정적 반응, 과도한 냄새 맡기 또는 물체 만지기, 빛이나 움직임에 대한 시각적 매료)'으로 명시하고 있다. 또한 자폐성장애 아동의 상당수가 손으로 사물의 표면을 문지르기, 손가락 빨기, 몸 흔들기, 특정 시각 및 청각 자극 반응에 실패하는 등의 비정상적인 감각반응을 나타내고 있다. 자폐성장애 아동이 가진 감각처리문제는 감각 입력이 아동의 뇌에 정확하게 등록되지 않아 대부분의 과제에 주의집중하지 못하게 한다(Green et al., 2006; Roberts, 2004). 아동은 전정기관과 등록기관에서 감각을 적절히 처리하지 못하기 때문에 중력불안이나 감각등록에 있어 방어적이다. 이러한 감각 입력의 부적절한 과정은 목적적이고 건설적인 일을 하는 데 홍미 없이 움직이는 것을 초래한다. 또한 운동과 인지, 사회, 정서 등의 전반적인 발달 영역에 부정적인 영향을 미친다.

감각통합은 자신의 신체와 환경으로부터 주어지는 감각들이 조직되고 그 환경에서 신체를 효과적으로 사용할 수 있도록 하는 신경학적 과정이다(Ayres, 1972). 감각통합은 자연스럽고 무의식적인 과정이나 자폐성장애 아동은 42~88%가 비전형적인 방식으로 감각 자극을 처리하며, 비정상적인 감각반응으로 표현한다(Baranek et al., 2002). 감각 입력 단계에서 감각 정보가 변연계에서 등록, 주의집중 결정, 정보에 대한 분별을 결정하지만, 자폐성장애 아동은 감각 정보의 입력 단계에서 무시되거나 등록되지 않는 경우가 생기며(Ayres, 1989), 등록이 되었다 할지라도 일관적인 등록과정을 거치지 못한다. 또한 감각 입력을 촉각이나 전정기관에서 적절하게 처리하지 못해 타인과의 신체적 접촉, 어떤 특정한 음식이나 질감, 냄새, 맛에 대해 거부감을 표현하기도 한다. 전정감각에 대한 부정적 처리능력으로 인해 자신의 몸이 땅에서 들어 올려지는 놀이기구나 주어진 공간에서 적절하게 몸을 움직이는 것에 문제가 있을 수 있다. 그리고 새로운 경험을 하는 것에 대한 일관적이지 않은 반응으로 인해 목적이 있는 행동이나 계획하는 등의 일을 수행할 수 없다. 이러한 활동의 실패로 인해 홍미 상실, 자기 효능감 상실 등도 함께 나타난다. 이처럼 자폐성장애 아동에게 있어 모든 감각체계의 조절은 쉽지 않다.

기능적 수행능력과 관련하여 감각조절장애 아동이 겪는 어려움은 학교에서의 학습과제, 놀이, 일상생활활동, 자기조절, 대근육 운동, 소근육 운동, 사회적 상호작용 기술 등의 다양한 영역에서 발생한다. Baranek 등(2002)은 감각처리 능력과 기능적 수행의 상관성을 알아보기 위해 감각조절 능력과 학교생활, 적응행동, 놀이수행 능력을 비교하였는데, 그 결과 감각을 적절하게 조절하지 못하는 아동은 학교생활의 참여가 저조하며, 독립적인 신변처리, 놀이 활동에 참여하는 것에 어려움을 보인다고 하였다.

자폐성장애 아동의 감각조절 능력에 관한 연구결과를 살펴보면 다음과 같다. Kientz와 Dunn(1997)은 감각 프로파일(sensory profile)을 이용하여 자폐성장애 아동과 일반아동의 특성을 구별할 수 있는 감각 영역을 살펴보았는데, 신체자세, 촉각, 움직임, 청각, 사회성, 시각, 미각/후각, 활동 정도 순으로 구별되는 감각 영역이라고 하였다. 또한 많은 연구에서 자폐성장애 아동은 감각 등록이 어렵고, 청각 및 시각 자극, 구강 감각 자극에 대한 민감성이 일반아동보다 높으며, 주의집중 및 놀이기술이 부족하고 상황에 맞지 않는 감정 표현, 지나치게 높은 감각추구 성향이 있음을 보고하였다. 김미선(2001)의 단축형 감각 프로파일(short sensory profile)을 이용한 연구에서는 촉각 민감성, 맛/냄새 민감성, 움직임 민감성, 과소반응/특정 자극 찾는 행동, 청각 여과하기, 활력이 부족하고 허약함, 시각/청각 민감성 등의 항목에서 자폐성장애 아동이 일반아동에 비해 낮은 점수를 얻어 감각조절에 어려움을 겪고 있다고 하였다. Greenspan과 Weider(1997)는 달리 분류되지 않는 전반적 발달장애(PDD-NOS) 또는 자폐성장애 아동 200명을 대상으로 최소 2년 동안의 임상기록을 검토했다(DSM-IV-TR; APA, 2000). PDD-NOS 또는 자폐성장애 아동의 28%가 자기몰두를, 19%가 촉각이나 소리에 대한 민감성을 그리고 48%가 심각한 운동계획 기능장애를 가지고 있는 등 감각처리조절장애로 진단된 아동들과 유사한 반응을 보였다. 자폐성장애 아동의 감각조절 능력과 적응행동과의 연관성을 연구한 Liss 등(2006)은 자폐성장애 아동이 보이는 감각에 대한 과잉반응, 과소반응, 감각추구행동의 세 가지 성향을 적응행동평가와 비교하였는데, 과잉반응은 사회성을, 과소반응은 신변처리 능력을, 감각추구행동은 적응행동 능력을 어렵게 한다고 하였다. 김명희(2005)의 연구에서도 자폐성장애 아동이 보이는 학교과제 수행의 어려움은 촉각 민감성, 움직임 민감성, 과소반응/특정 자극을 찾는 행동, 청각 여과하기, 활력 부족/허약함에서 감각조절 능력과 관련이 있다고 하였다. 이와 같은 자폐성장애 아동의 감각조절장애는 사회활동, 학습활동, 일상생활 활동 등을 어렵게 하는 요인으로 작용하고 있고, 적응행동 전반에 부정적인 영향을 주는 것으로 보고되었다(Rogers et al., 2003).

2. 자폐성장애의 감각체계별 특성

인간은 여러 가지 감각체계를 통해 외부 환경의 다양한 정보를 받아들인다. 감각체계에는 청각, 시각, 미각, 후각, 촉각, 전정감각, 고유수용감각 등의 일곱 가지 체계가 있다. 이 중 청각, 시각, 미각, 후각, 촉각 등의 다섯 가지 감각은 우리에게 익숙한 감각체계이며, 전정감각과 고유수용감각을 숨겨진 감각이라고 한다. 자폐성장애 아동은 이와 같은 일곱 가지 감각체계에서 다양한 문제점을 보일 수 있으므로 다양한 감각체계에 대해 이해하는 것은 매우 중요하다. 감각처리는 감각체계로부터 다양한 감각정보를 받아서 이를 뇌에서 처리하는 과정을 말하며, 입력된 감각자극을 지각, 조절, 통합, 구별, 조직화, 행동하는 과정으로 이루어진다.

자폐성장애의 특성 중 하나인 감각처리장애(Sensory Processing Disorder: SPD)는 자폐성장애 아동의 약 42~88%에서 나타나며(Baranek, 2002), 자폐성장애 아동의 일상생활, 놀이, 학습 활동을 하는 데 필요한 사회적 상호작용과 의사소통의 문제, 다양한 부적응 행동의 원인이 된다(Baranek, 2002; Ben-Sasson et al., 2008). 자폐성장애 아동들은 감각처리과정에 문제가 있어서 주변 환경의 자극에 대해 과잉반응이나 과소반응을 보이기도 하며, 이들 두 가지가 함께 나타나기도 한다. 과잉반응은 과잉민감성(hypersensitivity)으로 자극에 대한 기대반응보다 더 빠르거나 길고, 강하게 나타나며, 과소반응은 과소민감성(hyposensitivity)으로 자극에 대해 느리거나 인식하지 못하는 것처럼 반응한다. 이러한 문제로 인하여 자폐성장애 아동은 촉각이나 청각과 같은 감각 자극에 대한 조절에 어려움을 보이거나, 후각과 미각이 예민하여 매우 제한적인 식습관을 보이기도 한다.

1) 청각체계

청각체계는 소리가 고막을 통해 내이에 있는 달팽이관의 유모세포에 물리적인 자극을 주고, 이 소리 정보는 전기적 신호로 바뀌게 되어 8번 뇌신경이라 불리는 청각 신경을 자극하게 된다. 뇌간의 청각처리 중추는 시각처리 중추와 매우 근접하게 위치하고 있으며, 서로 정보를 교환한다. 청각에 과잉반응을 보이는 아동들을 낮은 청각 역치를 가지고 있어서 일상적인 환경에서 소리에 방어적으로 반응하게 된다. 이들은 불편한 수준의 소리를 들으면 불안해하며 손으로 자신의 귀를 막는 행동을 보이기도 한다. 반대로 청각에 과소반응을 보이는 아동들은 높은 청각 역치를 가지고 있어서 청각 자극에 대한 낮은 반응과 감각등록을 보이며, 지연된 청각처리 과정을 보일 수도 있다. 이들은 큰 소리를 잘 인식하지 못할 수 있으며, 조용한 공간에서 스스로 큰 소음을 내서 소리자극을 추구하기도 한다(Heflin & Alaimo, 2007). 자폐성장애 아동들은 말소리보다는 다른 소리를 더 선호하는 것처럼 보이고, 배경음에서 말소리를 변별하는 데 어려움을 보인다.

2) 시각체계

시각체계는 빛이 눈의 망막을 자극하여 형상을 만들고, 이 형상이 시신경을 통하여 뇌간의 시각처리 중추에서 처리된다. 시각처리 중추는 시각정보와 함께 근육이나 관절 전정감각체계로 입력된 다른 감각정보를 통합하여, 환경에 대한 기본적 인식과 공간 내 사물의 위치를 확인하게 한다. 시각은 사람이 처리하는 정보의 약 80% 정도를 담당하며, 피부에 무엇이 닿았는지를 확인하는 것과 같이 다른 감각 정보의 투입 여부를 확인하는 데도 사용한다. 시각에 과잉반응을 보이는 아동들은 낮은 시각 역치를 가지고 있어서 시각적 자극에 매우 민감하게 반응한다. 이들은 시각적 자극의 양을 줄이기 위해 가늘게 뜨거나 눈을 감기도 하며, 곁눈질과 같은 주변 시야를 사용하여 시각적 혼란을 줄이려고 한다. 반대로 시각에 과소반응을 보이는 아동들은 높은 시각 역치를 가지고 있어서 빠르게 움직이는 물체를 바라보거나 밝은 빛을 응시하면서 시각적 자극을 추구하기도 한다. 자폐성장애 아동들은 시지각이 잘 발달하여 퍼즐을 잘 맞추는 경우도 있지만, 눈맞춤(eye contact)이나 눈 응시(eye gaze)를 피하는 경향을 보이기 때문에 사회적 상호작용을 하는 데 어려움을 가진다(Heflin & Alaimo, 2007).

3) 미각체계

미각체계는 혀를 덮고 있는 점막에 위치한 수용체가 가용성 화합물의 자극을 인식하여 맛을 느끼는 것으로, 세포 하부에 있는 신경 말단에서 전기신호를 만들고 신경은 맛에 대한 정보를 변연계와 대뇌피질로 전달한다. 미각세포는 열흘 정도 지나면 죽고 미뢰에 있는 줄기세포에 의해 지속적으로 대체된다. 맛에는 쓴맛, 신맛, 짠맛, 단맛, 감칠맛의 다섯 가지가 있으며, 맛은 음식을 즐기는 데 필요하고, 해로운 것으로부터 자신을 보호하는 데 중요하다. 미각과 후각 신경계(감각 세포, 신경전달경로, 뇌의 중추)는 서로 분리되어 있으나, 미각과 후각은 자주 연합하여 작용한다. 또한 이 두 가지 감각은 두뇌의 중추와 연결되어 있는데, 이곳에서 감정을 조절하고, 음식과 물 섭취를 조절하며, 특정한 형태의 기억을 형성한다. 자폐성장애 아동은 특정 음식(예: 초콜릿 우유, 소시지 등)만을 선호하고 새로운 음식을 섭취하는 것을 거부하는 것과 같은 미각에 대한 비정상적인 반응을 보인다. 또한 먹을 수 없는 모래, 머리카락, 지우개 등을 먹는 이식증(pica)을 보이기도 한다.

4) 후각체계

후각체계는 후각물질이 비강으로 들어와 후각세포의 후각수용체를 자극하여 세포 내에서 전기적 신호가 생기고, 후각세포에 붙어있는 후각신경을 자극하여 대뇌의 안과 전두피질과 측두엽 아래의 후각피질에 이르게 되어 냄새를 느끼게 된다. 후각 신호는 냄새 감각을 주관하는 두뇌의 영역뿐만 아니라 기억과 감정을 조절하는 신경회로에 직접 연결되어 있다. 후각체계는 변연계로 직접 연결되어 정보를 처리하기 때문에 기억을 만들어 내고 선택과 선호도에 영향을 미친다. 후각에 과잉반응을 보이는 아동들은 화장품, 식당의 음식 등과 같은 다양한 냄새에 민감하게 반응하며, 후각에 과소반응을 보이는 아동들은 옷, 보드마커 등과 같은 물건의 냄새를 과도하게 맡는 부적절한 행동을 보인다. 상당수의 자폐성장애 아동들은 냄새에 대한 낮은 역치를 가지고 있어서 다양한 냄새를 회피하기 위해 매우 거부적인 태도를 보인다. 그러므로 교사들은 향수, 로션, 샴푸, 방향제 등을 사용할 때 주의할 필요가 있다. 또한 자폐성장애 아동이 선호하는 냄새가 있다면 이를 긍정적인 교실 환경을 조성하는 데 유용하게 사용할 필요가 있다(Heflin & Alaimo, 2007).

5) 촉각체계

촉각체계는 신체 전반에 있는 피부의 수용기 세포로부터 촉감(가벼운 접촉, 압력, 진동, 온도, 통증 등)에 대한 정보를 전달받아 뇌로 보내는 피부세포로 이루어져 있다. 촉감은 출생 직후부터 효율적으로 작용하는 것이 중요하며 사회적 발달에서 중요한 구성요소다. 촉감은 신생아가 젖이 나오는 젖꼭지 쪽으로 자신의 얼굴을 돌리게 하며, 부모와의 유대감을 형성하도록 돕는다. 촉감은 생존뿐만 아니라 성장과 발달에도 중요하다. 촉각체계로부터의 피드백은 신체 인식의 발달과 운동계획 능력의 발달에 영향을 준다. 즉, 옷 입고 벗기, 머리 빗기, 칫솔질, 식사, 화장실 사용, 집안일, 학교 과제, 직장 일 등을 포함한 일상생활의 모든 활동은 기능적인 촉각체계에 의존한다 (Yack, Sutton, & Aquilla, 2003).

촉각체계는 보호체계와 변별체계의 두 가지 목적이 있다. 보호체계는 변별체계보다 원시적인 것으로 위험하고 자극적일 수 있는 어떤 것을 접촉할 때 주의를 기울이도록 하여 잠재적인 위험에 적절하게 반응하게 한다. 변별체계는 접촉하고 있는 물건의 재질을 느끼게 한다. 즉, 부드러운 표면, 울퉁불퉁한 표면, 손가락 아래의 피아노 건반 등을 느끼는 능력은 모두 변별체계에 의존한다. 초기에는 보호체계가 우세하지만 신경계가 성숙해 감에 따라 점차 변별체계에 의존하게 된다. 촉각체계가 잘 기능하기 위해서는 보호체계와 변별체계 간에 균형유지가 필수적이다. 감각통합 과정에서 등록, 오리엔테이션, 해석, 감각조절 등이 정상적일 때에만 어떤 촉각이 위험한지, 좋은지, 무시할지, 탐색할지를 자동적으로 알게 된다.

촉각에 과잉반응을 보이는 아동들은 위험하지 않은 가벼운 촉감을 잠재적인 위험으로 해석하여 반응하기도 한다. 이러한 아동들은 가정과 학교생활에서 환경으로부터 촉각 자극을 받아들이는 데 유연하지 못하기 때문에 불안, 통제, 공격성, 반항성을 보인다. 이로 인해 불필요한 반응에 에너지를 소모하기 때문에 학습이나 또래와의 상호작용에 필요한 에너지와 주의집중력이 더욱 떨어지게 된다. 촉각에 과소반응을 보이는 아동들은 촉각 각성이 낮아서 매우 긴장한 경우를 제외하고는 촉감을 등록하거나 인식하지 못하기 때문에 벌레가 자신의 피부 위에 기어가는 것도 느끼지 못한다 (Heflin & Alaimo, 2007). 이런 아동은 물체가 닿은 피부에 대한 적절한 피드백을 얻지 못하여 신체 인식과 운동계획의 발달에 상당한 어려움을 겪는다. 또한 불충분한 촉각

변별을 경험한 아동들은 촉각을 등록하기는 하지만 접촉하고 있는 사물의 특징을 알지 못하는 것처럼 보인다. 촉각에 과소반응하는 아동 중 일부는 촉각에 대한 지연된 반응을 보일 수도 있다. 예를 들어, 칼에 의한 자상이나 화상으로 인한 통증을 발생 당시에는 느끼지 못하다가 몇 시간이 지난 후에 느끼기도 한다. 어떤 아동은 과도한 양의 촉감을 위해 머리카락, 스타킹, 옷 등을 포함하여 모든 것을 만지려고 한다. 아동의 삶에 있어 촉각은 매우 중요한 요소로서 다양한 촉감에 적절히 반응하지 못하는 것은 많은 기술을 발달시키는 능력을 심각하게 방해할 수 있다. 또한 촉각에 대해 불편하게 반응하는 아동은 사회성 발달과 정서발달에 부정적 영향을 미칠 가능성이 매우 높다(Yack, Sutton, & Aquilla, 2003). 촉각에 대한 높은 역치를 보이는 자폐성장애 아동들은 낮은 감각 자극에 반응하지 않기 때문에 울타리나 벽을 손바닥으로 대고 달리는 것과 같은 자극추구행동을 보인다. 반대로 낮은 역치를 보이는 자폐성장애 아동들은 다른 사람이 자신을 만지거나 옷의 상표가 자신의 목에 닿는 것에 대해 지나치게 민감하게 반응하는 촉각방어(tactile defensiveness)를 보인다. 자폐성장애 아동의 약 40%는 촉각에 대한 과잉반응과 과소반응을 동시에 보인다.

6) 전정감각체계

전정감각체계는 모든 활동의 기초가 되는 움직임, 중력, 머리의 위치 변화 등에 대한 정보를 제공하여 움직임의 방향, 속도, 정지 및 상태 등을 알게 한다. 또한 움직임이 있을 때는 눈을 고정하도록 도와주며, 주변 사물이 움직이고 있는지 아니면 정지되어 있는지를 알게 된다. 전정감각체계를 통하여 중력과의 관계를 발달시키며, 눈으로 보고 있지 않더라도 수직과 수평 상태에 대해 알게 된다. Ayres(1979)는 전정감각체계가 다른 모든 감각체계를 조절하는 데 결정적인 역할을 하며, 촉진과 억제의 과정을 돕는다고 하였다. 전정감각체계에서 정보를 정확하게 처리해야만 눈을 적절하게 사용하고, 자세를 준비하며, 균형을 유지하고, 활동을 계획하며, 움직이고, 안정시키는 행동을 조절할 수 있다. 전정감각체계는 태어나기 전에 발달하며 삶을 통해 계획해서 활용되고 정교화된다. 전정감각 수용기는 내이(반규관, 난형낭, 구형낭)에 있으며, 귀 안에서 액체가 움직임에 따라 중력의 변화와 움직임의 다른 형태를 감지할 수 있는 모세포가 변하게 된다.

전정감각체계는 청각체계와 매우 밀접한 관련이 있는데, 두 체계 모두 진동에 반응한다. 청각 수용기는 중력 수용체로 진화하여 오늘날 인간에게 약간의 신경결합으로 남아 있다. 청각과 전정감각체계는 서로 연결되어 있어서 아동이 움직이는 활동에 참여하면 소리나 표현 언어가 증가하는 것을 관찰할 수 있다. 즉, 아이가 흔들리고 있을 때 더 많이 재잘거리고 언어발달이 지연된 아동에게 점프, 달리기, 텀블링 등을 하면 좀 더 말을 많이 하게 된다.

시각체계와 전정감각체계 역시 밀접한 관련이 있다. 전정감각체계는 눈이 사물을 쫓아가고 초점을 맞추는 것을 포함하여 눈의 움직임 발달에 중요한 영향을 미친다. 전정감각체계와 시각체계 모두 신체를 유지하고 바르게 서있는 데 도움을 준다. 전정감각체계의 정보는 근긴장과 과제를 수행하기 위한 근육을 준비하는 데 필요하며, 근긴장도는 자세 유지와 움직임에 필요하고, 근긴장을 조절하는 능력은 더 많은 근력을 사용하는 활동을 하는 데 필요하다. 전정감각체계는 보호와 변별기능을 모두 가진다. 움직이는 보트에 서 있는 사람은 보트가 불안정하다는 것을 등록하고 자동적으로 무게중심을 낮추기 위해 발을 좀 더 넓게 벌리고 팔을 벌려서 안정성을 확보한다. 이와 같이 전정감각체계는 움직임 속도에 대한 증가와 감소, 회전 등을 변별하게 하여 느리거나 빠르거나 율동적인 움직임을 파악하게 한다. 느린 흔들림과 같은 전정감각은 신경계에 안정감을 줄 수 있지만 빠른 움직임과 같은 전정감각은 신경계를 흥분시킬 수도 있다.

전정감각체계의 정보처리 과정에 어려움을 겪는 아동은 전정감각에 대한 과소반응 또는 과잉반응을 보이거나 두 가지 반응을 함께 보일 수도 있다. 전정감각에 대해 과잉반응을 보이는 아동은 중력과 위치의 변화에 대해 두려움을 보인다. 이들은 변화를 잠재적 위험으로 해석하는 중력불안을 보이기 때문에 높은 곳이나 발이 땅에서 떨어지거나 몸의 중심이 바뀌는 것을 싫어한다. 이들은 계단을 오르내리거나 놀이기구를 타는 것을 피하며, 특히 머리의 위치가 변하는 것을 참지 못하며, 머리가 뒤로 기울어질 때 이러한 현상이 더욱 심하게 나타난다. 어떤 아동은 특정한 형태의 움직임을 불편하게 느끼기는 하나 위험하다고 생각하지는 않는다. 이들은 움직임으로 인한 어지럼, 메스꺼움을 느끼기 때문에 자동차, 엘리베이터, 그네, 놀이기구 등을 탈 때 멀미나 불편함을 호소한다(Yack, Sutton, & Aquilla, 2003).

중력의 변화와 움직임에 대한 과잉반응은 발달에 있어서 부정적인 영향을 미친다.

그래서 많은 두려움을 유발하는 자전거 타기, 인라인스케이트 타기 등의 활동을 회피하려고 한다. 이러한 활동이 부족하면 대·소근육 운동 기술 발달에 부정적인 영향을 준다. 중력불안 아동은 대근육 운동보다 안정된 상태에서 활동할 수 있는 소근육 운동을 더 좋아한다. 아동이 움직임이 무섭거나 불편한 것으로 생각한다면 불안하기 때문에 자신의 움직임을 억제하려고 할 수 있다. 일반아동에게는 흔들림이나 율동적인 움직임에 전정감각이 안정감과 조직화를 제공해 주지만 움직임에 과잉반응을 보이는 아동은 무서움과 혼란스러움을 느낄 수도 있다. 이와 반대로 움직임을 갈망하는 아동들은 항상 움직이며 가만히 있지 못해 기어오르기, 부딪치기, 뛰어오르기, 떨어지기, 뒹굴기 등의 활동을 한다. 이것은 움직임을 적절하게 등록하지 못하거나 신경계가 명료한 의식상태와 조직화를 유지하기 위해 과도한 양의 움직임을 요구하는 것으로 보인다. 이들은 일정 시간 동안 주의집중을 유지하는 것이 어렵기 때문에 새로운 기술에 주의집중하고 학습하는 능력을 방해한다. 이들은 다른 감각체계들로 인한 불편한 감각을 차단하기 위해 특정 형태의 움직임을 추구하기도 한다. 즉, 느린 흔들림, 일정 선상에서의 활동, 반복적이고 율동적인 움직임은 신경계를 안정시키는 효과가 있으며, 감각 입력에 대한 과잉반응을 감소시킬 수 있다.

전정감각의 입력에 과소반응을 보이는 아동은 중력을 인지하지 못하거나 움직임을 적절하게 등록하지 못할 수도 있다. 이런 아동은 놀이 활동 중에 기어오르거나 뛰어오를 때 위험을 인식하지 못하므로 교사들이 관심을 가지고 지켜보아야 한다. 전정감각장애는 모든 감각체계를 조절하는 역할을 하므로 감각조절장애의 원인이 될 수 있다. 전정감각장애로 인한 행동 양상에는 감각입력에 대한 일관성 없는 반응, 정서적 불안정, 부적절한 각성상태, 주의집중의 유지 및 이동에 대한 어려움 등이 있다. 안정감을 발달시키기 위해서는 중력에 적응하는 능력을 반드시 성취해야 하며, 아동기에 다양한 놀이 활동에 참여하기 위해서는 움직임에 익숙해져야 하므로 이것은 발달에 있어서 매우 중요하다(Yack, Sutton, & Aquilla, 2003).

전정감각에 대한 낮은 역치를 보이는 자폐성장애 아동은 쉽게 차멀미를 하고, 움직이는 속도나 방향 변화를 힘들어하며, 높이 뛰거나 구르는 것을 두려워하기 때문에 다른 사람이나 사물에 의지하려고 한다. 이들은 중력불안(gravitational insecurity)을 보이기 때문에 머리가 움직이는 활동을 거부하고, 조금 움직인 뒤에는 방향감각을 잃는다. 반대로 높은 역치를 보이는 자폐성장애 아동은 몸을 앞뒤로 흔들기, 좌우로 흔들기,

회전하기, 머리 흔들기 등과 같은 전정감각체계 자극추구행동을 보이며, 오랜 시간을 반복적으로 움직여도 전혀 어지러워하지 않는다(Heflin & Alaimo, 2007).

7) 고유수용감각체계

고유수용감각체계는 자신의 신체 위치를 무의식적으로 인지하는 것으로, 신체 부위의 위치, 신체 부위 간의 관계, 다른 사람이나 사물과 신체 부위 간의 관계 등에 대한 위치 정보를 알게 한다. 고유수용감각체계의 수용기는 근육, 건, 인대, 관절낭, 결합조직에 위치한다. 고유수용감각 수용기는 움직임과 중력에 반응하며, 전정감각체계와 고유수용감각체계의 기능 대부분이 서로 중복되기 때문에 두 체계를 완전히 분리할 수 없다. 고유수용감각에 의해서 촉감을 느끼고 움직임을 경험할 수 있다. 우리가 손 안에 사각 블록을 쥐고 있을 때 블록을 싸고 있는 피부, 근육, 관절의 자세는 물체에 대한 정보를 제공해 준다.

고유수용감각체계는 신체에 대한 무의식적 인지를 제공하여 신체도식(body scheme)이나 신체지도(body map)를 형성하고, 뇌의 각성상태를 조절하도록 도와준다. 이러한 고유수용감각은 레슬링, 줄다리기, 샌드백 때리기, 무거운 수레 끌기, 바삭거리는 음식 씹기 등과 같은 근육을 격렬하게 사용하는 활동을 통해 제공된다. 이러한 고유수용감각 활동은 신경계에 과부하를 거의 주지 않으며, 어떤 감각은 각각의 신경계에 따라 안정과 경계 능력 모두를 나타낼 수 있다. 예를 들어, 책상에서 장시간 일하다가 졸리면 각성상태를 높이기 위해 자리에서 일어나 스트레칭을 하는 것이다. 고유수용감각의 입력은 다른 감각에 대해 과잉반응하는 것을 감소시키는 데 도움이 된다. 대부분의 사람은 불편한 감각을 차단하기 위해 무의식적으로 고유수용감각 입력을 사용한다. 예를 들어, 교사가 칠판에 글을 쓰다가 분필이 부러지면서 불쾌한 소리가 난다면, 소리를 차단하기 위해 어깨나 팔을 긴장하면서 이를 악물게 된다.

고유수용감각장애 아동은 관절, 건, 인대, 결합조직으로부터의 정보를 적절하게 수용하거나 처리하지 못하기 때문에 대부분 촉각체계나 전정감각체계의 장애를 동반한다. 이들은 자전거를 타거나 에스컬레이터를 타고 올라갈 때 정확한 신체 위치를 잡지 못하며, 신체 자세를 변경하는 것을 두려워하기 때문에 놀이 활동을 하는 데 어려움을 보이기도 한다. 이들은 장난감을 적절하게 가지고 노는 것이 어려울 수 있는데 이것은 장난감을 적절하게 움직이고 조절하기 위해 자신의 몸을 어떻게 조절해야 하는지 몰라서 불안해하기 때문이다. 고유수용감각 입력처리과정에서 어려움을 보이는 하나의 지표는 물건을 잡고 있거나 움직이는 데 필요한 힘의 양을 조절하는 것이 어렵다는 것이다. 이들은 물체를 자주 깨뜨리거나 글씨를 지저분하게 쓰거나 글을 너무 흐리게 써서 읽기 어렵거나 너무 힘이 많이 들어가 힘겨워 보일 수도 있다. 고유수용감각 입력에 대해 과소반응을 보이는 아동은 공간에서 자신의 신체가 어디에 위치하는지에 대한 지각 향상을 위해 부가적인 고유수용감각을 입력하여 신체 지각과 안정감을 증가시키기도 한다. 이들은 입력된 고유수용감각을 적절하게 수용하지 못하거나 다른 감각에 대한 과민성을 감소시키기 위해 고유수용감각 자극을 사용하기 때문에 고유수용감각의 지속적인 입력이 요구된다. 그래서 소파나 의자에 등을 부딪치거나 흔들거리는 것을 좋아하며, 침대나 소파에서 뛰어내리기, 가구 사이에 끼기, 무거운 담요 밑에 숨는 것을 좋아한다. 대부분의 아동은 신경계를 조절하기 위해 고유수용감각 입력을 본능적으로 사용하고 있으며, 고유수용감각 입력에 적절하게 반응하는 능력은 운동발달에 매우 중요하다(Yack, Sutton, & Aquilla, 2003).

고유수용감각에 어려움이 있는 자폐성장애 아동은 대・소근육 모두에 문제를 보일 수 있다. 이들은 자세가 불안정하고, 자주 부딪치며, 거울을 볼 때 혼동하기도 하며, 의자에 앉거나 일어서는 것을 힘들어하며, 계단을 오르내리는 것을 힘들어하기도 한다(Heflin & Alaimo, 2007).

3. 감각통합의 형성단계와 발생과정

1) 감각통합의 형성단계

Ayres(1979)는 기본 감각이 인지과정으로 형성되는 감각행동 발달 모델을 네 가지 수준으로 규명하여 단계적으로 제시하였다. 가장 먼저 필요한 것이 이러한 감각의 적절한 자극과 수용기에서 두뇌로 신호가 잘 전달되는 것이다. 즉, 감각통합의 순서는 청각, 전정감각, 고유수용감각, 촉각, 시각 등의 감각들이 적절한 자극을 통해 수용기로부터 두뇌에 이르기까지 신경 자극이 잘 전달된 후 두뇌가 이 감각들을 잘 조직하

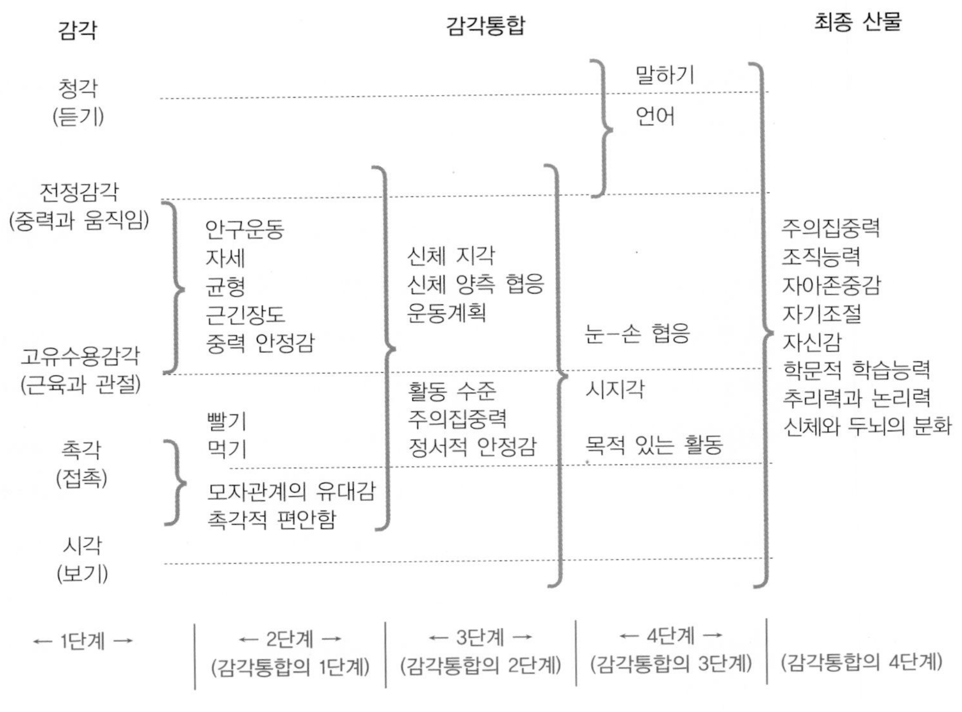

[그림 6-1] **감각통합의 과정**

출처: Ayres(1979).

고 행동 명령을 내려 신체가 잘 수행하도록 하는 순서로 진행된다. 하지만 감각통합장애가 있는 아동은 이러한 상황에서 감각 신호의 통합이 원활하게 이루어지지 못한다. [그림 6-1]에서 보는 바와 같이 감각통합 과정을 잘 나타내기 위하여 대괄호를 사용하였다. 대괄호의 의미는 그 기능들이 갑자기 도약하는 것이 아니라 모든 것이 함께 발달하며 통합된다는 것을 의미한다.

(1) 감각통합의 1단계

감각통합의 1단계는 생후 2개월까지로 두 개의 대괄호로 나누어져 있는데, 촉각 다음에 있는 대괄호는 피부의 접촉을 통하여 빨고 먹는 것, 모자관계의 유대감을 형성하는 것, 촉각적 편안함을 느끼는 것 등을 의미한다. 또한 전정감각과 고유수용감각의 통합이 눈동자의 운동을 잘하게 하고, 바른 자세를 가지며, 신체적 균형을 유지하고, 근긴장도를 잘 조절하고, 중력 안정감을 갖도록 도와준다.

(2) 감각통합의 2단계

감각통합의 2단계는 1세까지 발달하며 촉각, 전정감각, 고유수용감각 등의 세 가지 기본 감각이 신체 지각, 신체 양측의 협응, 운동계획, 활동 수준, 주의집중력, 정서적 안정감으로 통합된다. 대괄호는 시각과 청각이 이와 같은 기능을 발달시키는 데 크게 영향을 주지 않는다는 것을 의미하며, 아동이 보고 들을 수는 있으나 신경계의 조직화는 보다 기본적인 감각에 의해 이루어진다는 것을 보여 준다.

(3) 감각통합의 3단계

감각통합의 3단계는 3세까지 발달하며 이 단계부터 청각과 시각이 통합과정에 포함된다. 청각과 보다 발달한 전정감각은 아동이 언어를 말하고 이해하는 것과 관련된 기능에 신체지각이 통합된 것이다. 시각은 아동의 정확하고 세밀한 시지각과 눈-손 협응을 위해 세 가지 기본 감각과 통합된다. 이 단계에 도달하여야 아동은 숟가락이나 포크로 음식을 먹고, 그림을 그리고, 물건의 일부를 손에 쥐고 다니는 것과 같은 목적 있는 활동을 수행할 수 있다.

(4) 감각통합의 4단계

감각통합의 4단계가 되면 두뇌 전체의 기능을 형성하기 위하여 모든 것이 함께 기능하게 된다. 이 단계에서는 앞의 세 가지 단계에서 일어난 모든 감각처리의 최종 산물이 나타난다. 주의집중 능력과 조직 능력은 학습능력의 주요한 부분이며, 자아존중감, 자기조절, 자신감은 감각-운동 요인들로부터 만들어지는 자신의 신체에 대한 느낌과 충분한 신경학적 통합으로 인한 결과물이다. 목적 있는 활동을 수행하기 위해 신체의 양측을 함께 사용한다는 것은 신체와 두뇌의 분화가 자연스럽게 이루어졌음을 의미한다. 감각통합의 4단계는 감각통합의 최종 산물을 필요로 하는 초등학교 입학 시기까지 잘 발달되어 있어야 한다. 즉, 아동은 좀 더 많은 사람과 물건을 다루어야 하므로 조직능력과 주의집중력이 필요하게 된다. 감각을 조직화하지 못하는 두뇌는 문자나 숫자 역시 조직화할 수 없다. 또한 자아존중감, 자기조절, 자신감은 다른 사람과의 사회적 관계에서 매우 중요하며, 자기 자신에 대한 이러한 감정은 수많은 감각과 그 이전의 신경학적 통합 없이는 가질 수 없는 것이다(Ayres, 1979).

이러한 기능은 하루아침에 이루어지는 것이 아니라 영유아기 및 아동기 전반을 통해 감각통합의 각 단계가 발달한다. 생후 2개월까지는 1단계가 가장 많이 일어나며, 2단계는 아주 조금 일어나며 3단계는 거의 일어나지 않는다. 1세경에는 1, 2단계가 가장 중요하며, 점차 3단계가 중요한 비중을 차지하게 된다. 3세경에는 1, 2, 3단계가 여전히 작용을 하며, 4단계가 시작된다. 6세가 되면 1단계가 완성되고, 2단계의 대부분이 완성되며, 3단계가 활발하게 작용하면서 점차 4단계가 중요해진다(Ayres, 1979).

2) 감각통합의 발생과정

Williamson과 Anzalone(1996)은 감각통합의 발생과정을 감각등록, 오리엔테이션, 해석, 반응의 조직화, 반응의 실행 등과 같은 5단계로 제시하였다.

(1) 감각등록

감각등록은 우리가 감각 정보를 인식할 때 처음 발생한다. 예를 들면, '무엇인가가 나를 건드리고 있다' 또는 '무엇인가 들린다' 하고 느낄 때를 말한다. 우리는 감각 입력이 특정한 역치나 강도에 이를 때까지 인식을 하지 못할 수도 있다. 감각역치는 하루의 일과 중에서도 일정하지 않으며, 이전에 경험한 각각의 감정적 경험들에 따라 달라질 수 있으며, 각성 수준이나 스트레스 수준 등에 따라 변화할 수 있다. 만약 각성 수준이 높거나 불안한 상태이면 감각역치는 낮아지게 되어서 평상시에는 무시하고 지나칠 수 있는 감각 정보를 등록하게 된다.

자폐성장애 아동은 감각 정보를 지나치게 등록하거나 과민반응을 보이기도 한다. 어떤 아동은 아주 작은 소리를 듣기도 하고, 어떤 아동은 어떤 옷의 질감을 마치 사포로 문지르는 것처럼 느껴진다고 말하기도 한다. Kientz와 Dunn(1997)은 감각 프로파일 질문지를 사용하여 자폐성장애 아동과 일반아동의 행동을 비교한 결과, 항목의 85%에서 차이가 있는 것을 발견하였으며, 촉각과 청각 자극에 과민 감각을 가지고 있는 경우가 가장 많았다. 즉, 만지는 것과 소리에 대한 과민 감각은 자폐성장애 성인에게서도 일반적으로 나타난다. 반대로 자폐성장애 아동 및 성인의 일부는 감각 정보를 적게 등록하기도 한다. 누군가가 부르는 소리에 주의를 하지 못하며, 다른 아동들과 같이 통증을 느끼지 못하고, 단지 감각 자극이 매우 높게 주어졌을 때만 반응을 하기도 한다.

감각 입력에 대한 반응은 일관성이 없으며 일상생활에서 변경된다는 것을 아는 것이 중요하다. 또한 감각 입력에 과소반응을 나타내는 아동들은 실제로는 감각 자극에 대단히 민감할 수도 있다. 즉, 자신의 신경계에 입력되는 감각 자극으로부터 자기 자신을 보호하기 위해 감각을 차단하여서 과소반응을 보일 수 있다. 자폐성장애 아동이 보일 수 있는 과잉반응과 과소반응의 예는 〈표 6-1〉과 같다.

표 6-1 **과잉반응과 과소반응의 예**

과잉반응의 예	과소반응의 예
• 특정 소리에 대한 괴로움을 보임 • 빛에 대한 민감성을 보임 • 특정 촉감에 대한 불쾌감을 보임 • 특정 냄새와 맛을 싫어함 • 움직임과 높은 곳에 대한 비정상적인 공포를 보임 • 빈번하게 깜짝 놀라는 반응을 보임	• 갑작스러운 소리나 큰 소리를 인식하지 못함 • 부딪힐 때 고통, 타박상, 찰과상을 인식하지 못함 • 깜짝 놀라는 반응이 없음 • 환경, 사람, 물건에 대한 주의가 부족함 • 과도하게 빙빙 돌아도 어지럽지 않음 • 특정 자극에 대한 지연된 반응을 보임

(2) 오리엔테이션

감각 오리엔테이션은 새롭게 전달된 감각 정보에 주의를 기울이는 것이다. 어떤 것이 내 팔을 건드리고 있다든지 머리 주위에서 어떤 것이 윙윙거리는 소리를 듣는 것과 같은 것이다. 우리는 특정 감각에 대해 감각 조절 그리고 억제와 촉진의 기능을 통해서 주의를 집중할 것인지 무시할 것인지를 결정한다. 뇌는 효율적으로 기능하기 위해 들어온 감각 정보를 조절하거나 균형을 이루도록 되어 있다. 우리는 주변의 환경 내에서 모든 감각 자극에 주의하는 것이 불가능하기 때문에 특정 상황에서 적절한 자극을 선택할 수 없다. 예를 들어, 전화통화를 할 때 우리의 뇌는 상대방의 목소리를 듣기 위해 주의를 기울이게 되고, 주변의 텔레비전 소리와 같은 다른 불필요한 감각 정보를 무시하는 것과 같다.

감각 조절은 뇌의 활동 수준을 조절하는 데 필요하다. Ayres(1979)는 음량 조절과 감각 조절의 과정을 비교하여 설명하였다. 전달받은 감각 정보가 지나치게 클 경우에 뇌는 정보의 흐름을 억제하거나 감소시킬 수 있다. 이러한 신경학적 억제의 과정은 의미 없는 감각들에게 주의를 기울이는 것을 방지한다. 억제의 과정이 우리가 통화에 주의집중하고 텔레비전에서 나는 소리를 무시하도록 한다. 반대로 음량을 높일 필요가 있을 때에는 촉진에 의지한다. 때로는 의미 있는 감각들에 반응하기 위해 도움이 필요하며 이것은 신경학적 촉진 과정이 활성화될 때이다. 예를 들어, 수업시간에 선생님의 목소리에 적절하게 주의를 기울이지 못할 때에는 촉구를 통해 말하는 사람의 목소리에 주의를 기울일 수 있도록 도와준다. 즉, 감각 조절은 무의식적으로 발생하며 억제와 촉진 사이의 균형이 이루어질 때 나타나는 결과이다. 하지만 자폐성장애 아동은 부적절한 감각 조절을 보인다. 불규칙한 감각등록과 오리엔테이션은 억제와 촉진 과정을 방해할 수 있다. 어떤 자폐성장애 아동은 얼굴에 불어오는 바람이나 먼지와 같은 무의미한 감각에 주의집중하기 때문에 다른 사람의 언어적 지시를 따르거나 상호작용을 하는 것이 어렵다. 또한 특정 감각에 압도당하여 불편함을 느낄 수 있으며, 두려움과 불안을 보이기도 한다.

(3) 해석

두뇌는 감각 정보를 해석하고 이것의 질을 평가한다. 감각 정보를 해석하는 능력은 어떻게 반응할 것인지와 이것이 어떤 것인지를 결정하도록 한다. 새로운 감각 경험들을 과거의 경험들과 비교한다. 언어, 기억, 감정 중추 등이 해석과정에 참여한다. 신경계는 위험한 감각 입력에 자신을 보호하는 반응을 하도록 설정되어 있다. 즉, 위험한 상황에서 놀라거나 도망가는 것은 잠재된 위험으로부터 자신의 신체를 보호하기 위한 신경계의 반응이다. 자폐성장애 아동의 불규칙한 언어, 기억, 감정 발달은 감각 정보를 해석하는 능력을 방해한다. 감각 경험은 적절하게 분류되어 기억되거나 망각될 수도 있다. 자폐성장애 아동은 감각 등록과 오리엔테이션 단계에 문제가 있어 해석과정에 방해를 받는다. 만약 감각 입력이 왜곡되고, 일관성이 없으며, 너무 강하거나 약하다면 감각 정보를 적절하게 해석하는 것이 어렵다.

감각들은 계속해서 새롭거나 친숙하지 않는 것으로 해석될 수도 있다. 친근한 감각이 없을 때에는 세상은 혼란스러운 곳으로 느껴질 수 있다. 자폐성장애 아동과 성인은 환경의 변화에 적응하는 데 어려움이 갖고 있으며, 틀에 박힌 순서와 구조에 집착하게 하는 이유는 자신이 해석하기 어려운 다른 감각들이 쏟아지는 세상에서 예측 능력을 갖고자 노력하기 때문이다. 자폐성장애 아동은 보다 자주 감각 입력에 있어서 감각 방어를 보인다. 감각 방어란 일반적으로 해가 되지 않는 자극으로 감각에 부정적이거나 경계반응을 보이는 경향을 말한다. 아동은 모든 종류의 감각 입력이나 혹은 한 가지 특정 감각에만 방어할 수 있다. 방어반응들은 매우 다양하며 일관성이 없을 수 있다. Wilbarger와 Wilbarger(1991)는 전체 인구의 약 15%가 경도, 중등도, 중도의 감각 방어를 보인다고 하였다. 자폐성장애인의 감각 방어 발생 비율은 정확하게 알려져 있지는 않지만 그 수는 의미 있는 정도이며 행동에서 감각 방어의 영향을 자주 관찰할 수 있다.

자폐성장애 아동이 보일 수 있는 감각 방어 행동의 예는 〈표 6-2〉와 같다.

표 6-2 **감각 방어 행동의 예**

감각 방어 행동	예
촉각 방어	다른 사람이 자신을 만지는 것을 회피한다. 손이 더러워지는 놀이 활동을 싫어한다. 자신이 입고 있는 옷의 특정 질감이나 상표를 불편해 한다.
중력 불안	움직임과 자세 변화를 두려워하고 싫어한다. 자신의 머리 위치가 변경되는 것을 불편해 한다. 바닥에서 발이 떨어지는 것을 두려워한다.
청각 방어	큰 소리, 예상하지 못한 소리나 특정 소리에 과민하게 반응한다. 진공청소기나 헤어드라이기와 같이 큰 소리가 나는 전자제품을 두려워한다.
시각 방어	강한 빛이나 익숙하지 않은 형태의 빛에 과민한 반응을 보인다. 햇빛을 피하거나 눈을 가늘게 뜨고 본다. 다른 사람과의 눈맞춤을 피한다. 텔레비전이나 컴퓨터에서 나는 번쩍이는 빛을 싫어한다.
구강 방어	촉각, 냄새, 맛에 대한 과민 감각이 결합되어 나타난다. 특정 음식에 대한 질감과 형태를 싫어한다. 칫솔질과 얼굴을 씻는 것을 싫어한다.
기타 방어	냄새와 맛에 대한 과민 감각을 보인다. 물체나 다른 사람의 냄새를 맡으려고 한다. 특정 냄새에 구역질을 하기도 한다. 맛으로 음식의 질을 판단하려 한다.

감각 방어가 있는 아동은 자신이 싫어하는 감각들에 많이 노출됨으로써 높은 수준의 불안 상태에서 생활하기 때문에 과도하게 경계하고, 감각역치가 낮아짐으로써 감각 입력에 대해 더 민감하게 반응한다. 감각 방어가 있는 아동은 부정적인 반응들을 방지하기 위해 감각들을 회피하기도 하며, 대응 전략으로 특정 감각들을 추구하기도 한다. 심부-촉각 압박(deep-touch pressure)과 같은 특정 형태의 감각 입력은 감각 입력에 대한 과민반응을 감소시키는 데 도움을 줄 수 있다. 물체들에 부딪치기, 뛰어오르기, 베개나 가구 사이에 끼어 있기 등은 안정 혹은 조직화 전략이 될 수도 있다. 이들은 불편한 감각들을 막기 위해 특정한 형태의 감각추구행동들에 참여한다. 예를 들

면, 자극적이거나 예상하지 못한 소리들을 차단하기 위해 콧노래, 중얼거리는 행동을 하여 과도한 소리를 만들기도 한다.

(4) 반응의 조직화

두뇌는 입력된 감각 정보에 대해 반응이 필요한지 여부를 결정하고 신체적 반응, 정서적 반응, 인지적 반응을 선택한다. 등록, 오리엔테이션, 해석의 장애는 감각 입력에 대한 조직화 능력에 영향을 미친다. 감각 입력의 본질과 의미가 분명하지 않으면 감각 입력에 대해 적절한 반응을 조직할 수 없을 것이다. 어떤 경우에 감각 입력을 위험하다고 해석한다면 반응이 과장될 수도 있으며, 반대로 감각 입력이 등록되지 않으면 반응이 없을 것이다. 전반적 발달장애 아동은 불규칙한 인지 및 정서 발달이 있어 반응의 조직화 능력을 방해한다. 정서반응들은 과잉반응하거나 과소반응하며 주의집중의 유지, 반응 선택의 형성과 비교, 활동 시작 계획의 장애를 보인다.

(5) 반응의 실행

감각 입력에 대한 운동, 인지, 정서반응의 실행은 감각통합 과정의 최종 단계다. 두뇌는 신체 움직임과 촉각에 대한 정보를 전달받기 때문에 활동은 새로운 감각 경험들을 형성하고 과정이 다시 시작된다. 적절한 반응을 실행하는 능력은 사전의 구성 요소들과 적절한 운동계획 능력에 의존하기 때문에 손상된 운동계획 능력은 자폐성장애 아동의 특징으로 인식되고 있다. Greenspan과 Weider(1997)는 자폐성장애 아동 200명의 사례연구에서 100%가 특정 종류의 운동계획 장애를 경험한다고 보고하였다. 손상된 운동계획은 운동반응을 계획하고 실행하는 능력을 심각하게 방해한다. Hill과 Leary(1993)는 자폐성장애 아동이 파킨슨 증후군, 뚜렛 증후군, 긴장병을 포함한 다른 신경학적 장애들과 유사한 움직임장애를 보인다고 하였다. 움직임장애는 손상된 운동계획과 관련되며, 운동활동의 시작, 실행, 중지, 결합, 전환에 어려움이 있음을 반영한 것이라고 하였다. 그러므로 운동 관련 훈련을 할 때에는 순응하지 않은 아동이나 상동행동이나 자기자극 행동을 보이는 아동은 운동활동을 시작, 전환, 중지하는 것에 어려움을 보일 수 있다. 신체와 환경으로부터 전달된 감각 정보의 적절한 처리 과정이 운동활동을 효율적으로 실행하고, 조절하며, 변경하는 데 필요하기 때문에 손상된 감각통합은 이러한 운동계획장애의 원인이 되거나 관련이 있다.

4. 감각처리장애의 분류

감각처리(sensory processing)는 감각통합(sensory integration)의 최근 용어로 신체의 다양한 감각체계로부터 입력된 감각 정보를 두뇌에서 처리하는 능력을 말한다. 감각처리 과정은 감각 정보를 수용, 조절, 통합 및 조직하여 최종적인 적응행동 반응을 형성하는 단계로 구성되며, 이는 효율적인 학습 및 적응 행동을 형성하는 기초자료 제공자 역할을 한다. 감각처리장애(Sensory Processing Disorder)는 환경으로부터 받은 정보를 잘못 해석하여 발생하는 증상으로, 하나 또는 그 이상의 감각을 처리하여 과제를 적절하게 수행하는 데 어려움이 있기 때문에, 이 장애가 지속되면 학습능력 부진, 운동발달 지연, 부적응 행동 등으로 이어지게 된다(Arnwine, 2006). Miller 등(2007)은 감각처리장애를 [그림 6-2]에서와 같이 그 양상에 따라 감각조절장애(Sensory Modulation Disorder), 감각에 기초한 운동장애(Sensory-based Motor Disorder), 감각변별장애(Sensory Discrimination Disorder)의 세 가지로 분류하고 있다.

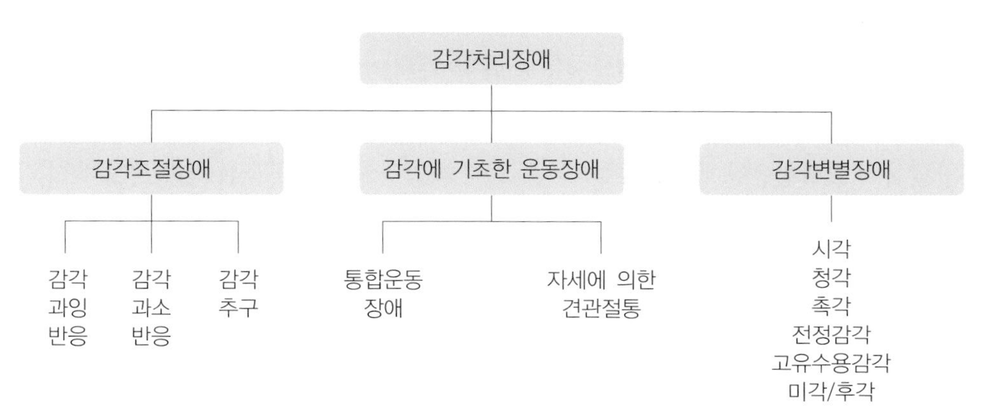

[그림 6-2] **감각처리장애의 분류**

출처: Miller et al. (2007).

1) 감각조절장애

감각조절장애는 환경이나 신체로부터 들어오는 일반적인 감각을 적절히 조절하지 못하여 과소 또는 과잉 반응을 하는 것으로, 감각조절장애의 증상을 구체적으로 기술하면 감각 과잉반응(sensory overresponsivity), 감각 과소반응(sensory underresponsivity), 감각추구(sensory seeking)의 형태로 구분할 수 있다(Miller et al., 2007). 감각 과잉반응은 주변의 감각 자극에 대해 일반적으로 나타나는 반응보다 과다하게 반응하여 자극을 회피하거나 두려워하는 양상으로 나타나며, 감각 과소반응은 입력된 감각을 잘 인식하지 못하거나, 기대보다 낮은 반응을 보이는 것을 말한다. 마지막으로 감각추구는 반응의 역치가 높아서 감각 자극을 더 많이 받기를 원하는 것으로, 감각을 지나치게 탐색하는 성향이 있어서 안전사고 등의 문제로 이어지기도 한다(Bundy et al., 2002).

2) 감각에 기초한 운동장애

감각에 기초한 운동장애는 자세 또는 협응이 어려운 것으로, 정상지능인데도 새로운 동작의 습득 및 모방이 서툰 양상을 보이며(Miller, 2006), 감각에 기초한 운동장애는 통합운동장애와 자세에 의한 견관절통 등의 두 가지로 나뉜다.

첫째, 통합운동장애는 익숙하지 않은 운동 행동을 수행하는 데 어려움을 보이는 것을 말하며 발달협응장애라고도 한다. 즉, 각각의 감각체계에 저장된 감각 정보에 의존하면서 하나의 일에 의식적인 관심을 기울이는 데 어려움이 있다. 이것은 소근육 운동과 대근육 운동 협응에 영향을 미치기 때문에 새로운 운동기술을 배우는 데 엄청난 반복이 필요하고 자신의 몸을 어떻게 움직일지에 대해 먼저 생각해야 한다.

둘째, 자세에 의한 견관절통은 주어진 운동 과제에 대해서나 환경에 대한 요구조건을 충족시키기 위해서 움직이는 동안이나 몸을 움직이지 않을 때 몸을 안정화시키는 것의 어려움을 말한다. 이들은 서투른 운동 통제, 서투른 안정성, 과잉 또는 과소 근긴장으로 인한 불균형으로 특징화된다. 자세 통제에 능숙하지 못한 아동은 중력에 맞선 움직임에 어려움을 보이며 책상에 주저앉거나 의자에서 떨어질 수도 있다(Boutot & Myles, 2011).

3) 감각변별장애

감각변별장애는 감각 자극의 차이점과 유사점을 구별하는 세부적인 것을 인식하는 데 어려움을 보이는 것이다. 감각변별장애 아동은 학습, 자아존중감, 정보처리 등을 할 때 추가적인 시간이 요구된다. 예를 들어, 시각변별이 어려운 아동은 자음 'ㄱ'과 'ㄴ'을 변별하는 데 어려움을 보일 수 있기 때문에 글을 읽는 것이 힘들 것이다. 이들은 자신이 또래보다 읽기 유창성이 떨어진다는 것을 의식하고 있기 때문에 이것이 자신감에 부정적인 영향을 미치고 자아존중감에도 나쁜 영향을 미칠 수 있다. 그래서 자신의 어려움을 감추기 위해 교실 내에서 부적절한 행동을 보이기도 하고, 어릿광대 연기를 통해 또래들에게 수용되려고 노력할 수도 있다. 이러한 아동들이 다양한 환경에서 성공적인 경험을 하기 위해서는 정서적 지원과 신체적 조정이 필요하다(Boutot & Myles, 2011).

5. 자폐성장애의 감각 · 지각 · 운동 평가

1) 단축형 감각 프로파일

단축형 감각 프로파일(Short Sensory Profile: SSP)은 일상생활에서 아동의 작업수행과 관련된 감각처리 능력을 평가하기 위한 도구로서 감각처리에 관련된 아동의 행동을 기초로 하여 개발되었으며(Dunn, 1999), 감각처리의 어려움이 있는 아동을 선별하기 위해 사용한다(McIntosh et al., 1999). 평가는 만 3~10세 11개월의 일반아동 및 모든 장애군 아동을 대상으로 보호자와 면담 및 설문조사 방법으로 실시하며, 검사 소요시간은 약 10분이다. 단축형 감각 프로파일의 내용은 아동의 일상생활에서 감각처리와 관련된 행동을 7개 영역으로 나누어 구성되어 있다. 검사 문항은 총 38문항이며, 문항의 구성은 촉각 민감성(tactile sensitivity) 7문항, 맛/냄새 민감성(taste/smell sensitivity) 4문항, 움직임 민감성(movement sensitivity) 3문항, 과소반응/특정 자극 찾기(underresponsive/seeks sensation) 7문항, 청각 여과하기(auditory filtering) 6문항, 활력 부족/허약(low energy/weak) 6문항, 시각/청각 민감성(visual/auditory sensitivity) 5문

표 6-3 **단축형 감각 프로파일의 영역별 평가 결과**

영역 \ 결과	확실한 문제	문제 가능성	정상 반응
촉각 민감성	7~26	27~29	30~35
맛/냄새 민감성	4~11	12~14	15~20
움직임 민감성	3~10	11~12	13~15
과소반응/특정 자극 찾기	7~23	24~26	27~35
청각 여과하기	6~19	20~22	23~30
활력 부족/허약	6~23	24~25	26~30
시각/청각 민감성	5~15	16~18	19~25
총점	38~141	142~154	155~190

항 등으로 구성되어 있다. 자기 보고식의 설문지로 보호자가 아동 행동의 빈도를 각 항목에 따라 '항상 그렇다'면 1점, '전혀 그렇지 않다'면 5점으로 총점은 190점이다. 결과 해석은 총점이 38~141점은 확실한 문제(definite difference) 있음, 142~154점은 문제 가능성(probable difference) 있음, 155~190점은 정상 반응(typical performance)으로 판정한다(〈표 6-3〉 참조). 검사지의 모든 항목에서 점수가 낮을수록 바람직하지 않은 행동이고, 감각처리에 어려움이 있음을 의미한다. 평가 도구의 내적 일치도(Cronbach α)는 .70~.90이다(김미선, 2001). 단축형 감각 프로파일에 대한 구체적인 문항은 〈표 6-4〉와 같다.

Tomchek와 Dunn(2007)의 연구에서 자폐성장애 아동의 보호자들이 자녀가 일반 아동에 비해 '항상' 또는 '자주' 보인다고 50% 이상이 응답한 문항은 다음과 같다. 촉각 민감성 영역에서는 '몸단장을 하는 동안 괴로움을 표현한다'(64%), 맛/냄새 민감성 영역에서는 '어떤 특정한 맛의 음식만을 먹으려 한다'(52.7%), '식성이 까다로우며 음식의 질감에 특히 민감하다'(56.2%), 과소반응/특정 자극 찾기 영역에서는 '이상한 소리를 즐기거나 듣기 위해 소리를 내려고 한다'(52.0%), '계속 움직여서 일상생활을 방해한다'(70.5%), '움직이는 활동을 하는 동안 과도하게 흥분한다'(66.9%), '사람과 사물을 만지는 행동을 한다'(62.3%), '놀이 활동에 방해가 될 만큼 한 가지 활동을 오래 하지 못하고 이것저것 한다'(61.9%), 청각 여과하기 영역에서는 '주변이 시끄러우면 활동하는데 문제가 있거나 산만해진다'(58.0%), '말하는 것을 듣지 않는 것처럼 보인다'(73.0%),

표 6-4 **단축형 감각 프로파일 문항**

• 응답 방법
아동의 감각 경험에 대한 아동의 반응과 행동을 표현한 38문항이 있습니다. 자세히 읽어 보신 후 아동의 행동 빈도를 가장 잘 나타내고 있는 부분에 표시해 주십시오. 모든 문항에 응답해 주십시오.

–항상: 기회가 주어졌을 때 아동이 항상(100%) 이런 행동을 보인다.
–자주: 기회가 주어졌을 때 아동이 자주(75%) 이런 행동을 보인다.
–종종: 기회가 주어졌을 때 아동이 종종(50%) 이런 행동을 보인다.
–가끔: 기회가 주어졌을 때 아동이 가끔(25%) 이런 행동을 보인다.
–전혀: 기회가 주어졌을 때 아동이 전혀(0%) 이런 행동을 보이지 않는다.

항목	촉각 민감성	항상 1	자주 2	종종 3	가끔 4	전혀 5
1	몸단장을 하는 동안 괴로움을 표현한다(예: 머리 다듬기, 세수하기, 손톱 깎기 등의 과정에 몸서리치거나 운다).					
2	더울 때는 소매가 긴 옷을 입으려 하고, 추울 때는 소매가 짧은 옷을 입으려고 한다.					
3	맨발로 걸어 다니는 것을 피하며, 특히 모래, 풀밭에서 맨발로 걷는 것을 싫어한다.					
4	자신의 몸에 다른 사람이나 사물이 닿는 것에 짜증을 내거나 화를 낸다.					
5	자신에게 물이 튀면 움츠리며 피한다.					
6	다른 사람과 가까이 서 있거나 줄을 서는 것을 어려워한다.					
7	사람이나 물건이 닿은 부위를 문지르거나 긁는다.					
	합계					

항목	맛/냄새 민감성	항상 1	자주 2	종종 3	가끔 4	전혀 5
8	일반아동들이 먹는 음식의 어떤 맛이나 냄새를 피한다.					
9	어떤 특정한 맛의 음식만을 먹으려 한다.					
10	특정 질감이나 온도의 음식을 먹지 않으려고 한다(예: 딱딱함, 부드러움, 물렁물렁한 질감이나 뜨겁거나 찬 음식을 먹지 않는다).					
11	식성이 까다로우며 음식의 질감에 특히 민감하다.					
	합계					

항목	움직임 민감성	항상 1	자주 2	종종 3	가끔 4	전혀 5
12	두 발이 땅에서 떨어지면 불안해하거나 무서워한다(예: 안아 올릴 때 무서워한다).					
13	높은 곳이나 높은 곳에서 뛰어내리는 것을 무서워한다.					
14	자신의 머리가 아래로 향하는 활동(예: 재주넘기, 거꾸로 들어 주기)을 싫어한다.					
	합계					

항목	과소반응/특정 자극 찾기	항상 1	자주 2	종종 3	가끔 4	전혀 5
15	이상한 소리를 즐기거나 듣기 위해 소리를 내려고 한다.					
16	계속 움직여서 일상생활을 방해한다(예: 앉아 있지 못하고 안절부절못한다).					
17	움직이는 활동을 하는 동안 과도하게 흥분한다.					
18	사람과 사물을 만지는 행동을 한다.					
19	얼굴이나 손에 무엇인가 묻었을 때 알아채지 못하는 것처럼 보인다.					
20	놀이 활동에 방해가 될 만큼 한 가지 활동을 오래 하지 못하고 이것저것 한다.					
21	자신이 입고 있는 옷이 꼬여 있어도 고쳐 입지 않는다.					
	합계					

항목	청각 여과하기	항상 1	자주 2	종종 3	가끔 4	전혀 5
22	주변이 시끄러우면 활동하는 데 문제가 있거나 산만해진다.					
23	말하는 것을 듣지 않는 것처럼 보인다(예: 상대방의 말에 반응을 보이지 않거나 무시하는 것처럼 보인다).					
24	주변에서 나는 소리(예: 환풍기 소리, 냉장고 소리) 때문에 놀이나 학습을 할 수 없다.					
25	라디오가 켜져 있으면 과제를 완성하는 것이 어렵다(하던 것을 완성하기 어렵다).					
26	청력에는 문제가 없으나 이름을 불러도 반응하지 않는다.					
27	주의집중하는 데 어려움이 있다.					
	합계					

항목	활력 부족/허약	항상 1	자주 2	종종 3	가끔 4	전혀 5
28	근력이 약해 보인다.					
29	쉽게 피곤해 한다. 특히 서 있거나 특정 자세를 유지할 때 피곤해 한다.					
30	손으로 물건을 잡는 힘이 약하다.					
31	무거운 물건을 들지 못한다(예: 또래에 비해 약하다).					
32	몸을 지탱하기 위해 활동하는 동안에도 기대어 있다.					
33	무엇을 할 때 쉽게 지치며 끈기가 없다.					
	합계					

항목	시각/청각 민감성	항상 1	자주 2	종종 3	가끔 4	전혀 5
34	예상치 못한 소리에 부적절하게 반응한다(예: 청소기 소리, 개 짖는 소리, 헤어드라이기 소리가 나면 숨거나 운다).					
35	특정한 소리가 나면 손으로 귀를 막는다.					
36	다른 사람은 적응할 수 있는 밝은 빛을 견디기 힘들어한다.					
37	실내에서 다른 사람들이 움직일 때마다 쳐다본다.					
38	빛으로부터 눈을 가리거나 감는다.					
	합계					

출처: Tomchek & Dunn(2007).

'청력에는 문제가 없으나 이름을 불러도 반응하지 않는다'(51.2%), '주의집중하는 데 어려움이 있다'(79.0%), 시각/청각 민감성 영역에서는 '예상치 못한 소리에 부적절하게 반응한다'(50.9%) 등으로 나타났다. 즉, 자폐성장애 아동은 일반아동에 비해 과소반응/특정 자극 찾기(7문항 중 5문항)와 청각 여과하기(6문항 중 4문항) 영역에서 많은 차이를 보였으며, 움직임 민감성과 활력 부족/허약 영역에서는 50% 이상 응답한 문항이 없었다.

6. 자폐성장애의 감각 · 지각 · 운동 관련 중재

자폐성장애의 특성은 세계적으로 많이 알려졌지만, 감각 이상이나 민감성은 자주 간과되고 있다. 자폐성장애 아동들이 보이는 자기 자극 행동이나 상동행동, 자해행동, 기타 특이한 행동들은 전정감각, 고유수용감각, 촉각, 시각, 청각, 후각 등의 다양한 감각 체계의 이상에 기인한 것으로 보인다. 특히 자폐성장애 아동의 경우, 심한 촉각방어나 청각 과민, 청각 정보처리과정에 심각한 문제를 보일 수도 있다. 이러한 감각 · 지각 · 운동의 문제를 개선하기 위한 중재법으로 신경생리학적 배경을 가진 감각통합과 청각통합훈련을 구체적으로 알아보고, 기타 관련 중재법을 간략하게 소개하고자 한다.

1) 감각통합

감각통합(Sensory Integration: SI)은 감각자극을 내적으로 정리하는 개인의 능력을 의미하며, Jean Ayres(1923~1988)가 고안하여 발전되어 왔다. 감각통합이란 환경에서 감각을 통해 얻는 정보를 수용, 통합, 해석, 정리, 연결하는 신경생리학적 과정이며, 뇌에서 감각 정보를 조직화하는 과정이다. 즉, 냄새 맡기, 듣기, 보기, 만지기, 맛 보기 등 여러 다른 감각 자극으로부터의 정보를 즉각적으로 동시에 처리하는 능력을 말한다. 이러한 감각통합에 장애가 있으면 두뇌가 환경으로부터 유입되는 감각자극들을 적절히 통합 및 조직화하지 못하여 발달, 정보처리, 행동 등의 다양한 문제를 일으키게 된다. 감각이 잘 조직화되고 통합되면 두뇌는 이 감각들로 지각을 형성하여 행동 및 학습에 활용할 수 있다.

감각통합 기능장애 아동들은 환경에 반응하지 않거나, 지나치게 예민하게 반응하거나, 더 높은 수준의 감각자극을 추구하기도 한다. Ayres(1979)는 감각통합 기능장애 아동들이 자극에 대한 과잉반응 또는 과소반응, 비정상적으로 높거나 낮은 활동 수준, 협응 문제, 말이나 언어 및 운동 기능에 있어서 발달지체, 행동문제, 빈약한 자아개념 등을 증상으로 보인다고 하였다. 감각통합 기능장애 아동들은 감각자극에 과잉반응 또는 과소반응을 보인다. 과잉반응을 보이는 아동은 두뇌의 감각영역에서 너무 많은 감각 정보를 수용하는 것이다. 이로 인하여 두뇌가 정보를 제대로 이해하지 못해 운동반응을 보이지 않거나 두뇌가 감각을 혐오스럽다고 생각함으로써 반응을 회피하게 된다. 이로 인하여 정서적으로 무기력감, 과잉행동, 주의력 결핍 등을 보이는 상태가 된다(Simpson et al., 2005).

Ayres의 감각통합은 전정감각, 고유수용성감각, 촉각 등의 감각을 특별하게 만들어진 중재 환경에서 제공하는 전통적인 감각통합 중재방법으로, 열 가지 중심 원리에 따라 아동 중심으로 중재한다(Parham et al., 2011). Ayres(1972)의 감각통합은 놀이를 통해 풍부한 감각활동을 제공하는 것을 기반으로 하여 아동이 자발적으로 참여하도록 이끌어 내고, 감각처리기능과 운동계획능력을 향상시킬 수 있는 감각활동을 제공하여 도전 환경에서의 의미 있는 적응 반응을 향상시키는 것을 목표로 한다.

자폐성장애 아동들은 복잡한 감각자극을 처리하는 데 문제가 있거나(Minshew et al., 1997), 감각통합 기능에 문제를 보일 가능성이 크며, 감각 영역이 두뇌의 정보처리 영역(시상 및 뇌간)으로부터 적절한 정보를 수용하는 데 어려움을 보여 행동과 반응이 손상을 받는다. 자폐성장애 아동은 특정한 유형의 소리 및 촉각 자극 등에 특별히 민감한 반응을 보이기 때문에 강한 압력 치료 매트나 매트리스로 아동을 말아서 압력을 가하는 것도 포함될 수 있다. 환경으로부터 유입된 감각자극(고유수용감각, 전정감각, 촉각 등)이 중추신경계에서 통합이 원활히 이루어지면 적응반응이 형성되고, 의미 있고 목적 있는 적응행동을 하게 된다. 앞에서 살펴본 일곱 가지의 감각체계 중에서 감각통합의 주요 대상은 고유수용감각체계, 전정감각체계, 촉각체계 등의 세 가지 영역이다. 이러한 세 가지 영역은 가장 큰 감각체계이면서 다른 감각체계들과 잘 연결되고 가장 많이 사용되기 때문에 다른 능력의 중심이 된다. 이러한 감각 욕구와 반응성을 향상시키기 위해 스쿠터 보드 타기, 그네 이용하기, 트램펄린에서 뛰기, 공 이용하기, 부드러운 빛을 이용하기, 여러 가지 색의 광선 사용하기, 마사지하기, 천으로 싸기, 공의자, 솔로 문지르기, 무게감 있는 조끼 등의 활동을 한다. 전정감각체계 및 고유수용감각체계를 촉진할 수 있는 활동의 구체적인 예는 〈표 6-5〉와 같다.

감각통합은 자폐성장애 아동을 포함하여 발달장애, 정서 · 행동장애, 중추신경계장애 아동의 지각, 운동, 행동, 정서, 인지능력의 향상에 많은 도움이 되는 중재로 인정받고 있다. 감각통합의 효과는 주변 환경의 감각 정보를 억제 및 조절할 수 있으며, 대 · 소근육 운동 발달, 일상생활 동작, 사회성, 언어, 인지, 학습 수행력을 향상함으로써 적절한 반응을 증가시켜 자신감과 자존감을 향상시킨다. Rimland와 Edelson(1995)은 미국의 자폐성장애 아동에게 사용되는 프로그램 중 1/4이 감각통합을 사용하고 있다고 하였다. 자폐성장애 아동이 보이는 감각처리의 어려움을 개선하기 위하여 60% 이상의 중재에서 감각통합 중재를 받는 것으로 보고되고 있다(Schaaf & Case-Smith, 2014). 그러나 Arendt 등(1991)이 감각통합이 효과적이었다는 연구들을 조사한 결과,

표 6-5 전정감각체계 및 고유수용감각체계 촉진 활동의 예

활동 영역	전정감각체계 촉진 활동	고유수용감각체계 촉진 활동
내용	• 바운싱: 큰 공, 매트리스 • 흔들기: 담요, 해먹, 그네 • 회전하기: 회전의자, 회전 원반, 스쿠터 보드, 외줄 그네 • 앞뒤로 흔들기: 흔들의자, 흔들 목마 • 올라가고 내려가기: 사다리, 놀이터의 오름대 • 장난감 타기: 네발 · 세발 · 두발 자전거, 스쿠터 보드, 인라인 스케이트, 퀵 보드 • 걷기, 달리기, 수영하기 • 물구나무서기 • 거친 신체 접촉하기: 레슬링, 씨름 • 실외놀이: 미끄럼, 시소, 롤러코스터 타기 • 놀이 활동: 사방치기, 공 주고받기, 축구, 하키, 술래잡기 • 진정 효과가 있는 자극 제공하기: 앞뒤로 흔들기, 한 방향으로 천천히 회전하기	• 계단 오르내리기, 미끄럼 타기 • 기어 다니기: 네 발로 장애물 통과하기 • 줄다리기: 밧줄, 스카프, 탄력 밴드 • 거친 신체 접촉하기: 레슬링, 씨름 • 밀고 당기기: 카트, 수레 밀고 당기기 • 받고 던지기: 무거운 공, 콩 주머니 • 발로 차기: 축구공, 큰 공, 작은 공 • 무거운 물건 나르기: 상자, 책 • 큰 공을 이용한 활동하기 • 스쿠터 보드를 이용한 활동하기 • 잘 빠지지 않는 장난감 빼기: 블록놀이 • 두드리고 반죽하기: 반죽놀이, 찰흙놀이 • 샌드백 및 펀치 볼 때리기 • 스트레칭하기, 관절 압박하기, 마사지하기 • 음식 깨물고 씹기: 껌, 젤리, 음식 • 무거운 조끼 입고 있기

출처: Yack, Sutton, & Aquilla(2003).

대부분의 연구에서 연구방법이 적절하지 않다는 것을 지적하였다. 즉, 감각통합은 자폐성장애 아동들이 보이는 감각장애를 중재하는 데 있어서 긍정적인 성과를 나타내기도 하지만, 아직 과학적인 효과가 증명되지 않았으며, 그 효과를 타당화하기 위해서는 더 많은 연구가 필요하다(Simpson et al., 2005).

감각통합 지원 전략 및 도구

자폐성장애 아동에게는 안정감을 느낄 수 있고 예측할 수 있는 환경을 제공하여야 한다. 예측 가능한 환경을 제공하는 것은 불안감을 줄이고 신경학적 정보처리과정을 최대화하고 상호작용과 학습을 도와줄 수 있다. 또한, 규칙성과 일관성은 아동이 안정감을 느끼는 학습 환경을 만드는 성공요인이 되며, 학습을 위해 필요한 위험요인들을 인내할 수 있도록 동기화하는 데 도움이 된다. 다음은 가정과 학교에서 적용할 수 있는 감각통합 지원 전략 및 도구의 일부이다(Yack, Sutton, & Aquilla, 2003).

1. 가정에서의 감각통합 지원 전략

- 아동 자신만의 도피처(예: 공기 의자, 작은 텐트, 베개 등)를 제공한다.
- 바닥에 부드러운 물건(예: 담요, 매트리스 등)을 깔아서 소리를 흡수한다.
- 주의집중력을 향상시키기 위해 주변의 소음 및 청각 자극을 줄인다.
- 무게감 있는 담요나 무거운 옷을 사용하여 진정하게 한다.
- 아동에게 적당한 형태와 적절한 양의 빛(밝기)을 준다.
- 타이머를 사용하여 활동의 시작과 끝을 알려 준다.
- 아동이 반응을 잘하는 음성, 음량, 근접성, 스타일 등을 파악한다.
- 힘을 사용하는 활동(예: 무거운 물건 들기, 카트 밀기, 식료품 운반하기 등)을 하게 한다.
- 아동이 좋아한다면 해먹을 달아 흔들어 준다.
- 물침대는 부드럽고 따뜻해서 안정과 이완을 시켜 준다.
- 아동이 잘 반응하는 색을 알아 둔다.
- 블라인드나 커튼을 사용하여 강한 빛을 막아 준다.
- 방은 부드러운 파스텔 톤으로 색칠하고 벽에는 빈 공간(여백)을 둔다.
- 잠을 잘 때, 아동의 몸을 동그랗게 만들어 주는 침낭을 제공한다.
- 청각이 예민한 아동에게는 조용한 장소에 침실을 만들어 준다.

2. 학교에서의 감각통합 지원 전략

- 구어로 정보를 제공하기보다는 시각적으로 정보를 제공한다.
- 시각적 혼란을 최소화할 수 있는 교실 환경을 구성한다.
- 아동의 독립성을 증가시키기 위해 사물을 지정된 장소에 둔다.
- 아동 스스로 자신의 행동을 진정시키는 것을 허락한다.
- 학교에서 생활할 때 무게감이 있는 조끼, 모자, 손목 보호대를 착용하게 한다.
- 다양한 동적 활동에 참여하게 하여 움직임을 증가시킨다.

- 대화할 때에는 사랑스럽고 안정된 어조로 한다.
- 새로운 활동을 학습할 때에는 강력한 감각구조를 활용한다.
- 활동을 시작할 때에는 신체적 촉진을 사용한다.
- 아동이 예기치 않은 큰 소리나 소음이 발생하지 않게 한다.
- 아동이 자유롭게 움직일 수 있는 시간을 제공한다.
- 교실 구석에 텐트와 젤(gel) 의자를 배치하여 아동이 휴식을 취할 수 있게 한다.
- 아동에게 학급 규칙을 일관성 있게 적용한다.
- 흔들의자를 제공하여 자신을 안정시키도록 한다.
- 아동 자신만의 밀폐된 공간을 제공하여 조용한 장소에 과제를 하도록 한다.
- 아동이 빛에 예민하다면 창가에 앉혀서는 안 되며, 선글라스를 착용할 수도 있다.
- 아동 자신이 편안하다고 느끼는 곳에서 과제를 수행하도록 한다.
- 아동이 좋아하는 음악을 사용하여 관심과 동기를 유발한다.
- 활동 전에 마사지나 신체적 압박을 해준다.
- 아동에게 껌이나 젤리를 제공하여 지속해서 구강운동을 하게 한다.
- 다른 아동과의 접촉을 싫어한다면 맨 앞이나 맨 뒤에 앉게 한다.
- 청각이 예민한 아동은 헤드폰을 착용하게 한다.
- 아동 스스로 음악을 켜거나 끄도록 하고, 소리의 크기도 조절하게 한다.
- 촉각이 예민한 아동은 놀이 활동을 할 때 장갑을 착용하게 한다.

3. 가정과 학교에서의 감각통합 지원 도구

- 실외의 큰 트램펄린
- 실내의 작은 트램펄린
- 대근육 운동, 튀는 공
- 그네, 사각 판 그네, 해먹, 슬링 그네, 원반형 그네
- 모래 주머니, 감각상자
- 텐트, 고무로 만든 움푹 파인 구멍, 쿠션을 댄 큰 상자, 안정감을 제공하는 은신처
- 커다란 베개, 낡은 매트리스에 충돌하고 부딪치기
- 놀이 활동 중에 던질 수 있는 무게감이 있는 물건(예: 콩 주머니, 물이 채워진 비치 볼)
- 손과 입을 위한 작은 장난감
- 스쿠터 보드
- 흔들판, 흔들의자
- 젤 의자, 공 의자
- 무거운 조끼, 무거운 무릎 책상, 무거운 손목 보호대

2) 청각통합훈련

청각통합훈련(Auditory Integration Training: AIT)은 프랑스의 이비인후과 의사 Berard(1993)가 소리의 민감성과 청각 처리과정의 결함을 보완함으로써 행동과 의사소통과 삶의 질을 향상시키는 목적으로 실시하는 중재법이다(Simpson et al., 2005). 이 중재법은 1960년대에 개발되었으나, 세계적으로 알려지게 된 계기는 George라는 미국의 자폐성장애 소녀를 통해서이다. 1991년 George의 어머니 Annabel Stehli가 자신의 딸이 AIT를 통해 어떻게 극적으로 회복되었는지에 대해서 쓴 『기적의 소리: 자폐증을 극복한 소녀의 이야기(The Sound of a Miracle: A Child's Triumph Over Autism)』이라는 책을 통하여 널리 알려지기 시작하였다. George는 12세에 AIT 치료 후 청각이 극적으로 정상화되어 치료 후 2개월 만에 일반학교에 통합되었고, 17세에는 완전히 치료되었다(Berard, 1993; Rimland & Edelson, 1994). 이후 AIT는 많은 대중매체에 소개되고 부모와 전문가들의 관심을 받게 되었다.

AIT의 훈련방법에는 버라드(Berard) 방법, 토마티스(Tomatis) 방법, 클라크(Clark) 방법의 세 가지가 있으나 버라드 방법이 가장 보편적으로 사용되고 있다. 버라드 방법은 자폐성장애 아동이 보이는 학습, 정서, 행동상의 문제들이 특정 주파수에서의 비정상적인 듣기 능력의 결과 때문에 발생할 수 있다고 가정하고, 아동의 청력도에 나타나는 최고점을 헤드폰을 통해 전기적으로 처리된 음악을 총 10시간(보통 10일 동안, 하루 오전과 오후에 각각 30분씩 2회기) 동안 들어 그 최고점을 없애도록 하는 것이었다. 다양한 임상 사례를 통하여 Berard 박사는 자신의 저서 『Audition egale comportement』(영문판 『Hearing equals behavior』)에서 인간의 행동은 주로 듣는 방식에 의해 조건화된다고 주장하였다(Berard, 1993; Berard & Brockett, 2011). Berard는 청각문제와 행동문제 사이에는 직접적인 관계가 있고, 듣기문제가 행동문제에 직접적인 영향을 미친다는 것이다. 또한 특정 주파수의 소리에 과민하거나 둔감한 청각은 난독증을 포함하여 학습문제와도 명백히 관련되며, 이와 같은 사실은 청각의 문제가 행동, 학습, 발달, 정서, 사회성에 영향을 주게 됨을 시사한다.

초기의 청각통합훈련은 보편적인 소리 민감성의 감소에만 효과가 있는 것으로 알려졌으나 소리 민감성이 없는 많은 사람에게도 효과가 있는 것으로 나타났다(Berard, 1993; Stehli, 1991). 청각통합훈련은 자폐성장애, 전반적 발달장애, 학습장애, ADHD,

이명, 난독증, 정서 · 행동장애를 포함하는 다양한 발달장애와 관련된 행동, 주의집중력 및 의사소통 결함을 낮추거나 개선하는 효과를 보였다(Berard, 1993; Edelson et al., 1999; Geffner et al., 1996). 그러나 AIT 효과에 대한 부정적인 경우도 많이 있고, 지지하는 증거도 주관적이고 비체계적인 부모들의 보고에 근거하고 있으며, 임상적으로 타당한 실험 연구를 통하여 입증되지 않았기 때문에 아직까지 논쟁의 여지가 있는 중재이다(Simpson et al., 2005).

3) 약물치료

자폐성장애의 구체적이고 개인적인 원인이 밝혀지지 않고, 원인에 대한 일치된 이론과 정설이 없는 상황에서 자폐성장애 아동에게 보편적인 효과를 나타낼 수 있는 약물을 개발하는 것도 불가능하다. 하지만 자폐성장애 아동들에게 사용되고 있는 약물은 부적절한 문제행동을 유발하는 역할을 하는 신체 내의 생화학 물질의 대사를 균형있게 조절해 줌으로써 간접적인 효과를 낼 수 있으며, 이는 특히 아동의 학습과 사회적 관계 형성에서 나타나는 문제행동과 심리적 긴장감, 충동적 행동을 조절해 주는 역할을 하고 있다(Simpson et al., 2005).

자폐성장애 아동의 치료에 많은 약물이 소개되고 있지만, 자폐 증상을 완전하게 치료하는 약물은 없으며 특정 행동에 대한 약물의 영향력에 관한 정보와 아동의 체질, 특성을 잘 이해하고 약물을 사용한다면, 언어, 인지, 학습, 일상생활 기술 습득에 문제가 되는 문제행동, 격한 감정 변화, 주의력 결핍, 과잉행동 등을 줄이는 효과를 기대할 수는 있다. 자폐성장애 아동에게 효과적인 약물로는 항경련제(anticonvulsants), 항우울제(antidepressants), 항히스타민제(antihistamines), 항고혈압제(antihypertensives), 항정신병제(antipsychotics), 불안제거제(anxiolytics), 베타 차단제(beta-blockers), 기분 안정제(mood stabilizers), 마취 길항제(opiate antagonists), 진정제(sedatives), 흥분제(stimulants) 등이 있다. 일반적으로 약물치료는 다른 중재법에 비해서 효과가 단시일 안에 관찰되기 때문에 이러한 기대감으로 인하여 남용되는 경향이 있다. 그러므로 의사가 아동에게 적절하다고 판단될 때에만 약물을 사용하여야 한다. 만약 학급에 약물을 복용하는 학생이 있다면, 교사는 아동에게 발생 가능한 약물의 부작용에 대해 사전에 알고 있어야 하며, 학교생활에서 관심을 가지고 지켜보아야 한다. 약물치료로 자폐성장애 아동이 보이는 주의력 결핍, 과잉행동, 강박적이거나 의식적 행동, 상동행동, 불안, 기분장애, 수면장애 등의 특정 증상을 완화하는 데 도움이 될 수 있지만, 자폐성장애 아동의 사회적 상호작용 및 의사소통 손상을 치료하는 특정 약물이 없다는 사실을 기억해야 한다. 그러므로 약물치료에만 전적으로 의존하기보다는 행동 중재와 같은 다른 중재와 함께 사용하는 것이 보다 효과적이다.

4) 광민감성 증후군

광민감성 증후군(Scotopic Sensitivity Syndrom: SSS)이라는 용어는 1983년에 Helen Irlen에 의해 처음으로 소개되었다. Irlen(1983)은 내재적인 시지각 기능장애가 광과민성으로 나타나는 것으로 이러한 기능 이상은 엷은 색을 넣은 렌즈 사용으로 최소화할 수 있다고 하였다. 이러한 광과민성은 빛의 근원, 반짝임, 강도, 형태, 파장, 색 대비 등에서 본질적인 어려움과 관련된 지각상의 기능 이상으로 설명된다. Irlen(1983)에 의하면 광과민성을 보이는 사람들은 느린 읽기 속도, 비효율적인 읽기, 빈약한 읽기 이해력, 지속해서 읽지 못함, 긴장과 피로, 야간 운전의 어려움 등을 보이는데, 이러한 광과민성을 치료하기 위하여 얼렌 렌즈(Irlen lens) 시스템을 개발하였다. Irlen은 색이 있는 필터를 사용함으로써 잘못된 지각을 교정해 주고, 감각자극을 감소시켜야 할 필요성을 제거해 주며, 환경 자극 때문에 세뇌되는 것을 막아 줌으로써 두뇌에서 처리할 수 있는 정보의 속도를 변화시킬 수 있다고 하였다(Simpson et al., 2005). Irlen은 읽기에 대한 피로도를 줄이고 읽기 성취도를 향상시키기 위해 색 렌즈나 색 투명 용지를 사용할 것을 제안하였다. 이러한 방법을 사용함으로써 읽기의 속도 및 정확도, 이해력이 향상될 수 있다고 하였다.

이러한 얼렌 안경은 학습장애 아동에게 주로 사용되었는데 최근에는 자폐성장애 아동에게도 도움이 된다는 주장이 제기되었다. 작가이자 자폐성장애인인 Donna Williams는 얼렌 안경을 착용한 후, 더 잘 집중하고 정상적으로 볼 수 있었으며 읽기가 더 유창해졌다고 보고함으로써 대중화되기 시작하였다. 하지만 이 방법은 관련 연구의 대부분의 학습장애 및 관련 읽기장애를 가진 사람들을 대상으로 이루어졌으며, 그 효율성을 입증할 수 있는 자료가 부족한 상황이다.

5) 조기통합치료 프로그램

조기통합치료 프로그램(Comprehensive integrated treatment program)은 자폐성장애 아동을 조기에 진단하여 발달적 놀이치료, 언어치료, 놀이치료, 작업치료, 마루놀이(floor time), 부모상담(parent counseling), 통합교육(integrated class), 특수교육, 약물치료 등과 같은 종합적인 치료과정을 제공하는 것이다. 미국의 조지워싱턴 대학교 소아정신과의 Stanley Greenspan 박사는 생후 18개월에서 30개월까지의 조기통합치료를 집중적으로 실시하여, 감각전달체계의 이상으로 나타난 사회적 의사소통 결손을 조기에 보완하고, 올바른 상호작용의 기능을 습득하게 하며, 또한 다양한 기술을 사전에 학습하여 학령기 때에는 일반아동들과 함께 교육받을 수 있도록 도와주어야 하는 조기통합치료 프로그램을 제시하였다. Greenspan 박사는 자신의 저서에서 자폐장애가 포함된 전반적 발달장애를 복합체계 발달장애(Multisystem Developmental Disorder)라는 새로운 진단명을 제시하면서, 장애아동들이 보이는 각종 감각체계와 신경전달체계의 조절기능장애(regulatory dysfunction)에 초점을 맞추었다. 아동들은 감각기능과 운동기능의 이상으로 인하여 부적응 행동을 보이게 되고, 특히 감각전달체계의 이상으로 인하여 환경에 대한 정확한 정보입력이 어려워서 사회적 상호작용을 적절하게 발휘하지 못하게 되어 사람, 사물, 환경과의 관계형성에 어려움을 보이게 된다는 것을 가정하였다. 이 프로그램은 기존의 응용행동분석과 TEACCH 외에 다른 특수교육 모델을 도입하였으나, 아직 조기통합치료 프로그램의 효과가 광범위하게 검증되지는 못했다.

6) 촉각훈련

자폐성장애 아동은 다음과 같은 두 가지 원인으로 인하여 촉각적으로 지극히 예민한 반응을 보인다. 첫째, 상당수의 아동이 촉각적으로 예민하게 발달한다는 것이고, 둘째는 심리적으로 불안하거나 혹은 좌절감을 느끼면 사람은 촉각적으로 더욱 예민해지는 경향을 보이게 되는데 이러한 불안과 쉽게 좌절하는 심리적 경향이 자폐성장애 아동의 촉각적 과잉반응을 증가시키게 된다. 이러한 촉각적 과잉반응은 단체생활의 적응력을 떨어지게 할 뿐 아니라 대부분 손을 사용하면서 참여하는 모든 학습활동에 자신감을 잃게 만든다. 따라서 촉각훈련(Tactile Training)의 주요 목적은 이러한 촉각적 과잉반응을 중성화시키는 것이다. 가장 많이 사용되는 촉각훈련으로는 진흙 목욕요법을 들 수 있는데, 이것을 수시로 실시하면 다양한 피부 자극에 대한 자신감을 느끼게 도와준다. 또한 약간 뻣뻣한 솔을 사용하여 관절 부위나 예민한 반응을 보이는 부위를 수시로 마사지해 주는 것 등이 있다.

7) 스퀴즈 머신

스퀴즈 머신(Squeeze Machine)은 안아 주기 치료(Holding Therapy)와 비슷한 원리로 개발된 장비이다. 자폐성장애 아동에게 깊은 압박을 주는 기계를 사용하여 심리적으로 안정감을 주는 효과가 있다. 이 장비를 최초로 개발한 사람은 미국 콜로라도 주립대학교의 Temple Grandin 교수이다. 자폐성장애인인 Grandin 교수는 어린 시절부터 계속해서 자신을 압박해 줄 수 있는 장비를 생각하다가 10대에 이모가 운영하는 목장에 갔을 때, 가축들을 정서적으로 달래 주기 위해 압박해 주는 축산기구에서 아이디어를 얻어 만들었다.

8) 체계적 둔감법

자폐성장애 아동 중에는 새로운 환경에 적응한다거나 특정한 사건이나 개념을 일반화하는 능력이 크게 지체된 반면, 연상하는 능력은 매우 뛰어난 경우가 종종 있다. 자폐성장애 아동의 적용과 일반화 능력을 습득하지 않는 상태에서 연상만이 지배하는 사고체계를 가진 아동들은 자신의 행동 속에서 수많은 부적절한 행동을 보일 수 있다. 자폐성장애 아동들이 특정 상황, 사물, 장소, 사람, 색깔, 동물, 그림, 상징 등으로 인하여 일반 사람들은 느낄 수 없는 공포를 느끼게 된다면 이러한 상황을 피하게 될 것이다. 이러한 성향은 새로운 환경에의 적응을 어렵게 만들기 때문에 환경 변화 혹은 새로운 분위기에 대한 적응력이 떨어지게 하여 분노나 심각한 공격행동, 자해행동에까지 이를 수 있다. 특히 공포와 소리에 대해 체계적 둔감법(Systematic Desensitization)을 사용하여 자폐성장애 아동들이 가지고 있는 공포심과 불안 요소들을 체계적으로 제거하는 데 도움을 줄 수 있다.

9) 식이요법

자폐성장애 아동이나 ADHD 아동에게 향신료나 첨가제와 같은 성분이 들어 있는 음식물들이 과잉행동을 유발한다고 하는 관련 학설들이 끊임없이 논의되고 있지만, 아직 특정 음식물이 과잉행동을 유발하는 중요 요소가 된다는 과학적 증거를 찾지는 못했다. 식이요법이 자폐성장애 아동의 증상을 완화하는 데 도움이 된다는 충분한 과학적 연구 결과는 없으나, 상당수의 부모는 글루텐과 카제인을 뺀 식단이 자폐성장애 아동의 규칙적인 배변활동, 수면, 습관적 행동의 개선과 전반적인 발달에 도움이 된다고 말한다. 무글루텐, 무카제인 식이요법(Gluten Free, Casein Free Diet: GFCF)을 시도하기 전에 반드시 의사나 영양사와 충분한 상의를 하고, 식이요법 중에도 아동이 적절한 영양을 섭취할 수 있도록 해야 한다. 음식 첨가제에 민감한 반응을 보이는 아동들에게는 파인골드 식이요법(Feingold diet therapy)이 여러 식이요법 중 가장 널리 알려져 있다. Feingold는 아동들에게 자연식에 가장 가까운 음식을 제공하여야 하며, 특히 음식 중에 첨가제, 색소, 향료, 대체 설탕, 방부제가 들어 있지 않은 것을 제공해야 한다고 주장한다. 또한 아동에게 과잉행동을 유발하는 과일인 딸기, 머루, 사과, 포도, 배, 토마토 등을 피하는 것이 좋다고 한다.

지금까지 이 장에서는 자폐성장애 아동의 감각 · 지각 · 운동의 특성과 감각체계별 특성, 감각통합의 형성 단계와 발생 과정, 감각처리장애의 분류, 감각 · 지각 · 운동 평가 및 중재 등에 대해 알아보았다.

자폐성장애의 감각 · 지각 · 운동 지원에 대한 중재는 매우 다양하게 이루어지고 있다. 감각통합적 접근방법은 자폐성장애 아동에게 흔히 나타나는 활동 경험 및 기회 부족에 따른 학습의 미발달 상태를 개선해 줄 수 있으며, 나아가 신체발달적 측면에서 자신도 모르는 사이에 나쁜 방향으로 왜곡된 학습 상태를 바른 방향으로 바꾸어 줌으로써 바른 자세 유지와 운동기능을 향상시키는 데 매우 효과적일 것으로 보인다. 물론 이러한 감각통합 접근이 자폐성장애 아동의 많은 문제를 해결하는 데 절대적인 방법은 아닐 것이다. 다만, 특수교육 현장의 교사들이나 부모들이 이러한 감각의 기초 기능과 전달체계에 대해 바르게 이해하고 아동들을 접하게 되면, 아동 개개인의 부적응 행동이나 운동 및 인지 발달상의 문제에 대해 적극적인 대처를 할 수 있을 것이다. 또한 감각통합의 효율적인 접근을 위해서는 특별히 훈련된 교사나 전문가, 어느 정도 크기의 넓은 방과 단순하면서도 목적성을 지닌 특수한 장비들이 필요하지만 일상적인 교육 환경 속에서도 다양한 시도를 할 수 있고, 이때 가장 중요한 것은 교사의 의지와 생각이라고 할 수 있다. 즉, 교사가 중재를 할 때 가능한 아동에게 어떤 활동을 강요하지 않으면서 아동 스스로 그 활동을 주도해 나갈 수 있도록 이끌어 주는 노력과 지혜가 필요함을 의미한다.

참고문헌

김명희(2005). 발달장애 학생의 감각처리능력과 학교에서의 기능적인 과제수행 능력 분석. 이화여자대학교 교육대학원 석사학위논문.

김미선(2001). 일반아동과 발달장애 아동의 감각처리 능력비교. **대한작업치료학회지, 9**(1), 1-10.

김일명(2006). 자폐성 아동을 위한 감각통합 치료 방안. **한국정서 · 행동장애아교육학회 제31회 연수교재**, 65-80.

Allen, G., & Courchesne, E. (2001). Attention function and dysfunction in autism. *Frontiers in Bioscience, 1*(6), 105-119.

American Psychiatric Association (2000). *Diagnostic and statistical manual of mental disorders* (4th ed.), Text revision. Washington DC: American Psychiatric Association.

American Psychiatric Association (2013). *Diagnostic and statistical manual of mental disorder* (5th ed.). Washington DC: APA Press.

Arendt, R. E., MacLean, W. E., Halpern, L. F., & Youngquist G. A. (1991). The Influence of Rotary Vestibular Stimulation Upon Motor Development of Nonhandicapped and Down Syndrome Infants. *Research in Developmental Disabilities, 12*, 333-348.

Arnwine, B. (2006). *Starting sensory integration theory*. Las Vegas, NV: Sensory Resources.

Ayres, A. J. (1972). *Sensory Integration and Learning Disorders*. Los Angeles, CA: Western Psychological Services Publishers an Distributors.

Ayres, A. J. (1979). *Sensory Integration and the Child*. Los Angeles, CA: Western Psychological Services.

Ayres, A. J. (1989). *Sensory Integration and Praxis Tests Manual*. Los Angeles, CA: Western

Psychological Service.

Baranek, G. T. (2002). Efficacy of sensory and motor interventions for children with autism. *Journal of autism and developmental disorders, 32*(5), 397-422.

Baranek, G. T., Chin, Y. H., Hess, L. M., Yankee, J. G, Hatton, D. D., & Hooper S. R. (2002). Sensory processing correlates of occupational performance in children with fragile X syndrome: Preliminary findings. *American Journal Occupational Therapy, 56*, 538-546.

Ben-Sasson, A., Cermak, S. A., Orsmond, G. I., Tager-Flusberg, H., Kadlec, M. B., & Carter, A. S. (2008). Sensory clusters of toddlers with autism spectrum disorders: Differences in affective symptoms. *Journal of Child Psychology and Psychiatry, 49*(8), 817-825.

Berard, G. (1993). *Hearing equals behavior*. New Canaan, CT: Keats.

Berard, G., & Brockett, S. (2011). *Hearing equals behavior: Updated and Expanded*. Manchester: Northshire Bookstore.

Bidet, B., Leboyer, M., Descours, B., Bouvard, M. P., & Benveniste, J. (1993). Allergic sensitization in infantile autism. *Journal of Autism and Developmental Disorders, 23*(2), 419-420.

Boutot, E. A., & Myles, B. S. (2011). *Autism spectrum disorder: foundation, characteristic, and effective strategies*. Upper Saddle River, NJ: Pearson education.

Bryson, S. E., Landry, R., & Wainwright, J. (1997). A componential view of executive dysfunction in autism: Review of recent evidence. In J. A. Burack, J. T. Enns (Eds.), *Attention, development, and psychopathology*. New York: Guilford Press.

Bundy, A. C., Lane, S. J., & Murray, E. A. (2002). *Sensory integration: Theory and practice*. Philadelphia, PA: F.A. Davis.

Dunn, W. (1999). *The Sensory Profile: User's manual*. San Antonio, TX: Psychological Corporation.

Dunn, W., & Brown, C. (1997). Factor analysis on the sensory profile from a national sample of children without disabilities. *American Journal of Occupational Therapy, 51*(7), 490-495.

Edelson, S. M., Arin, D., Bauman, M., Lukas, S. E., Rudy, J. H., Sholar, M., & Rimland, B. (1999). Auditory integration training: A double-blind study of behavioral, electrophysiological, and audiometric effects in autistic subjects. *Focus on Autism and Other Developmental Disabilities, 14*(2), 73-81.

Ermer, J., & Dunn, W. (1998). The sensory profile: A discriminant analysis of children with and without disabilities. *American Journal of Occupational Therapy, 52*(4), 283-290.

Fisher, A., Murray, E. A., & Bundy, A. C. (1991). *Sensory integration: Theory and practice*.

Philadelphia: F.A. Davis Company.

Geffner, D., Lucker, J. R., & Koch, W. (1996). Evaluation of auditory discrimination in children with ADD and without ADD. *Child Psychiatry Human Development, 26*, 169-180.

Grandin, T. (2006). *Thinking in Pictures: and Other Reports from My Life with Autism* (2nd ed.). New York, NY: Vintage Books.

Green, V. A., Pituch, K. A., Itchon, J., Choi, A., O'Reilly, M., & Sigafoos, J. (2006). Internet survey of treatments used by parents of children with autism. *Research in Developmental Disabilities, 27*, 70-84.

Greenspan, S. I., & Weider, S. (1997). Developmental patterns and outcomes in infants and children with disorders in relating and communicating. *Journal of Developmental and Learning Disorders, 1*, 28-37.

Heflin, L. J., & Alaimo, D. F. (2007). *Students with Autism Spectrum Disorders: Effective instructional practices*. Upper Saddle River, NJ: Pearson Prentice Hall.

Hill, D., & Leary, M. (1993). *Movement disturbance: A clue to hidden competencies in persons diagnosed with autism and other developmental disabilities*. Madison, WI: DRI Press.

Irlen, H. (1983). *Successful treatment of learning disabilities*. Paper presented at the annual convention of the American Psychological Association, Anaheim, CA.

Kientz, M. A., & Dunn, W. (1997). A comparison of the performance of children with and without autism on the Sensory Profile. *American Journal Occupational Therapy, 51*(7), 530-537.

Koomar, J., Szklut, S., Silver, D., & Kranowitz, C. (2004). *Making sense of sensory integration*. Las Vegas, NV: Sensory Resources.

Liss, M., Saulnier, C., Fein, D., & Kinsbourne, M. (2006). Sensory and attention abnormalities in autistic spectrum disorders. *Autism, 10*(2), 155-172.

McIntosh, D. N., Miller, L. J., Shyu, V., & Dunn, W. (1999). Development and validation of the Short Sensory Profile. In W. Dunn (Eds.), *The Sensory Profile: Examiner's manual* (pp. 59-73). San Antonio, TX: The Psychological Corporation.

Miller, L. J. (2006). *Sensational kids: Help for children with sensory processing disorder*. New York, NY: Perigee.

Miller, L. J., Anzalone, M. E., Lane, S. J., Cermak S. A., & Osten, E. T. (2007). Concept evolution in sensory integration: A proposed nosology for diagnosis. *American Journal of Occupational Therapy, 61*(2), 135-140.

Minshew, N. J., Sweeney, J. A., & Bauman, M. L. (1997). Neurological aspects of autism. In

D. J. Cohen & F. R. Volkmar (Eds.), *Handbook of Autism and Pervasive Developmental Disorders* (2nd ed., pp. 344–369). New York, NY: John Wiley & Sons.

Parham, L. D., Roley, S. S., May-Benson, T. A., Koomar, J., Brett-Green, B., Burke, J. P., Cohn, E. S., Mailloux, Z., Miller, L. J., & Schaaf, R. C. (2011). Development of a fidelity measure for research on the effectiveness of the Ayres Sensory Integration intervention. *American Journal of Occupational Therapy, 65*(2), 133–142.

Rimland, B., & Edelson, S. M. (1994). The effect of auditory integration training on autism. *American Journal of Speech Language Pathology, 3*(2), 16–24.

Rimland, B., & Edelson, S. M. (1995). Brief report: A pilot study of auditory integration training on autism. *Journal of Autism and Developmental Disorders, 25*(1), 61–70.

Roberts, J. M. A. (2004). *A Review of the Research to Identify the Most Effective Models of Best Practice in the Management of Children with Autism spectrum Disorders*. Sydney: Centre for Developmental disability Studies.

Rogers, S. J., Hepburn, S., & Wehner, E. (2003). Parent report of sensory symptoms in toddlers with autism and those with other developmental disorders. *Journal of Autism Developmental Disorders, 33*(6), 631–642.

Schaaf, R. C., & Case-Smith, J. (2014). Sensory interventions for children with autism. *Journal of Comparative Effectiveness Research, 3*(3), 225–227.

Simpson, R. L., de Boer-Ott, S. R., Griswold, D. E., Myles, B. S., Byrd, S. E., Ganz, J. B., Cook, K. T., Otten, K. L., Ben-Arieh, J., Kline, S. A., & Adams, L. G. (2005). *Autism spectrum disorders: Interventions and treatments for children and youth*. Thousand Oaks, CA: Corwin Press.

Stehli, A. (1991). *The sound of a miracle: A child's triumph over autism*. New York, NY: Doubleday.

Strock, M. (2004). *Autism Spectrum Disorders(Pervasive developmental Disorders)*. NIH Publication No. NIH-04-5511, National Institute of Mental Health, National Institute of Health, U. S. Department of Health and Human Services, Bethesda, MD, 40.

Tomchek, S. D., & Dunn, W. (2007). Sensory Processing in Children With and Without Autism: A Comparative Study Using the Short Sensory Profile. *The American Journal of Occupational Therapy, 61*(2), 190–200.

Wilbarger, P., & Wilbarger, J. (1991). *Sensory defensiveness in children aged 2–12: An intervention guide for parents and other caregivers*. Denver, CO: Avanti Education Programs.

Williamson, G., & Anzalone, M. (1996). Sensory Integration: A key component of evaluation and treatment of young children with severe difficulties in relating and communication. *Assessing and Treating Infants and Young Children with Severe Difficulties in Relating and Communicating*(pp. 29-36). Arlington, VA: Zero to Three.

Yack, E., Sutton, S., & Aquilla, P. (2003). *Building Bridges through Sensory Integration* (2nd ed.). Las Vegas, NV: Sensory Resources.

Ziring, P. R., Brazdziunas, D., Cooley, W. C., Kastner, T. A., Kummer, M. E., Gonzalez de Pijem, L., Quint, R. D., Ruppert, E. S., Sandler, A. D., Anderson, W. C., Arango, P., Burgan, P., Garner, C., McPherson, M., Michaud, L., Yeargin-Allsopp, M., Johnson, C. P., Wheeler, L. S., Nackashi, J., & Perrin, J. M. (1990). American Academy of Pediatrics. Committee on Children with Disabilities. *Care Coordination: Integrating Health and Related Systems of Care for Children with Special Health Care Needs*. Pediatrics. 104(4, part 1), 978-981.

제7장

행동지원 방법

1. 자폐성장애 학생의 행동에 대한 이해
2. 자폐성장애 학생의 문제행동

자폐성장애 학생을 이해함에 있어 여러 가지 각도에서 살펴볼 수 있다. 이 장에서는 자폐성장애에 대해 세 가지 관점, 즉 의학적 관점, 장애학의 관점 그리고 다중지능의 관점에서 살펴본다. 자폐성장애 학생의 행동을 이해하기 위해서는 각 학문 분야에서 자폐성 장애를 어떻게 이해할 수 있는지 살펴보는 것은 의미 있는 일이다. 의학적 관점의 초점은 사회적 의사소통이나 사회적 상호작용 그리고 행동 면에서 사회적 기대수준, 즉 대다수의 또래가 하는 행동들을 기준으로 하여 행동의 특이성을 판단하는 관점이다. 장애학의 관점은 개인이 가진 특성이 사회적 · 문화적 · 정치적 상황 속에서 어떻게 이해되고 영향을 받는지를 살펴보는 관점이다. 이러한 관점에서는 개인의 행동 특성이 '결핍'이나 '정상'인가를 이야기하기보다는 장애인 당사자의 목소리에 귀를 기울여 개인이 가진 특성을 이해하고자 하는 면을 가지고 있다. 그리고 다중지능의 관점에서 살펴보면, 개개인이 가진 독특성을 이해함에 있어서 특정 기준을 두고 학생을 이해하기보다는 학생의 장점이나 선호도가 무엇인지에 관심을 가지고, 이를 근거로 학생을 이해하는 입장이라고 볼 수 있다. 문제행동을 이해하면서 이러한 세 가지의 관점에서 살펴보는 것은 문제행동이 가지는 다면성을 이해하는 데 도움이 되며, 다양한 지도 방법을 적용하는 데 도움이 된다. 또한 문제행동의 정의와 가능한 원인들 그리고 문제행동을 예방할 수 있는 방법들에 대하여도 살펴본다.

학습목표

- 자폐성장애를 의학적 관점, 장애학의 관점, 다중지능의 관점으로 이해할 수 있다.
- 문제행동의 정의와 원인을 알고, 장점 중심 지도를 통한 접근법을 이해할 수 있다.

DSM-5에서는 자폐성장애의 진단기준을 사회적 상호작용과 사회적 의사소통에서의 어려움, 제한적이고 반복적인 행동이나 관심 또는 활동으로 제시하고 있다. 자폐성장애 학생들이 보이는 이러한 행동 특성들이 획일적인 행동과 규칙을 요구하는 학교에서 더욱 문제로 지적될 수 있다. 그러나 장애가 없는 학생들의 행동을 기준으로 자폐성장애 학생들의 차별화된 행동들을 문제행동만으로 여겨서는 안 된다. 자폐성장애 학생이 또래들과 다른 행동을 보인다고 해서 그것만을 문제행동으로 규정할 수는 없기 때문이다. 즉, 획일적인 테두리 안에서 모든 학생들이 비슷하게 행동하기를 요구하는 상황은 지양해야 한다.

일반적으로 우리 사회에서 자폐성장애 학생들은 자주 또래들과 같은 방식으로 행동하기를 요구받는다. 그러다가 이들이 일관된 사회적 기준에서 벗어나는 행동을 보이면 이해가 아닌 오해를 받음으로써 이에 따른 불만족과 울화가 문제행동으로 나타나게 되는 경우가 많다. 또한 사회에서 요구하는 바람직하다고 생각되는 표현 방법에서 벗어난 자폐성장애 학생들의 언어적·비언어적 의사소통은 의사소통에서의 장애뿐만 아니라, 인지 수준의 문제로까지 확대 해석되기도 한다. 이 때문에 자폐성장애 학생들의 경험을 분석한 연구에서는 사회·문화적으로 형성된 자폐성장애가 갖는 결손과 결핍의 이미지에 의문을 제기한다. 그리고 자폐성장애의 행동 특성, 혹은 의사소통 특성의 원인을 새로운 관점에서 해석하고 있다.

그렇다면 자폐성장애 학생들의 행동 특성들은 어떻게 해석해야 하고, 이에 따른 행동지원은 어떻게 이루어져야 할 것인가? 무엇보다 많은 학생들이 공동으로 생활하는 학교에서는 타인의 학습이나 생활에 피해를 주지 않고, 자폐성장애 학생들이 스스로 학습할 수 있는 여건의 마련이 필요하다. 이것은 달리 말하면, 자폐성장애 학생들이 학교생활에 잘 적응할 수 있도록 하는 지원이 필요하다는 의미다.

1. 자폐성장애 학생의 행동에 대한 이해

행동지원이라는 부분을 생각하기에 앞서 자폐성장애 학생의 행동 특성들을 어떠한

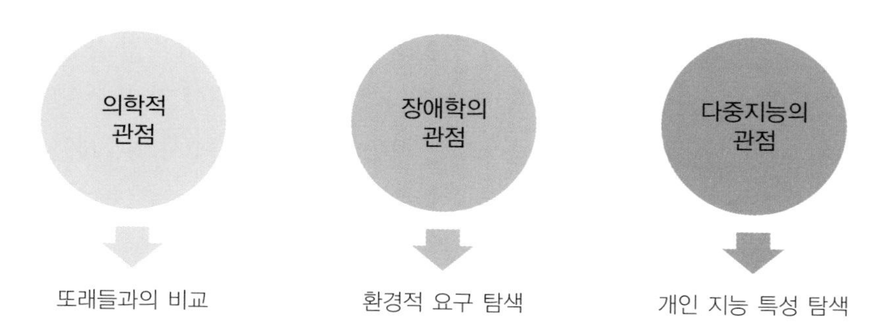

[그림 7-1] 자폐성장애 학습자를 이해하기 위한 세 가지 관점

각도에서 이해해야 하는지에 대해서 충분히 검토되어야 한다. 행동 특성에 대한 충분한 이해를 바탕으로 적응을 위한 어떠한 방법들이 가능한지 다양한 방법들에 대한 탐구가 가능해진다.

자폐성장애 학생의 행동을 이해하기 위한 관점은 의학적, 장애학, 다중지능의 세 가지 측면에서 살펴볼 수 있다.

1) 의학적 관점

자폐성장애는 사회적 의사소통과 사회적 상호작용에서 어려움 그리고 제한적이고 반복적인 행동이나 관심이라는 행동 특성을 보이는 것으로 이야기되고 있다. 그런데 이에 대한 진단기준은 또래들과 행동을 비교하여 사회에서 수용 가능한 행동 여부를 판단하여 정한다. 즉, 자폐성장애의 행동 특성들은 사회·문화적 관점에서 바라본 또래들과의 행동 비교를 통해서 이루어진 상대적인 평가다.

구체적인 진단기준을 예로 들어 살펴보면, '다양한 사회적 맥락에 적절하게 행동하는 데 어려움'의 경우, '적절하게'에 대한 정확한 기준이 없다. 다른 예를 살펴보면, '특이한 사물에 대한 강한 집착이나 몰두, 과도하게 한정된 흥미에의 몰두'는 자폐성장애의 진단기준이다. 그러나 이러한 몰두는 항상 문제가 되는 것은 아니다. '맞게'를 비롯하여 다른 진단기준들은 대부분은 성별, 나이, 문화에 따라 달라질 수 있는 것들이다. 자폐성장애의 진단기준에 따라 행동을 평가할 경우, 경직된 사고를 가진 사람의 측면에서 바라보는 것과 유연한 사고를 가진 사람의 측면에서 바라보고 해석하는 것은 다를 수 있다.

또래들과 다른 행동들을 하거나 사회적 상호작용에서 형성되어야 할 부분이 잘 이루어지지 않았다고 하여 '잘못되었다'고 이해하는 것은 고려해야 할 부분이다. 일반적으로 한 사회에서는 대다수의 사람이 하는 행동은 옳고 소수의 사람이 하는 행동은 '이상행동'이나 '문제행동'으로 여기는데, 개인이 가지고 있는 특성을 고려하지 않기 때문에 발생하는 것이라고 볼 수 있다.

그러나 반드시 모든 사람들이 다른 또래들과 비슷한 행동을 해야만 하는 것일까? 모든 사람의 행동이 같을 수는 없다. 개인의 삶이란 결국 개별적이고 독특한 것이 아닐까? 다른 또래들과 비슷해야만 '이상하지 않다'고 생각하는 것은 사고의 경직성에서 기인한 것이 아닌지 생각해 볼 수 있다. 사회 · 문화적인 환경 속에서 자폐성장애 학생들을 이해하는 데 방해가 되는 것 중의 하나는 이들이 많은 사람이 수용하는 범위 내에서 또래들과 비슷한 행동을 해야 한다는 생각과 같은 유연하지 않은 사고라 할 수 있다. 학생들의 행동을 틀에 맞춰 해석하기보다는 자폐성장애 학생들뿐만 아니라 모든 학생들 개인이 가진 독특성을 잘 살려서 사회 속에서 개인의 삶을 영위해 가도록 해야 하는 것이 아닐지 생각해 보아야 한다.

물론 이러한 자폐성장애 학생들이 보이는 행동 특성들로 인해 타인과의 교제에 어려움을 겪고 본인의 학업 성취에 걸림돌로 작용한다면 이것은 지도되어야 할 행동이 된다. 그럴 경우에는 이런 것들은 극복하고 자폐성장애 학생들이 사회에 잘 적응하고, 학업 성취를 높일 수 있는 방안을 모색해야 하고, 이에 따른 지원이 필요하다. 그러나 행동 특성에 대한 즉각적인 판단이나 해석보다는 자폐성장애 학생들이 '어떠한 이유로 그러한 행동을 하는지'를 먼저 이해하고 그러한 행동에 대한 원인을 살펴야 한다. 그런 후에 이런 행동들을 통해 이들이 해소하고자 하는 욕구는 무엇이며, 그 욕구를 해소하면서 이와 더불어 학교나 사회에 잘 적응하기 위한 행동으로 개선해 가는 방안을 찾아야 할 것이다.

2) 장애학의 관점

장애를 이해함에 있어서 장애학의 관점에서 이해하는 것도 살펴볼 필요가 있다. 사회의 기준이나 의학적 기준을 중심으로 개인이 가진 특성을 측정하고 판단하는 것과 다르게 개인이 가진 특성이 사회적 · 문화적 · 정치적 상황 속에서 어떻게 불리하게 작용되고 있는지를 중심으로 장애를 바라보는 관점이 있다. 자폐성장애 학생들을 의학적 관점으로 보면, 이들의 사회적 상호작용이나 의사소통 방법 그리고 행동은 결핍 또는 손상으로 파악된다. 하지만 이와 달리 장애학의 관점에서 바라보면 자폐성장애 학생들의 사회적 상호작용 방법, 의사소통 방법 그리고 행동문제는 단일화된 사회적 기준이나 사회적 인식 부족으로 이해받지 못하는 행동이 된다. 달리 말하면 행동 특성이 문제시되는 대부분의 경우는 행동의 획일성을 요구하는 사회적 기준 때문이다.

장애학은 결핍의 관점이 아닌, 다른 각도에서 장애를 이해하는 것이다. 즉, 장애가 발생하는 것은 환경의 영향이라고 보는 것이다. Biklen(1993)에 따르면 "장애라는 낙인은 무기력이나 능력이 없다는 것과 연결되고, 특히 이것을 지체라고 가정하는 것은 교육에서 차별을 가져오는 것"이라고 하였다.

자폐성장애 학생들의 행동을 지도할 때에는 그들이 무엇을 할 수 있는지를 고려해야 하고, 그들의 행동 변화에 대한 기대감을 가져야 한다. 그러므로 자폐성장애 학생들의 행동 지도 방법을 결정하는 데 이들의 장애를 바라보는 관점은 매우 중요한 역할을 한다.

생각해 볼 문제

자폐성장애 학생들을 지도하기에 앞서 학생들의 지도 시에 사용하는 용어들에 대한 점검이 필요하다. 예를 들어, '결핍' '비정상' '증상' 등의 용어 사용의 적절성을 문제로 들 수 있다. '결핍', 즉 부족함에 대해 이야기할 때는 무엇이 어떻게 모자란지에 대한 정확한 기준이 있어야 한다. 하지만 자폐성장애 학생들이 '결핍'을 보인다는 사회적 의사소통이나 사회적 상호작용의 경우 절대적인 기준을 정하기 어렵다. 그럼에도 불구하고 '결핍'이라는 용어를 개인에게 사용하는 것은 개인의 능력에 대한 섣부른 판단이라 할 수 있다. 또 학습자에게 '정상' 또는 '비정상'이라는 용어를 사용하는 것도 실상은 '정상'이라는 실체가 없는 상태에서 '비정상'을 운운하는 것이다. 이 또한 학습자가 보이는 다소 독특한 행동 특성에 붙여질 용어는 아닌 것이다. 뿐만 아니라 자폐성장애 학생들의 사회적 상호작용이나 사회적 의사소통에서의 특이성을 어떤 '증상'이나 '자폐증'이라고 병리학적인 용어로 정의하는 것도 심각하게 검토되어야 할 부분이다.

자폐성장애에 대한 의학적 관점은 '정상'이라는 관점에 의존한다. 개인이 가진 특성을 설정된 기준과 비교하여 이에 미치지 못하는 경우를 장애로 판단한 것이다. 이러한 의학적 접근은 장애가 있는 학생들을 소외하고, 차별을 만들어 낼 수 있다. DSM-5에서 자폐는 '결핍' '비정상'이라는 용어들로 제시되어 있다. 이러한 자폐에 대한 정의는 의학적 접근으로 발달단계나 사회문화적 기준에 기초를 둔 것이다. 그러나 "사회적 의사소통과 사회적 상호작용에서의 결핍"(APA, 2013)이라는 것은 특정 연령대의 대다수 발달을 정상이라고 가정하고 이와 비교하여 나타낸 결과다. 자폐성장애에 대한 의학적 접근을 따를 경우 자폐성장애가 있는 학생들을 교육할 때 교사들은 대체로 의사들과 심리학자들이 진단한 비정상이나 지연된 다른 형태의 행동들을 수정하는 데 집중하게 될 수 있다. 이러한 관점의 교육관에서는 자폐성장애 학생들의 문제시되는 행동이 개인의 특징으로부터 양산된다고 볼 수 있다. 이에 대해 김병하(2015)는 우리나라의 특수교육은 의학적 모델이 지배적이고, '지나치게 장애의 개인 모델' 쪽으로 치우쳐 있다고 지적하였다. 이것은 장애의 사회적 모델, 즉 장애학의 관점에 따른 수용이 적다는 것을 의미한다. 여기서 지적된 바와 같이 지금까지 우리나의 특수교육에서는 자폐성장애를 비롯한 다른 장애에 대해서 지나치게 기능주의적이고, 개인의 결핍에 치중하여 생각해 왔다고 할 수 있다.

장애학의 관점에서는 장애의 이해에 있어서 장애인 당사자가 '주도적 위치'에 있음을 강조한다(김병하, 2015; 조한진, 2011). 조한진(2011)은 미국과 영국에서는 약 30여 년 넘게 장애학이 발전되어 오면서 장애인의 권리운동에 대한 관점의 변화가 일어나고 있지만, 우리나라에서는 장애학이 무엇인지에 대해서도 구체적으로 소개된 바가 거의 없다고 지적하였다. 그는 우리나라에서는 대부분의 장애가 있는 사람들이 장애가 없는 사람들에 의해 이해되고 분류되고 있었는데, 최근에 장애학에 대한 관심이 높아지고 있어서, 이에 따라 장애가 있는 사람들이 주체적인 존재가 되어 장애에 대해 말하는 새로운 모델과 패러다임의 필요성이 야기되었다고 하였다.

이러한 추세에 따라 교육에서도 장애에 대한 규범적 접근에서 벗어나 교육 평등의 실현이 필요하다. 그러기 위해서는 특수교육을 장애학의 관점에서 바라볼 필요가 있다. 원종례와 엄수정(2010)은 "현재 교사교육은 통합교육을 지지하는 듯이 보이지만, 규범적 사고를 기반으로 함으로써 장애아동이 일반학급 안에서 다시 소외되고 낙인찍히며 차별받고 분리교육을 재생산해 내는 데 공헌을 하는지도 모른다."고 하였다.

그러면서 이에 대한 대안으로 장애학을 교사교육에 접목시킴으로써 교육의 평등을 달성할 수 있다고 하였다.

장애학의 관점에서 자폐성장애 학생들의 행동을 이해하면, 자폐성장애 학생들이 보이는 행동 특성들을 제3자인 관찰자의 입장이 아닌 자폐성장애 학생 본인 스스로의 입장에서 이해가 가능하게 된다. 이렇게 자폐성장애로 진단받았던 사람들을 통해서 그 행동 특성을 이해하면, 이러한 특성을 가지고 있는 학생들이 어떻게 하면 학교 상황에 잘 적응하고, 학업성취도도 높일 수 있을지에 대한 방법을 여러 가지 각도에서 생각해 볼 수 있다. 행동지원은 사회성에서의 행동지원과 학업 면에서의 행동지원으로 나누어 생각해 볼 수 있다.

부모나 교사가 자폐성장애 학생들의 행동을 이해하는 데에는 장애에 대한 사회의 인식도 많은 영향을 미친다. Barron과 Barron의 저서 『There's a boy in here』(2002)에서 소개된 바와 같이 자폐성장애가 있는 아들을 둔 한 엄마는 자신이 아들의 행동을 부정적으로 해석하게 된 것이 사회의 지배적인 '행동 해석' 방법에 의한 것이라고 하였다. 그녀는 다음과 같이 이야기하였다.

> 나는 내 아들 Sean에게 부정적으로 반응하도록 훈련받았다. 내 아들이 나를 괴롭히고 있다고 가정하기도 하고, 나를 화나게 하려고 하고 있다고 가정하도록 '훈련받았다.'

Barron은 아들이 보이는 행동을 문제가 있는 행동으로 여기게 된 것이 그렇게 보도록 사회로부터 훈련받았기 때문이라고 하였다. Barron은 자신의 아들은 당연히 그녀에게 복종해야 하고, 그가 무엇을 느끼는지 보여야 한다고 생각하였다. Barron은 지배적인 문화적 관점에서 아들의 행동을 판단했고, 그 행동들이 적절하지 않다고 여겼다. Sean의 행동은 그와 같은 또래의 행동들과 유사하지 않았고, 이 때문에 부정적인 행동으로 오해받은 것이다. 만약 그녀가 아들의 행동을 문제로 인식하지 않고, 그녀의 아들이 무엇을 표현하고자 하는가에 노력을 기울였다면 이에 대한 이해를 높일 수 있었을 것이라고 하였다.

이후 Barron은 다양한 상황에서 그녀의 아들과 상호작용을 하면서 자폐에 대한 관점을 바꿀 수 있었다. 다음은 아들과 대화한 사례 중 하나다.

"엄마, 왜 엄마와 아빠는 내가 잘못하려고 하지도 않았었는데 그러한 부분들에 대하여 소리를 지르는 거예요?" 이에 대해 엄마는 "…… 그렇게 한 것은 우리가 그 밖에 무엇을 해야 할지 몰랐기 때문이야. 네가 무엇을 할 때마다 우리는 모든 것을 멈추게 하려고 했어."(Barron & Barron, 2002, p. 229)

이 사례는 부모들이 자폐를 지닌 자녀의 행동을 이해하는 것과 자폐를 가진 아동들이 하는 행동의 의도에는 차이가 있다는 것을 보여 준다.

자폐를 가진 아동들의 외현적 행동에 대한 섣부른 이해와 판단은 장애를 지니거나 자폐를 가진 아동들이 실제 가지고 있는 능력들을 발견하거나 이해하는 데 방해가 되고, 이로 인하여 적절한 교육적 조치를 할 수 없는 상황과 연결된다(Kliewer & Biklen, 2001; Kluth, 2003; Chandler-Olcott & Kluth, 2009).

학습자가 가지고 있는 특성을 무시한 채 사회나 단체의 규칙을 반드시 따르도록 지도하는 방법은 지양되어야 한다. 장애학에서는 장애를 당사자 관점에서 바라보고 이해하는 것을 중요시한다. 장애학의 관점에서 바라본다면, 자폐성장애 학생의 행동을 문제행동이라고 명명하기 이전에 학생이 보이는 행동 특성이 무엇을 의미하는지 이해하는 것이 우선시된다. 이러한 행동에 대한 이해를 바탕으로 자폐성장애 학생들이 학교나 지역사회의 생활에 잘 적응할 수 있도록 도와주고 학생의 교육적 성취에 도움이 될 수 있는 방향에서 지도가 이루어져야 한다.

이러한 것은 Barron과 Barron(2002)의 저서에서도 소개되었다. 자폐를 가진 Baron의 행동 의도를 그의 어머니는 다른 각도에서 해석을 하여 서로 간에 오해가 쌓였던 것이다. 연구물이나 책 속에서 소개되었던 인물 중에 자폐성장애로 진단받았던 Temple(Grandin, 1986), Luke(Jackson, 2002), Shore(Stephen, 2001), 그리고 Sue(Rubin et al., 2001)도 그 부분에서는 일치된 의견을 내놓고 있다. Broderick과 Ne'eman(2008)이 지적한 것은 부모들과 의사들의 담화분석을 통하여 자폐를 이해함에 있어서 의사나 부모들의 이해와 자폐를 지닌 사람들이 견해의 차이를 보였다는 것이다.

자폐성장애 학생들이 보이는 '집착' '상동행동' '제한된 흥미'에 있어서는 대다수의 또래들이 하는 행동처럼 변화를 가져오도록 할 때 자폐성장애 학생들의 입장에서 어떠한 어려움을 느끼고 있는지 어떠한 요구를 느끼고 있는지 살펴보지 않고 사회가 기준을 정한 것에 맞추어 가도록 하는 것은 개인이 가지고 있는 의지나 한 개인을 존중한다는 측면에서 생각해 볼 문제다.

자폐성장애 학생의 행동이 한 사회 · 문화의 규범이나 다른 사람들에게 피해가 가지 않도록 하고 다른 사람들로부터 수용받는 행동을 하도록 지도하는 것은 중요한 일이라고 할 수 있다. 그러나 이런 것들을 지도할 때, 자폐성장애 학생들이 지도를 받으면서 무엇을 느끼는지 어떻게 생각하는지 알아볼 필요가 있다. 이러한 이해는 교실에서의 구조나 공간 그리고 수업방법에 대해서 자폐성장애 학생들에게 보다 효율적인 지원을 제공할 가능성을 높인다. 이를테면 교실 공간이나 수업의 재구조화, 소리의 크기나 빛의 정도를 어떻게 조절해야 하는지 등을 아는 데 도움이 된다(Kluth, 2003). 이처럼 자폐성장애 학생들의 당사자 이야기 분석은 그들이 신체적 · 심리적 · 인지적으로 어떤 요구를 가지고 있고, 어떤 지원을 원하는지를 이해하는 데 용이하다.

자폐성장애의 행동 특성 중에 하나는 '제한된 흥미'다. 그런데 '제한된 흥미'는 다른 활동의 전이가 어렵다는 부정적인 해석도 되지만, '강한 관심'이라는 긍정적인 해석도 가능하다.

Grandin(1986)은 "많은 자폐성장애 아동들은 여러 가지 물건들에 꽂히기도 한다. 하지만 이러한 것이 동기유발을 하기도 한다."라고 하여 특정 물건에 보이는 집착은 동기유발과 연결될 수 있다고 하였다. Temple은 동물들에 '강한 관심'을 가지고 있었고, 이것이 나중에 그가 동물행동 연구부분에서 유명한 연구자가 될 수 있는 기회를 주었다. Temple과 Luke는 모두 '강한 관심'이 원동력이 되어 강한 집중력을 나타낼 수 있다고 하였는데 이것이 부정적으로 해석되기도 했다고 말했다.

Temple은 어린 시절 교사가 음악 리듬에 맞추어서 박수를 치라고 했는데 그렇게 하지 못하자, 교사가 "너는 지금 전체 음악을 망치려고 하느냐?"라고 했다고 한다. 하지만 그 당시 자신은 전체 음악을 망치려는 의도가 없었고, 다만 음악을 들으면서 박수를 치는 것이 어려웠을 뿐이었다고 했다. 그래서 교사의 꾸지람에 화가 나서 벌떡 일어났는데, 의자가 모두 넘어져서 그것 때문에 꾸지람을 듣고, 그 음악활동이 끝날 때까지 구석에 서 있어야 했다고 한다.

여기서 교사는 두 가지 부분에서 충분한 생각을 하지 않았다고 볼 수 있다. 첫째, 학생 행동에 대한 이유를 알려고 하지 않았으며 이에 대하여 질문도 하지 않았다. 둘째, 학생 행동에 대한 원인을 교사가 주관적으로 가정하고 판단하였다. 이처럼 장애학생들의 행동은 외부에서 보면 과제에 집중하지 않는 것 같기도 하고 교사의 지시에 따르지 않는 것처럼 보이기도 하지만 사실은 그러하지 않은 경우가 많다. 똑같은 행동의 결과라고 하더라도 그 행동의 원인이나 의도가 인간 개개인에 따라 다를 수가 있다. 그러므로 교사는 이런 독특한 행동 특성을 보이는 학생들을 더욱 세심하게 살펴서 적절하게 반응해야 한다.

아스퍼거장애로 진단받았던 Luke는 "그 어떤 것에 꽂힌다면 그것을 활용하는 것이 좋다. 왜냐하면 그러한 것들을 통해서 다른 것들을 배우기가 쉬워지기 때문이다."라고 하였다. 이 말은 '강한 관심'을 보이는 것을 활용하여 다른 것을 배우는 기회로 만드는 것이 필요하다는 것을 의미한다.

이렇듯 장애학의 관점에서 바라보면 자폐성장애 학생들이 보이는 행동들은 자폐성장애로 진단받은 본인의 입장에서 이해해야 할 부분들이 많다. 그러므로 이를 긍정적인 방향으로 활용하여 독특한 행동들도 수용하는 노력이 필요하다.

3) 다중지능의 관점

(1) 다중지능의 영역

Gardner의 다중지능 이론은 인간에게는 여러 가지 지능의 형태가 존재하며, 개인에 따라 이러한 다양한 지능의 종류 중에서 특정 지능의 형태가 두드러지기도 하고, 전반적으로 다양한 지능이 골고루 우세하기도 하다고 보는 것이다. 이러한 다중지능의 관점에서는 특정한 기준을 세워서 학습자 간의 능력을 비교하기보다는 개인 학습자가 가지고 있는 다양한 능력, 지능의 종류에 관심을 가지고 그 특성에 맞는 학습지도나 행동지도를 하는 것이 학습자에게 도움이 된다고 생각한다.

Gardner는 지능의 종류를 언어적 지능, 논리 · 수학적 지능, 신체 · 운동적 지능, 공간적 지능, 음악적 지능, 개인 간 지능, 개인 내 지능, 자연친화 지능으로 나누고 있다(Armstrong, 2004).

- 언어적 지능: 언어적 능력에 해당하는 것은 말이나 글을 구사하는 능력, 언어 부분을 사용하고 조작하고 활용하는 능력
- 논리 · 수학적 지능: 수를 사용하고 활용하는 능력
- 신체 · 운동적 지능: 신체를 사용하여 생각이나 느낌을 표현하거나 활용하는 능력

- **공간적 지능**: 시각적, 공간적 부분을 이해하고 변화시키고 활용할 수 있는 능력
- **음악적 지능**: 음악적 상징체계에 민감하여 이를 활용하는 능력
- **개인 간 지능**: 사람과 관계 맺고 이해하는 능력 등
- **개인 내 지능**: 자기 자신을 이해하고 느낄 수 있는 능력
- **자연친화 지능**: 자연을 이해하고 자연적 현상이나 상황을 이용하는 능력

(2) 다중지능과 문제행동

다중지능은 학습자의 지능 중 우세하게 발달된 영역의 지능에 따라 교수법을 지도하거나 행동을 지도하였을 때 교육적 효과가 있다고 보는 관점으로, 특정 영역에서의 발달된 지능은 학습을 용이하게 하므로 집중도와 흥미를 높일 수 있다고 보는 입장이다. 예를 들면, 움직이는 것을 좋아하는 학습자에게는 움직이는 행동을 문제행동으로 생각하고 멈추게 하기보다는 움직임을 통해서 학습 자료들을 익힐 수 있도록 하면 교육의 효과가 높지만, 움직임을 좋아하는 학습자에게 언어적 매체를 통한 학습 자료를 제공하였을 때는 교육적 효과가 높지 않을 것이라고 보는 것이다. 이와 같은 관점에서는 교육평가에서도 학습자가 본인이 평가를 잘 받을 수 있는 방법으로 하였을 때 학습자가 가지고 있는 능력들을 발견하게 하기에 용이하다. 예를 들어, 언어적 지능이 우세하지 않은 학습자에게 학습한 것을 쓰거나 말하도록 하는 것은 그 학습자가 배운 것을 잘 나타내는 데 적절하지 못하므로 바람직한 평가방법이라고 할 수 없다.

다중지능에서의 핵심은 다양한 학습자들에게 획일적인 학습방법이나 획일적인 평가방법을 사용하지 않고, 학습자들의 특성에 맞춰 다양한 학습방법이나 평가방법을 사용하여 학습의 효과를 높이도록 하는 것이다. 이러한 관점에서는 획일적인 가치추구에서 벗어나서 학습의 성공과 실패를 학습자 개인에게서 찾기보다는 학습자에게 제공되는 교육방법이나 평가를 다양하게 함으로써 학습자 개인을 존중해 주고 교육의 효과를 높이고자 한다. 즉, 문제행동을 수정하기보다 학생들이 가지고 있는 장점이나 강점을 육성하여 학습에 몰두할 수 있게 함으로써 문제행동이 발생할 수 있는 기회를 줄이는 것이다. 이러한 방법은 자폐성장애 학생의 자아존중감과 학습에 대한 동기도 높일 수 있다. 그러면 자리 이탈이나 학습에 몰두하지 않아서 야기되는 문제행동 발생의 기회도 줄일 수 있다.

애초부터 능력을 가지고 있는 학생들, 혹은 학습할 수 있는 준비가 되어 있는 학생

[그림 7-2] **지능 특성, 교수전략, 교육평가의 관계**

들만을 중심으로 교육하는 것은 차별이다. 평등한 교육은 학습능력이 부족한 학생으로 평가될지라도 학생이 학습할 수 있도록 능력을 찾아서 학습에 몰두할 수 있는 방법을 찾아내는 것이다.

박상미(2010)는 부모, 담임교사 및 특수교사가 작성한 KC-MIDAS와 작업유형 체크리스트 검사결과를 바탕으로 자폐성장애 아동의 다중지능을 측정하여 공간적 지능이 연구 참여 학생의 강점지능 영역이라는 것을 찾고, 이를 국어, 수학, 재량의 수업에 적용하여 수업 중 중재를 실시한 결과, 세 과목 모두에서 연구 참여 학생의 수업참여행동, 즉 과제준비행동, 과제수행행동, 주목하는 행동 그리고 자발적 행동이 증가하였다고 하였다. 정희선과 신현기(2007)는 지적장애 학생들의 신체 · 운동적 지능을 주로 활용하는 교수 결과, 학업성취뿐 아니라 수업동기도 향상되었음을 보였다. 이선아와 정지언(2013)은 ADHD 학생들의 강점지능을 활용하여 학습과제 불이행 행동과 수업 방해 행동을 감소시켰다고 하였다. 이 같은 연구들은 문제행동을 개선하기 위해서 다중지능 이론에 기초한 강점지능을 활용하면 긍정적인 효과를 얻을 수 있다는 것을 보여 준다.

이외에도 다중지능 특성에 따른 강점기반 교육이 읽기 이해와 태도에 미치는 영향을 살핀 연구(정희선, 신현기, 2007), 학습장애아동의 강점지능과 약점지능을 모두 활용하여 교수활동을 실시한 결과 읽기 능력에 미치는 영향을 살핀 연구(김주경, 김자경, 강혜진, 서주영, 2006) 등 관련 연구가 있다.

(3) 행동 특성으로부터 강점지능을 발견하기

강점지능을 발견하는 방법은 여러 가지가 있다. 특히 문제행동을 보이는 경우에도 여기에서 강점은 찾을 수 있다.

예를 들면, 자폐성장애 학생이 수업 중 소리를 많이 지를 경우, 이를 문제행동으로 보지 않고 소리를 많이 지르는 것은 음악적 지능이 우세한 것으로 생각할 수 있다. 또

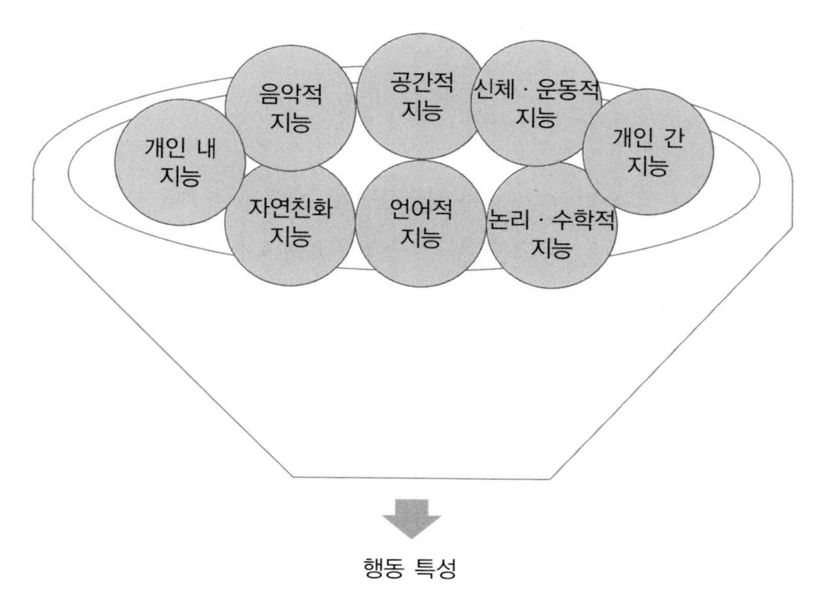

행동 특성

학습자가 이러한 영역들 중에서 강점을 가졌을 때
그들의 행동은 어떻게 나타날까요?

[그림 7-3] **지능 특성과 문제행동**

한 유치원이나 학교 벽에 낙서를 많이 하는 경우를 공간적 지능이 우세한 것으로 볼 수도 있다. 이렇게 문제행동을 강점지능으로 보는 것과 같은 방법으로 보면, 자폐성장애 학생들이 보이는 '상동행동'을 신체 · 운동적 지능과 관련하여 생각해 볼 수도 있다.

결핍 중심으로 생각하여 자폐성장애 학생들을 기존에 존재하는 기준에 맞추기만을 요구하면, 교사 · 부모와 학생 사이에 오해가 발생하여 부정적인 관계가 이루어질 수 있다. 이와 달리 학생 중심으로 접근하여 학생에게 긍정적 피드백을 제공하고 서로 간의 긍정적인 관계를 형성하면 행동지도뿐 아니라 문제행동 감소에도 기여할 수 있다.

2. 자폐성장애 학생의 문제행동

자폐성장애 학생들이 보이는 행동 특성들을 살펴서 이들이 학교나 사회에서 잘 적응할 수 있도록 도와주기 위해서는 상황이나 장소에 적절하지 않은 행동들, 즉 문제행동들을 지도할 필요가 있다.

1) 문제행동의 정의

문제행동의 정의를 단적으로 이야기하기는 어렵다. 문제행동은 상황과 장소에 따라서 사회에서 규정하는 규범이나 기대에 어긋나는 행동을 하였을 때, 그 행동은 보는 사람의 입장에서 정의된다. 예를 들어, 수업 중에 발생하는 옷 찢기, 울기, 소리 지르기 등의 행동들은 보는 관점에 따라 문제행동이 될 수도 있고, 그렇지 않을 수도 있다.

자폐성장애 학생들의 문제행동에 대한 중재 관련 연구들에서 소개되고 있는 문제행동들의 유형들을 살펴보면, 김건희와 장수정(2014)의 연구에서는 "위험행동, 공격행동, 우는 행동, 발성행동, 자해행동, 소음 만들기, 부적절한 자세, 산만한 행동, 지시거부" 등을 들고 있다.

자폐성장애 학생들이 보이고 있는 문제행동들이 여러 가지로 이야기될 수 있겠으나, '사회적 의사소통과 상호작용에서의 어려움' '자발적 표현이나 소통 부분의 어려움' '변화에 대한 적응이 빠르지 못함' '물건에 대한 집착' '특정 부분에 대한 과도한 관심' 등이 있다. 이에 대한 구체적인 예는 자해행동, 자리이탈 행동, 자위행동, 과제이탈 행동 등이다(김건희, 장수정, 2014).

한 학급에서 문제행동이 생겨나게 되면 또래가 신체적으로나 심리적으로 피해를 받는 경우가 있다. 하지만 이러한 상황에서는 문제행동을 하는 학생과 또래 모두의 입장을 생각해야 한다. 왜냐하면 문제행동을 일으키는 학생은 그 나름의 욕구가 있고, 이것이 충족되지 못했기 때문에 다른 학생의 수업에 방해가 되는 행동을 하기 때문이다. 이러한 상황에서는 교사가 상황을 어떻게 인식하고 어떠한 방법으로 대처하느냐에 따라서 자폐성장애 학생의 행동과 또래 그리고 나아가 학급의 분위기도 바뀐다.

> "원진이가 오면 수진이가 가지고 있는 물건 뺏고 머리 잡아당기고 뺏고, 그래서 수진이는 원진이가 멀리서만 보여도 벌벌 떨고 그랬었거든요. 가까이 오면 자기 물건 있는 거 그냥 집어 던지고 딴 데 도망가 버리고. 원진이가 손도 너무 많이 가고 질적으로 양적으로 저희 학급에서 차지하는 비율이 너무 컸어요."

교사가 학생으로 인하여 힘들어 하는 모습을 많이 보이거나 문제행동을 보이는 학생을 질책만 한다면 학생도, 그의 또래들도 그리고 교사도 힘든 상황 속에 빠지게 된다. 그러므로 교사는 문제행동지도를 위한 다양한 방법들을 체계적으로 적용해 보는 것이 필요하다.

2) 문제행동의 기능

문제행동의 기능이라고 하면, 그 행동이 이루려고 하는 목적이라고 할 수 있다. 예를 들어, 또래나 교사의 관심을 획득하기 위해서나, 물건이나 선호하는 활동을 획득하기 위해, 특정 감각 자극을 획득하거나 회피하기 위해, 자기조절을 위해 또는 놀이 삼아 문제행동을 보일 수 있다(송준만 외, 2016).

3) 문제행동의 발생 원인

자폐성장애 학생들이 보이는 문제행동의 발생 원인들은 한 가지일 수도 있고 여러 가지가 복합적으로 어우러져서 일어날 수도 있다. 그러므로 문제행동의 발생 원인을 단 한 가지의 요소가 아닌 생태학적 측면에서 접근하여 살펴볼 필요가 있다. 자폐성장애 학생들이 문제행동을 일으킬 수 있는 원인들을 살펴보면 다음과 같다.

(1) 부모 변인

부모의 비일관적인 태도나 강압적인 태도가 문제행동을 발생시킬 수 있다. 부모의 양육태도가 문제행동과 관련이 있을 수 있다.

(2) 또래 변인

유치원이나 학교에서 또래들에게 거부를 당하거나 놀림을 당하는 경우, 자폐성장애 학생이 특정 이유 때문에 싫어하는 또래가 있는 경우 학교생활에서의 불편함이 문제행동을 일으킬 수도 있다.

(3) 교사 변인

교사와의 부정적인 관계, 행동에 대한 교사의 부정적 반응, 감정적 지도, 비일관적인 태도, 학생에 대한 이해 부족, 적절하지 못한 수업 방법, 교사들의 수용적이지 않은 태도, 교사 주도형의 생활지도와 교과지도 등도 문제행동을 일으킬 수 있다.

(4) 신체 변인

외부 자극에 대하여 과잉반응을 가지고 있거나 과소반응을 가지고 있는 경우에도 문제행동이 발생할 수 있다.

자폐성장애 학생들의 행동 특성 중의 하나로 생각할 수 있는 것은 '예측되지 않은 변화'에 적응하기가 어렵고 친숙하지 않은 상황에서는 편안함을 느끼지 못하며, 소음이나 많은 사람과의 접촉에 있어서 부담감을 느낀다는 것이다(Barnes, O'Flynn, & Saile, 2009). 시각, 청각, 냄새, 맛 그리고 접촉과 같은 감각능력들에서 민감한 방응을 보이고, 이로 인해 접촉, 특별한 천, 음식, 빛, 시끄러운 소리들을 회피하려고 할 수가 있다. 또한 일상 중에도 후각적인 면이나 감각 정보에 있어서 민감하게 반응을 보이기도 한다. 이러한 감각적인 부분의 민감성은 외부에서 그 행동을 보았을 때 문제행동으로 오해를 일으킬 수도 있다(Barnes, O'Flynn, & Saile, 2009).

자폐성장애 학생들이 빙빙 도는 것을 갈망하거나, 물건을 돌리는 것을 좋아할 수도 있고, 아무런 목적 없이 소리를 지를 수도 있다. 손을 펄럭이거나 제자리에서 도는 행동이나 단정하지 못한 자세를 보일 수도 있고, 운동계획(motor planning)에서 문제를 보일 수 있다(Barnes, O'Flynn, & Saile, 2009). 자폐성장애 학생들은 감각 정보 처리 기능에 문제를 가지고 감각적 요구를 가질 수 있으므로 이에 대한 충족이 필요하다. 신체적 감각기능의 요구들이 적절한 방법으로 충족되면, 자폐성장애 학생들이 보다 나은 교육적 혜택을 받을 수 있을 것이다.

(5) 의사소통

본인이 표현하고자 하는 바를 적절하게 표현할 수 없거나 본인이 표현을 하였지만 듣는 사람들이 이해를 하지 못하고 오해를 일으키는 상황에서 좌절이 일어날 수 있고, 누적된 좌절이나 울화는 충동적인 태도뿐 아니라 문제행동을 가지고 올 수 있다.

자폐성장애 학생들이 감각운동 형태에서의 문제(Biklen, 1990) 또는 다른 여러 가지 문제로 인하여 구어적인 면과 비구어적인 방법을 통하여 의사소통하는 데 어려움이 있을 수 있다. 이러한 의사소통에서의 어려움은 문제행동을 일으킬 수 있다. 이런 문제행동을 예방하기 위해서 자폐성장애 학생들에게 보완대체 의사소통기구를 제공하거나 다양한 표현수단을 제공하는 방법이 있다. 자폐성장애 학생들에게는 본인의 욕구를 표현할 수 있는 방법을 제공하는 것이 중요하다. 또한 이러한 그림판이나 보완대체 행동기구를 제공하는 것뿐 아니라 본인의 의사를 표현할 수 있는 시간과 기회를 주는 것도 중요하다. 이렇게 표현하고자 하는 것을 자유롭게 표현하도록 하는 방법도 문제행동을 예방할 수 있다. 표현할 수 있는 방법은 문어나 구어, 몸짓 언어 등 다양한 방법을 생각해 볼 수 있다.

4) 문제행동 예방

행동지도의 목적은 사회적 적응을 하도록 도와주고, 학생의 환경에 변화를 주어 문제행동을 예방하는 것을 목적으로 한다.

수업 중 문제행동이 일어나는 것을 예방하는 방법은 여러 가지일 수 있다. 문제행동을 적절한 방법으로 지도하는 것도 필요하지만 문제행동을 일으킬 수 있는 원인들을 생각하여 그러한 행동들이 일어나지 않게 미리 예방하는 것도 필요하다.

(1) 수업 시작 전에 선호하는 활동들을 충분히 시키기

문제행동을 예방하기 위해서는 여러 가지 방법이 있을 수 있으나 수업시간 이전에 학생이 원하는 바를 충분히 제공받도록 하는 것이 문제행동을 줄일 수 있는 하나의 방법이 될 수 있다. 김태용과 최하영(2013)은 문제행동을 보이는 세 명의 장애유아에게 수업시간 이전에 원하는 장난감을 충분히 가지고 놀 수 있도록 하였을 때 수업 중에 나타났던 문제행동들이 감소하였다고 하였다. 그러므로 수업 중에 문제행동의 특성을 보일 수 있는 학생들에게 선호하는 활동을 충분히 하도록 하는 것도 문제행동을 예방할 수 있도록 하는 하나의 방법이라고 할 수 있다.

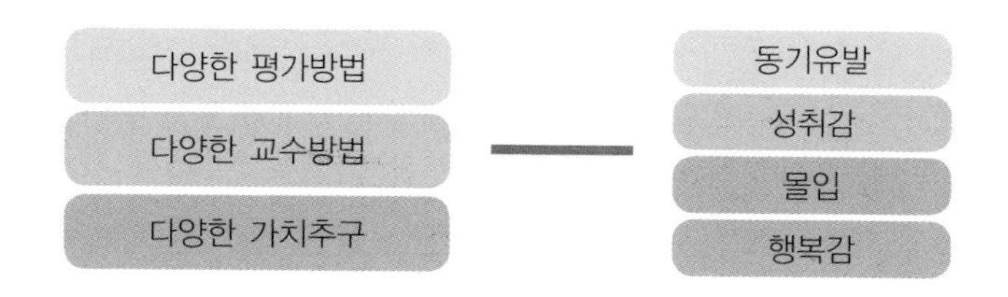

[그림 7-4] 학생의 개별적 특성 존중

(2) 교육내용과 교육방법의 수정

학교에서 일어나는 문제행동의 원인은 여러 가지라고 할 수 있으나 수업의 내용이나 방법이 학생의 수준에 맞지 않거나 학생의 선호도에 맞지 않을 때에도 문제행동이 발생할 수 있다. 이럴 경우, 학생이 수업에 집중할 수 없게 되어 결과적으로 과제이탈을 하거나 또래들을 괴롭히거나 자기 자극을 하게 된다. 달리 말하면, 학교생활에서 자폐성장애 학생에게 몰두할 수 있는 일이나 흥미를 가질 수 있는 상황이 주어지지 않을 때 문제행동이 일어날 수 있으므로 자폐성장애 학생을 위한 교육내용과 교육방법의 수정이 필요하다.

(3) 장점을 찾아 수업참여행동을 향상시키기

자폐성장애 학생들이 수업이나 학습활동에 참여하고 몰두하도록 하는 것도 문제행동을 감소시킬 수 있는 하나의 방법이라고 볼 수 있다. 이민영(2012)의 연구에서 미술에 재능을 보이는 자폐성장애 아동에게 개별적 특성에 맞는 미술교육을 실시한 결과, 이 아동이 교사의 지시 등과 같은 교사의 지도사항에 반응하고, 자신만의 표현 방법으로 기쁨이나 성취감, 만족감들을 나타내었다고 한다.

또한 장점을 알아보는 평가를 통하여 지적장애가 있는 학생들의 장점을 찾고 선호도를 찾아서 긍정적인 피드백을 주고 성공감을 갖도록 하여 지적장애 학생의 수업참여도를 높였다는 연구도 있었다. 김태용과 최하영(2013)은 장점 사정에 의해 형성된 교사와 학생 간의 긍정적인 관계가 학생들에게 성취감을 느끼게 하고, '자존감'과 '자신감'을 높여 이것이 수업참여행동의 증가에도 영향을 주었다고 하였다.

이미애와 한성희(2010)는 장점 중심 중재가 문제행동을 감소시키고 '학업성취, 사회적 기술, 태도' 부분에서 변화를 가져오고, 이러한 변화는 교사들이 유아를 대하는 태도를 변화시켜 유아의 행동에까지 영향을 준다고 하였다. 즉, 장애유아의 장점을 중심으로 장애유아를 바라보았을 때, '바람직한 행동'이 늘어나서 반대로 문제행동이 감소할 수 있다고 한 것이다. 이와 맥락을 같이하여 정영숙과 김장회(2012)도 인간을 이해함에 있어 부정적인 측면을 강조하기보다는 '개인의 강점과 잠재 능력'에 초점을 둔 긍정심리학의 관점이 교육적으로 학생에게 필요하다고 하였다.

(4) 문제행동의 원인 제거

문제행동이 일어나는 원인을 파악하여 그 문제행동이 일어나는 원인을 사전에 제거하여 문제행동이 일어나지 않도록 하고 문제행동이 일어날 수 있는 조건들을 사전에 방지하는 것이다. 왜냐하면 문제행동이 일어난다는 것은 어떠한 면에서는 문제행동과 문제행동의 결과가 조건화되었다고 할 수 있기 때문이다.

(5) 소속감 제고

학교에서 일어나는 문제행동의 경우는 여러 가지를 생각할 수 있으나, 소속감의 부재가 문제행동을 일으킬 수도 있다. 자폐성장애 학생이 소속감을 느끼도록 하는 방법을 다양하게 모색해 보는 것도 필요하다.

요약

자폐성장애 학생의 행동을 이해하고 학교생활이나 사회생활에 잘 적응할 수 있도록 도와주기 위해서는 자폐성장애에 대한 여러 가지 측면에서의 이해가 필요하다. 이에 따라 이 장에서는 자폐성장애를 이해하는 세 가지 측면, 즉 의학적, 장애학, 다중지능의 측면에서 자폐성장애에 대해 알아보았다. 그리고 이러한 관점과 연결하여 자폐성장애 학생들이 보이는 행동을 어떻게 볼 것인지와 문제행동의 발생 원인에 대해서도 살펴보았다. 여러 가지 원인에서 문제행동이 발생할 수 있으며, 이 장에서는 이러한 원인과 문제행동의 예방과 관련한 내용들을 소개하였다.

참고문헌

김건희, 장수정(2014). 특수교육대상유아의 문제행동 관련 연구동향 분석. **정서 · 행동장애연구, 30**(4), 71-91.

김병하(2015). 장애학과 한국특수교육론: 한국장애학회의 창립에 즈음하여. **특수교육저널: 이론과 실천, 16**(2), 649-660.

김주경, 김자경, 강혜진, 서주영(2006). 다중지능을 활용한 교수가 학습장애아동의 읽기능력에 미치는 효과. **특수교육재활과학연구, 45**(4), 301-324.

김태용, 최하영(2013). 장점강화활동이 지적장애 초등학생의 수업참여행동에 미치는 영향. **특수교육, 12**(1), 107-132.

박상미(2010). 다중기능특성에 따른 강점기반교육이 자폐성장애학생의 수업참여행동에 미치는 영향. 서울교육대학교 교육대학원 석사학위논문.

송준만, 강경숙, 김미선, 김은주, 김정효, 김현진, 이경순, 이금진, 이정은, 정귀순(2016). **지적장애아교육**(2판). 서울: 학지사.

원종례, 엄수정(2010). 통합교육의 이상을 실현하기 위한 현장교사들의 경계선 넘기(transgression)와 장애학을 기반으로 한 교사교육 프로그램의 역할. **특수교육연구, 17**(1), 25-49.

이미애, 한성희(2010). 장점중심중재가 장애유아의 활동참여 발생률에 미치는 효과. **특수교육학연구, 44**(4), 377-398.

이민영(2012). 자폐성장애 미술영재의 표현능력 향상을 위한 미술교육 방안. 숙명여자대학교 교육대학원 석사학위논문.

이선아, 정지언(2013). 다중지능 이론에 기초한 강점지능 활용 국어학습이 ADHD 학생의 부적응 행동에 미치는 영향. **초등특수교육연구, 15**(1), 79-95.

정영숙, 김장회(2012). ADHD 아동에 대한 교사의 인식: 긍정심리학 관점의 대안적 고찰. **한국교원교육연구, 29**(2), 25-48.

정희선, 신현기(2007). 정신지체학생의 다중지능 발달 특성. **특수교육저널: 이론과 실천, 8**(1), 261-275.

조한진(2011). 장애학에 대한 재고찰. **특수교육저널: 이론과 실천, 12**(4), 1-25.

American Psychiatric Association. (2013). *Diagnostic and statistical manual of mental disorders* (5th ed.). Washington, DC: Author.

Armstrong, T. (2004). **다중지능과 교육** (전윤식, 강영심 공역). 서울: 중앙적성출판사. (원저 2000년에 출판)

Bambara, L. M., & Lee, K. (2008). **장애 학생을 위한 개별화 행동지원** (이소현, 박지연, 박현옥, 윤선아 공역). 서울: 학지사. (원저 2005년에 출판)

Barnes, C., Mercer, G., & Shakespeare, T. (1999). *Exploring disability: A sociological introduction.* Cambridge, UK: PolityPress.

Barnes, E. B., O'Flynn, J., & Saile, L. (2009). Autism spectrum disorders in your children. In G. Ensher, D. A. Clark, & N. S. Songer (Eds.), *Families, infants, & young children at risk: Pathways to best practice* (pp. 107-138). Baltimore: Brookes.

Baron-Cohen, S. (1995). *Mindblindness: An essay on autism and the theory of mind.* Cambridge, MA: MIT Press.

Baron-Cohen, S. (1997). Mindblind. *Natural History, 106*(8), 65-65.

Barron, J., & Barron, S. (2002). *There's a boy in here.* New York: Simon & Schuster.

Biklen, D. (1990). Communication unbound: Autism and praxis. *Harvard Education Review,*

60(3), 291-315.

Biklen, D. (1993). *Communication unbound: How facilitated communication is challenging traditional views of autism and ability/disability*. New York: Teachers College Press.

Broderick, A. A., & Ne'eman, A. (2008). Autism as metaphor: Narrative and counter-narrative. *International Journal of Incluisve Education, 12*(5-6), 459-476.

Chandler-Olcott, K., & Kluth, P. (2009). Why everyone benefits from including students with autism in literacy classrooms. *The Reading Teacher, 62*(7), 548-557.

Grandin, T. (1986). *Emergence labeled autistic*. Novato, CA: Arena Press.

Jackson, L. (2002). *Freaks, geeks and Asperger syndrome: A user guide to adolescence*. London: Jessica Kingsley.

Kliewer, C., & Biklen, D. (2001). "School's not really a place for reading": A research synthesis of the literate lives of students with severe disabilities. *Research and Practice for Persons with Severe Disabilities, 26*(1), 1-12.

Kluth, P. (2003). *"You're going to love this kid!": Teaching students with autism in the inclusive classroom*. Baltimore: Brookes.

Rubin, S., Biklen, D., Kasa-Hendrickson, C., Kluth, P., Cardinal, D. N., & Broderick, A. (2001). Independence, participation, and the meaning of intellectual ability. *Disability & Society, 16*(3), 415-429.

Stephen, S. (2001). *Beyond the wall: Experiences in autism and Asperger syndrome*. Shawnee Mission, KS: Autism Asperger Publishing.

제8장

행동지원 실제

1. 학생의 행동 자체를 수정하는 방법
2. 환경변화를 통해 행동을 지원하는 방법
3. 기타(심신의 평온 유지)
4. 교사나 부모가 갖추어야 할 태도

이 장에서는 자폐성장애 학생의 행동지원을 위해 실제로 적용할 수 있는 구체적인 방법들을 살펴보고 행동지도 시 교사나 부모가 갖추어야 할 태도를 살펴본다. 자폐성장애 학생의 행동지도 시 사용할 수 있는 방법을 크게 세 가지로 분류하여 살펴본다. 첫째는 학생의 행동 문제만을 수정하는 데 초점을 맞추는 방법, 예를 들어 강화, 토큰 경제, 행동계약 등을 간단하게 소개한다. 둘째는 환경을 변화시킴으로써 학생의 문제행동을 지도할 방법들을 소개한다. 교사나 부모의 관점 바꾸기, 동기유발 조성, 교실 환경 구성, 긍정적 행동지원 등을 예로 소개한다. 셋째는 심신의 평온 유지를 통하여 적절한 행동을 지도하는 데 영향을 미칠 수 있는 다양한 방법들을 소개한다. 마사지, 족욕, 요가, 신체운동, 웃음, 수면, 보완대체의사소통 기구 사용을 예로 들며, 이러한 지도의 효과를 높이기 위한 교사나 부모가 갖추어야 할 태도를 소개한다.

학습목표

- 자폐성장애 학생의 행동지원 시 사용될 수 있는 다양한 방법들에 대해서 안다.
- 자폐성장애 학생의 행동지원 시 교사가 갖추어야 할 태도에 대해서 안다.
- 자폐성장애 학생의 행동지원 시 고려되어야 할 부분들에 대해서 안다.

자폐성장애 학생이 다른 또래들만큼 기능을 다하느냐 다하지 못하느냐가 과연 이들을 교육하는 데 있어서 중요한 문제일까? 장애는 특정 부분에 어려움이 있을 경우 붙이는 이름이다. 그리고 이러한 어려움의 정도를 마치 인간의 가치를 나타내는 척도로 사용하는 경우가 있다. 하지만 인간다움이나 인간의 가치라고 하는 것은 인간의 기능 여부로 정의되는 것이 아니다. '인간답다'라는 것은 '읽고 쓰고 말 잘하는' 것 등으로 한정 지을 수 없고, 이를 두고 정상과 비정상으로 나누는 것도 적절하다고 할 수 없다.

장애라고 하면 흔히 '스스로 생각하는 힘'이나 이해력이 부족하다고 가정하고 이를 바탕으로 행동지도를 하는 경우가 있다. 장애 학생들에게는 무엇인가를 하도록 해서 이들의 잠재된 능력을 발전시키게 하기보다는 이들을 무능력한 존재로 인식하고 차별하거나, 무조건적인 도움으로 잠재된 능력이 발전될 수 있는 기회를 박탈하는 경우가 많다. 예를 들어, 음식도 직접 만들어 보아야 재료들에 대해 좀 더 생각하게 되고, 그러한 것들에 대하여 주체적으로 인식하고 음식에 대한 관심도 가질 수 있는데, 이런 능력 개발의 기회조차 주지 않는 경우가 많다.

교육은 화초를 키우는 과정과 같다. 교육은 화초에 물을 주면서 열심히 관찰하고 잘 자랄 수 있도록 도와주는 것이고, 책망하기보다는 어떻게 해야 할지를 안내해 주는 것이다. 그러므로 자폐성장애 학생들의 행동을 지도(지원)할 때는 제7장에서와 같이 자폐성장애 학생들의 행동 특성에 대한 이해가 가장 먼저 선행되어야 하고, 행동지원의 목표가 무엇인지 점검하는 것도 필요하다.

그렇게 하기 위해서는 자폐성장애 학생에 대한 편견이 없어야 한다. 행동지도의 전제조건이 되는 것은 자폐성장애 학생에 대한 이해이며 가능하면 편견이나 선입견을 가지지 않도록 하는 것이다. 편견과 선입견의 배제는 함께 부딪히고 상호작용하면서 서로 소통하는 것을 의미한다. 각각의 유리벽에 갇혀서 서로를 바라보면서는 상대의 행동을 이해하기 어렵다.

자폐성장애 학생의 행동을 지도하기 전에 몇 가지 필요사항이 있다. 가장 먼저 필요한 것은 장애를 이해하는 것이다. 그래서 장애로 인해 발생할 수 있는 행동, 즉 조절이 어려운 행동과 자신의 의지로 조절할 수 있는 행동을 구별해야 한다.

문제행동이라는 것은 '누가 어떤 상황에서 행동에 대한 어떠한 기대를 가지고' 행동을 어떻게 해석할 것인지와 관련이 되며, 따라서 문제행동으로 판단되는 것은 행동에 대한 기대와 해석에 따라 달라진다고 볼 수 있다. 그리고 이 문제행동을 어떠한 시각에서 바라보느냐에 따라서 해결방법 또한 달라질 수 있다. 문제행동을 해결하는 방법에는 개인의 행동에 문제의 초점을 두고 행동을 변화시키는 방법, 즉 강화, 소거 그리고 벌을 활용하는 것이 있고, 교사(부모)와 학생 간의 상호작용을 개선함으로써 문제행동을 수정하려는 방법이 있다. 이러한 관계 개선은 교사(부모)의 관점을 바꿈으로써 자폐성장애 학생의 자아존중감을 높이고, 문제행동에 집중하게 하기보다 장점이나 일에 대한 즐거움을 찾아가게 해 준다. 이를 통해 문제행동을 개선하고자 하는 것이다.

또한 행동지도나 문제행동 지도 시에는 단일 접근보다는 생태학적 접근법을 활용하여 지도하는 것이 적절하다. 문제행동 지도는 하나의 중재방법을 사용하기보다 효과가 있으리라고 추정되는 다양한 방법들을 동시에 적용하는 총체적인 방법으로 이루어져야 한다. 즉, 문제행동을 일으키는 자폐성장애 학생을 둘러싸고 있는 부모, 교사, 또래 그리고 주변 환경이 문제행동과 어떠한 관계를 가지고 있으며 어떻게 상호작용을 하는지를 살펴야 한다는 것이다.

1. 학생의 행동 자체를 수정하는 방법

자폐성장애 학생이 보여 주는 어떠한 행동을 수정할 때 사용할 수 있는 방법으로 행동주의 이론에 입각한 행동수정법이 있다. 이와 관련한 예는 다음과 같다.

• **강화**

행동수정 원리에 따르면 행동의 반복성을 기대하기 위해서는 그 행동의 결과 뒤에 보상이 필요하다. 행동의 결과 뒤에 행동한 사람이 원하는 것을 제공함으로써 보상을 얻기 위하여 다시 동일한 행동을 한다는 것이다. 이것이 강화에 해당된다.

'강화'의 방법을 활용하기 위하여 교사나 부모가 고려해야 할 사항은 다음과 같다.

– 강화를 사용하기 위해서는 자폐성장애 학생의 선호도 목록을 작성하여야 한다.

선호의 정도에 따라 행동의 강화에 영향을 미치기 때문이다. 즉, 강화로 주어지는 보상이 학생에게 얻고 싶다는 생각이 들 정도로 충분히 의미가 있어야 한다. Miltenberger(2009)는 강화에 대하여 "좋아하는 결과물이 행동의 결과로 주어질 때, 그 행동은 미래에 유사한 상황에서 반복되기 쉽다."고 하였다. 그렇기 때문에 교사는 학생이 음악, 냄새, 소리, 물건 등 중에서 구체적으로 어떠한 것들을 좋아하는지에 대해 부모와의 상담과 같은 방법을 통해서 미리 정보를 수집하여 목록을 만들어 두고 이를 적절히 강화의 보상으로 이용할 수 있어야 한다.

– 강화의 경우 목표로 하는 행동이 어느 정도 형성되면, 이를 중지할 필요가 있다.

• 토큰 경제

바람직한 행동을 하였을 때, 토큰을 주고 특정 개수만큼의 토큰을 가지고 왔을 때 학생의 선호도 목록에서 준비한 목록 중 하나를 제공할 수 있다(Miltenberger, 2009).

• 행동계약

행동계약서는 수행할 행동 목표에 대하여 학생이 동의하는 동의서다. 만일 자폐성장애 학생이 연속적으로 방충망에 구멍을 낼 경우 구멍을 내지 않도록 하기 위하여 학생과 행동계약서를 작성할 수 있다. 행동계약서의 내용은 일주일 동안 방충망에 구멍을 내지 않을 경우 자폐성장애 학생이 원하는 것을 얻을 수 있다는 내용을 작성하는 것이다.

2. 환경변화를 통해 행동을 지원하는 방법

1) 교사나 부모의 관점 변화를 통한 행동지도

자폐성장애 학생들이 가지고 있는 행동의 특성이나 수업상황에서 보이는 문제행동들을 사회의 기준이나 학급에서 정한 규칙에 맞춰서 지도하는 것만이 바람직한 교육방법이라고 할 수 없다. 이보다는 교사가 자폐성장애 학생들과의 상호작용 형태를 변화시키고, 이들이 보이는 독특한 행동에 대한 관점을 바꾸어서 이로부터 장점을 발견하고 몰두할 수 있는 것을 발견하는 과정을 통해 다른 교육 방법을 찾아야 한다. 교사는 자폐성장애 학생에게 화를 내거나 학생을 꾸짖거나 책망하는 대신 그들의 행동을 이해하고 수용하며 이들의 장점을 발견하여 긍정적 피드백을 통해서 학생 스스로 바람직한 행동을 할 수 있도록 도와주어야 한다.

적절한 행동지도나 문제행동지도에서 고려해야 할 중요한 사항 중 하나는 지도하는 사람과 가르침을 받는 사람 간의 친밀감을 형성하는 것이며, 이 외에도 자폐성장애 학생과 부모가 지도하는 교사에 대하여 신뢰감을 가지고 있을 경우 교육의 효과가 높아진다. 이러한 친밀감과 신뢰를 바탕으로 자폐성장애 학생의 선호도, 강점, 원하는 것 그리고 싫어하는 것들을 파악해야 한다.

2) 환경에 의한 동기유발

자폐성장애 학생을 주체적인 존재, 선택할 수 있는 존재로 바라보는 것은 중요하다. 장애학생을 지도할 때 조심해야 하는 것 중에 하나는 '자기중심적 사고'에 의한 '타인의 행동에 대한 판단과 해석'이다. 장애학생이 '특이한 행동'을 하거나 '다른 사람과는 다른 행동'을 한다고 해서 '나와는 다른 행동'을 하기 때문에 이를 '이상한 것'으로 생각하거나 '못하는 것'이라고 자의적으로 판단해서 장애학생의 선택이나 자유의지를 고려하지 않아서는 안 된다.

행동 변화에는 여러 가지 요인들이 영향을 미친다. 그중에서 주변 환경은 자폐성장애 학생들이 문제행동을 줄이고 적절한 행동을 할 수 있도록 도와주는 중요한 요인으로 작용할 수 있다.

행동 변화는 외부의 동인에 의해, 외부의 자극에 의해, 혹은 외부 환경으로부터 주어지는 강화에 의해 이루어지기도 하지만 개인이 가지고 있는 '동기'도 크게 작용한다. 인간을 변화시키는 데 있어서 큰 효과를 볼 수 있고 지속적인 변화의 결과를 볼 수 있는 것은 '내적 변화'에 의한 동기라고 볼 수 있다. '동기'를 자극하면 행동을 변화시키려는 의지가 생기기도 한다. 그렇다면 이러한 동기를 유발하는 요인들에 대해서 살펴보자.

동기유발에 있어서 모델링을 할 수 있는 환경을 구축하는 것은 중요하다. 이러한 모델링을 할 수 있는 환경의 구축은 '남만큼 하고 싶다' '저만큼 하고 싶다'라는 생각을 일으킬 수 있다.

통합유치원에 있는 한 교사가 이야기하는 이와 관련된 사례는 다음과 같다.

> "영수는 활동에 참여할 수 없었지만 다른 아이들처럼 행동하고 싶어 했어요. 활동을 마치고 나면 내게 와서 검사를 받으라고 하였는데 다른 아이들이 공책을 들고 나와서 검사를 받으려 하자 영수도 완성되지 않은 공책을 들고 나와서 검사를 받으려고 하였어요."

이 사례에서 자폐성장애가 있는 영수는 다른 아이들이 하는 행동을 따라 하려고 하는 모습을 보여 준다.

또 다른 통합유치원의 교사가 이야기하는 이와 유사한 사례는 다음과 같다.

> "단체 모임을 하는 시간이면 동철이는 제대로 줄을 서지 않아 그 아이를 줄을 세우려고 노력을 많이 하였는데, 약 4개월이 지난 후에는 스스로 줄을 서더라고요."

앞의 사례에서 동철이가 '줄을 서는' 규칙을 지키게 된 것은 시간이 지나면서 다른 또래들이나 주변 환경을 보고 배운 결과로 이루어졌다고 볼 수 있다.

3) 심리적으로 편안한 환경 조성을 통한 지도

김건희(2010)의 연구에 따르면 자폐를 가진 유아들을 교육할 때 효과적인 것은 '유아중심'의 교육이라고 하였다. 이들이 이야기한 것은 자폐성장애 유아들이 편안함을 느낄 때 그리고 즐거움을 느끼는 상황이 조성되었을 때 학습을 더 잘하고 학습에 임하는 면에 있어서도 적극적이라고 하였다.

자폐성장애 유아들을 교육할 때는 유아들에게 편안함과 즐거움을 느낄 수 있는 상황을 만들어 주는 것이 학습상황에 적극적으로 참여할 수 있도록 하는 조건이 된다는 것은 Kluth(2003)의 주장과도 일치한다. Kluth는 자폐성장애 학생들이 학습에 실패하는 것은 때때로 그들의 교육 환경에서 편안함을 느끼지 못하기 때문이라고 하였다(김건희, 2010). Broderick, Mehta-Parekh과 Reid(2005)의 연구에서도 교사들이 학생들의 적성이나 흥미에 맞는 맞춤형 교육을 실시하였을 때 교육의 효과를 높일 수 있다고 하였다. 교과지도뿐 아니라 행동지원도 이와 마찬가지라고 할 수 있다. 교사의 지나친 행동통제나 지시적인 태도는 행동지도뿐 아니라 교과지도에서 교육적 효과를 얻는 데 어려움을 초래할 수 있다.

그러므로 자폐성장애 학생에게 행동지원을 하는 경우 이들이 물리적 환경이나 신체적 조건 그리고 심리적 상황에서 어떠한 불편함을 느끼지 않고 편안함을 느끼도록 하는 것이 중요하다. 교사는 학생이 심리적, 신체적 그리고 물리적으로 편안함을 느낄 수 있는 환경을 조성해 주어야 한다. 행동지원이 잘 이루어지기 위해서는 자폐성장애 학생의 자율성이 보장되고, 신체적으로나 심리적으로 편안함을 느낄 수 있는 상황이어야 한다.

4) 교실 환경 조성을 통한 지도

자폐성장애 학생들을 위해서는 안정적이고 친숙한 환경을 구성하는 것이 무엇보다도 중요하다. 여기에는 물리적 환경의 조성도 포함된다.

예를 들어, 감각처리에 어려움을 가지고 있는 자폐성장애 학생의 경우 고려되어야 하는 것들은 다음과 같다(Kluth, 2003).

- 빛과 관련하여 다양한 색깔의 램프, 선글라스, 이중 커튼 그리고 불빛의 강도를 조절할 수 있는 스위치들
- 몸의 움직임 요구를 충족시킬 수 있는 흔들의자와 같은 다양한 형태의 의자와 쿠션 등
- 소리와 관련해서는 귀마개, 헤드폰 등 불편 차단
- 혼자만의 시간을 위한 장난감 집, 독서실 형태의 '부스'

앞에서 예를 든 것 이외에도, 학생들의 완성되거나 미완성된 작품들을 게시판에 걸어두거나, 교사가 학생들의 활동을 살펴보기 위하여 자주 학생들 사이를 이동하고, 학생들에게 안정감을 주는 목소리를 사용하는 등의 환경적 지원도 필요하다.

5) 긍정적 행동지원

행동지도 시 생태학적 접근과 팀 접근을 활용하여 자폐성장애 학생들의 문제행동을 지도하는 방법이 있다. 이것은 개별 학생의 문제행동의 기능을 분석하여 배경/선행 사건 조절, 대체행동 교수, 후속 결과 조절을 통하여 문제행동을 수정하는 방법이다. 이러한 긍정적 행동지원 방법은 문제행동의 예방에 초점을 둔다(Bambara & Lee, 2008).

긍정적 행동지원은 크게 세 단계로 이루어진다. 첫 번째 단계에서는 학교나 학급의 전체 학생들에게 문제행동과 관련하여 지켜야 하는 규칙들을 안내하거나 바람직한 행동을 할 수 있도록 하고, 두 번째 단계에서는 규칙을 잘 지키지 못하는 학생들 몇 명을 대상으로 하여 지도한다. 마지막 세 번째 단계에서는 이러한 지도 방법에 있어서도 행동지도가 잘 이루어지지 않는 학생을 대상으로 개별적 행동지도로 개별화지원을 실시한다.

3. 기타(심신의 평온 유지)

문제행동을 지도하거나 행동지원 시, 교사들에게 용이한 방법의 선택이 중요하다. 다음에 소개되는 방법들은 문제행동이나 행동을 지원함에 있어서 심신의 평온을 유지하여 문제행동의 예방을 꾀할 수 있는 방법으로 생각해 볼 수 있다.

자폐성장애 학생들이 학교생활 중에 과제에 참여할 수 있는 기회를 제공하고 집중력을 길러 줄 수 있는 환경을 조성하는 것은 이들의 문제행동 예방에 기여한다. 학생들의 문제행동에 영향을 미치는 원인을 분석한 여러 연구들은 주로 문제행동을 유발하는 환경적 요인에 관심을 가지고 있었다. 그러나 학습자가 가지고 있는 기본적인 생체리듬도 문제행동에 영향을 준다. 예를 들어, 충분한 수면, 신체활동, 행복 등의 조건들은 학습자가 학습을 할 수 있도록 하는 가장 기본적인 조건이라 할 수 있는데, 이에 대한 관심은 크지 않았다. 몸이 피곤한 상태에서, 배가 고픈 상태에서, 걱정이 있는 상태에서, 혹은 자아존중감이 낮은 상태에서는 학습의 효과나 행동지도의 효과가 떨어질 수밖에 없다. 그러므로 교육적 변화를 위해서는 학생 개인이 느끼는 '심신의 안정'

에 대한 관심을 높이고 이를 점검할 필요가 있다.

다음의 내용들은 주로 ADHD아동들의 주의집중력 향상이나 충동성 억제와 관련되는 연구들이지만 심신의 안정을 위해 모든 학생에게 적용해 볼 수 있는 방법이다.

1) 마사지

김진선(2008)의 연구에 따르면, 유아 마사지 프로그램이 아동의 사회성 발달을 증가시키고 '자폐 행동 특성'을 감소시켰다고 하였다. 마사지는 근육을 이완시킴으로써 심신을 편안하게 함으로써 타인과의 관계형성에 도움을 주어 문제행동의 예방에 효과가 있다. 마사지의 어떠한 효과가 이러한 결과를 이끌었는가? 김도진, 권중호, 김현태(2014)의 연구에 따르면 향기요법과 마사지를 병행한 결과, ADHD 아동들의 문제행동을 개선하는 데 도움이 되었다고 한다.

양지웅(2012)은 도파민과 노르에피네프린의 감소, 즉 신경전달물질의 부족으로 인해 자폐의 증상이 나타난다고 볼 때 마사지를 통해 혈액의 흐름을 원활히 해 주면 ADHD의 근본적 치료에 도움이 될 수 있다고 하였다. 이를 바탕으로 김도진 등(2014)은 마사지만을 적용한 것보다 향기요법을 함께 적용한 경우 ADHD 아동의 신경전달물질에 더 효과적이라는 사실을 밝혀냈다. 김도진 등(2014)에 의하면 마사지 요법은 아동의 전반적인 신체발달에 도움을 줄 수 있다. 마사지를 받는 동안 아동은 마음이 편해지고, 자율신경계의 기능이 원활하게 작용하며 피로와 스트레스를 완화시킬 수 있으며, 마사지는 신경계, 근육계, 호흡계, 림프계의 기능과 혈액순환을 촉진하는 데 효과적이라고 하였다.

그러나 자폐성장애 학생의 경우, 감각적 특이성이 있으므로 감각 자극에 대하여 과민반응을 보이거나 과소반응을 보일 수 있으므로 마사지 프로그램을 사용할 때는 자폐성장애 학생의 감각적 요구를 잘 고려하여야 한다.

2) 족욕

심신의 안락함을 제공하는 것은 문제행동을 줄이는 방법 중 하나가 될 수 있다. 심신의 안락함을 주기 위한 것으로 피로감을 줄여 주는 방법을 생각해 볼 수 있다.

서희숙과 송경애(2011)는 노인들을 대상으로 한 연구에서 족욕이 수면 만족도를 높이고 피로회복에 도움을 준다하고 하였다. '족욕'의 효과인 피로회복과 수면에 대한 만족은 자폐성장애 학생들에게도 심신의 안정을 줄 수 있다. 그러면 자폐성장애 학생의 문제행동 가능성도 줄일 수 있을 것이다. 그러므로 학교나 가정에서 쉬는 시간을 활용하여 학생 모두에게 족욕을 권하는 것도 문제행동을 줄이는 방법이 된다.

자폐성장애 학생의 문제행동을 예방하거나 지도할 때 장애가 있는 학생이 학급 구성원들 사이에서 두드러지지 않도록 조심해야 한다. 그러므로 족욕을 실시할 경우 학급 구성원들이 모두 참여하는 형태로 이루어져야 한다.

3) 스트레칭 또는 요가

스트레칭도 자폐성장애 학생들의 심신을 안정시키는 데 도움을 주는 방법 중 하나다. 조재혁(2011)은 ADHD 아동들을 대상으로 하여 '복합운동 트레이닝'을 시킨 결과, '부주의, 충동성, 과제처리속도, 주의의 비일관성' 부분에서 운동에 참여하기 전보다 향상을 보였다고 하였다. 이러한 복합운동은 주의력을 높이고, 주의력을 높이는 행동은 문제행동을 약화시키는 데 도움이 된다. 그러므로 자폐성장애 학생들에게 스트레칭의 기회를 주는 것도 문제행동을 줄이는 방법이라 할 수 있다.

최민수, 정영희, 오윤진(2012)은 요가활동이 유아들의 스트레스를 감소시키는 데 긍정적 효과가 있다고 하였다. 요가활동은 긴장되어 있던 근육들을 이완시켜 '몰입, 건강, 영성, 또래관계, 교사관계, 정서'에 긍정적인 영향을 주어 유아들에게 행복감을 준다는 것이다. 또한 요가활동은 유아들의 체력이나 스트레스 해소에 영향을 줄 뿐만 아니라 기초체력의 향상에도 도움을 준다(유순영, 김경숙, 2010; 권은주, 고영희, 2010). 기초체력의 향상이나 스트레스의 감소는 편안한 기분이 들게 하여 문제행동을 예방하거나 조절할 수 있다. 요가활동과 같은 유아들을 위한 신체활동 프로그램은 유아들의 유연성, 민첩성, 순발력의 향상에 크게 기여하는 것으로 파악되었다. 이러한 것은 유아뿐 아니라 다른 연령대에도 적용된다고 볼 수 있다.

4) 신체운동

심신의 안정과 스트레스의 해소 측면에서 신체운동이 효과가 있다는 것은 널리 알려진 사실이다. 김수한, 최윤희, 김고운(2014)의 연구에 따르면 신체활동 프로그램이 ADHD 성향을 가진 아동들의 주의집중력을 향상시키는 데 도움이 되었고, 주의집중력 향상뿐 아니라 과제 참여에 대한 가능성을 높여 문제행동이 발생할 수 있는 가능성을 줄일 수 있다고 하였다.

5) 웃음

교육은 항상 심각해야 하는 것일까? 그래야만 교육목표가 달성되는 것일까? 행동지도라는 측면에서도 교사와 학생 간의 고민이 항상 도사리고 있고 부정적인 감정들만 그 사이에 놓여야 하는 것은 아니다. 행동지도 시 교사는 규칙이나 규범, 혹은 '적절한 행동'이라는 이름으로 학생의 욕구나 마음을 헤아리지 않고 있는 것은 아닌지 점검해야 할 필요가 있다.

조상윤(2011)의 연구에 따르면, '지역아동센터'에서 '웃음요법 프로그램'을 진행한 결과, '아동의 스트레스 대처행동'에 도움이 되었다고 하였다. 웃음은 '부적응 행동'을 보이거나 '의사소통에 어려움'을 보이는 아동들의 불안한 마음을 진정시킬 뿐 아니라 스트레스를 해소하고, 자존감 향상에도 유용하게 이용될 수 있다.

6) 수면

최진오(2014)의 연구에 따르면, 초등학생들의 수면실태는 주의력 결핍, 과잉행동/충동성과 같은 문제행동에 큰 영향을 미친다고 하였다.

정경미와 이춘매(2015)도 자폐성장애(Autism Spectrum Disorder: ASD) 아동의 수면 패턴 및 수면 시간을 살폈다. 그 결과 자폐성장애 아동은 장애가 없는 아동에 비해 수면문제가 심각한 것으로 나타났다. 이러한 수면 문제는 문제행동을 유발하는 원인이 될 수 있다. 김윤희(2015)는 충분한 수면을 취하지 못하는 유아일수록 상대적으로 높은 수준의 문제행동을 보인다고 하였다. 이 연구에서 만 4세 유아들의 야간 수면 길이가 문제행동과 깊은 관련이 있다는 결과가 나타났다. 야간 수면 시간이 9시간 미만인 유아들은 11시간 이상의 수면 시간을 확보하고 있는 유아들에 비해 문제행동의 발생률이 높았다고 한다. 이는 문제행동은 장애가 원인으로 발생하는 것이 아니라, 외부환경에 따라 달라질 수 있는 것을 보여 준다.

김수정(2015)의 연구에서도 취침시간이 늦을수록 내재화 문제, 외현화 문제, 공격행동, 수면 문제 등의 문제행동 수준이 높게 나타났다.

이러한 연구결과들은 문제행동과 수면시간과의 관련성에 관한 것이며, 바람직한 수면 습관의 형성은 문제행동의 발생률을 낮출 수 있다는 것을 보여 준다.

7) 보완대체 의사소통

자폐성장애 학생들의 표현 활동을 도와주는 보완대체 의사소통(AAC) 기구의 사용은 이들에게 자신의 의사를 표현하도록 도와줌으로써 문제행동 해결에 도움을 줄 수 있다.

윤현숙과 곽금주(2004)는 보완대체 의사소통 중재가 자폐성장애 아동의 문제행동 감소에 효과가 있음을 확인하였다. 또한 윤주연(2013)에 따르면 그림교환 의사소통체계의 중재를 통해 '눈맞춤'이 지속적으로 증가하였으며, 상동행동은 감소했다고 한다. 전혜인(2007)의 연구에서도 가정에서의 보완대체 의사소통 기구를 사용함으로써 문제행동의 원인도 알게 되고 문제행동의 빈도도 감소되었다고 하였다.

4. 교사나 부모가 갖추어야 할 태도

문제행동을 지도할 때 교육의 효과를 증대시키는 것은 무엇이고 방해하는 것은 무엇인지 살펴보는 것은 중요하다. 꾸지람을 하거나 야단을 치기보다 먼저 그 문제행동을 이해해 주는 것에서부터 아이들이 가진 주체성을 존중해 주어야 한다. 학습자의 기분이 상하면 교육의 효과에 도움이 되지 않는다. 학습자가 스스로 조절할 수 없는 행동과 이해받을 수 없는 행동을 하였을 때 꾸지람해서 위축되게 하기보다는 이를 이해하고 품어 줄 수 있어야 한다. 사회의 규범이나 교실의 규범을 우선시하여 그들이 바

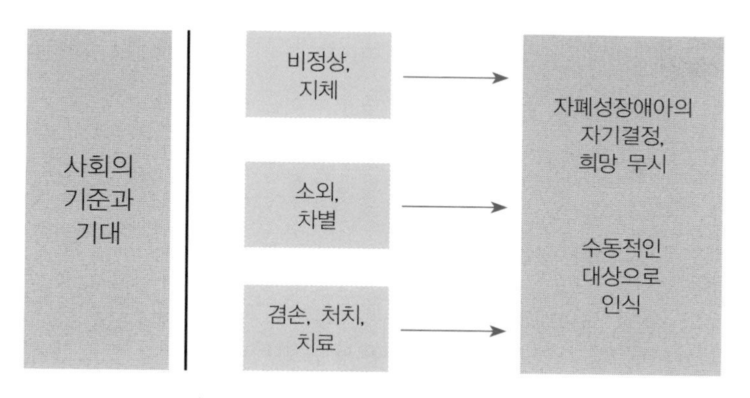

[그림 8-1] 행동지도의 효과를 방해하는 것

꿔기를 원하기보다는 그들이 가지고 있는 특성을 이해하는 것이 우선되어야 한다. 그래야 그들의 마음을 움직이고 행동을 바꾸어 나갈 수 있다.

다음은 교사나 부모가 문제행동을 지도할 때 고려해야 할 사항들을 소개한 것이다.

① 화를 내지 말기

교사는 어떠한 상황에서도 학생들에게 당황하거나 화가 난 모습을 보이지 않도록 해야 한다. 항상 평정된 마음을 갖고 일관된 모습을 보이는 것이 중요하다.

② 문제행동의 원인 알기

문제행동에는 원인이 있기 마련이다. 그러므로 문제행동의 원인을 살필 필요가 있다. 문제행동의 원인을 알아보는 방법에는 행동관찰법이나 면담법 등이 있다.

③ 흥미, 선호도를 파악하기

수업에 참여하도록 하기 위해서는 학생이 선호하는 것이 무엇인지를 알아 두는 것이 중요하다.

④ 어떠한 활동을 함에 있어서 학생들에게 선택권을 주기

⑤ 좋은 청취자 되기

⑥ 학급에서 소속감 갖도록 도와주기–우정 형성

⑦ 교육적/신체적 요구를 알게 될 때까지 기다리기

⑧ 단계적으로 학습자에게 다가가기

⑨ 마음의 상처를 줄 가능성이 있는 언어적 표현이나 비언어적 표현 하지 않기
다음은 교사가 삼가야 할 내용이다.

- 잘못한 일을 지적하는 것
- 학생 앞에서 기분 나쁜 표정을 짓는 것
- 학생 앞에서 한심하다는 표정을 짓는 것
- 불쌍하다는 표정을 짓는 것
- 지시적으로 발언하는 것
- 단점이나 잘못하는 것을 지적하는 것

⑩ 교사가 가져야 할 마음가짐과 태도
다음은 교사가 가져야 할 태도이다.

- 표현하지 않아도 이해하고 있다는 믿음
- 강점을 적어도 하나 이상은 가지고 있다는 믿음
- 학생에 대한 연민을 가지지 않는 태도
- 비교하지 않는 태도
- 학생들의 교육적 변화를 기다려 주는 태도
- 학생을 존중해 주는 태도(예: 인정, 행복을 주는 말들, 격려를 주는 말들, 선호도 존중)

생각해 볼 문제

- 학생의 장점이 될 수 있다고 생각되는 부분은 무엇인가?
- 학생들에게 용기를 주거나 격려를 해 줄 수 있는 언어적 표현이나 비언어적 표현에는 어떤 것이 있을까?
- 학생들이 좋아하는 교사의 특징을 가지고 있는가?
- 학생이 교사나 부모로부터 관심과 사랑을 받고 있다고 생각할 수 있는 교사의 언어적 표현이나 비언어적 표현에는 어떤 것이 있을까?
- 생활에 대한 만족감과 기쁨을 가질 수 있도록 지원하는가?
- 선택의 기회를 잘 주고 있는가?
- 학생의 장점을 발견하기 위한 방법들을 사용하고 있는가?
- 긍정적인 학습 분위기들을 조성하기 위한 방법들을 사용하고 있는가?

교사나 부모가 학생들을 대할 때 교육의 효과를 얻기 위하여 피해야 할 것이 여러 가지 있다. 그중 몇 가지를 들면, 속단하기, 교사의 입장에서 학생이 원하는 것을 예측하기, 학생의 행동을 교사의 관점에서 주관적으로 해석하기 등이 있다. 이런 행동들은 학생을 이해하는 데 장애가 된다.

요약

자폐성장애 학생의 행동지원을 함에 있어서 여러 가지 가능한 방법을 생각해 볼 수 있다. 행동수정 이론에 근거한 방법으로 강화, 토큰경제, 행동계약, 긍정적 행동지원이 있다. 그리고 교사나 부모의 관점 변화를 통한 행동지도, 환경에 의한 동기유발을 통한 지도, 선호도와 연결시키는 지도, 교실 환경 구성을 통한 지도 그리고 심신의 평온 유지를 위해 생각해 볼 수 있는 다양한 방법들(마사지, 족욕, 요가, 주기적인 에너지 발산, 웃음, 수면, 보완대체 의사소통 중재)이 있다. 행동지원을 위해 다양한 접근법을 알고 자폐성장애 학생의 특성이나 선호도에 맞는 적절한 방법을 선택하여 적용하는 것이 바람직하다.

참고문헌

권은주, 고영희(2010). 신체활동 프로그램이 유아들의 기초 체력에 미치는 효과. **한국영유아보육학**, 63, 137-155.

김건희(2010). 자폐를 가진 유아를 위한 효과적인 교육적 접근법에 관한 질적 연구. **특수교육재활과학연구**, 49(3), 1-20.

김도진, 권중호, 김현태(2014). 향기요법을 적용한 마사지가 ADHD아동의 신경전달물질에 미치는 영향. **한국체육과학회지**, 23(6), 1383-1393.

김수정(2015). 유아의 수면 습관이 인지, 정서, 행동에 미치는 영향. **아동과 권리**, 19(3), 319-341.

김수한, 최윤희, 김고운(2014). 하타요가 및 신체활동프로그램이 ADHD 성향을 가진 아동 및 청소년의 주의집중력에 미치는 영향. **한국엔터테인먼트산업학회논문지**, 8(3), 525-535

김윤희(2015). 만 4세 유아의 야간 수면길이와 문제행동의 관계. **유아교육연구**, 35(1), 351-375.

김진선(2008). 유아마사지가 자폐아동과 어머니의 상호작용에 미치는 영향. **아동복지연구**, 6(1), 49-69.

서희숙, 송경애(2011). 족욕요법이 한국노인의 수면과 피로에 미치는 효과. **기본간호학회지**, 18(4), 488-496.

양지웅(2012). 셀프마사지 처치가 주의력결핍 과잉행동장애(ADHD)성향 아동의 증상개선에 미치는 영향. 경기대학교 대체의학대학원 석사학위논문.

유순영, 김경숙(2010). 요가활동이 유아의 기초체력 및 일상적 스트레스에 미치는 영향. **어린이미디어연구**, 9(1), 143-162.

윤주연(2013). 그림교환의사소통체계(PECS) 중재가 자폐스펙트럼장애 아동의 눈 맞춤, 구어 모방, 상동행동에 미치는 효과. **심리행동연구**, 5(1), 47-63.

윤현숙, 곽금주(2004). 친숙한 사진을 활용한 AAC 중재가 자폐아의 활동선택하기 및 언어발달, 문제행동 감소에 미치는 효과. **인간발달연구**, 11(2), 41-58.

전혜인(2007). 문제행동을 지닌 자폐성장애 아동을 위한 가정에서의 보완대체의사소통 중재 사례연구. **자폐성장애연구**, 7(1), 63-78.

정경미, 이춘매(2015). 자폐 스펙트럼 환아의 수면 패턴에 대한 고찰. **한국심리학회지: 건강**, 20(4), 765-783.

조상윤(2011). 웃음요법이 지역아동센터 아동의 스트레스 대처행동에 미치는 영향. **한국인간복지실천연구**, 6, 159-174.

조재혁(2011). 12주간의 복합운동이 주의력결핍 과잉행동장애 아동의 주의력에 미치는 영향. **한국생활환경학회지**, 18(6), 690-698.

최민수, 정영희, 오윤진(2012). 유아교육기관에서의 요가활동이 유아의 행복감과 일상적인 스트레스에 미치는 영향. **한국영유아보육학, 71**, 223-241.

최진오(2014). 초등학생의 식사 및 수면실태가 ADHD 증상에 미치는 영향분석. **한국실과교육학회지, 27**(3), 115-136.

Bambara, L. M., & Lee, K. (2008). **장애 학생을 위한 개별화 행동지원** (이소현, 박지연, 박현옥, 윤선아 공역). 서울: 학지사. (원저 2005년에 출판)

Broderick, A., Mehta-Parekh, H., & Reid, D. K. (2005). Differentiating instruction for disabled students in inclusive classrooms. *Theory into Practice, 44*(3), 194-202.

Kluth, P. (2003). *You're going to love this kid.* Baltimore: Paul H. Brookes.

Shore, S. (2001). *Beyond the wall.* Shawnee Mission, KS: Autism Asperger Publishing Co.

Miltenberger, R. G. (2009). **행동수정** (안병환, 윤치연, 이영순, 이효신, 천성문 공역). 서울: 시그마프레스. (원저 2007년에 출판)

Veenstra-Vander Weele, J., Christian, S. L., & Cook, Jr., E. H. (2004). Autism as a paradigmatic complex genetic disorder. *Annual Review of Genomics and Human Genetics, 5,* 379-405.

제9장

사회적 의사소통 증진

1. 자폐성장애 학생의 사회적 의사소통 특성
2. 자폐성장애 학생의 사회적 의사소통 능력을 위한 진단 및 평가
3. 자폐성장애 학생의 사회적 의사소통 능력 증진을 위한 중재 및 지원 전략

“

의사소통 능력은 가족 및 사회적 관계에 참여하는 데 핵심적인 것으로 누구나 의사소통 수단이 필요하다. 자폐성장애 아동은 자신의 요구, 사고, 느낌 등을 표현하고자 할 때 사회적으로 수용되고 효과적인 의사소통 수단을 사용하지 못하여 부적절한 행동을 하기도 한다. 그리고 교사들은 의사소통에 문제가 있는 자폐성장애 아동의 의사소통 기술을 촉진시키는 접근방식을 놓고 고민한다. 특정 유형의 중재에 초점을 맞춰야 할 것인지 아니면 다양한 전략들을 통합해 볼 것인지를 고민한다.

따라서 이 장에서는 자폐성장애의 의사소통 특성을 이해하고 이를 평가할 수 있는 진단평가 도구 및 사회적 의사소통 능력을 증진시키기 위한 다양한 중재 및 지원 전략을 알아본다.

”

학습목표

- 자폐성장애의 비구어적 특성을 알 수 있다.
- 자폐성장애의 구어적 특성을 알 수 있다.
- 자폐성장애의 사회적 의사소통 기술의 결함을 이해할 수 있다.
- 자폐성장애의 의사소통 능력을 위한 진단 및 평가 도구를 이해할 수 있다.
- 자폐성장애의 사회적 의사소통 능력 증진을 위한 중재 및 지원 전략을 알 수 있다.

1. 자폐성장애 학생의 사회적 의사소통 특성

1) 비구어적 특성

(1) 눈맞춤

아동은 신체 및 눈맞춤과 같은 얼굴의 움직임을 통해 의사소통한다. 생후 3개월 반 정도 되면 아동의 시각 · 운동기능 체계가 완전히 성숙하고 자신의 흥미 및 감정을 보이기 위해서 또는 물건, 사람 그리고 사건들 사이의 관계에 대해 배우기 위해서 눈맞춤을 활용한다.

자폐성장애 아동의 눈맞춤 행동은 대개 일반 또래들의 행동과는 다르다. 자폐성장애 아동들은 특정한 물체에 시선을 고정해서 응시하고 주위의 시각 자극들을 통합해서 보지 못한다. 그들은 물체의 전체를 보기보다 부분에 집중하고, 인간의 얼굴보다는 기하학적 패턴 보는 것을 더 좋아할 수 있다. 또한 사람이 있는 방향을 응시하지만, 그 사람이 없는 것처럼 행동하기도 한다. 눈맞춤에서의 이상은 세상을 이해하는 데 있어 문제가 있음을 알려 주는 것일 수 있고, 의사소통 발달에 부정적인 영향을 미칠 수 있다. 자폐성장애 아동들은 말하는 사람과 눈맞춤을 하지 않아서 말하는 사람이 언급하고 있는 것이 무엇인지 알지 못한다. 눈맞춤의 문제들은 자폐성장애 아동들의 의사소통 발달을 저해한다.

(2) 몸짓

일반아동들은 생후 9개월이 되면 자신의 의도를 나타내기 위해 팔을 뻗는 것처럼 몸짓을 활용하고, 어른들은 보통 이 의사소통 시도에 반응을 한다. 아동들은 약 12~13개월이 되면 가리키기(pointing) 행동을 보일 수 있으며, 약 17개월이 되면 몸짓과 손짓을 사용할 수 있다. 의미 있는 몸짓의 발달과 함께 아동들은 대화에서 차례를 지킬 수 있게 되고, 자신의 양육자들과 물체에 초점을 둔 상호작용을 할 수 있게 된다.

자폐성장애 아동들은 바라는 물건을 얻기 위해 몸짓보다 유도하기(leading) 기법을 사용한다. 예를 들어, 아동이 무엇인가를 얻기 위해 도움을 바랄 때 그 물건 쪽으로 어른의 손이나 팔을 밀쳐 내기도 한다. 이때 아동은 어른과 상호작용을 하는 것이 아니고, 다만 그 어른을 하나의 도구로 사용할 뿐이다.

또한 자폐성장애 아동들은 다른 사람의 주의를 끌기 위해 가리키기를 활용하지 못할 뿐만 아니라 보여 주기, 손 흔들기, 몸짓, 손짓하기 등과 같은 동작을 사용하지 못할 수 있다. 창조적인 몸짓 사용의 부족은 자폐성장애가 있음을 알려 주는 예측인이 될 수 있다. 자폐성장애 아동들과 지적장애 아동들은 의사소통과 관련된 몸짓보다는 무의미한 몸짓, 즉 반복적인 움직임을 더 자주 보이는 경향이 있다. 아동들의 몸짓이 메시지를 전달하지 못하기 때문에 아동들이 의도를 전달하는 데 있어 좌절하게 되면 점차 문제행동을 보일 수 있다.

(3) 모방

모방 기술은 다른 사람이 말한 언어를 처리하는 것으로, 자신의 주위에 있는 사람들의 언어를 획득하고 발달시킬 수 있는 아동의 능력을 촉진한다. 자폐성장애 아동들은 발달수준에 따라 다양한 모방하기에 대한 어려움을 지니고 있다. 모방할 때, 어떤 자폐성장애 아동들은 그들이 본 그대로 행동을 모방함으로써, 예를 들어 누군가 자신에게 손을 흔드는 것을 모방할 때, 손바닥을 자신의 얼굴 쪽으로 향하게 하는 것과 같은 자기중심적인 오류를 범한다. 하나의 모델을 모방하지 못하고 적절한 자극에 주의집중하지 못하는 것은 의사소통 및 언어발달에 상당히 부정적인 영향을 미칠 수 있다.

2) 구어적 특성

(1) 옹알이

의사소통 능력은 생후 6, 7개월경의 아동이 옹알이를 시작할 때 발달한다. 생후 7개월 정도에 아동들은 자신이 처해 있는 환경에 존재하는 언어를 인식하고 있음을 보인다. 아동들은 자신의 의사소통 상대가 내는 억양과 말소리를 대응시키기 시작한다. 일반아동들은 옹알이를 통하여 다른 사람들과 교류한다. 생후 2년째 이러한 발성의 빈도는 증가한다(Lederberg, 2003).

이에 비해 자폐성장애 아동들은 자신이 처해 있는 환경에서 들을 수 있는 언어를 인식하고 있다는 것을 보여 주지 못한다. 부모들은 아이들의 이름을 불렀을 때 자기를 부르는 사람 쪽으로 시선을 돌리지 않기 때문에 청각장애를 의심하여 종종 청각장애 여부를 확인하기도 한다(Werner, Dawson, Osterling, & Dinno, 2000). 자폐성장애 아동들은 사람의 말소리보다 말소리가 아닌 소리를 더 좋아한다는 연구들이 많다(Kuhl, Coffey-Corina, Padden, & Dawson, 2005). 생후 12개월이 될 때까지 옹알이를 하지 않거나 옹알이가 적은 아동들은 자폐성장애를 포함한 발달지체의 가능성을 경고하는 신호 중 하나다(Filipek et al., 2000).

(2) 반향어

언어 전 단계인 아동들은 의사소통을 위해 단어나 문장을 반복함으로써 그리고 단어보다는 몸짓을 사용함으로써, 더 제한된 의사소통을 하는 경향이 있다. 과거에는 반향어(echolalia)가 아무런 의미 없는 소리로 간주되었다(Tiegerman-Farber, 2002). 그러나 즉각 반향어는 무엇인가 이해를 한다는 증거를 제공하고 기능적 목적으로 사용된다. 지연 반향어는 다양한 방식으로 사회적 상호작용을 도울 수 있다. 자폐성장애 아동들은 다양한 유형의 반향어를 사용하기도 한다.

3) 자폐성장애의 사회적 의사소통 기술의 결함

자폐성장애 아동은 다양한 형태와 수준의 의사소통 기술을 가지고 있다. 어떤 아동은 상대적으로 좋은 구어 기술을 가지고 있으며, 단순히 약간의 언어지체에 사회성 결핍이 수반되어 있다.

또 어떤 아동은 말을 전혀 못하거나, 다른 사람과 의사소통을 하거나 상호작용을 할 때 제한적인 능력이나 흥미를 보인다. 자폐성장애 아동의 약 40%는 전혀 말을 하지 못한다. 나머지 25~30%는 12~18개월 정도에서 약간의 단어를 말하다가 이후에 상실하게 된다. 또 어떤 아동들은 아동기까지 기다려야 말을 한다.

자폐성장애는 말을 한다 해도 이상한 방법으로 언어를 사용한다. 예를 들면, 의미 있는 문장 안에서 단어를 조합해 내지 못한다. 어떤 자폐성장애 아동들은 한 단어로만 말을 하고, 또 다른 아동들은 같은 문장을 계속해서 반복한다. 어떤 아동들은 다른 사람의 말을 되풀이하는 반향어를 사용한다. 예를 들면, 자폐성장애 아동에게 "주스 줄까?" 라고 물으면 대답 대신 "주스 줄까?"라고 되풀이한다. 일반아동들도 반향어를 사용하는 단계가 있긴 하지만 단기간 스쳐 지나가고 언어 이해력이 증가되면서 없어진다.

자폐성장애 아동은 몸짓, 신체언어, 목소리의 강약을 사용하거나 이해하는 데 어려움이 있을 수 있다. 예를 들면, 자폐성장애 아동은 헤어질 때 손을 흔드는 것이 무슨 의미인지 이해하지 못한다. 얼굴 표정, 움직임, 몸짓은 이들이 얘기하는 것과 맞지 않을 수 있다. 예컨대, 자폐성장애 아동은 슬픈 일을 얘기하면서 웃을 수 있다. 목소리는 높낮이가 없거나, 로봇 같거나, 높은 톤이다. 자폐성장애 아동은 주고받는 대화보다는 자기가 좋아하는 특정한 것에 대해 너무 많은 말을 한다. 비교적 뛰어난 언어 기술을 지닌 아동은 '꼬마 어른'처럼 이야기하며, 자기 또래가 흔히 사용하는 '아이 말'은 사용하지 못한다.

3세 정도에는 대부분의 아동이 언어 학습에 필요한 어휘를 사용한다. 그중 가장 먼저 사용하는 것이 옹알이다. 전형적인 발달을 하는 아동이라면 첫돌쯤에 단어를 말하고, 자기 이름이 들리면 고개를 돌리고, 장난감을 원하면 그것을 가리킨다. 그리고 맛이 없는 것을 주면 분명하게 아니라고 말한다. 자폐성장애 징후를 보이는 아동은 출생 후 처음 몇 달 동안 옹알이를 하지만 이내 그치고 만다. 다른 영역도 지체될 수 있으며, 언어 발달은 5~9세까지 늦어진다. 어떤 아동들은 그림이나 수화 같은 의사소통 체계의 사용을 배우기도 한다. 자폐성장애로 진단받은 일부 아동은 일생 동안 말을 하지 못할 수도 있다.

어떤 아동은 언어지체가 경하거나, 심지어는 언어 발달이 빨라 이상할 정도로 광범위한 어휘력을 보이지만 대화를 이어 가는 것은 어렵다. 정상적인 대화에서 이루어지는 주고받기가 이들에게는 어려운 것이다. 좋아하는 주제를 두고 독백을 할 때조차도 다른 사람에게 말할 기회를 주지 않는다. 이런 어려움은 신체언어, 목소리 톤 혹은 '회화'의 이해가 어렵다는 것이다. 냉소적인 표현인 "와, 웃긴다." "잘한다." 등의 말을 액면 그대로 해석한다. 자폐성장애 아동은 말하는 것을 이해하는 데도 어려움이 있으며, 이들의 신체언어는 얼굴 표정이나 움직임처럼 이해하기 어렵고, 제스처는 아동이 말하는 내용에 맞지도 않고 감정을 반영하지도 않는다. 의미 있는 제스처나 물건을 청하는 언어가 없어서 자폐성장애 아동들은 자신이 원하는 것을 다른 사람이 알 수 없다. 그래서 그냥 소리를 지르거나 원하는 물건을 덮어 놓고 움켜잡는다. 자신의 요구 표현에 대한 더 좋은 방법을 배울 때까지 자폐성장애 아동은 다른 사람을 통해 뭔가를 얻기 위해 자신이 할 수 있는 것은 무엇이든 한다. 자폐성장애 아동은 성장하면서 다른 삶을 이해하고 다른 사람에게 이해받는 데 어려움이 있다는 것을 점점 더 잘 인식한다. 그 결과 불안해하고 우울해한다.

2. 자폐성장애 학생의 사회적 의사소통 능력을 위한 진단 및 평가

1) 사회적 및 의사소통 장애 평가를 위한 진단면담

사회적 및 의사소통 장애 평가를 위한 진단면담(The Diagnostic Interview for Social and Communication Disorder: DISCD; Wing & Krantz, 2000)은 표준화된 반구조화 면담 도구로, 자폐성장애와 연관된 행동에 대한 정보를 얻고 평가자가 아동의 발달 정도를 평가하는 데 도움을 주는 목적으로 사용된다. 면담과 직접적인 관찰로 정보를 얻고 훈련된 평가자에 의해 이루어진다. 각 항목은 자폐성장애와 관련된 행동 증상(사회적 상호관계, 의사소통, 상상, 반복행동 등)과 발달 정도를 평가하고, 자폐성장애의 비특이적인 행동(감각 자극에 대한 일반적이지 않은 반응, 주의집중의 어려움, 활동 정도, 행동문제, 다른 정신과적 문제 등)도 평가한다.

2) 의사소통 및 상징 행동척도 발달 프로파일

의사소통 및 상징 행동척도 발달 프로파일(The Communication and Symbolic Behavior Scales Developmental Profile: CSBS-DP; Wetherby & Prizant, 2002)은 6~24개월의 유아를 대상으로 의사소통과 상징 능력을 평가하는 표준화된 도구다. 언어 및 발달 지연 아동을 선별할 수 있다.

3) 아동용 의사소통 체크리스트

아동용 의사소통 체크리스트(The Children's Communication Checklist: CCC; Bishop, 1998)는 언어 기능이 저하된 경우에 실제적인 어려움을 평가할 수 있는 도구로 언어의 실용적인 측면을 평가하는 5개 하위 척도로 이루어져 있다. 학교 교사나 언어재활사 등의 전문가에게 의해 평가된다.

4) 그림 어휘력 검사

그림 어휘력 검사는 만 2~8세 11개월의 아동들을 대상으로 수용 어휘력을 측정하기 위한 검사다.

검사의 구성은 품사별(4개), 범주별(13개)로 구성된 112개 문항을 포함하고 있다. 검사의 실시는 아동의 생활연령에 따라 검사설명서에 제시된 시작 문항 번호에서 검사를 시작한다.

검사결과는 아동의 연령등가점수와 백분위점수를 제공한다.

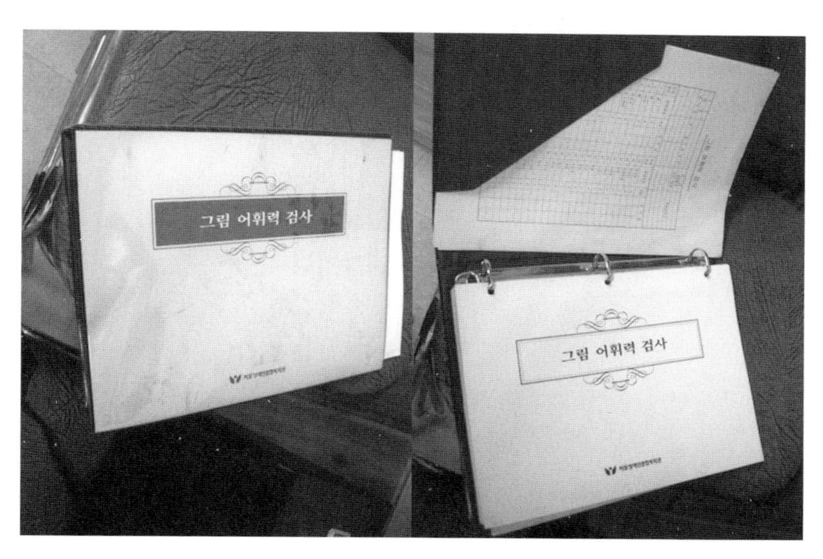

[그림 9-1] 그림 어휘력 검사 도구
출처: 김영태 외(1995).

5) 언어 문제해결력 검사

언어 문제해결력 검사는 만 5~12세의 아동들을 대상으로 특정 상황에서 대답하는 능력을 평가함으로써 언어를 통한 문제해결 능력을 측정하기 위한 검사다.

검사의 구성은 17개의 그림판과 50개의 문항으로 구성되어 있으며, 각 그림판에는

2~5개의 문항이 배정되어 있다. 17개 그림판은 학령기 아동이 직간접적으로 경험 가능한 상황을 표현하고 있으며, 그림판에 대한 질문인 50개 문항은 언어적 문제해결력을 측정하는 세 범주(원인이유, 해결추론, 단서추측)로 구성되어 있다.

검사의 실시는 아동에게 문제 상황이 표현된 그림판을 보여 주고, 그 그림과 관련된 검사지의 질문을 한 뒤, 아동의 대답을 기록하고 검사설명서에 제시된 채점기준에 따라 아동의 반응을 0, 1, 2점으로 채점한다.

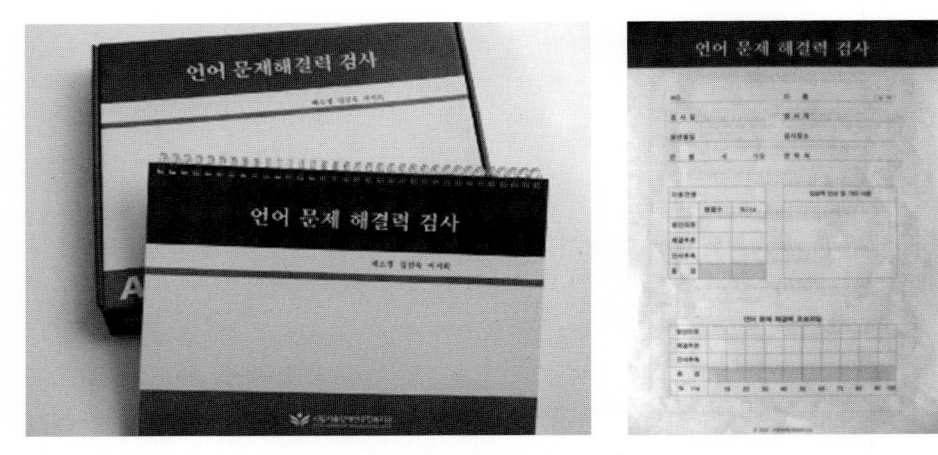

[그림 9-2] 언어 문제해결력 검사 도구

출처: 배소영 외(2000).

검사결과는 세 범주(원인이유, 해결추론, 단서추측)와 총점에 대한 백분위점수를 제공한다.

6) 언어 이해 · 인지력 검사

언어 이해 · 인지력 검사는 만 3~5세 11개월의 아동들을 대상으로 언어 이해력 및 인지력을 측정하기 위한 검사다. 검사의 구성은 40개 문항으로 이루어져 있다.

검사의 실시는 아동의 생활연령에 따라 검사설명서에 제시된 시작 문항 번호에서 검사를 시작한다. 검사결과는 연령등가점수와 백분위점수를 제공한다.

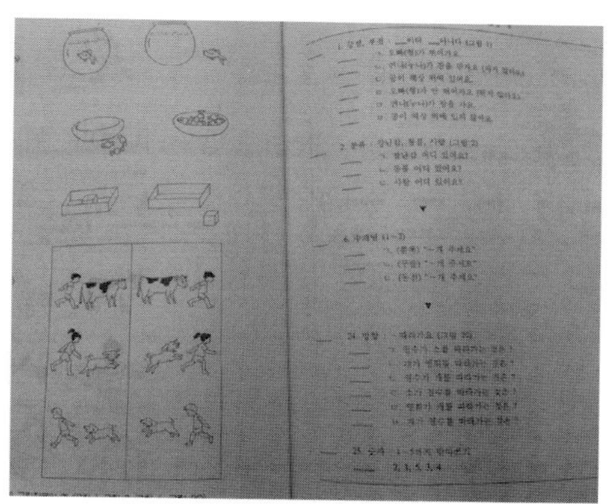

[그림 9-3] 언어 이해 · 인지력 검사 도구
출처: 장혜성 외(1992).

7) 영 · 유아 언어발달 검사

영 · 유아 언어발달 검사(Sequenced Language Scale for Infants: SELSI)는 4~35개월의 영 · 유아를 대상으로 언어장애의 선별뿐 아니라 정도를 진단하기 위한 검사다.

검사의 구성은 수용언어 검사와 표현언어 검사의 두 부분으로 구성되어 있는데, 각 검사는 56문항씩을 포함하고 있어 총 112문항으로 이루어져 있다. 검사의 실시는 유아의 발달을 잘 아는 부모나 주 양육자와의 면담을 통하여 실시된다. 검사결과는 수용언어, 표현언어, 언어 전반별로 연령등가점수와 백분위점수를 제공한다.

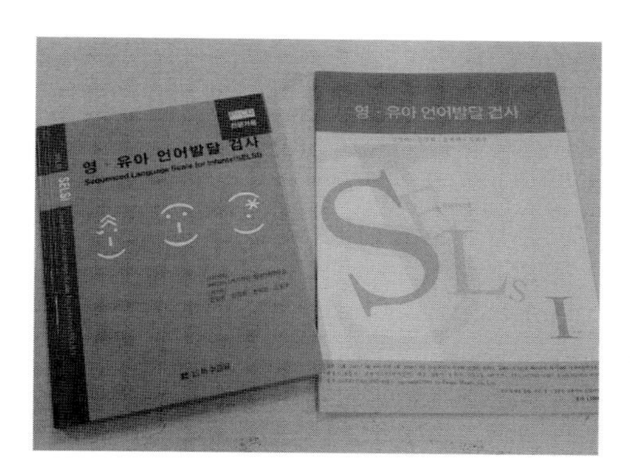

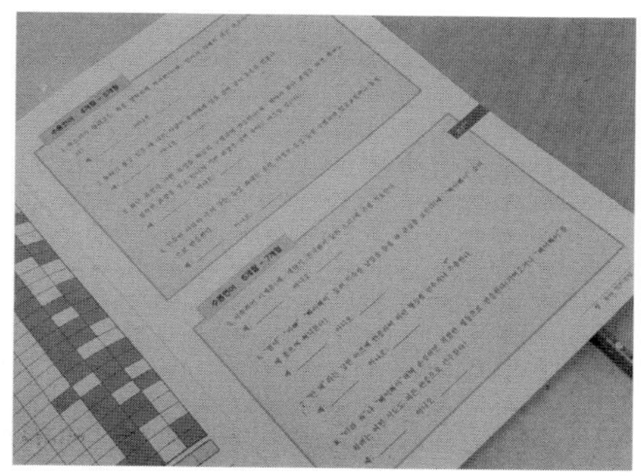

[그림 9-4] 영 · 유아 언어발달 검사 도구
출처: 김영태 외(2003).

8) 취학전 아동의 수용언어 및 표현언어 발달척도

취학전 아동의 수용언어 및 표현언어 발달척도(Preschool Receptive-Expressive Language Scale: PRES) 검사는 만 2~6세 5개월의 아동을 대상으로 정상적 언어발달의 유무를 판별하기 위한 검사다.

검사의 구성은 수용언어 영역과 표현언어 영역의 두 부분으로 구성되어 있는데, 각 영역은 45개 문항씩을 포함하고 있어 총 90문항으로 이루어져 있다. 검사의 실시는 수용언어 검사부터 시작하고 수용언어 검사가 끝난 후 표현언어 검사를 실시한다.

검사결과는 수용언어, 표현언어, 통합언어별로 연령등가점수인 언어발달연령을 제공하고 수용언어와 표현언어별로는 백분위점수도 제공한다.

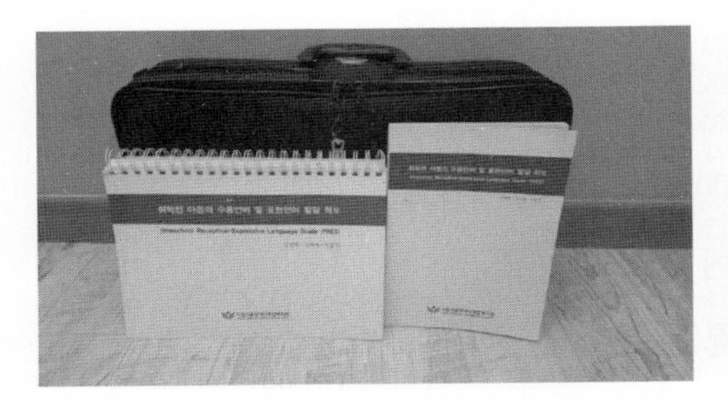

[그림 9-5] 취학전 아동의 수용언어 및 표현언어 발달척도 검사 도구
출처: 김영태 외(2003).

9) 구문의미 이해력 검사

구문의미 이해력 검사는 언어 이해력에 어려움을 보일 가능성이 있으며, 만 4세에서 초등학교 3학년 정도의 구문 이해력 범주에 있는 아동들을 대상으로, 만 4~9세 수준의 구문의미 이해력을 측정하기 위한 검사다.

검사의 구성은 문법(문법형태 또는 구문구조)에 초점을 맞춘 38개 문항과 의미에 초점을 맞춘 19개 문항으로 총 57개 문항으로 이루어져 있다. 검사의 실시는 2개의 연습문항을 실시한 후 1번 문항부터 시작한다. 만약 연습문항들을 실시한 후에도 아동이 검사방법을 익히지 못할 경우에는 검사를 중단한다.

검사결과는 연령에 따른 백분위점수를 제공하며 학령기 아동의 경우 학년에 따른 백분위점수도 제공한다.

[그림 9-6] 구문의미 이해력 검사 도구
출처: 배소영 외(2004).

3. 자폐성장애 학생의 사회적 의사소통 능력 증진을 위한 중재 및 지원 전략

1) 의사소통 기술훈련

교사는 의사소통 훈련 시에 말과 언어 교육과정을 아동의 발달수준에 맞추어야 한다. 만일 약간의 언어기술이 있다면, 이를 활용할 수 있게 해 주어야 한다. 그러나 아무런 언어 기술이 없다면, 언어발달을 촉진하기 위해 몸짓을 통한 비구어 제스처를 먼저 가르쳐야 한다.

촉구하기, 모델링, 강화, 성공 또는 노력에 대한 강화와 피드백 등을 중간 정도의 구조화된 상황에서 하루 30분 정도씩 하게 한다. 아동이 말하기, 언어 기술은 있지만 적절한 사회상황에서 이를 사용하지 못할 경우, 자연스런 상황하에서 의사소통 시도에 대하여 강화를 해 주면 사회적인 말과 의사소통을 증가시킬 수 있다.

처음에는 강조점을 말보다는 의사소통에 둔다. 아동이 타인과 사회적 상호작용을 시도하지 않으면, 교사와의 상호작용, 부모와 또래, 사회적 상호작용 시도 등을 촉진하고, 비슷하게 대화를 시도하면 강화를 해 준다.

적절한 억양의 사용, 비구어 제스처, 반향어 교정, 대명사 바꾸기, 신조어 만들어 말하기 등과 같은 문제에 대한 의사소통 기술을 코치기법을 사용한 행동 훈련과 비디오 모델링 또는 비디오 피드백 방법을 통하여 훈련할 수 있다.

자폐성장애 아동은 웃거나 비구어 제스처와 같은 사회적 신호를 이해할 수 없어서 사회규칙을 배워야 하고, 이를 따르는 법을 알아야 한다. 이러한 과정은 어른이 제2외국어를 배우는 것과 같이 매우 더디고 느린 과정이다. 또한 자신에 관련한 사건에 대하여 적절히 이해하는 능력이 부족하기 때문이다. 그래서 자폐성장애 아동은 자신에게 발생한 사건을 경험하는 데 어려움을 가지고 있어 타인과 함께 사회적 상호작용으로 대화하는 데 문제를 보이는 것이다.

2) 보완대체 의사소통

(1) 의의

보완대체 의사소통(Augmentative and Alternative Communication: AAC)은 말이나 글로 의사소통을 할 수 없는 자폐성장애 아동에게 대체적인 수단으로 의사소통을 지원하는 방법이다. 이 방법을 한마디로 요약하면 입으로 하는 의사소통(말) 대신에 다른 의사소통 도구를 사용하는 것이다. 사람은 의사소통에 주로 말이란 수단을 사용하지만 실제로 보면 말을 제외한 다른 의사소통 기법을 자주 사용하고 있다. 단순히 말만으로 의사소통하는 것은 아니라는 점이다. 따라서 보완대체 의사소통에서는 의사소통 수단으로 말 외의 수단으로 상징(symbol), 보조도구(aids), 전략(strategies), 기법(techniques) 등을 총체적으로 사용하는 것이다.

물론 자폐성장애 아동의 언어능력이 약간이라도 있을 경우, 이 언어능력을 바탕으로 다른 전략들을 보완하여 사용하게 된다. 이런 의미에서 보완이라는 용어를 사용하게 되었으며, 대체는 의사소통의 주된 수단이 언어가 아닌 다른 수단을 사용한다는 의미로 사용하였다. 보완대체 의사소통 수단의 구성요소를 간단히 언급하면 다음과 같다.

- 상징: 몸짓, 사진, 수화, 표정, 그림, 낱말, 실물, 선그림(line drawings)
- 보조도구: 대화판, 대화북, 컴퓨터 장치
- 전략: 대화를 용이하게 하기 위한 계획
- 기법: 대화를 위하여 의사를 전달하는 방법

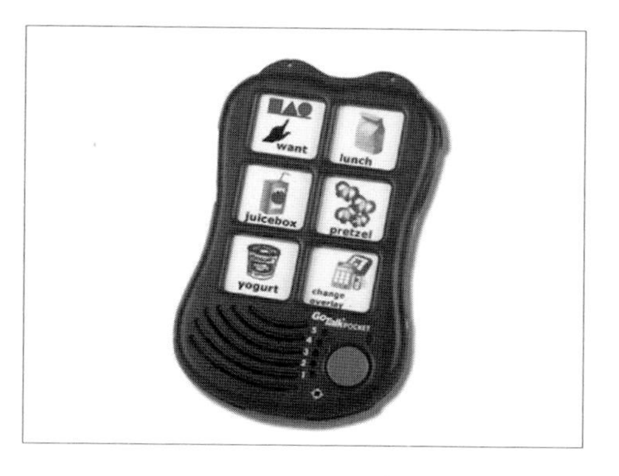

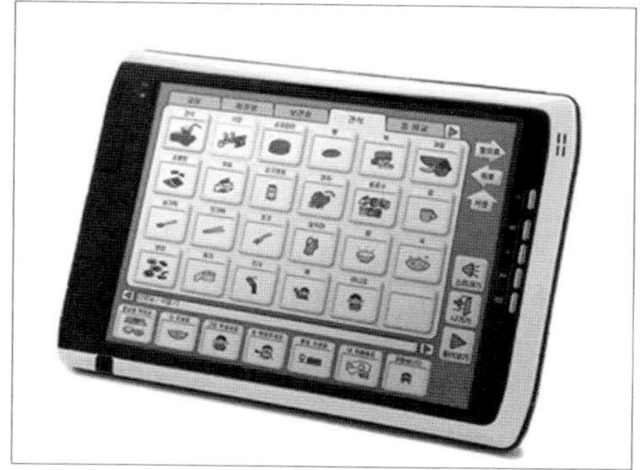

[그림 9-7] **보완대체 의사소통 도구**
출처: 소리토리, 유비큐.

(2) 보완대체 의사소통의 특징

자폐성장애 아동 중 많은 수는 언어를 제대로 구사할 수 없는 경우가 많다. 이들은 수용언어가 가능하여 타인의 언어를 어느 정도 이해할 수는 있으나 언어의 표현, 즉 표현언어 능력이 부족하여 의사표현을 제대로 할 수가 없다.

이와 같이 표현언어 능력이 부족한 아동의 경우, 자신의 의사를 제대로 표현할 수 없기 때문에 짜증을 부린다든지, 부적절한 행동을 통하여 자신의 의사를 표현하고자 한다. 이 경우 보완대체 의사소통을 사용하면 자신의 의사를 제대로 표현할 수 있기 때문에 바람직하지 못한 행동을 현저하게 줄이고 자신의 표현을 제대로 할 수 있게 된다.

이와 같은 측면에서 보완대체 의사소통의 특징을 설명하면 다음과 같다.

① 의사소통 환경 제공

보완대체 의사소통에서는 자폐성장애 아동이 자신의 여건에서 의사소통을 할 수 있는 환경을 최대한 제공하고 있다. 예를 들어, 의사소통은 언어라는 수단을 통한 것만이 아니라 다양한 형태의 언어를 통한 표현방법이 있음을 알려 주고 그와 같은 의사소통을 할 수 있는 환경을 제공하여 주는 것이다.

② 장애인 중심 의사소통

보완대체 의사소통에서는 비장애인들이 의사소통하는 방식에만 초점을 두는 것이 아니라, 장애인 중심으로 의사소통할 수 있는 방향으로 노력하고, 이와 같은 의사소통 방법 역시 하나의 의사소통 수단으로 인정하는 것이다.

③ 사회화 촉진

보완대체 의사소통은 장애인의 의사소통 능력을 향상시켜 궁극적으로 사회화 능력을 향상시키고 사회구성원의 일원으로 살아갈 수 있도록 도와주는 역할을 담당한다. 또한 이를 통한 사회 참여 기회도 확대될 것이다.

④ 의사소통 동기부여를 통한 언어능력 향상

자폐성장애 아동의 경우 일부는 의사소통의 필요성을 느끼지 못하고 세상은 말을 하지 않아도 살아가는 데 불편함이 없다고 생각할 수도 있다. 그러나 자폐성장애 아동이 보완대체 의사소통 방법을 통하여 일정한 의사소통 방법을 이해하게 될 경우, 의사소통이 자신의 의사표현에 얼마나 손쉬운 것인지 그리고 의사소통 방법을 통하여 대화할 경우 자신의 의사를 쉽게 전달할 수 있다는 점을 깨닫게 하여 의사소통 노력을 할 수 있도록 도와주는 역할을 담당한다.

이와 같은 의사소통 동기부여를 통한 언어능력 향상은 일부 학자들이 부정적인 주장을 하기도 하였으나 여러 학자들의 연구에 의하여 긍정적인 효과가 있다는 것이 실증된 바 있다(Beukelman & Mirenda, 1992).

⑤ 의사소통 기회 확대

보완대체 의사소통은 결국 의사소통의 기회를 양적으로나 질적으로 확대시켜 학습이나 사회화 훈련 기회를 증가시키게 된다.

학습 측면에서 볼 때, 자신의 의사를 어떤 형식으로라도 나타내게 되어 상호작용할 수 있는 기회가 증가하고 이를 통해 학습동기가 유발되며, 또래나 타인과의 상호작용에서도 쉽게 교류할 수 있게 되는 긍정적인 효과가 있다.

⑥ 정서적 안정

자신의 생각을 제대로 전달하지 못함으로 인하여 발생하는 좌절, 분노 등을 자연스럽게 해소하게 됨으로써 정서적 안정을 도모할 수 있게 된다. 즉, 과거에는 '물 먹고 싶다'는 의사표시로 소리를 지르거나 책상을 치는 등의 행동을 하였으나 이제는 물 컵 그림 카드를 제시함으로써 물을 요구하는 의사표현을 할 수 있기 때문에 문제행동은 감소하고 보다 긍정적인 생활을 할 수 있는 것이다.

(3) 보완대체 의사소통 전략

보완대체 의사소통 전략은 의사소통을 위하여 효과적인 기술을 사용하는 방법을 말한다. 이를 위한 전략을 설명하면 다음과 같다.

① 보완대체 의사소통 준비

대체 의사소통 준비는 보완대체 의사소통 방법을 알려 주기 위하여 보완대체 의사소통 원리를 설명하고 이에 대한 협력을 받아야 한다. 이때 대상자는 의사소통이므로 쌍방, 즉 듣는 사람과 표현하는 사람이 존재한다. 따라서 이들 쌍방 모두에게 보완대체 의사소통에 대하여 설명할 필요가 있다. 이들에게 설명할 내용은 다음과 같다.

- 기본 개념
  - 의사표현은 언어 말고도 다른 방법이 많이 있으므로 이들 방법을 통하여 의사소통할 수 있다는 점을 설명한다.
  - 앞서 언급한 보완대체 의사소통을 통한 이점을 설명한다.
  - 비언어를 통하여 의사소통을 촉진할 수 있는 방법을 설명한다.

- 유의사항
  - 상호 긍정적인 라포를 형성한다.
  - 흥미를 유발할 수 있고 이를 통하여 상호작용을 용이하게 할 수 있어야 하며, 대화에 적극적으로 참여할 수 있다.

–비구어 의사소통의 시작과 끝에 대한 단서를 만들어야 한다.
–비구어로 질문하고 비구어로 대답하는 대화 기술을 익혀야 한다.
–상호 간에 보완대체 의사소통에 적극적으로 동참할 수 있게 한다.

② 관계자와의 관계

보완대체 의사소통을 원활히 하기 위해서는 무엇보다도 이 원리에 대한 관계자들의 이해가 필요하다. 이에는 학교 관계자, 부모를 비롯한 가족 그리고 치료지원 담당자, 또래 집단이 해당한다. 왜냐하면 자폐성장애 아동이 이들과 접촉을 빈번히 하고 있어 이들과 의사소통을 원활히 할 수 있어야 새로운 사람과의 접촉에서 의사소통을 원만하게 할 수 있고, 또 보완대체 의사소통에 익숙해질 수 있기 때문이다.

• 학교

학교 구성원 모두는 해당 아동이 보완대체 의사소통을 하고 있음을 인정하고 이 방법이 아동의 의사소통에 도움이 된다는 확신을 가지고 있어야 한다. 그리고 이들의 의사표현에 대하여 즉각적인 반응을 보여 줌으로써 강화를 제공해 주어야 한다.

• 부모 및 가족

일부 부모는 보완대체 의사소통 기법에 대해 회의를 보일 수 있다. 왜냐하면 이 방법으로 아동의 언어능력이 결국 사라지고 평생 보완대체 의사소통 방법으로 살아가야 하지 않을까 우려하기 때문이다.

그러나 보완대체 의사소통 방법이 언어능력을 떨어뜨리지 않으며, 다양한 사회 환경 속에서 살아가면서 의사소통을 할 수 있어야 한다는 점을 강조하여 부모가 이를 인정하고 적극적으로 강습회 등에 참여하는 등의 노력을 보이도록 유도하여야 한다.

• 치료지원 담당자

언어재활사나 기타의 전문가들은 자신의 교육방법에 대한 높은 신뢰로 인하여 보완대체 의사소통에 의한 상호작용을 부정하는 경향을 보일 수 있다. 예를 들면, 보완대체 의사소통 방법이 언어발달을 지체시키거나 아예 말을 하지 못하게 할 수도 있다고 알고 있는 경우가 많기 때문이다. 그러나 보완대체 의사소통으로 오히려 언어발달을 촉진할 수 있다는 점을 이해하여야 할 것이다.

• 또래 동료

상호관계를 가장 자주하는 또래 동료 간 의사소통이 원만하게 이루어질 경우, 아동은 행동이 활발해지고 적극적이 된다. 따라서 또래 간 자연스러운 의사소통을 통하여 우정을 쌓을 경우 아동의 정서적인 안정은 매우 높아질 것이다.

③ 보완대체 의사소통 교육

보완대체 의사소통 방법을 가르친다는 것은 언어적 수단을 포함한 다양한 매체를 통하여 의사표현을 하고 이를 이해하는 것을 의미한다. 따라서 이 의사소통 방법은 일정하게 정해진 것이 아니라 해당 아동의 상태에 따라 각기 다르게 적용한다. 이때 고려하여야 할 사항은 아동의 인지기능, 아동의 언어발달 수준, 아동의 신체적인 기능이다.

이를 고려한 후, 아동에게 가장 적합한 보완대체 의사소통 전략을 마련하여야 하는데 이때 고려할 수 있는 것은 의사소통 판, 의사소통 북, 표정, 몸짓으로 한 가지 방법만을 고려하는 것이 아니라 여러 가지 수단을 동시에 사용할 수도 있다.

보완대체 의사소통 방법을 사용할 경우 가장 중요한 것은 아동의 반응을 고려하여 기법을 조정하는 것이 중요한데, 이때 다음과 같은 사항에 유의한다.

- 일상생활 중심 보완대체 의사소통 교육을 실시한다(학습활동 참여, 또래와 대화하기, 식사하기, 옷 입기, 용변 보기 등).
- 보완대체 의사소통 목록을 완전 습득하도록 한다(일반화, 다양한 대화 경험으로 자기언어화 도모).
- 교사나 가족들은 아동의 요구에 적절한 감정, 대답을 표현할 수 있는 어휘를 준비하고 의사소통 판이나 기타 도구를 제공한다.
- 아동이 보완대체 의사소통을 사용하여 다른 사람과 대화할 수 있는 환경을 제공해 준다.
- 가족과 기타 관련자들의 적극적인 협조를 유도해야 한다.

(4) 보완대체 의사소통 교육의 과제

아동의 의사소통 능력을 향상시키기 위해 보완대체 의사소통을 위한 과제로서는 다음과 같은 것들이 있다.

① 통합환경 제공

보완대체 의사소통은 구조화된 환경에서 이 기법을 가르치기보다는 통합적인 지역 환경에서 실시하는 것이 중요하다. 그러나 특수학교 등과 같이 보완대체 의사소통을 통합환경에서 제공하는 데 대한 어려움이 존재할 수 있다.

② 아동에 맞는 보완대체 의사소통 도구 사용

보완대체 의사소통 도구는 아동에게 맞는 도구를 사용한다는 철학은 있으나, 이 기법이 가장 진정으로 아동에게 맞는 것인지에 대한 의문은 남는다. 따라서 이에 대한 추가적인 연구가 필요하다.

③ 자원 부족

보완대체 의사소통을 통한 의사소통 방법을 장애아동에게 사용하기 위해서는 보완대체 의사소통에 대한 기본 지식과 활용에 대한 전문가가 필요하다. 그리고 이에 대한 자원이 아직까지 부족하다.

보완대체 의사소통의 장점은 사물과 그림을 연결하는 짝짓기 기술을 가르칠 수 있고, 인과관계를 확실히 알도록 할 수 있는 것이다. 또한 아동이 선호하는 사물을 알 수 있고 구어를 사용하지 못하는 학생의 요구를 파악하는 데도 용이하다.

반면, 보완대체 의사소통의 단점은 아동이 반복적으로 음성출력을 누른다거나, 의사소통 판의 그림들을 반복해서 붙였다 뗐다 하는 행위에 집착할 수 있다는 점이다. 또한 지속적이고 효과적으로 보완대체 의사소통이 사용되기 위해서는 '함께 주의 공유하기'와 같은 훈련이 선행되어야 하는 점도 단점으로 볼 수 있다.

3) 그림 교환 의사소통체계

(1) 의의

그림 교환 의사소통(Picture Exchange Communication System: PECS)은 보완대체 의사소통체계의 한 종류로서 미국 델라웨어 주에 있는 자폐증 프로그램(Delaware Autistic Program)이란 기관에서 개발한 의사소통 프로그램이다. 자폐성장애 아동이나 성인들이 자발적이고 실제적인 의사소통 기술을 쉽게 습득할 수 있도록 도와주는 의사소통 기법이다. 우리나라의 경우 양문봉(2001)이 보급하여 확산시켰다.

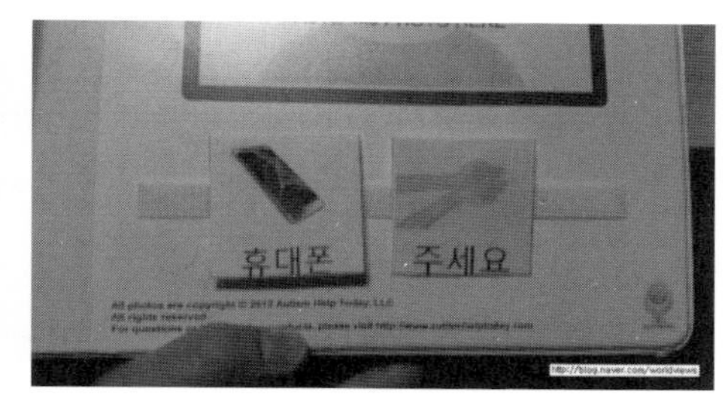

[그림 9-8] 그림 교환 의사소통 도구

출처: http://worldviews.blog.me/220724592202.

(2) 그림 교환 의사소통 프로그램의 특징

그림 교환 의사소통은 자폐성장애 아동에게 의사소통 방법을 신속하게 가르치고, 자발적으로 의사소통을 시도하며 효과적으로 의사소통을 할 수 있도록 가르치기 위한 프로그램이다.

이 프로그램은 Bondy와 Frost가 1994년 개발하였으며, 자폐성장애 및 관련 의사소통 장애아동에게 효과적인 프로그램으로 알려져 있다. 보완대체 의사소통 프로그램의 한 유형으로 이해하면 될 것이다.

이 프로그램에서는 그림언어를 아동의 수준과 치료단계에 따라 사용한다. 이때 그림언어는 아동이 지닌 시지각 분별 능력과 언어 · 인지 능력을 고려하여 결정하게 된다.

(3) 그림 교환 의사소통 프로그램 단계

① 사전준비 단계

- 아동이 좋아하는 사물이나 과자 혹은 장난감들을 조사하여 목록을 만든다.
- 선호 목록에 대한 그림이나 사진을 만든다.

② 자발적 요구하기 기술교육 단계

- 책상을 두고 교사는 아동과 마주 앉는다. 그리고 또 한 명의 교사는 아동의 등 뒤에 서 있는다.
- 책상 위에는 사전준비 단계에서 마련한 선호 목록에 있는 물건 중 하나의 그림 또는 사진을 올려 둔다(예: 아동이 좋아하는 새우깡 1개 사진).
- 마주 앉은 교사는 선호 목록의 그림 또는 사진의 실물을 아동에게 보여 준다(예: 새우깡 1개).
- 아동은 교사가 제시한 새우깡을 보고 그것을 잡으려고 할 것이다(아동이 좋아하는 과자이기 때문에).
- 이때 뒤에 있는 교사가 아동의 손을 잡아 책상 위에 있는 사진을 집어, 앞에 있는 선생님에게 주도록 한다(예: 새우깡 사진).
- 아동이 이를 수행하면 강화제를 제공한다(예: 새우깡).
- 만일 제시한 사진이 먹는 것이 아니라면 가지고 놀 수 있도록 해 준다.

③ 일반화 교육 단계

- 앞의 단계를 일반화시키기 위한 단계다.
- 교사가 제시하는 실물을 아동과 약간 거리를 두어 제시한다.
- 아동이 선택할 사진 또는 그림을 정해진 위치에 두고 아동이 그곳에 가서 그림을 가져오도록 한다.
- 아동이 그림이나 사진을 제시하는 장소도 일정한 위치여야 한다.

④ 변별 교육 단계

- 아동이 보이는 곳에 복수의 그림을 둔다. 복수 중 하나는 아동이 선호하는 물건

이고 하나는 선호하지 않는 물건이다.

- 그중에서 아동이 하나의 그림을 교사에게 제시한다.
- 교사는 그에 해당하는 실물을 아동에게 제공한다.
- 이때 그림카드와 사물을 교환할 때 언어적 모방을 하도록 할 수도 있다.
- 이때 그림이나 사진 카드의 크기, 색을 다르게 표현하여 일반화에 도움을 줄 수도 있다.

⑤ 문장 구조화

- 원리는 앞서 원리와 같다.
- 다만, 그림카드를 제시하면서 '새우깡'과 '주세요'를 합쳐 "새우깡 주세요."라고 말하도록 한다.

⑥ 지연훈련

- 아동의 그림카드 요구에 즉각 반응하지 않는다.
- 아동이 기다리는 훈련을 하도록 하고 이후에 물건을 준다.

⑦ 종합훈련

- 앞의 단계를 종합적으로 수행하도록 한다.
- 만일 부족한 단계가 있을 경우 그 단계부터 반복 훈련한다.

(4) 그림 교환 의사소통 프로그램의 평가

그림 교환 의사소통 프로그램은 그림이나 사진을 활용하여 의사소통을 가르친다는 측면에서 그 효과가 매우 기대되는 프로그램이다.

특히 자폐성장애 아동의 경우 의사소통으로 인한 효용성에 대하여 인식하지 못하는 경우가 많다. 그래서 일종의 행동수정 원리 중 촉구 수단을 사용하여 용암법으로 이를 점차 소거하는 절차를 사용하고 자연스럽게 의사소통 방법을 가르친다는 점에서, 그리고 단순히 그림카드만이 아닌 언어를 촉구한다는 점에서 의미가 있는 프로그램이다. 자폐성장애 아동에게 상당한 도움을 제공할 것으로 판단된다.

그림 교환 의사소통 프로그램의 장점은 아동이 주고받기 교환의 의사소통 개념 형성 및 상호작용을 촉진할 수 있는 것이다. 또한 언어적 촉구 없이도 자발적으로 의사소통을 시작하고 어휘력 향상, 의사소통 기능 개선 및 자발성을 증진시킬 수 있다. 그리고 사회적 상호작용을 용이하게 할 수도 있고, 구어의 발생을 촉진할 수도 있다. 그래서 구어를 사용하지 못하는 학생 및 언어를 거의 사용하지 않는 학생에게 효과적이다.

반면, 그림 교환 의사소통 프로그램의 단점은 아동이 그림카드를 교환하는 행위에 그치게 할 수 있고 두 명 이상의 교사가 필요하다는 점이다.

4) 공동행동일과(Joint Action Routines: JARs)

(1) 의의

아동들이 새로운 반응을 획득하거나 받아들인 반응들을 적절한 시기에 사용하도록 단서들을 제공하는 친숙한 일과들의 일관성 및 신뢰도가 중요하다. 이 일과들이 종종 되풀이될 때 사건은 더 의미 있게 되고 아동은 무엇인가 통제하고 있다는 느낌을 얻게 되며, 활동의 인지적 과제에 참여한다.

(2) 공동행동일과의 특징

일과를 반복함으로써 목표 반응의 획득 유지 및 일반화를 촉진하는 빈번한 기회를 제공하고, 일과가 자연적인 환경에서 발생하기 때문에 그 상황에 있는 다른 사람들이 일과에 대해 알고 있어 쉽게 시작하고 적절히 반응할 수 있다.

(3) 공동행동일과의 고려사항

- 일과의 주제를 선정할 때 그것이 참여자 모두에게 의미 있으며 친숙한 것임을 확실히 해야 한다.
- 다른 사람들과 상호작용하고 의사소통할 수 있는 많은 기회들과 함께 하루 종일 빈번하게 일과를 제시해야 한다.
- 성과를 구체화해야 한다.
- 일과의 시작과 끝이 분명한 상태에서 순서를 따르고 있다는 것을 확실히 해야 한다.
- 일과의 시작 및 끝을 나타내는 명확한 신호들을 규명해야 한다.

- 즉시 숙달할 것으로 기대하지 말고 자신의 역할이 있는 학생들을 돕기 위해 언어 및 일과를 시범 보일 준비를 해야 한다.
- 일과를 매일 반복할 계획을 세우고 점차 변화를 추가해야 한다.
- 아동들을 도와 역할들을 구별하게 하고, 성인의 언어적 촉구의 필요성을 줄이도록 일과에 소도구를 포함시켜야 한다.

공동행동일과의 장점은 아동이 또래와의 상호작용을 촉진하고 새로운 의사소통 기술을 습득하는 데 용이하다는 점이다. 자연적인 환경 속에서 실시하기 때문에 일반화를 촉진할 수 있고, 목표반응을 유지하고 일반화를 촉진시키는 빈번한 기회가 제공된다는 점이다. 또한 일상생활에서 겪을 수 있는 요소들을 이용하기 때문에 아동이 예상 가능하고, 아동의 동기를 이끌어 낼 수 있다는 장점도 있다.

반면, 공동행동일과의 단점은 프로그램을 장기적으로 실시할 경우 아동은 반복적인 활동에 지루함을 느낄 수 있다는 점이다.

5) 비연속 시행 훈련

(1) 의의

비연속 시행 훈련(Discrete Trial Training: DTT)은 응용행동분석의 원리에 기초한 전략 중 하나로 자폐성장애 학생에게 많은 기술을 가르치는 데 사용되어 왔다. 특히 언어 및 동작모방 기술, 학업 전 기술 및 학업기술, 의사소통과 언어, 사회적 상호작용 기술, 감정 코멘트하기, 정서적 진술에 반응하기 등에 사용되어 왔다. 이 전략은 자폐성장애 학생에게 필요한 수많은 일반적 기술을 가르치는 데 사용된다고 할 수 있다. 각 시도는 세 번에 걸쳐 명백한 선행사건이나 식별자극(표적행동)과 유관하게 후속결과가 수반되게끔 구성한다.

시도는 어른이 시작하는 경우가 많은데, 보통은 언어적 촉구로 시작한다. 학생이 올바르거나 바람직한 반응을 보이면 그 행동은 보상을 받는다. 그러나 행동이 바람직한 반응이 아니라면 오반응 교정 절차가 적용된다.

(2) 비연속 시행 훈련의 특징

- 교사는 한 번에 한 명의 학생에게 제시하기 위한 일련의 문제를 준비한다.
- 이런 순서는 교사에게는 최선의 교수 및 학습을 위해 가장 적절하다.
- 학생은 각 문제에 반응하거나 반응에 실패한다.
- 교사는 학생의 반응이나 무반응에 대해 반응하고, 정확한 반응에는 보상하고, 부정확한 반응에는 무시하거나 정정하거나 꾸짖으며, 무반응에는 무시하거나 반응을 촉구한다.

(3) 비연속 시행 훈련의 절차

- 1단계: 주의집중
- 2단계: 자극의 제시
- 3단계: 학생 반응
- 4단계: 피드백
- 5단계: 시행 간 간격
- 6단계: 변화

비연속 시행 훈련의 장점은 아동으로 하여금 배우고 연습할 많은 학습 기회를 제공한다는 점과 차별자극을 명백히 정의하고 교수 상황이 분명하다는 점이다. 그리고 중요한 기술을 과제분석으로 나누어 정확한 행동을 미리 결정하고, 즉시 강화한다는 점도 장점이다. 또한 모든 사람에게 똑같은 접근법으로 사용 가능하나 개별 학생의 요구에 맞게 수정도 가능하다는 것이 장점이 될 수 있다.

비연속 시행 훈련의 단점은 일반화가 되지 않는다는 점과 자기주도 능력이 부족하며, 기계적 반응을 하는 등 예상치 못한 부작용이 생길 수 있다는 점이다. 또한 자극의 특성 때문에 선생님의 지시가 있어야 한다는 등의 나쁜 단서를 학습할 수도 있다. 교사 주도적이고 일부 학생에게만 효과가 있다는 점도 단점으로 작용할 수 있다.

6) 중심축 반응훈련

중심축 반응훈련(Pivotal Response Training: PRT)은 아동 주도의 교수적 상호작용의 일부로 주고받기와 선택하기 등을 투입시키는 데 주력해 왔다. 이 방법은 Lynn Koegel과 Robert Koegel, Laura Schreibman이 개발한 훈련방법으로 새로운 기술을 습득시키기 위해서는 중심축이 되는 여러 가지 단서들에 대한 동기화 정도와 반응성을 확인해야 한다. 부가적인 중심축 반응훈련의 중요한 구성요소로는 아동 주도에 따라야 한다는 점과 아동이 선택한 것을 제공하고 유지 과제에 변화를 주어야 한다는 점이 있다. 또한 시도를 강화하고 자연스런 후속결과를 사용하는 것이 좋다는 점 등도 있다.

중심축 반응훈련은 처음에 언어기술을 증진시키기 위해 설계되었고 주로 치료실 상황에서 부모와 함께 사용되도록 고안된 것이다. 그러나 차츰 여러 연구를 통해서 또래들도 이러한 중심축 반응훈련을 효과적으로 배울 수 있다는 점이 입증되었다.

중심축 행동은 자기관리를 가르친다거나, 스스로 시작하기를 가르치는 전략으로 사용되고 있다. 자폐성장애 아동에게는 상징놀이 기술, 사회극 놀이, 또래와의 사회적 상호작용 기술 증가시키기 등에 사용되고 있다. 여러 가지 교수전략 중 어떤 전략을 사용하든지 간에 교사가 제공하는 행동주의 접근에는 행동형성 절차가 결합되는 것이 좋다. 행동형성은 표적행동에 대한 점진적 근사치를 체계적으로 강화하는 기법이다.

중심축 반응훈련의 장점으로는 다른 중재방법에 비해 비용, 시간, 인력 면에서 효율적이라는 점이 있다. 또한 자연적 환경에서 발생하는 다양한 학습기회와 사회적 상호작용에 반응하도록 하고 다양한 연령과 발달수준의 아동들에게 적절하게 사용될 수 있다는 것도 장점이다.

반면, 중심축 반응훈련의 단점으로는 아동은 훈련에 필요한 선수기술들을 가지고 있어야 한다는 점이 있다.

7) 우연교수

(1) 의의

우연교수(incidental teaching)는 처음에는 자연스럽게 발생하는 성인과 아동의 상호작용을 통해서 언어기술을 증가시키는 데 사용되었다. 우연교수의 핵심은 아동이 '시작하기'를 통한 상호작용을 습득하는 데 있다. 우연교수는 자폐성장애의 사회적 의사소통 기술을 증가시키는 데 사용되어 왔으며, 이름과 반대로 교수를 위해서 아주 많은 계획이 요구된다. 학생의 시작하기가 도출될 수 있는 환경을 준비하는 것이 이 접근법을 효과적으로 사용하기 위한 핵심적인 사항이다. 손에 닿지 않는 곳에 사물을 배치했다가 확장시키려는 언어가 산출되는지, 유관성에 따라 선호하는 사물에 접근할 수 있도록 하며, 활동에 대한 동기가 부여될 수 있도록 지속적인 공유를 하는 것 등이 교사가 조직화할 수 있는 우연교수 기회의 여러 가지 사례다.

(2) 우연교수 절차

- 1단계: 아동이 물건 또는 활동을 원하거나 필요로 하는 상황을 찾거나 만들어 준다.
- 2단계: 공동의 주의집중을 한다.
- 3단계: 관심을 보일 때까지 기다린 후 적절한 반응을 보이도록 촉구하고 필요한 경우 아동의 반응을 정교화하거나 시범을 보인다.
- 4단계: 적절한 반응에 대한 긍정적 피드백(원하는 물건 또는 활동)이나 칭찬을 제공한다.

우연교수의 장점은 아동의 자연스러운 환경 속에서 일어나는 학습이기 때문에 일반화를 촉진할 수 있다는 점이다. 또한 아동의 요구로부터 시작되기 때문에 아동 주도적인 사회적 시작행동을 강화할 수 있고 자연적인 후속결과로 적절한 행동을 강화하고 유지시킨다는 점이 장점이다.

반면, 우연교수의 단점은 자연스러운 환경을 만들기 위해 교사의 시간과 노력이 필요하다는 점이다.

요약

지금까지 이 장에서는 자폐성장애의 의사소통 특성을 이해하고 이를 평가할 수 있는 진단평가 도구 및 사회적 의사소통 능력 증진을 위한 다양한 중재 및 지원 전략을 살펴보았다.

일반아동의 경우, 사회적 상호작용과 인지기능 그리고 언어와 의사소통이 동시에 이루어지지만 자폐성장애 아동의 경우는 각각의 기능들이 비동시적으로 발달하게 된다. 이러한 발달의 특징은 자폐성장애 아동을 이해하는 데 매우 중요한 것이며, 사회적 상호작용은 물론 언어적 · 비언어적 의사소통에도 영향을 미친다.

자폐성장애 아동에게 효과적인 사회적 의사소통체계를 사용하게 되면 아동의 필요와 요구가 충족되기 때문에 여러 가지 행동문제를 감소시키거나 제거할 수 있다.

결론적으로 자폐성장애 아동의 사회적 의사소통 특성들을 비추어 볼 때 자폐성장애 아동을 위한 의사소통체계는 다양한 상황, 사람, 과제에 맞게 자신의 필요, 요구, 생각, 느낌을 주고받을 수 있도록 허용하고 아동이 가능한 한 주도적이고 자발적인 의사소통이 되도록 지원하는 것이 필요하다.

사회적 의사소통을 위한 효과적인 중재는 유용한 목표를 선택하고 의미 있는 의사소통을 할 수 있는 상황을 설정해 주는 환경을 제공하며 부모, 교사, 전문가와 협력해야 한다. 또한 자폐성장애 아동들이 여러 가지 상황에서 효과적으로 기능할 수 있는 총체적인 의사소통체계를 습득할 수 있도록 다양한 의사소통 방법을 개발해야 한다.

참고문헌

김미경(2008). **자폐장애 및 정서 · 행동장애의 이해(개정판)**. 서울: 청목출판사.

김미경, 최기창(2011). **자폐범주성 장애아동교육**. 서울: 형지사.

김영태, 김경희, 윤혜련, 김화수(2003). **영 · 유아 언어발달 검사(SELSI): 전문가용**. 서울: 도서출판 특수교육.

김영태, 성태제, 이윤경(2003). **취학전 아동의 수용언어 및 표현언어 발달척도(PRES)**. 서울: 서울장애인종합복지관.

김영태, 장혜성, 임선숙, 백현정(1995). **그림어휘력검사**. 서울: 서울장애인종합복지관.

배소영, 임선숙, 이지희(2000). **언어 문제해결력 검사**. 서울: 서울장애인종합복지관.

배소영, 임선숙, 이지희, 장혜성(2004). **구문의미 이해력 검사**. 서울: 서울장애인종합복지관.

서경희, 윤점룡, 윤치연, 이상복, 이상훈, 이효신(2001). **발달장애의 진단과 평가**. 대구: 대구대학교 출판부.

양문봉(2001). **장애인고용**. 서울: 휴먼컬처아리랑

여문환(2008). **자폐아동의 이해와 프로그램 적용.** 경기: 양서원

이승희(2015). **자폐스펙트럼장애의 이해**(2판). 서울: 학지사.

장혜성, 임선숙, 백현정(1992). **언어 이해 · 인지력 검사.** 서울: 서울장애인종합복지관.

조수철, 김붕년, 김다정, 김수진, 김은영(2011). **자폐장애.** 서울: 학지사.

Beukelman, D., & Mirenda, P. (1992). *Augmentative and Communication: Management of Severe Communication Disorders in children and Adults.* Balitimore: Paul H. Brookes Publishing Co.

Bishop, D. (1998). Development of the Children's Communication Checklist (CCC): A method for assessing qualitative aspects of communicative impairment in chileren. *Journal of Child Psychology Psychiatry, 39*(6), 879-891.

Boutot, E. A., & Myles, B. S. (2012). **자폐스펙트럼장애** (서경희, 이효신, 김건희 공역). 서울: 시그마프레스. (원저 2010년에 출판)

Diehl, S. E. (2003). The SLPs role in collaborative assessment and intervention for children with ASD. *Topics in Language Disorders: Children and Young Adults with Autism Spectrum Disorder, 23*, 95-115.

Filipek, P. A., Accardo, P. J., Ashwal, S., Baranek, G. T., Cook, Jr., E. H., Dawson, G. et al. (2000). Practice parameter: Screening and diagnosis of autism: Report of the Quality Standards Subcommittee of the Ameracan Academy of Neurology and the Child Neurology Society. *Neurology, 55*, 468-479.

Fouse, B., & Wheeler, M. (2006). **자폐아동을 위한 행동중재전략** (곽승철, 임경원 공역). 서울: 학지사. (원저 1997년에 출판)

Gerber, S. (2003). A developmental perspective on language assessment and intervention for children on the autistic spectrum. *Topics in Language Disorders, 23*, 74-94.

Heflin, L. J., & Alaimo, D. F. (2014). **자폐스펙트럼장애 학생 교육의 실제** (개정판; 신현기, 이성봉, 이병혁, 이경면, 김은경 공역). 서울: 시그마프레스. (원저 2011년에 출판)

Kuhl, P. K., Coffey-Corina, S., Padden, D., & Dawson, G. (2005). Links between social and linguistic processing of speech in preschool children with autism: Behavioral and electrophysiological measures. *Developmental Science, 8*, F1-F12.

Lederberg, A. R. (2003). Expressing meaning: From communicative intent to building a lexicon. In M. Marshark & P. Spencer (Eds.), *Oxford handbook of deaf studies, language, and education* (pp. 247-260). New York: Oxford University Press.

Pierangelo, R., & Giuliani, G. (2007). *EDM: The educator's diagnostic manual of disabilities and disorders.* San Francisco: Jossey Bass.

Pierangelo, P., & Giuliani, G. (2010). **자폐성 장애아동 교육** (곽승철, 강민채, 금미숙, 편도원 공역). 서울: 학지사. (원저 2008년에 출판)

Tiegerman-Farber, E. (2002). Autism spectrum disorders: Learning to communicate. In D. K. Bernstein & E. Tiegerman-Faber (Eds.), *Language and communication disorders in children* (5th ed., pp. 510-564). Boston: Allyn & Bacon.

Volkmar, F. R. et al. (2014). *Handbook of Autism and Pervasive Developmental Disorders* (4th ed.). NY: John Wiley & Sons.

Werner, E., Dawson, G., Osterling, J., & Dinno, N. (2000). Brief report: Recognition of autism spectrum disorder before 1 year of age: A retrospective study based on home videotapes. *Journal of Autism and Other Developmental Disorders, 30,* 157-167.

Wetherby, A., & Prizant, B. (2002). *Communication and symbolic behavior scales developmental profile*. Baltimore: Paul H. Books.

Wing, K. A., & Krantz, P. J. (2000). *Do-watch-listen-say: Social and communication intervention for children with communication disorder*. Baltimore: Brookes.

Wing, L. (2002). *The autistic spectrum: A parents' guide to understanding and helping your child.* Berkeley, CA: Ulysses Press.

소리토리 www.soritori.com

유비큐 www.aackorea.com

제10장

사회적 관계 형성 및 유지

1. 자폐성장애 학생의 사회성 특성
2. 자폐성장애 학생의 사회성 사정
3. 자폐성장애 학생의 사회성 중재
4. 자폐성장애 학생의 사회정서 발달

다양한 맥락에서 자폐성장애 아동이 보이는 사회적 의사소통과 사회적 상호작용의 지속적인 결함은 사회 및 정서적 상호작용, 비언어적 의사소통 행동, 사회적 관계를 형성하고 유지함에 있어서 어려움을 유발시킨다. 사회성 결함은 자폐성장애를 판단할 수 있는 핵심적 문제로서 중요한 진단기준이 된다. 따라서 아동의 사회적 기술 습득과 수행능력을 파악하여 사회성 증진을 위해 효율적인 중재가 이루어질 수 있도록 교육적 노력이 필요하다. 이 장에서는 자폐성장애 아동의 사회성 특성과 사정방법을 살펴보고, 사회적 기술 발달을 지원하기 위한 다양한 중재방법 및 사회정서 발달을 알아본다.

학습목표

- 자폐성장애 학생의 사회성 특성을 이해하고 설명할 수 있다.
- 자폐성장애 학생의 사회성 사정을 위한 방법을 알고 시도할 수 있다.
- 자폐성장애 학생의 사회성 증진을 위한 중재방법을 알고 시도할 수 있다.
- 자폐성장애 학생의 사회정서 발달을 이해하고 설명할 수 있다.

1. 자폐성장애 학생의 사회성 특성

1943년 Kanner는 다른 사람에게 관심을 보이지 않거나 흥미를 나누지 못하고 사회적 표현에 어려움이 있는 11명의 아동을 처음 보고하였다. 그들은 무생물에 관심을 더 많이 보였고, 자신의 가족을 포함한 제한된 사람에게만 흥미를 나타내었다. 이러한 사회적 역기능과 환경에 대한 특이한 반응을 자폐성장애의 핵심적 특성으로 보았다. 처음 Kanner가 설명한 자폐성장애에 대한 생각은 여러 측면에서 수정되어 왔으나, 사회성 결함은 가장 뚜렷한 중요 증상으로 인식되어 왔다(Klin, Jones, Schultz, Volkmar, & Cohen, 2001).

자폐성장애 아동의 사회성 결함은 발달단계와 인지기능에서만 아니라 전 생애에서 찾아볼 수 있으며(Marriage, Wolverton, & Marriage, 2009), 일상생활에서 다른 사람과의 사회적 상호작용을 방해한다. 장애가 심한 어린 자폐성장애 아동은 많은 시간 동안 혼자 놀고, 다른 사람이나 부모와도 거의 상호작용하지 않는다. 나이가 들어도 사회적 기능이 낮은 경우 상호작용에서 수동적 태도를 보이거나 즐거움을 공유하기 위한 상호작용이 어렵다. 역으로 고기능 자폐 아동은 사회적 상호작용에 관심을 보이기도 하지만 상대방의 내적인 정서 상태, 의도, 동기를 이해하거나 예측하는 능력이 부족하여 다른 사람과 관계형성을 위한 상호작용에서 어려움을 유발하게 된다(Klin et al., 2001). 따라서 고기능 자폐성장애 성인도 직장에서 친밀한 관계를 유지하거나 사회적 관계를 형성하는 데 지속적인 어려움을 경험하게 된다.

자폐성장애 아동의 사회적 기능은 시간이 지나면서 향상되기도 하지만 여러 상황에서 나타나는 사회적 행동이 일반적이지 않고 문제가 되는 경우가 많다(Volkmar, Sparrow, Goudreau, Cicchetti, Paul, & Cohen, 1987).

일반적으로 아동은 미소나 눈 응시와 같은 기본적인 행동을 시작으로 사회적 상황에서 상대방과의 사회적 참조 혹은 친밀한 관계에서 정서 나누기 등 복잡한 사회적 행동을 하게 된다. 처음에는 부모나 양육자와의 관계에서 상호작용이 발달하면서 점차 다른 사회적 관계 속으로 확대되어 간다. 그러나 일반적 발달과는 달리 자폐성장애 아동은 이러한 기본적인 기술의 초기 결함으로 인해 사회적 경험과 사회적 기술을 습득하는 능력이 제한된다(Vornon, Koegel, Dauterman, & Stolen, 2012).

자폐성장애는 초기 발달 시기부터 현재도 다양한 맥락에서 사회적 의사소통 및 사회적 상호작용의 지속적인 결함을 나타낸다. 첫째, 사회 및 정서적 상호작용에서의 결함, 둘째, 사회적 상호작용을 하기 위한 비언어적 의사소통 행동의 결함, 셋째, 사회적 관계를 형성하고 유지, 이해하는 결함을 말한다(APA, 2013). 이는 사회성 결함으로 인해 얼굴 표정, 몸짓, 신체언어와 같은 비언어적 단서를 수용하고 표현하는 어려움, 또래관계나 우정형성의 어려움, 기쁨을 공유하고 상대방의 흥미를 고려하는 어려움, 사회-정서적 상호관계의 결함으로 나타난다. 이러한 자폐성장애 아동의 사회성 결함은 일생 동안 전형적으로 나타난다(Erba, 2000). 즉, 사회성 결함은 핵심적 문제로서 자폐성장애를 판단할 수 있는 중요한 진단기준이 될 수 있으며, 나아가 아동의 언어 기능 수행, 의사소통의 어려움 그리고 문제행동을 유발할 수 있는 만큼 조기에 교육적 접근이 필요하다. 우리는 이 장에서 자폐성장애 아동의 여러 사회성 특성에 대해 알아보고자 한다.

1) 사회 및 정서적 상호작용의 결함

아동의 미소, 울음 등과 같은 정서적 표현은 상대방의 정서적 반응을 유발하고 행동에 영향을 미치게 되며 사회적 행동을 조절하게 된다. 영아의 경우에는 얼굴 표정, 소리, 신체 움직임을 통해 부모의 반응을 유도하고 상호작용하게 된다. 초등학생이 되면 학교와 가정이 활동의 중심이 되고, 또래와의 관계는 아동의 성장에 중요한 역할을 하며, 많은 영향을 미치게 된다. 아동은 또래와의 관계 형성 속에서 사회생활에 필요한 여러 가지 기술을 자연스럽게 터득하고, 자신이 속한 사회의 가치관과 사회규범을 익히면서 점차 사회성이 향상된다. 그러나 자폐성장애 아동은 다른 사람들과 관심, 정서, 애정, 생각 등을 공유하는 데 있어서 제한적이며(Kasari, Freeman, & Paparella, 2006), 사회 및 정서적 상호작용을 시작하거나 주고받는 데 어려움을 나타낸다.

2) 비언어적 의사소통 행동의 결함

사회적 상호작용을 위해 언어 사용 외에도 눈맞춤과 몸짓, 얼굴 표정과 같은 비언어적 행동을 하게 된다. 자폐성장애 아동은 상대방의 몸짓이 무엇을 의미하는지 이해하기 어렵고, 사회적 의사소통을 위해 시도하는 비언어적 행동이 제한적이다. 특히 다른 사람과 상호작용을 시작하거나 유지하는 데 있어서 눈 응시의 결여는 중요한 문제요인이 되며, 상대방으로부터 여러 정보를 획득하기 어렵게 한다(Adrien, 1991). 자폐성장애 아동은 이러한 눈 응시의 결여를 생애 초기부터 나타내며 사람보다는 사물에 더 관심을 보이는 경향이 있다. 일반적으로 유아는 사물보다 사람의 얼굴에 많은 관심을 보이며 서로에 대한 눈 응시는 초기 사회적 상호작용을 가능하게 한다. 많은 연구에서 발달지체와 지적장애의 경우 눈 응시의 문제가 나타나지 않았으나 자폐성장애 아동들은 눈 응시 문제를 전 생애에 걸쳐 나타내고 있다. 이들의 부모 90% 정도는 자녀가 자주 눈맞춤을 회피한다고 보고하였다(Volkmar, Cohen, & Paul, 1986).

3) 사회적 관계 형성 시작 및 유지의 결함

사회성 결함은 사회적 상호작용을 시작하고, 반응하며, 상호관계를 유지하는 데 어려움을 유발한다. 다른 사람과 사회적 상호작용을 시작하고 반응하는 것은 중요한 사회적 행동이며 자폐성장애 아동에게 있어서 특히 문제시된다(Koegel & Koegel, 2006). 반면, 부적절한 방법으로 시작행동을 하는 아동은 자주 상대방을 방해하거나 상대방과 무관한 말을 하기도 한다. 그들은 반복적으로 질문하거나 자신의 흥미에 관해서만 이야기하는 경향이 있다. 예를 들어, 조용히 해야 하는 도서관이나 교실에서 사회적 상황을 무시하고 다른 사람에게 말을 하기도 한다. 이러한 경우 시작행동을 가르치면서 질적인 측면을 개선하도록 지도할 필요가 있다.

다른 사람과 함께 활동하기, 다른 사람 혹은 어떤 주제에 대해 질문하기, 도움 요청하기, 인사하기 등을 사회적 시작행동으로 들 수 있다. 많은 사회적 기술 중재는 시작행동을 증가시키기 위한 목적을 가지고 있다(Mundy, 1995). 자폐성장애 아동은 다른 사람과 상호작용하면서 일방적으로 혼잣말을 하기도 하며 이로 인해 상대방에게 반응하고 대화하는 것이 어렵게 된다.

일반적으로 아동들은 다양한 사회적 상황과 맥락 속에서 적절한 행동을 배우거나 바람직한 행동을 하게 되며 점차 또래들과 함께 상징놀이를 하거나 관계를 형성하면서 사회성이 향상된다. 그러나 자폐성장애 아동은 사회적 상황에서 적절한 행동을 하는 것이 어렵고, 또래에게 관심을 가지거나 친구관계를 형성하고 유지하는 데 어려움을 겪게 된다.

4) 모방

유아는 초기 발달단계에서 모방 기술이 발달하며 이후 상징행동 혹은 사회적 의사소통 행동과 연관성을 갖게 된다(Rogers & Pennington, 1991). 즉, 사회적 상호작용에서 모방 기술은 다른 사람과의 상호관계와 상징놀이를 포함한 사회적 능력과 관련되며, 모방 기술의 결함은 아동의 여러 발달에 중요한 영향을 미치게 된다. 자폐성장애 아동들은 부모의 행동에 대해 자발적 모방을 거의 하지 않고, 간단한 신체 움직임, 입 모양, 얼굴 표정에 대한 모방도 어려워한다. 이러한 모방의 어려움 정도를 통해 자폐성장애의 정도와 수준을 파악할 수 있다(Stone, Ousley, & Littleford, 1997).

5) 공동관심

공동관심이란 사회적 맥락 속에서 상대방과 관심을 함께 하는 능력을 의미하며 대부분의 아동은 9개월에서 18개월 사이에 공동관심이 발달한다(Bakeman & Adamson, 1984). 공동관심의 결함은 다른 사람과 사회정서, 감정 상태를 공유하거나 다른 사람을 응시하는 것을 힘들게 한다. 자폐성장애 아동이 원하는 물건을 상대방에게 요구하면서 팔을 당길 때에도 상대방과 관심을 공유하기 위한 시작행동은 거의 하지 않는다(Mundy, Sigman, & Kasari, 1990).

공동관심에 대한 시작행동과 반응을 가르칠 때 모델링이나 모방 등의 다른 전략을 함께 사용할 수 있다. Kasari 등(2006)은 공동관심과 행동중재를 함께 사용해서 자폐성장애 아동의 공동관심, 활동에서의 흥미, 언어능력을 향상시켰다. 공동관심은 사회적 상황 속에서 다른 사람들과 사회정서적 상호관계를 유지하기 위해 중요하다.

아동은 출생과 함께 양육자와 상호작용을 하면서 함께 관심을 공유하고 상대방을 관찰하면서 점차 관심 있는 사물이나 사람에게 시선을 옮기게 되는 사회적 참조(social referencing)가 발달하게 된다. 이를 통해 상대방에게 자신의 관심과 흥미를 알게 하고 사회적 상호작용을 한다. 아동은 부모의 존재를 자주 확인하게 되며, 만약 우유를 엎질렀다면 그 상황에서 부모의 감정을 확인하기 위해 쳐다보거나 부모의 반응에 대해 염려하게 된다. 자폐성장애 아동들은 상대방의 관심을 끌고자 시도하지 않고 사회적 참조에도 결함이 있다. 즉, 공동관심은 사물을 가리키거나 물건을 보여 주면서 관심을 끌기 위해 유도하는 것이다. 눈맞춤이나 시선을 원활하게 움직이지 않는 자폐성장애 아동은 공동관심 발달에서 결함을 보인다(Bakeman & Adamson, 1984).

공동관심은 공동관심 반응하기와 공동관심 시작하기 두 가지 유형으로 나누어진다(Seibert, Hogan, & Mundy, 1982). 공동관심 반응하기는 성인이 주의집중하는 방향으로 아동이 관심을 가지고 따르는 것이며, 공동관심 시작하기는 긍정적 감정이나 관심을 공유하기 위해 눈맞춤, 몸짓, 발성 등을 사용하는 것을 말한다. 공동관심은 자폐성장애의 사회적 측면을 진단하고 예측하는 데 도움을 준다(Van Hecke et al., 2007). 공동관심의 결함은 특히 어린 자폐성장애 아동에게 있어서 가장 뚜렷하고 지속적인 문제 중 하나로 도움이 필요한 부분이다(Mundy, 1995).

6) 상징놀이

놀이는 언어발달뿐 아니라 사회적 상호작용의 발달과 밀접하게 관련된다(Siller & Sigman, 2002). 아동이 놀이에 참여함으로써 사회적 상호작용과 관련된 기술, 가치, 지식에 대해 이해하게 되고 여러 의미를 공유하면서 관계를 형성해 나간다. 그러나 자폐성장애 아동들은 또래와 함께 놀이 활동을 하는 데 있어서 자발성, 다양성, 융통성, 상호성에서 결함을 보이며, 일반적으로 또래로부터 고립되고 배제되는 상황에서 장애를 더욱 악화시킬 수 있다. 특히 교육적 중재 없이는 놀이 활동에서 지속적으로 어려움을 보일 수 있다. 일반아동들이 즐기는 소꿉놀이, 병원놀이, 기차놀이 등 다양한 사회적 상상놀이 혹은 상징놀이에 함께 어울릴 수 있도록 구체적이고 체계화된 교사 주도의 중재, 또래개입 중재 혹은 순서화된 스크립트 적용 등 여러 전략을 활용할 수 있다.

2. 자폐성장애 학생의 사회성 사정

Kanner는 자폐성장애 아동의 사회적 역기능을 일반아동의 발달과 비교하면서 뚜렷한 문제점으로 지적하였다. 이것은 자폐성장애를 진단할 때 공식적 혹은 비공식적 지침으로 계속해서 강조되어 왔다. 관찰되는 사회성 발달 이상은 자폐성장애를 정의하는 필수적인 특성이며, 지적장애와 구별할 수 있게 하는 부분이다(Rutter, 1978).

자폐성장애 아동의 사회성을 평가하기 위해 시선 옮기기, 시선 따르기, 감정공유, 의사소통의 비율, 사회적 상호작용, 몸짓 등을 부모 면담과 사회성 검사 그리고 관찰을 통해 파악하는 것이 중요하다. Lord와 Pickles(1996)는 사회적 상호작용과 의사소통은 특히 밀접한 관계가 있다고 보았다. 즉, 자폐성장애 아동의 사회성을 파악하기 위해 언어적 특성과 수준도 고려할 필요가 있다.

사회적 기술과 사회적 능력에 대한 평가는 중재를 위해 중요한 요소가 된다. 사회적 기술을 사정하는 목적은 중재의 직접적인 목표가 될 수 있는 기술 결함을 확인하고 중재 결과를 파악하기 위한 것이다. 이는 체계적인 관찰과 같은 직접적인 사정, 면담이나 평정척도를 활용한 사회적 능력에 대한 평가를 포함한다. 사회적 기술은 사회적 능력과 구분되는데, 사회적 기술은 사회 문제해결, 공동관심, 조망 수용(perspective taking)과 같은 특정 사회적 행동이나 사회인지 과정을 말하며, 사회적 능력은 다른 사람에 의한 행동의 판단이나 지각을 나타낸다. 따라서 사회성에 대한 사정은 기본적으로 사회적 기술, 사회적 인지, 사회적 능력을 측정하게 된다(Gresham, 2002). 예를 들어, 사회적 인지 기능은 아동에게 사회적 문제해결 방법을 가르친 다음, 아동이 주어진 특정 사회적 상황을 분석하고 이해하는지 알아보는 것을 말한다.

다음은 자폐성장애 아동의 사회성을 사정하기 위한 방법으로 부모 면담, 관련된 사회성 검사, 관찰에 대해 알아보고자 한다.

1) 부모 면담

사회성은 평정척도와 면담을 통해 측정할 수 있고, 이는 사회적으로 가장 타당한 방법으로 평가되고 있다. 결과는 아동을 가장 많이 접하게 되는 부모나 교사의 판단을 나타내며, 이 자료를 기초로 개발된 중재 목표는 사회적으로 수용된다. 다양한 상황과 자료를 통해 사회적 행동과 관련된 정보를 얻을 수 있다는 장점이 있는 반면, 행동의 단기간 변화에 대해서는 간과할 수 있는 단점이 있다(Gresham, 2002).

부모 면담을 통해 수집되는 아동의 생육력과 관련된 여러 정보들은 아동의 사회적 상호작용을 파악하는 데 유용하게 활용될 수 있다. 특히 눈맞춤, 얼굴 표정, 몸짓 등은 의사소통뿐 아니라 사회성 발달을 예측하게 한다. 따라서 면담을 통해 자연스러운 환경에서 부모와 아동의 상호작용 및 의사소통을 측정하는 것이 필요하다. 부모가 기술하는 아동의 과거 설명은 현재 행동에 대한 정확한 자료를 제시한다(Yoder & Warren, 1998).

2) 사회성 검사

(1) ADOS(Autism Diagnostic Observation Schedule)

Lord, Rutter, DiLavore와 Risi(1999)에 의해 개발되었다. 반구조화된 관찰 도구로서 12개월 이상부터 성인을 대상으로 의사소통, 사회적 상호작용, 놀이, 제한적이고 반복적인 행동을 관찰한다. 이를 통해 사회적 기술이나 행동과 관련된 다양한 정보를 얻을 수 있다.

(2) ADI-R(Autism Diagnostic Interview-Revised)

Lord, Rutter와 Le Couteur(1994)에 의해 개발된 반구조화된 형식의 부모 면담 도구다. 정신연령 2세 이상의 아동부터 성인을 대상으로 언어/의사소통, 사회적 상호작용, 제한적이고 반복적인 행동과 흥미 등 세 영역의 증상에 대해 93항목의 포괄적 면담을 실시한다.

(3) SCQ(Social Communication Questionnaire)

Rutter, Bailey와 Lord(2003)가 개발한 부모 보고에 의해 실시되는 질문지다. 정신연령 2세 이상인 4세부터 성인을 대상으로 지난 3개월 동안의 의사소통 기술, 사회적 기능에 대해 알아보며 40항목으로 구성되어 있다.

(4) SSRS(Social Skills Rating Scale)

Gresham과 Elliott(1990)에 의해 개발된 사회성 기술 평정척도다. 심각한 사회적 행동문제를 가진 아동을 선별, 분류하여 적절한 중재를 계획하는 데 도움을 준다. 사회적 기술, 문제행동, 학업적 유능감 등 세 영역에 대해 교사, 부모, 학생 등의 평정으로 이루어진다. 취학 전 아동부터 사용할 수 있는 광범위한 사정 도구다.

3) 관찰

자폐성장애 아동은 부모 면담 혹은 검사를 통한 간접적 정보수집 외에도 아동관찰을 통해 사회적 상호작용 및 사회적 기술을 파악해야 한다. 관찰은 아동의 사회적 기술 혹은 사회적 행동에 대한 직접적인 사정방법이며 단일대상 연구에서 광범위하게 사용된다. 여기서는 아동의 조그마한 변화에 대해서도 체계적 방법으로 민감하게 측정한다. 예를 들어, 어떤 목표행동을 설정하게 되면 중재과정 동안 행동이 증가 혹은 감소하는지 측정하면서 아동을 관찰한다. 이때 중재 효과는 목표행동의 변화를 기초로 언급된다. 자폐성장애 아동의 사회적 기술 중재에서 표적이 되는 사회적 행동에는 사회적 시작행동, 사회적 반응, 사회적 참여 등이 종종 포함된다(Bellini & Akullian, 2007).

3. 자폐성장애 학생의 사회성 중재

사회성 중재는 사회적 기술의 습득 및 수행 능력을 향상시키고 촉진하기 위해 실시된다. 사회적 기술은 상대방의 부정적 반응보다는 긍정적 반응을 이끌어 내면서 상호작용할 수 있는 사회적으로 수용되고 학습된 행동을 말한다(Gresham & Elliot, 1990). 자폐성장애 아동의 낮은 사회적 기술로 인해 사회적으로 의미 있는 관계형성이 어렵고, 이로 인해 위축되고 사회적으로 고립되어 궁극적으로 삶의 질이 저하된다. 사회적 기술 결함은 낮은 학업적 수행, 또래 거부, 고립, 사회불안, 우울 등의 많은 문제를 유발할 수 있다(Bellini, 2006; Sterzing, Shattuck, Narendorf, Wagner, & Cooper, 2012). 따라서 조기중재를 통해 다양한 상황 속에서 사회적 기술을 습득하고 수행할 수 있도록 지도가 필요하다.

자폐성장애 아동들이 나타내는 사회적 기술 결함은 다양하며, 이에 따라 먼저 개별적 중재의 목표가 설정되어야 한다. 중재의 목표는 아동의 사회적 기술을 사정한 후 결정하고 이루어져야 효과적이다.

사회적 기술을 위한 중재는 바람직하지만 빈도가 낮은 행동을 증가시키거나 바람직하지 않은 행동을 감소시키기 위해 응용행동분석을 기반으로 하는 성인 주도 중재를 들 수 있다. 성인은 구조화된 환경에서 자폐성장애 아동에게 사회적 기술을 직접 가르치게 되며, 사회상황이야기, 중심축 반응훈련, 사회 스크립트, 연재만화대화 등의 교수전략을 사용한다. 이때 그림, 사진, 비디오 등 시각적 단서를 활용하면 도움이 될 수 있다. 성인주도 중재는 자폐성장애 아동이 아직 습득하지 못한 새로운 기술을 가르칠 때 도움이 된다. 한편, 또래개입 중재는 성인주도 중재를 통해 습득한 새로운 기술을 일반화시키는 데 도움이 될 수 있다. 이를 위해 자주 또래들과 함께하는 활동에 참여하고 교사의 개입을 점차적으로 줄이는 것이 필요하다(Lord & Hopkins, 1986).

다음은 자폐성장애 아동의 사회성을 향상시키기 위한 여러 중재방법을 살펴보고자 한다.

1) 사회상황이야기

Gray는 1991년 자폐성장애 아동들을 위해 사회상황이야기를 개발하였다. 그 후 20년 동안 여러 경험과 피드백을 바탕으로 이에 대한 지침을 조금씩 변화시켜 왔다. 사회상황이야기는 연구에 근거하여 효과가 입증된 중재 전략 중 하나로서 교육 현장에서 많이 사용되고 있으며, 아동이 좋아하는 사진, 그림, 캐릭터 등을 활용하여 시각적 단서를 제공하기도 한다. 이때 아동의 수준을 고려하여 교육적 요구 및 관심을 끌 수 있는 내용으로 구성하여 실시된다.

사회상황이야기는 자폐성장애 아동의 사회성 향상을 위해 널리 사용되는 교수전략 중 하나로 사회상황을 이해하도록 돕기 위해 사용되는 개별화된 짧은 이야기로서 사회적으로 적절한 행동을 설명하고 연속적 사건에 대한 정보를 제공한다(Gray, 2000). 아동이 해야 할 행동을 기술하는 것이 아니라 사회상황을 이해하는 데 목표를 두고 있으며 다른 사람의 관점을 이해하도록 돕기 위해 작성된다. 이는 사회상황 속에서 필요한 사회적 기술의 개념이나 문제를 해결하기 위한 전략을 가르치기 위해 사용된다.

이야기 내용은 사회상황과 관련된 사회적 단서와 반응에 대해 교사나 아동이 작성하며 반복해서 읽게 된다. 이야기는 아동이 읽고 이해할 수 있는 수준에서 구성되어야 하며 구체적으로 상황을 설명하기 위해 설명문, 지시문, 조망문, 확정문 등과 같은 문장형식을 갖는다(Gray, 2000). 특히 사회상황이야기에서 조망문은 다른 사람의 생각과 느낌에 관한 중요한 사회적 정보를 제공함으로써 마음이론을 향상시킬 수 있고, 사회도식 내에서 아동이 아직 갖고 있지 않은 중요한 배경지식을 제공할 수 있다. 시각적 단서 활용, 간단한 언어 사용, 아동의 요구에 따른 개별화된 이야기와 사회적 상호작용에 대해 초점을 둔다(Reynhout & Carter, 2006).

사회상황이야기는 자폐성장애 아동이 주어진 사회상황에서 상대방이 어떤 생각을 하고, 느끼며, 행동하는지에 대한 정보를 제공하게 된다. 즉, 사회상황의 흐름을 설명하고 중요한 사회적 단서 혹은 의미들을 파악하여 상황에 맞는 적절한 행동이나 말이 무엇인지 알려 주는 대본과 같은 역할을 하게 된다. 글을 읽지 못하더라도 사용방법을 활용하면 연령이나 언어능력에 제한 없이 영아부터 성인까지 사용할 수 있다(문소영, 이상훈, 2016). 사회상황이야기 사용지침서(Gray, 2010)에는 다음과 같은 열 가지 기준을 제시하고 있다.

첫째, 사회상황을 이해하도록 설명하고 정보공유를 위한 하나의 목표를 가진다. 이때 구성되는 이야기는 아동에 대한 존중과 함께 신체적 · 사회적 · 정서적으로 안전한 이야기에 먼저 관심을 갖는다.

둘째, 1인칭 혹은 3인칭의 관점에서 상황, 기술, 개념에 대한 정확한 정보를 수집하여 이야기의 특정 주제를 확인한다.

셋째, 이야기의 제목을 규정하는 도입, 세부사항을 서술하는 본문, 정보를 다시 강조하고 요약하는 결말 등 세 부분으로 구성된다. 이를 위해 적어도 3개의 문장이 요구된다.

넷째, 이야기는 아동에게 내용을 명확히 전달하고 의미를 강조하는 구성방식을 가진다. 즉, 아동의 연령과 능력을 고려해서 리듬감 있고 반복적인 구절을 이용할 수 있다. 또한 시각적 단서로 구체적 사물, 사진, 그림, 파워포인트 자료, 비디오, 숫자, 도표 등을 사용해서 아동의 관심을 끌고 이해를 향상시킬 수 있다.

다섯째, 이야기는 1인칭 혹은 3인칭 관점의 문장으로서 긍정적이고 정확한 어휘를 사용하여 현재뿐 아니라 과거와 미래 시제를 고려해야 한다.

여섯째, 이야기를 전개할 때 '육하원칙(누가, 언제, 어디서, 무엇을, 어떻게, 왜)'이 모든 질문에 고려되어야 한다.

일곱째, 이야기는 설명문, 조망문, 지시문, 확정문, 협조문, 통제문, 부분문장 등 일곱 가지 문장형식을 가진다. 설명문은 반드시 제시되어야 하며 나머지는 선택적이다.

- 설명문(descriptive sentences): 아동에게 사회상황에 대한 사실이나 정보를 사실적이고 객관적인 문장으로 자세하게 기술하며, 사회성 이야기에 반드시 필요한 문장으로 가장 자주 사용한다.
  예: 여름은 덥고 겨울은 춥다.
  우리 교실에는 책상과 의자가 있다.

- 조망문(perspective sentences): 사람의 내적 상태, 생각, 감정, 신념, 의견 등을 묘사하며 주관적인 문장의 경우가 많다.
  예: 아픈 친구를 도와주는 것은 좋은 일이다.
  나는 음악시간이 즐겁고 재미있다.

- 지시문(directive statements/coach): 상황에 맞는 적절한 행동과 반응을 아동 혹은 팀에게 지시할 때 사용한다.
  예: 선생님을 만나면 "안녕하세요!"라고 인사한다.
  교실에 들어올 때는 문을 닫아야 한다.

- 확정문(affirmative sentences): 집단이나 문화 속에서 함께하는 가치관, 믿음, 주요 개념, 규칙, 의견을 표현함으로써 상황을 판단할 수 있도록 도와주고 주변 문장의 의미를 강조한다. 확정문은 주로 설명문, 조망문, 지시문 바로 뒤에 제시된다.
  예: 안전을 위해 차례대로 그네를 타야 한다. 이것은 매우 중요하다.
  교실에 있는 호랑이와 코끼리는 인형이기 때문에 무섭지 않다.

- 협조문(cooperative sentences): 아동을 돕기 위해 다른 사람이 할 수 있는 일과 역할을 알려 주는 문장이다.
  예: 나는 손을 다친 친구의 가방을 들어 준다.
  친구는 미술시간에 준비물을 가져오지 않은 나에게 색종이를 나누어 주었다.

- 통제문(control statements): 이야기를 새로 진술하거나 개별적으로 아동에게 필요한 전략을 포함하여 기억하게 함으로써 해당 상황을 통제할 수 있도록 돕는다.
  예: 동생과 나는 기차를 타고 가면서 동화책을 함께 본다.

- 부분문장(partial sentences): 부분문장은 빈칸을 메우는 형식의 문장이다. 문장을 이해하는지 혹은 다음 단계를 추측하도록 안내한다. 설명문, 조망문, 지시문, 확정문은 부분문장으로 쓸 수 있다.
  예: 안전을 위해 그네를 차례로 타야 한다. 이것은 매우 ________하다.

여덟째, 설명문, 조망문, 확정문, 협조문의 수를 지시문과 통제문의 수로 나눌 때 지수가 2와 같거나 그 이상이 되어야 하며, 지시문을 반드시 사용할 필요는 없다.

아홉째, 이야기는 아동의 관심과 흥미를 끌 수 있도록 쓰며, 아동의 경험, 인간관계, 관심사, 선호도 등을 고려하여 내용, 글, 삽화, 형태를 아동의 이야기가 되도록 전개한다.

마지막으로 편집과 수행에 대한 지침을 제시한다. 이야기를 명료하게 완성하기 위해 이야기와 삽화를 점검하고 필요시 수정한다. 이야기를 유형별 혹은 연도별로 구분하여 바인더 노트에 정리하여 반복적으로 사용할 수 있고, 업데이트할 수 있다.

다음은 자폐성장애 아동에게 상황이야기를 중재하면서 사용한 문장의 예다.

표 10-1 친구 초대하기

문장 형식	문장의 예
설명문	오늘은 내 생일입니다. 생일에 혼자 있는 것은 심심합니다.
설명문	나는 옆 반에 가서 친구 손을 끌어당깁니다.

조망문	친구는 갑자기 손을 끌어당기자 깜짝 놀랍니다.
설명문	친구가 화를 내면 나도 속상합니다.
지시문	나는 "오늘 내 생일이야. 같이 생일 축하할래?" 하고 말할 수 있습니다.
조망문	그러면 친구가 기뻐합니다. 친구가 축하해 주러 오면 나는 너무 행복합니다.
설명문	친구가 선물을 주면 나는 "고마워." 하고 말합니다.
설명문	맛있는 케이크를 먹고 사진도 찍으면 신나는 생일 파티가 됩니다.
지시문	나는 친구를 부를 때 친구를 보며 먼저 말하겠습니다.

출처: 김영욱, 김호정, 한효정(2010)에서 수정 · 발췌함.

표 10-2 **인사하기**

주제	문장형식	문장의 예
안녕히 계세요.	설명문	공부가 끝나면 선생님이 문을 열고, 엄마와 이야기를 나눠요.
	설명문	엄마와 이야기를 나눈 후, 선생님이 "○○아, 이제 가자!"라고 말해요.
	지시문	○○이가 신발을 신고, "선생님, 안녕히 계세요." 인사를 해요.
	조망문	○○이가 인사를 하면 선생님은 기분이 좋아요.
	조망문	선생님도 ○○이에게 "○○아, 잘 가!" 하고 웃으며 인사를 해요.

출처: 김해선, 김은경, 전상신(2016)에서 수정 · 발췌함.

2) 중심축 반응훈련

중심축 반응훈련(Pivotal Response Training: PRT)은 자연스러운 환경에서 응용행동분석 절차와 발달적 접근을 포괄하는 중재 프로그램으로서, 주어진 자극에 반응하고 필요한 기능을 향상시키기 위해 중심축 행동을 가르치는 데 초점을 두고 있다(Koegel, Koegel, & McNerney, 2001). 이때 선택된 중심축 행동은 자연스럽게 강화되도록 하며 중심축 행동의 습득 결과로서 가르치지 않았던 다른 기능이나 반응의 변화를 초래하게 된다. 따라서 중심축 반응훈련은 다른 전략들보다 행동을 일반화하는 데 더 효과적이다(Koegel, Camarata, Koegel, Ben-Tall, & Smith, 1998).

중심축 반응훈련에 대한 중재 목표는 아동이 자연적인 환경에서 사회적 상호작용과 다양한 학습 기회에 반응하도록 하며, 중재 제공자의 지도를 점차적으로 감소시키고자 한다. 따라서 아동이 통합 환경에서 독립적으로 생활하는 데 필요한 사회적 · 교육적 기술을 제공하게 된다(Simpson et al., 2005).

중심축 반응훈련은 다양한 연령의 아동과 발달수준이 다른 경우에도 적용된다. 이때 선수기술로서 최소한의 관심을 기울일 수 있어야 하며 모방 기술이 요구된다(Stahmer, 1995). 중재의 실시는 아동과 자주 상호작용하는 가족 구성원, 교사, 관련 전문가의 경우에 가능하다. 국내 연구에서도 부모교육을 통해 부모가 직접 실시한 경우, 또래 주도 혹은 중심축 반응훈련을 이해하고 있는 교사들이 직접 프로그램 작성 및 훈련을 실시하였다.

중심축 반응훈련은 동기 증진, 다양한 단서에 대한 반응, 자기주도 반응, 자기관리의 네 가지 전략을 목표로 하고 있다(Boutot & Myles, 2012). 그 외 언어기술, 상징놀이 기술, 공감하기 등을 포함할 수 있다(Pierce & Schreibman, 1995; Hall, 2009). 즉, 중심축 반응훈련을 통해 자폐성장애 아동이 자연적이고 통합적인 환경에서 필요한 사회적 기술을 습득하여 의미 있는 삶을 살아갈 수 있는 기회를 제공하는 데 목적이 있다(김미영, 이소현, 허수연, 2012). 중심축 반응훈련에 대한 교수전략은 다음과 같다.

(1) 동기 증진

동기를 증진시키기 위해 환경 구성 및 차별강화 등 여러 전략들이 사용된다. 환경 구성과 조정은 자폐성장애 아동의 문제행동을 감소시키기 위한 교수 맥락에서도 중요시되는 부분으로 충분히 고려되어야 한다. 그 외 아동에게 활동이나 교재교구의 선택권 제공하기, 다양한 활동이나 과제 제시, 아동이 좋아하는 활동 제시, 강화하기 등을 통해 동기를 증진시킬 수 있다.

(2) 다양한 단서에 대한 반응

여러 자료를 준비하여 아동이 좋아하는 것을 요구하고 다양한 단서를 사용하여 반응하도록 유도한다. 예를 들어, 음악시간에 탬버린, 피리, 작은북 등을 준비하여 아동이 선택하도록 하거나 수학 과제를 할 때 종이에 계산하기, 계산기 활용하기 등 아동의 선호도에 따라 실시하도록 여러 자료를 사전에 준비할 수 있다.

(3) 자기주도 반응

자기시작 행동으로서 아동이 질문하고 도움을 요청하도록 가르친다. 예를 들어, 우체국의 위치를 묻거나 우표의 가격에 대해 질문함으로써 필요한 정보를 찾거나 도움을 요청하도록 지도한다.

(4) 자기관리

인지적 행동주의 이론을 바탕으로 행동목표를 설정하고, 스스로 기록하며 자료를 수집하여 자기평가와 자기강화를 하도록 지도한다. 자기관리의 장점은 행동을 외적으로 통제하는 것이 아니라 아동이 주도적으로 스스로 통제하는 것이다. 그 결과, 교사의 감독이 없더라도 스스로 적절한 행동을 하게 되며 행동의 일반화를 이끌어 낼 수 있다.

〈표 10-3〉은 국내에서 자폐성장애 아동을 대상으로 중심축 반응훈련을 실시한 실험연구의 중심축 행동, 대상, 절차, 일반화 효과에 대해 제시하였다.

표 10-3 중심축 반응훈련에 대한 연구내용

연구자 (연도)	중심축 행동	대상	절차	효과
변관석 (2016)	연극놀이	중학생 9명	• 관심 조성 • 활동 선택 • 시범 보이기 • 활동하기 • 역할 바꾸기 • 유지과제 제시 • 습득과제 제시	사회적 상호작용 (의사소통 의도를 가진 구어행동, 비구어행동)
송호준 김춘종 (2015)	배드민턴 놀이	초등학생 8명	• 선택 기회 제공 • 획득한 과제와 습득할 과제 제시 • 시도에 대한 강화하기 • 반응에 대한 보상 제공 • 직접적-자연적 강화 제공 • 자연스러운 놀이 환경 구성 • 아동의 역할 지원하기 • 발달형태에 따라 훈련하기 • 주의산만에 대해 민감하게 반응 • 자연적 강화제 사용 • 지연적으로 반응하는 놀이 환경 조성	놀이자발성 운동협응성

김남경 박은혜 (2008)	또래-주도 놀이 활동	초등학생 3명	• 관심 주기 • 아동 선택 • 모델 보이기 • 즉각적, 자연적 강화 제공 • 역할 바꾸기 • 유지와 획득과제 제시	사회적 시작행동 사회적 반응행동
채유선 이소현 (2008)	어머니의 공동관심 반응	26~39개월 3명	• 아동 선택 • 다양한 단서 제시 • 명확한 교수 제시 • 차례 바꾸기 • 후속적 강화, 시도 강화 • 반응-강화의 자연성 • 유지와 습득과제 섞기	공동관심 행동

3) 사회인지 스크립트

스크립트는 반복된 경험을 통해 특정한 상황이나 맥락 속에서 일어나는 일련의 사건에 대한 지식 구조 혹은 정신적 표상을 의미한다. 스크립트는 사회적 목표와 활동에 관한 정보에 따라 구성된다. 즉, 인과적 혹은 공간적 관계에서 행동요소들을 관계 지으며, 이들을 하나의 구조로 통합시킨다(Nelson & Gruendel, 1986). 이러한 관점에서 자폐성장애 아동이 자신이 처한 상황에서 환경을 조절하여 상호작용할 수 있는 지식을 습득하고 어떻게 반응해야 하는지 스크립트를 통해 알게 된다.

또래들에게도 자폐성장애 아동과 상호작용할 때 스크립트를 활용하도록 가르칠 수 있다. Pierce와 Schreibman(1995)은 또래에게 스크립트를 사용하도록 지도하여 자폐성장애 아동의 시작행동과 주의집중 행동을 강화하였고, 그 결과 습득한 행동이 유지 및 일반화되었다. 또래개입 중재 혹은 직접교수로 실시되는 스크립트는 자폐성장애 아동의 사회적 상호작용을 증가시킬 수 있다(Simpson et al., 2005).

국내에서는 자폐성장애 아동을 대상으로 스크립트를 통한 사회극 놀이 훈련(오의정, 1998), 스크립트를 이용한 상황이야기 중재(최미경, 2003), 그림 스크립트(강진영, 2007), 스크립트 중재(서유진, 2014) 등을 통해 또래 상호작용, 인사하기, 놀이기술, 마음 읽기 능력이 향상되었다. 다음은 연구에서 실시된 스크립트의 예를 제시하였다.

표 10-4 **생일축하놀이 스크립트**

순서	목표행동
1	생일 맞은 친구를 가위바위보로 정한다.
2	소꿉놀이 세트를 이용해 생일상을 차린다.
3	케이크에 초를 꽂는다.
4	생일 맞은 친구에게 고깔모자를 씌워 준다.
5	생일축하 노래를 부른다.
6	생일 맞은 친구는 초를 끈다.
7	선물을 준다.

출처: 강진영(2007).

표 10-5 **식당놀이 스크립트**

순서	역할 1(손님)	역할 2(주인)	역할 3(요리사)
1	들어온다.		
2		손님에게 인사한다.	
3			손님을 맞는다.
4		손님을 자리로 안내한다.	
5	의자에 앉는다.		
6			물을 가져다준다.
7	물을 마신다.		
8		뭘 먹을지 묻는다.	
9	음식을 고른다.		
10		요리사에게 말한다.	
11			요리를 만든다.
12		스푼과 포크를 가져다준다.	
13			요리를 가져다준다.
14	먹는 시늉을 한다.		
15			더 필요한 것을 묻는다.
16	더 요구한다.		
17			가져다준다.
18		후식을 묻는다.	
19	대답한다.		
20		요리사에게 말한다.	

21			후식을 준비한다.
22			손님에게 가져다준다.
23		다 먹었는지 묻는다.	
24	대답한다.		
25	얼마냐고 묻는다.		
26		대답하고 돈을 받는다.	
27	인사하고 나간다.		
28		인사한다.	
29			인사한다.
30			상을 치운다.

출처: 오의정(1998).

4) 연재만화대화

연재만화대화(comic strip conversation)는 사회적 기술을 가르치기 위해 개별화된 인지적 중재방법이다. 그림이나 만화를 통해 사회적 상황에 대한 이해와 함께 적절하고 구체적인 대화를 촉구한다(Gray, 1994). 사회적 상호작용 속에서 발생하는 문제행동과 대화에 대해 자폐성장애 아동에게 만화라는 시각적 단서와 표상을 제공함으로써 서로 주고받는 여러 정보를 이해하는 데 도움을 주게 된다. 이때 아동의 의사소통 특성과 수준, 흥미를 고려할 필요가 있다. 주어진 상황에서 상대방이 어떻게 느끼고 생각하는지 알게 되고 어떻게 말을 해야 하는지 알게 됨으로써 사회적 기술이 향상될 수 있다.

시각적 단서나 자료를 활용한다는 점에서 연재만화대화는 사회상황이야기와 비슷한 점이 있다. 사회상황이야기는 주로 교사가 미리 작성한 문장을 아동과 함께 읽으면서 앞으로 일어날 수 있는 상황에 대해 시연과 연습을 하게 된다. 이와는 달리 연재만화대화는 앞으로 일어날 일과 더불어 이미 일어난 상황에 대해서 다시 생각해 볼 수 있는 기회를 제공한다. 특정 상황에 대해 교사와 아동이 그림으로 대화함으로써 아동의 역할이 더 크다고 볼 수 있다(Hutchins & Prelock, 2008). 이러한 과정 속에서 아동은 흥미를 느끼고 능동적으로 활동에 참여하게 된다.

연재만화대화는 구조화된 활동보다는 자연스러운 놀이 상황에서 문제가 발생할 때 즉각적으로 혹은 활동시간 후에 만화를 그리며 상황을 이해하게 하고 바람직한 행동을 유도하고자 한다. 일반적으로 연재만화대화는 그림 상징을 이용하여 생각이나 질문과 같은 대화의 내용을 표현하지만 색깔에 특정 의미나 감정을 연계하여 사용할 수도 있다. 다음은 Gray(1994)가 제시한 연재만화대화 중재 절차다.

① 연재만화대화 소개

가장 기본적인 사람 상징과 말풍선을 소개하며 시범을 보인다. 중재자는 아동에게 질문하고 이야기하도록 유도하며 아동 자신에게 해당되는 그림을 간단히 그려 보게 한다. 아동이 점차 대화하고 그림 그리는 것이 익숙해지게 한다.

② 연재만화대화 상징사전 만들기

연재만화대화는 두 사람 이상이 모여 그림을 그리며 상호작용하게 되는데 이때 간단한 그림상징과 색이 사용된다. 상징사전은 만화대화를 그릴 때 사용하는 그림으로서 대화 상징사전과 개인 상징사전으로 구분된다. 대화 상징사전은 연재만화대화에서 기본적인 표현으로 말하기(말풍선), 생각하기(생각풍선), 귀 그림(듣기), 방해하는 것, 큰 소리, 작은 소리 등을 나타낸다. 개인 상징사전은 아동 개인별로 사용하는 상징들을 모아서 대화를 만들게 되며 개인의 경험, 특정 사람, 장소, 행동에서 자주 나타나는 상징을 포함한다.

③ 가벼운 주제로 대화하기

연재만화대화를 시작하기 전에 아동과 함께 오늘 있었던 일이나 날씨, 하고 싶은 이야기를 나누며 질문하고 그림을 그리면서 동기와 흥미를 부여한다.

④ 특정 주제로 대화하기

아동과 관련된 특정 사건에 대해 이야기를 나눈다. 특정 사건과 관련된 인물이나 일어난 장소 등을 그려 넣으면서 대화를 시작하고 그림을 그려 나간다.

⑤ 앞으로 일어날 사건을 주제로 대화하기

아직 일어나지 않은 특정 주제나 사건에 대해 이야기하며 그림을 그려 나간다. 이때 아동의 잘못된 생각이나 개념을 수정해 줄 수 있다.

〈표 10-6〉은 색깔을 이용한 감정 표시의 연재만화대화 예시다. 이때 아동에 따라 감정과 색깔이 다를 수 있다.

표 10-6 연재만화대화에서 색과 감정 나타내기

색	얼굴 표정	감정
노랑		기쁨
파랑		슬픔
빨강		화남
검정		무서움

5) 또래개입 중재

또래개입 중재는 또래에게 먼저 상호작용을 시작하고 반응하도록 체계적으로 훈련된 일반아동과 함께 이루어진다. 이때 교사는 직접 개입하지 않으며 대신 훈련을 받은 또래와 자폐성장애 아동이 함께 놀이할 수 있도록 촉진한다. 또래개입 중재를 통해 자폐성장애 아동에 대한 또래 거부, 아동의 판에 박힌 듯한 행동이 줄어들 수 있다. 또한 친구관계가 향상되면서 자연스런 환경 속에서 사회적 기술을 연습할 수 있는 기회가 증가하고 훈련받은 또래교사에게도 긍정적인 효과가 나타났다(Lee, Odom, & Loftin, 2007; Sansosti, 2010).

자폐성장애 아동들이 일반학급에 배치되고 또래들과 생활함으로써 사회성이 자동적으로 촉진되는 것은 아니다. 또래들이 필요한 교수전략에 대한 내용을 훈련받고 연습할 기회를 가짐으로써 서로 상호작용하는 빈도가 증가된다. 즉, 또래들이 시범, 촉구 등을 통해 자폐성장애 아동과 상호작용을 시작하고 유지할 수 있는 훈련이 필요하다(Sontag, 1997). 훈련받은 또래는 교사가 지시하는 내용을 자폐성장애 아동이 수행할 수 있도록 도움을 주게 된다. 이때 교사는 또래활동을 계속 점검하고 어려움이 발생할 때에는 활동을 지원해야 한다.

또래개입 중재는 장애아동을 돕기 위해 소그룹의 일반아동이 함께할 때도 사회적 기술을 향상시켰다. 소그룹 또래들은 사회적 상호작용을 촉진하고 도움을 주기 위해 규칙적으로 장애아동과 상호작용하게 된다. 이때 또래들은 사회적 기술이 부족한 자폐성장애 아동을 좀 더 이해하고 수용하게 된다(Frederickson & Turner, 2003). 또래들은 자연스런 환경에서 적합한 놀이를 할 수 있도록 장애아동을 촉진하고, 놀이에 대해 설명하며, 아동의 시작행동에 대해 반응한다. 이때 교사는 소그룹 또래들이 함께 사회적 상호작용을 하도록 나이에 적합한 놀이 활동을 구상하고, 참여를 촉진하기 위해 장난감이나 흥미를 유도할 수 있는 활동과 자료를 제시할 때 더 효과적이다. 또래개입 중재가 실시되는 동안 교사는 또래들에게도 사회적 상호작용과 참여에 대해 격려하고 강화해 줄 필요가 있다. 또래개입 중재는 교사개입 중재를 통해 습득한 새로운 기술을 일반화시키는 데 도움이 될 수 있으나, 중재에 참여하지 않은 다른 또래와는 일반화가 잘 되지 못한다는 지적을 받기도 한다(Lord & Hopkins, 1986).

6) 비디오 모델링

비디오 모델링과 비디오 자기모델링 중재는 자폐성장애 아동의 사회적 기술 습득과 행동수행을 향상시키며 여러 사회적 기술을 가르치는 데 효과적이다(Delano, 2007). 비디오 모델링은 표적행동을 나타내는 비디오를 보고 행동을 모방하는 것이다. 이때 비디오는 1~3분 정도로 만들어진다. 모델은 친숙한 혹은 친숙하지 않은 성인이나 또래, 아동 자신도 될 수 있어 다양하다. 사회적 기술은 일반화를 촉진하기 위해 여러 상황을 통해 구성하는 것이 좋다(Bellini & Akullian, 2007). 또한 비디오 모델링은 여러 아동이 다시 사용할 수 있도록 다양한 상황에서 구성되어 수행될 수 있으며, 시각적 단서를 활용하여 효과를 높일 수 있다.

주의집중은 모델링의 필수적인 요소다(Bandura, 1977). 즉, 모델의 행동에 관심을 가지고 집중하지 않는다면 행동을 모방할 수 없기 때문이다. 자폐성장애 아동은 과잉선택적 주의를 하거나 관련 없는 세부적인 것에 주의를 기울일 수 있다. 따라서 가능한 관련 없는 요소를 제외한 비디오 내용을 구상한다면 더 효과적인 중재가 될 수 있을 것이다.

7) 자기관리

자기관리 기술은 다양한 맥락과 상황에서 아동이 자신의 행동을 모니터링, 평가하고 효율적으로 조절할 수 있도록 가르치는 데 초점을 두고 있다. 아동에게 바람직한 행동과 바람직하지 않은 행동을 판단하고, 스스로 평가하고 강화하는 기술을 요구한다(Neitzel & Busick, 2009). 자기행동을 관리하는 절차를 촉구하기 위해 양육자나 교사의 도움을 필요로 하지만 점차 아동은 자신의 행동을 모니터링하고 강화하는 데 익숙해진다.

자기관리 중재는 자폐성장애 아동의 사회적 시작행동, 사회적 반응, 사회적 의사소통, 놀이기술을 향상시키고, 사회적 의사소통을 방해하는 상동행동과 같은 판에 박힌 행동을 감소시킨다. 또한 아동의 독립성을 키우고, 여러 상황에서 행동의 일반화를 이끌어 내게 된다(Koegel & Koegel, 1990).

8) 촉구

촉구는 아동이 필요한 사회적 기술을 습득하고 성공적으로 실행할 수 있도록 도움을 주기 위해 제공되는 지원이다. 특히 자폐성장애 아동에게 촉구를 통해 사회적 기술과 같은 특정 행동을 가르쳤을 때 성공적인 결과가 나타났다(Bryan & Gast, 2000).

단계별로 촉구를 제공할 경우 작은 촉구에서 큰 촉구를 제공하게 된다. 먼저 아동이 상대방의 사회적 시작행동과 같은 자연 촉구에 반응하도록 한다. 다음으로 행동이 성공적으로 수행될 때까지 지원수준을 높인 몸짓, 언어촉구, 모델링, 신체촉구 등이 제공된다. 동시 촉구를 활용할 때는 필요한 여러 촉구를 동시에 제공하고 자폐성장애 아동이 정확한 반응을 하도록 기회를 반복 제시한다(Akmanoglu & Batu, 2004). 그러나 촉구는 점차 줄이도록 해야 한다.

다양한 연령과 능력 수준에 따라 사회적 기술을 가르치기 위해서는 개별화된 촉구 절차가 필요하다. 아동의 특성과 수준에 따라서 신체촉구, 언어촉구, 몸짓, 모델링, 시각적 촉구 등이 선별적으로 사용될 수 있다. 촉구를 선택하기 전에 사회적 기술을 촉진하기 위해 필요한 촉구가 무엇인지 먼저 결정하는 것이 중요하며, 언어 이해가 어렵고 청각적 단서에 주의를 기울이지 못하는 자폐성장애 아동의 경우에는 시각적 촉구가 더 효과적일 수 있다.

4. 자폐성장애 학생의 사회정서 발달

성공적인 사회적 상호작용은 활동참여, 시작행동에 대한 반응, 상호적 약속 유지와 같은 사회적 행동과 함께 조망수용, 공동관심, 자기인식, 사회규칙에 대한 지식 등 숙련된 사회적 인지과정이 함께 이루어져야 한다(Bellini, Benner, & Peters-Myszak, 2009). 사회적 인지 결함은 사회적 행동을 수행하는 데 직접적으로 영향을 미치게 된다. 사회인지적 관점을 가지게 되면 상대방의 생각, 느낌, 흥미를 알 수 있다. 이것은 마음이론과 달리 잠재적인 정적 지식을 의미하며 사회적 상호작용에서 유용한 상황적 단서를 기초로 순간순간의 변화를 지각하게 된다(Crick & Dodge, 1999). 자폐성장애 아동의 사회정서 발달을 조망수용, 마음이론, 실행기능 관점에서 살펴보고자 한다.

1) 조망수용

많은 중재들은 마음이론을 목표로 조망수용을 언급하며 자폐성장애 아동에게 마음이론을 촉진하기 위해 신념 테스트(belief tests)에 대해 가르친다. 중재를 통해 80%의 아동이 점수가 향상되었으나 부모나 교사 평가에서는 변화가 없는 것으로 나타나기도 하였다(Ozonoff & Miller, 1995). 다른 방법으로 생각 거품(thought bubbles)을 사용하여 그림을 보여 준 다음, 그림 속의 사람이 생각하고 있는 것을 생각 거품에 적도록 한다. 이 전략의 목적은 다른 사람이 하고 있는 활동을 보거나 말하는 것을 들으면서 상대방의 생각을 추론하도록 가르치는 것이다(Wellman et al. 2002).

조망수용 결함을 가진 아동은 대화할 때 상대방의 위치에서 생각하고 볼 수 없기 때문에 의사소통에 참여하는 것이 어렵다. 또한 자폐성장애 아동은 다른 사람의 견해를 추론하는 능력에서 심각한 결함을 보인다(Leekam & Perner, 1991; Ozonoff & Miller, 1995). 특히 눈 응시 따라가기는 나중에 발달되는 조망수용 기술을 향상시키기 위해 조기에 실시되어야 한다(Whalen & Schreibman, 2003). 예를 들어, 눈 응시가 어려운 자폐성장애 아동에게 그림카드를 보여 주면서 무엇인지 확인하도록 반복해서 물으면서 카드를 따라 눈 응시가 이루어지게 유도할 수 있다.

2) 마음이론

아동은 사회 속에서 다른 사람과 관계를 형성하고 상호작용하면서 성장해 간다. 이러한 사회적 상호작용과 관련하여 마음이론이 제시되고 있다. 마음이론(Theory of Mind: ToM)은 상대방의 생각이나 느낌을 이해하고 서로 다른 관점을 가질 수 있다는 것을 이해하는 것이다. 즉, 자신과 다른 사람이 생각하는 것을 추론할 수 있는 능력으로서 인간의 행동을 예측, 설명할 수 있고 의사소통과 상호관계를 유지할 수 있게 한다(오진희, 김은정, 유윤영, 2010). 특히 자폐성장애 아동의 경우 자신과 다른 사람의 마음을 읽고 이해하는 능력의 결함은 마음이론 측면에서 설명된다(Brüne & Brüne-Cohrs, 2006). 상대방의 거짓말, 은유적 표현, 농담 등을 이해하기 어려울 뿐 아니라 얼굴 표정이나 목소리를 통해 상대방의 마음상태를 읽는 것이 어렵다. 사회적 관계형성을 위해서는 상대방의 느낌, 생각, 믿음, 의도 등을 이해할 수 있어야 한다.

마음이론은 지식체계가 외부에 존재하는 것이 아니라 일상생활에서 대인관계를 통해 발달하는 이론으로 사람의 의도, 요구, 정서, 신념의 총체로 본다(Astington, 2007). 이러한 마음이론과 사회적 능력은 정적 상관관계를 보이며 마음이론이 잘 발달하면 사회적 상호작용과 사회정서 발달이 활발하게 이루어진다(신유림, 2004; Watson, Nixon, Wilson, & Capage, 1999).

마음이론에 대한 사정은 틀린 믿음 과제를 통해 이루어진다(Baron-Cohen, Leslie, & Frith, 1985). 표준 마음이론(standard ToM) 과제에는 1차 틀린 믿음 과제(예: "샐리가 구슬을 X 장소에 두고 밖으로 나간 사이에 앤이 구슬을 몰래 Y 장소로 옮기면 샐리는 나중에 구슬을 어디에서 찾을까?")와 2차 틀린 믿음 과제(예: "존과 메리가 공원에서 아이스크림을 사 먹으려 했으나 돈이 없어 존이 집으로 돈을 가지러 간 사이에 아이스크림 판매인은 장소를 교회쪽으로 옮긴다고 떠났고, 가는 길에 존의 집을 지나치면서 존에게 교회로 갈 것이라고 알려준다. 그러나 이 사실을 모르는 메리는 존이 아이스크림을 사러 어디로 갔다고 생각할까?")로 나누어진다. 정상발달을 하는 아동의 경우 보통 4세가 되면 1차 틀린 믿음 과제, 6세가 되면 2차 틀린 믿음 과제를 통과한다(서경희, 2002, p. 41에서 재인용).

3) 실행기능

실행기능은 높은 인지적 과정을 포함하는 용어로서 부적절한 반응을 통제하고, 주어진 과제의 순서를 계획하고 지속하면서 자신의 수행을 관리할 수 있는 능력을 의미한다(Ozonoff, Pennington, & Rogers, 1991). 자폐성장애 아동은 일의 계획과 조직화에서 결함을 보이며, 사회적 상황을 판단하고 적절한 행동을 선택하는 능력 결함은 실행기능과 밀접한 관련이 있다(신민섭 외, 2006; Prior & Hoffman, 1990). 실행기능은 마음이론의 틀린 믿음과제의 수행과도 높은 상관이 있는 것으로 나타났다(Ozonoff et al. 1991).

실행기능은 전반적으로 만 5세에서 12세까지 발달하며(도례미 외, 2010), 적절한 환경 제공과 초기 양육자와의 상호작용에 의해 영향을 받게 된다(Glaser, 2000). 아동기 실행기능과 부모양육태도의 상관관계 연구(황혜련, 송현주, 2013)에서 아버지의 양육태도가 아동의 실행기능에 유의미한 영향을 미치기도 하였다.

요약

자폐성장애 아동의 사회성 결함은 가장 핵심적인 특성으로 초기 발달시기부터 지속적으로 나타난다. 이 장에서는 사회 및 정서적 상호작용, 비언어적 의사소통 행동, 사회적 관계형성 및 유지에서의 결함 외에도 모방, 공동관심, 상징놀이에서의 특성을 살펴보았다.

사회성 중재를 위해서는 먼저 아동의 사회성에 대한 사정이 이루어져야 하고, 그 결과를 바탕으로 우선적으로 어떤 목표행동이 설정될 것인지 결정해야 한다. 사회성 사정방법으로 부모면담과 평가척도를 이용한 검사 그리고 직접 관찰을 통해 아동의 사회적 기술과 사회적 행동에 대한 정보수집과 평가를 실시한다.

자폐성장애 아동의 사회성 증진을 위해 다양한 중재방법이 개발되어 왔다. 이 장에서는 상황이야기, 중심축 반응훈련, 사회인지 스크립트, 연재만화대화에 대해 알아보고, 실제의 예를 제시하였다. 그 외 또래개입 중재, 비디오 모델링, 자기관리, 촉구와 관련하여 살펴보았다. 사회정서 발달은 아동의 사회문제해결, 조망수용, 공동관심, 사회규칙 등 사회인지과 관련되며 이 장에서는 상대방의 생각을 추론할 수 있는 조망수용, 상대방의 생각이나 느낌을 이해할 수 있는 마음이론, 일을 계획하고 행동을 통제할 수 있는 실행기능에 대해 알아보았다.

자폐성장애 아동의 사회성 중재는 주로 개별적으로 아동의 특성에 따라 접근하지만 소집단을 활용하여 효과를 높이기도 한다. 또한 하나의 전략을 사용할 수 있지만 여러 전략을 함께 사용하여 접근할 수도 있다. 사회적 상황에 따라 성인주도 중재와 또래개입 중재를 활용하여 자폐성장애 아동의 사회성과 사회정서 발달을 위한 노력이 조기에 이루어져야 할 것이다. 이를 통해 자폐성장애 아동들이 또래관계를 형성하고 보다 원만한 학교생활을 할 수 있기를 기대한다.

참고문헌

강진영(2007). 자폐성 장애를 가진 아동의 놀이기술 증진을 위한 그림 스크립트 활용 효과. 대구대학교 대학원 석사학위논문.

김남경, 박은혜(2008). 초등학교 자폐아동을 위한 또래-주도 중심축 반응훈련이 사회성 향상에 미치는 효과. **특수교육**, 7(1), 215-235.

김미영, 이소현, 허수연(2012). 자폐 범주성 장애 아동을 대상으로 한 중심축 반응 훈련 중재의 메타분석-단일대상 연구를 중심으로-. **특수아동교육연구**, 14(3), 1-23.

김영욱, 김호정, 한효정(2010). 상황이야기 중재가 청각-지적장애 아동의 정서표현 어휘 및 사회성에 미치는 효과. **특수교육학연구**, 44(4), 197-214.

김해선, 김은경, 전상신(2016). 상황이야기 중재가 자폐성장애아동의 자발적인 사회적 행동에 미치는 효과. **특수교육저널: 이론과 실천**, 17(3), 283-312.

도레미, 조수철, 김붕년, 김재원, 신민섭(2010). 아동기 실행기능의 발달. 한국심리치료학회지, 2(2), 1-12.

문소영, 이상훈(2016). 자폐아동과 함께 하는 사회상황 이야기. 서울: 학지사.

변관석(2016). 중심축 반응 훈련 원리를 적용한 연극놀이가 자폐범주성장애 중학생의 사회적 상호작용에 미치는 효과. 특수교육, 15(3), 35-57.

송호준, 김춘종(2015). 중심축 반응훈련 원리를 적용한 배드민턴 놀이가 자폐성장애 아동의 놀이자발성 및 운동협응성에 미치는 효과. 특수교육재활과학연구, 54(1), 141-158.

서경희(2002). 고기능 자폐아와 아스퍼거 장애아의 마음 이론 결손과 중재. 정서 · 학습장애연구, 18(3), 37-64.

서유진(2014). 스크립트 중재가 학령기 자폐성장애 아동의 마음읽기 능력에 미치는 효과. 광주여자대학교 사회개발대학원 석사학위논문.

신민섭, 김현미, 온싱글, 황준원, 김붕년, 조수철(2006). 주의력결핍과잉행동 장애, 아스퍼거 장애, 학습장애 아동의 실행기능 비교. 소아청소년정신의학, 17(2), 131-140.

신유림(2004). 유아의 마음의 이론과 사회적 능력과의 관련성에 대한 연구. 유아교육연구, 24(3), 209-223.

오의정(1998). 스크립트를 통한 사회극 놀이 훈련이 자폐아동의 또래 상호작용에 미치는 영향. 이화여자대학교 대학원 석사학위논문.

오진희, 김은정, 유윤영(2010). 마음이론(theory of mind)의 본질과 발달에 대한 이론적 고찰. 유아교육학논집, 14(3), 293-316.

채유선, 이소현(2008). 가정에서 어머니가 실행한 중심축 반응 훈련이 자폐 범주성 장애 영유아의 공동관심 행동에 미치는 영향. 유아특수교육연구, 8(3), 41-66.

최미경(2003). 스크립트를 이용한 상황이야기 중재가 자폐성 아동의 사회적 행동에 미치는 효과. 공주대학교 특수교육대학원 석사학위논문.

최효희(2016). 연재만화대화가 지적장애학생의 문제행동에 미치는 영향. 단국대학교 대학원 석사학위논문.

황혜련, 송현주(2013). 아동기 실행기능과 부모양육태도. 재활심리연구, 20(2), 149-167.

Adrien, J. (1991). Autism and family home movies: Preliminary finds. *Journal of Autism and Developmental Disorders, 21*, 43-49.

Akmanoglu, N., & Batu, S. (2004). Teaching pointing to numerals to individuals with autism using simultaneous prompting. *Education and Training in Developmental Disabilities, 39*(4), 326-336.

American Psychiatric Association (2013). *Diagnostic and statistical manual of mental disorders* (5th ed.). Washington, DC: Author.

Astington, J. W. (2007). 아동의 마음 발견하기 (송순 역). 서울: 시그마프레스. (원저 2003 출판)

Bakeman, R., & Adamson, L. B. (1984). Coordinating attention to people and objects in mother-infant and peer-infant interaction. *Child Development, 55*(4), 1278-1289.

Bandura, A. (1977). *Social learning theory*. New York, NY: General Learning Press.

Baron-Cohen, S., Leslie, A. M., & Frith, U. (1985). Does the autistic child have a "theory of mind"? *Cognition, 21*, 37-46.

Bellini, S. (2006). The development of social anxiety in adolescents with autism spectrum disorders. *Focus on Autism and Other Developmental Disabilities, 21*(3), 138-145.

Bellini, S., & Akullian, J. (2007). A meta-analysis of video modeling and video self-modeling interventions for children and adolescents with autism spectrum disorders. *Exceptional Children, 73*(3), 264-287.

Bellini, S., Benner, L., & Peters-Myszak, J. (2009). A systematic approach to teaching social skills to children with autism spectrum disorders: A guide for practitioners. *Beyond Behavior, 19*(1), 26-39.

Bellini, S., Peters, J. K., Benner, L., & Hopf, A. (2007). A meta-analysis of school-based social skills interventions for children with autism spectrum disorders. *Remedial and Special Education, 28*(3), 153-162.

Boutot, E. A., & Myles, B. S. (2012). 자폐성장애 (서경희, 이효신, 김건희 공역). 서울: 시그마프레스. (원저 2011 출판)

Brüne, M., & Brüne-Cohrs, U. (2006). Theory of mind-evolution, ontogeny, brain mechanisms and psychology. *Neuroscience and Biobehavioral Review, 30*(4), 437-455.

Bryan, L. C., & Gast, D. L. (2000). Teaching on-task and on-schedule behaviors to high-functioning children with autism via picture activity schedules. *Journal of Autism and Developmental Disorders, 30*(6), 553-567.

Crick, N. R., & Dodge, K. A. (1999). "Superiority" is in the eye of the beholder: A comment on Sutton, Smith, and Swettenham. *Social Development, 8*(1), 128-131.

Delano, M. E. (2007). Video modeling interventions for individuals with autism. *Remedial and Special Education, 28*(1), 33-42.

Erba, H. W. (2000). Early intervention programs for children with autism: Conceptual Frameworks for implementation. *American Journal of Orthopsychiatry, 70*(1), 82-94.

Frederickson, N., & Turner, J. (2003). Utilizing the classroom peer group to address children's social needs: An evaluation of the circle of friends intervention approach. *Journal of Special Education, 36*(4), 234-245.

Glaser, D. (2000). Child abuse and neglect and the brain: A review. *Journal of Child*

Psychology and Psychiatry, 41, 97-116.

Gray, C. A. (1994). *Comic strip conversations: Colorful, illustrated interactions with students with autism and related disorders*. Jenison, MI: Jenison Public Schools.

Gray, C. A. (2000). *The new social story book: illustrated edition*. Arlington, TX: Future Horizon.

Gray, C. A. (2010). *The new social story book* (rev.ed.). Arlington, TX: Future Horizon.

Gresham, F. M. (2002). Responsiveness to intervention: An alternative approach to the identification of learning disabilities. In R. Bradley, L. Danielson, & D. P. Hallahan (Eds.), *Identification of learning disabilities: Research to practice* (pp.467-519). Mahwah, NJ: Erlbaum.

Gresham, F. M., & Elliott, S. N. (1990). *Social skills rating system manual*. Circle Pines, MN: American Guidance Service.

Hall, L. J. (2009). **자폐 스펙트럼 장애아동 교육 이론과 실제** (곽승철 외 공역). 서울: 학지사. (원저 2009 출판)

Hutchins, T. L., & Prelock, P. A. (2008). Supporting theory of mind development: Considerations and recommendations for professionals providing services to individuals with autism spectrum disorder. *Topic in Language Disorders, 28*(4), 340-364.

Kasari, C., Freeman, S., & Paparella, T. (2006). Joint attention and symbolic play in young children with autism: A randomized controlled intervention study. *Journal of Child Psychology and Psychiatry, 47*(6), 611-620.

Klin, A., Jones, W., Schultz, R., Volkmar, F., & Cohen, D. (2001). Defining and quantifying the social phenotype in autism. *American Journal of Psychiatry, 159*(6), 895-908.

Koegel, R. L., Camarata, S., Koegel, L. K., Ben-Tall, A., & Smith, A. (1998). Increasing speech intelligibility in children with autism. *Journal of Autism and Developmental Disorders, 28*, 241-251.

Koegel, R. L., & Koegel, L. K. (1990). Extended reductions in stereotypic behavior of students with autism through a self-management treatment package. *Journal of Applied Behavior Analysis, 23*(10) 119-127.

Koegel, R. L., & Koegel, L. K. (2006). *Pivotal response treatments for autism: Communication, social, and academic development*. Baltimore, MD: Paul H. Brookes.

Koegel, R. L., Koegel, L. K., & McNerney, E. K. (2001). Pivotal areas in intervention for autism. *Journal of Clinical Children Psychology, 30*, 19-32.

Lee, S., Odom, S. L., & Loftin, R. (2007). Social engagement with peers and stereotypic behavior of children with autism. *Journal of Positive Behavior Interventions, 9*(2), 67-79.

Leekam, S. R., & Perner, J. (1991). Does the autistic child have a metarepresentational deficit? *Cognition, 40*, 203-218.

Lord, C., & Hopkins, M. J. (1986). The social behavior of autistic children with younger and same-age nonhandicapped peers. *Journal of Autism and Developmental Disorders, 16*(3), 249-262.

Lord, C., & Pickles, A. (1996). Language level and nonverbal social-communicative behaviors in autistic and language-delayed children. *Journal of the American Academy of Child and Adolescent Psychiatry, 35*(11), 1542-1550.

Lord, C., Rutter, M., DiLavore, P. C., & Risi, S. (1999). *Autism Diagnostic Observation Schedule*. Los Angeles, CA: Western Psychological Services.

Lord, C., Rutter, M., & Le Couteur, A. (1994). Autism Diagnostic Interview-Revised: A revised version of a diagnostic interview for caregivers of individuals with possible pervasive developmental disorders. *Journal of Autism and Developmental Disorders, 24*(5), 659-685.

Marriage, S., Wolverton, A., & Marriage, K. (2009). Autism spectrum disorder grown up: A chart review of adult functioning. *Journal of the Canadian Academy of Child and Adolescent Psychiatry, 18*(4), 322-328.

Mundy, P. (1995). Joint attention and social-emotional approach behavior in children with autism. *Development and Psychopathology, 7*(1), 63-82.

Mundy, P., Sigman, M., & Kasari, C. (1990). A longitudinal study of joint attention and language development in autistic children. *Journal of Autism and Developmental Disorders, 20*(1), 115-128.

Neitzel, J., & Busick, M. (2009). *Overview of self-management*. Chapel Hill, NC: National Professional Development Center on Autism Spectrum Disorders, Frank Porter Graham Child Development Institute, The University of North Carolina.

Nelson, K., & Gruendel, J. M. (1986). Children's Scripts. In K. Nelson (Eds.), *Event Knowledge: Structure and Function in Development* (pp. 21-46). Hillsdale, NJ: Lawrence Erlbaum Associates.

Ozonoff, S., & Miller, J. M. (1995). Teaching theory of mind: a new approach to social skills training for individuals with autism. *Journal of Autism and Developmental Disorders, 25*, 415-433.

Ozonoff, S., Pennington, B. F., & Rogers, S. J. (1991). Executive function deficits in high-functioning autistic individuals: Relationship to theory of mind. *Journal of Child Psychology and Psychiatry, 32*, 1081-1105.

Pierce, K., & Schreibman, L. (1995). Increasing complex social behaviors in children with autism: Effects of peer-implemented pivotal response training. *Journal of Applied Behavior Analysis, 28*(3), 285-295.

Prior, M. R., & Hoffman, W. (1990). Neuropsychological testing of autistic children through an exploration with frontal love tests. *Journal of Autism and Developmental Disorders, 20*, 581-590.

Reichow, B., & Volkmar, F. R. (2010). Social skills interventions for individuals with autism: Evaluation for evidence-based practices within a best evidence synthesis framework. *Journal of Autism and Developmental Disorders, 40*(2), 149-166.

Reynhout, G., & Carter, M. (2006). Social Stories for children with disabilities. *Journal of Autism and Developmental Disorders, 36*(4), 445-469.

Rogers, S., & Pennington, B. (1991). A theoretical approach to the deficits in infantile autism. *Developmental Psychology, 3*, 137-162.

Rutter, M. (1978). Diagnosis and definition. In M. Rutter & E. Schopler (Eds.), *Autism: A reappraisal of concepts and treatment* (pp. 15-36). New York: Plenum Press.

Rutter, M., Bailey, A., & Lord, C. (2003). *SCQ: The social communication questionnaire*. Los Angeles: Western Psychological Services.

Sansosti, F. J. (2010). Teaching social skills to children with autism spectrum disorders using tiers of support: A guide for school-based professionals. *Psychology in the Schools, 47*(3), 257-281.

Seibert, J., Hogan, A., & Mundy, P. (1982). Assessing interactional competencies: The Early Social Communication Scales. *Infant Mental Health Journal, 3*, 244-245.

Siller, M., & Sigman, M. (2002). The behaviors of parents of children with autism predict the subsequent development of their children's communication. *Journal of Autism and Developmental Disorders, 32*, 77-89.

Simpson, R. L., de Boer-Ott, S. R., Griswold, D. E., Myles, B. S., Byrd, S. E., & Adams, L. G. (2005). **자폐 범주성 장애** (이소현 역). 서울: 시그마프레스. (원저 2005 출판)

Sontag, J. C. (1997). Contextual factors affecting the sociability of preschool children with disabilities in integrated and segregated classrooms. *Exceptional Children, 63*, 389-404.

Stahmer, A. C. (1995). Teaching symbolic play to children with autism using pivotal response training. *Journal of Autism and Developmental Disorders, 25*, 123-141.

Sterzing, P. R., Shattuck, P. T., Narendorf, S. C., Wagner, M., & Cooper, B. P. (2012). Bullying involvement and autism spectrum disorders: Prevalence and correlates of bullying involvement among adolescents with an autism spectrum disorder. *Archives of Pediatrics & Adolescent Medicine, 166*(1), 1058-1064.

Stone, W. L., Ousley, O. Y., & Littleford, C. D. (1997). Motor imitation in young children with autism: What's the object? *Journal of Abnormal Child Psychology, 25*(6), 475-485.

Van Hecke, A. V., Mundy, P. C., Acra, C. F., Block, J. J., Delgado, C. E. F., … Pomares, Y. B. (2007). Infant joint attention, temperament, and social competence in preschool children. *Child Development, 78*(1), 53-69.

Volkmar, F. R., Cohen, D. J., & Paul, R. (1986). An evaluation of DSM-III criteria for infantile autism. *Journal of the American Academy of Child Psychiatry, 25*(2), 190-197.

Volkmar, F. R., Sparrow, S. S., Goudreau, D., Cicchetti, D. V., Paul, R., & Cohen, D. J. (1987). Social deficits in autism: an operational approach using the Vineland Adaptive Behavior Scales. *Journal of the American Academy of Child & Adolescent Psychiatry, 26*(2), 156-161.

Vornon, T. W., Koegel, R. L., Dauterman, H., & Stolen, K. (2012). An early social engagement intervention for young children with autism and their parents. *Journal of Autism and Developmental Disorders, 42*(12), 2702-2717.

Watson, A. C., Nixon, C. L., Wilson, A., & Capage, L. (1999). Social interaction skill and the theory of mind in young children. *Developmental Psychology, 35*(2), 386-391.

Wellman, H. M., Baron-Cohen, S., Caswell, R., Gomez, J. C., Swettenham, J., Toye, E., & Lagattuta, K. (2002). Thought-bubbles help children with asutism acquire an alternative to a theory of mind. *Autism, 6*(4), 343-363.

Whalen, C., & Schreibman, L. (2003). Joint attention training for children with autism using behavior modification procedures. *Child Psychology and Psychiatry, 44*, 456-458.

Yoder, P., & Warren, S. (1998). Maternal responsibility predicts the prelinguistic communication intervention that facilitates generalized intentional communication. *Journal of Speech, Language, and Hearing Research, 41*, 1207-1219.

제11장

전환계획과 성인기 지원

1. 자폐성장애 학생 전환교육의 정의 및 모델
2. 자폐성장애 학생 전환교육 관련 법
3. 자폐성장애 학생의 전환 영역 및 전환교육계획
4. 자폐성장애 학생 전환에 있어 지역사회기관 연계
5. 자폐성장애인 성인기 지원

특수교육, 사회복지, 보건 등 사회전문 영역의 서비스는 실제로 각 전문분야를 구성하는 기본지식 토대의 재개념화에 따라 변화 · 발전되어 왔다(Sailor & Skrtic, 1996). 1960년대 초반에 들어와서 여러 학문 영역의 전문가들은 그들의 집중적이고 단편적인 지식으로는 변화하는 사회의 다양한 요구 증가에 제대로 대처하지 못하고, 클라이언트들에게 최선의 서비스를 제공하지 못함을 점차 인식하기 시작했다. 이러한 사회적 요청은 전문가들로 하여금 학문 간 공동작업을 요구하게 되었고, 기관 중심의 서비스 제공은 클라이언트 중심의 서비스 제공과 다차원적이고 간학문적인 접근으로 변화하게 되었다. 다차원적이고 체계적 접근은 장애아동과 청소년에게 전환서비스를 제공함에 있어 이들의 다양한 욕구에 맞추어 전환서비스 목적, 활동 등을 결정하는 것을 의미한다.

학습목표

- 자폐성장애 학생을 위한 전환교육을 정의할 수 있다.
- 자폐성장애 학생을 위한 전환교육의 모델을 설명할 수 있다.
- 자폐성장애 학생을 위한 전환교육 관련 법들의 내용과 철학을 설명할 수 있다.
- 자폐성장애 학생 전환에 있어 지역사회기관 연계에 대해 설명할 수 있다.
- 자폐성장애인 성인기 지원 개념과 현황을 설명할 수 있다.

1. 자폐성장애 학생 전환교육의 정의 및 모델

전환교육의 정의 및 모델을 살펴보면 다음과 같다.

1994년 특수아동협의회의 진로개발 및 전환교육분과(Division of Career Development and Transition)는 전환교육의 정의를 다음과 같이 소개하고 있다.

> '전환'이란 주로 학생으로서 행동하던 것에서 지역사회에서 성인으로서의 역할을 수행하는 지위의 변화를 의미한다. 성인으로서의 역할은 취업, 중등교육 후 교육, 가정관리, 지역사회활동에의 적절한 참여, 만족스러운 대인관계 형성을 포함한다. 전환을 지원하는 과정은 학교 프로그램, 성인 기관 서비스, 지역사회 내 지원서비스에의 참여와 협조로 이루어진다. 전환교육의 기초는 초등학교와 중등학교 시기에 다양한 진로개발이 되도록 제공해야 한다. 전환교육계획은 14세 이전에 수립되어야 하며, 학생들은 전환교육계획 수립에 자신의 최대한의 능력에 따라 최대한의 책임을 지도록 장려해야 한다(Halpern, 1994, p. 117).

한편, 「장애인교육법」(Individuals with Disabilities Education Act: IDEA, 1990)의 전환교육에 대한 정의는 다음과 같다.

> '전환서비스'는 학교에서 졸업 후 활동으로의 이동을 촉진하는 결과지향적인 과정으로, 중등학교 이후 교육, 직업훈련, 지원고용을 포함하는 통합형태의 고용, 평생교육, 성인교육, 성인서비스, 독립생활 혹은 지역사회 참여 등의 종합된 활동이다. 이러한 활동은 학생의 욕구, 선호도와 흥미에 기초하며, 교육내용과 지역사회 활동 참여, 직업개발, 졸업 후 성인생활 목표 그리고 필요하다면 일상생활기술과 기능적 직업평가를 포함하기도 한다.

1990년 「IDEA」는 최소한 16세 이전에 전환교육을 실시하고 개별전환교육계획

(Individualized Transition Plan: ITP)을 작성할 것을 규정하였으며, 1997년「IDEA 개정법」은 학습장애 학생을 전환교육 대상에 포함하고 모든 장애학생에게 14세 이전에 전환교육을 실시하도록 개정하였다.

1) Will의 정의 및 다리 역할 모델

전환교육 운동이 1984년에 연방정부에서 주창되면서, 미 교육부 산하 특수교육 및 재활서비스국(U. S. Office of Special Education and Rehabilitative Services: OSERS)의 차관보였던 Madeleine Will은 전환교육을 다음과 같이 정의하였다.

전환교육은 고등학교 시기, 졸업 시기, 졸업 이후 교육시기, 혹은 성인 초기 그리고 취업 초기에 취업을 위한 다양한 서비스와 경험을 제공하는 결과지향적인 과정이다. 전환교육은 안전하고 구조화된 학교라는 환경과 학교를 졸업한 이후의 안전하지 못한 환경에 잘 대처할 수 있도록 이어 주는 다리 역할을 하는 것이다(Will, 1984, p. 1).

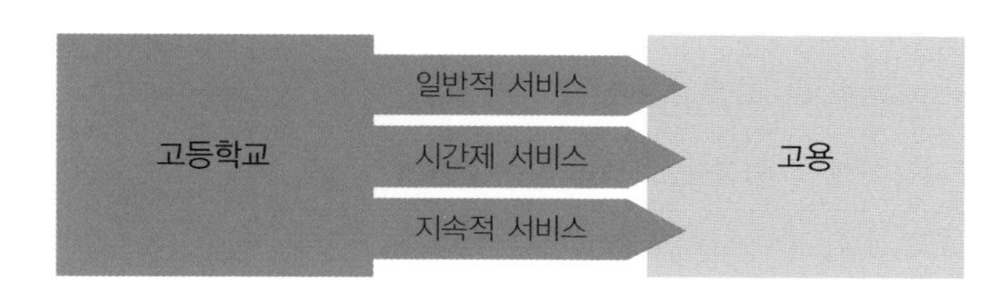

[그림 11-1] Will의 다리 역할 모델

출처: Will(1984).

Will은 전환교육의 궁극적 목표는 취업(고용)이며, 고용으로의 원활한 전환을 위해 세 가지 유형의 전환교육 프로그램을 제시하였다.

- 일반적 서비스(no special service)
  - 경도장애인 대상
  - 일반 교육을 통해 외부 자원 없이 성인세계로 나가는 방법을 스스로 찾는 것
- 시간제 서비스(time-limited service)
  - 전문화된 직업재활기관/성인기관에서 경쟁고용에 적응하도록 고안한 특별서

비스를 제한된 시간 동안 제공
  –독립적으로 직업역할을 수행하면 서비스 중단
- 지속적 서비스(ongoing service)
  –중증장애인 대상
  –고용인/피고용인에게 지속적인 서비스 제공 및 지원고용

이와 같이 1980년대 초반까지의 전환교육은 취업에 중점을 두고 그 이외 분야에 대해서는 관심을 두지 않았으나 이후 지역사회의 모든 활동에의 참여를 의미하는 '삶의 질'의 주제로 초점이 옮겨지기 시작하였다.

2) Wehman의 정의 및 중등학교 직업프로그램 모델

Wehman, Kregel과 Barcus(1985)는 전환서비스를 다음과 같이 정의하였다.

> '전환'은 특수교육 관계자나 직업재활 전문가가 3~5년 이내에 학교를 졸업하거나 떠나게 될 장애아동에게 취업 혹은 직업훈련을 계획하고 시행하기 위하여 세밀히 계획되는 과정이며, 특수교사, 직업교사, 재활전문가, 장애학생, 부모 그리고 가능하다면 고용주가 함께 계획을 세우는 서비스다.

Wehman의 중등학교 직업프로그램 모델의 내용은 다음과 같다.

- 궁극적인 목표는 고용이며 전환과정을 세 단계로 분류
- 중등 특수교육 프로그램(학교수업): 통합교육, 지역사회에 기초한 교육적 지도
- 개별전환교육계획(ITP): 학생, 부모, 재활 기관 협조, 조기 수립
- 직업적 결과(직업배치): 경쟁고용, 지원고용, 직업준비, 직업적응, 취업 이외 직업훈련, 계속교육

Wehman(1992)은 기존의 '고용' 중심 전환교육 모형을 확대하여 직업 이외에도 독립생활에 대한 내용도 전환교육 정의에 포함시켰다.

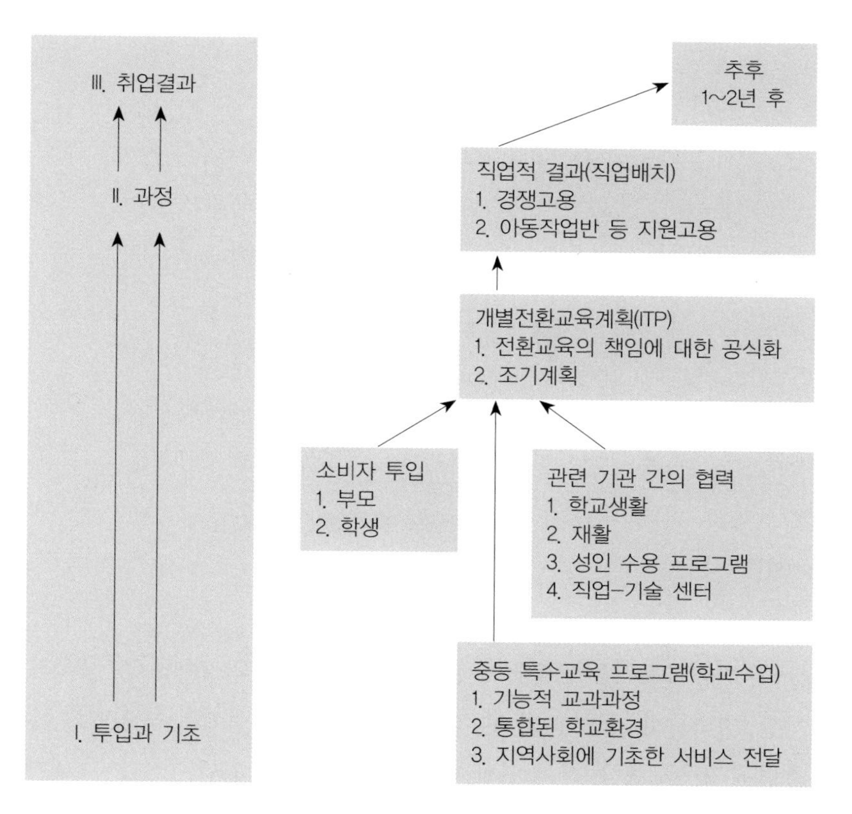

[그림 11-2] **Wehman의 중등학교 직업프로그램 모델**

출처: Wehman, Kregel, & Barcus(1985).

'전환'은 학교에서 보다 독립적인 생활과 직업으로의 전환의 시기에 발생하는 생활의 변화, 적응, 누적된 경험을 의미한다.

3) Halpern의 정의 및 지역사회적응 모델

Halpern(1985)은 Will(1984)의 "학교에서 직업세계로의 다리 역할 모델(bridge model)"을 수정하여 지역사회적응 모델을 제시하였다.

Halpern은 전환교육의 범위를 보다 넓혀 연속적인 평생 서비스로서의 전환교육을 정의하고, 전환서비스의 주된 목적은 지역사회에서 잘 적응하고 성공적인 삶을 살아나가는 것이며, 취업 이외에 주거환경과 대인관계의 질이 중요하다고 보았다.

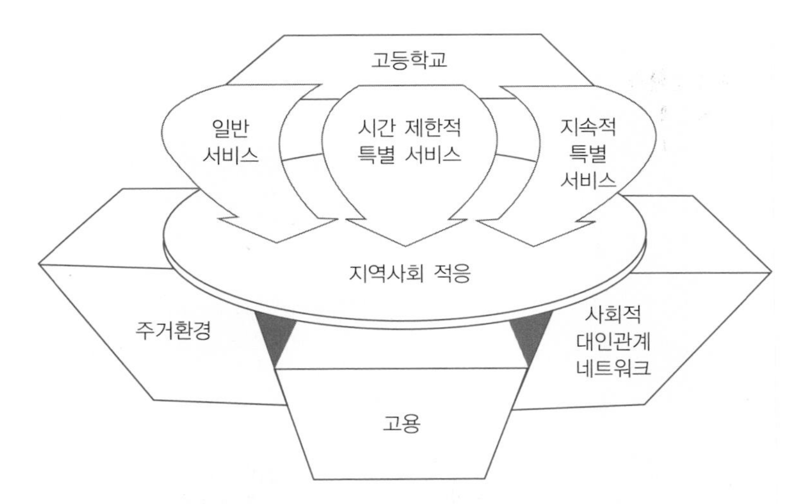

[그림 11-3] Halpern의 지역사회적응 모델

출처: Halpern(1985).

Halpern의 지역사회적응 모델은 확장된 형태의 전환교육 모형으로, 궁극적인 목표는 자립생활, 지역사회 기능, 삶의 질, 적절한 대인관계 형성에 두어 취업뿐 아니라 비직업적 측면을 강조하였다. 각 측면의 세부 내용은 다음과 같다.

- 고용 영역

직업훈련, 직업(구인정보) 조사기술, 최저 임금 고려

- 주거환경 영역(독립적 주거)

주거지역에 접근할 수 있는 지역사회 서비스, 레크리에이션 활용 가능성 여부, 이웃관계, 안전

- 사회-대인관계 기술

의사소통기술, 자아존중, 가족지원, 정서적 성숙, 우정, 친밀한 관계 형성

4) Brolin의 정의 및 생활중심 진로교육 모델

Brolin(1983)는 생활중심 진로교육(Life-Centered Career Education: LCCE) 모델을 제시하며 모든 연령을 위한 진로교육으로 범위를 확장하였다.

Brolin은 '전환'은 과정지향적인 교육 프로그램으로 학생들이 성인으로서 성공적인

삶을 살기 위해 필요한 기능, 행동, 태도를 가르치는 학교, 가정, 지역사회중심의 교수법이라고 정의하였다.

Brolin의 생활중심 진로교육 모델은 '진로'가 일생에 걸쳐 일어나며, 급여를 받는 일뿐 아니라 학생, 주부, 가족, 자원봉사자, 은퇴자로서의 직업역할 모두를 포함한다. 많은 사람들은 다양한 전환의 단계에서 문제에 봉착하는 경우가 많다. 특히 전환시기의 장애를 가진 성인은 자신에게 닥친 문제를 해결하고 현명한 결정을 내리는 데 어려움을 느껴 특별한 지원을 요구한다. '학교에서 직업으로의 전환' 개념은 다양한 교육기관과 일반기관에서 오랫동안 이론으로 성립되고 실행되어 왔던 진로발달 개념과 불가분의 관계를 가진다고 하였다(Brolin & Schatzman, 1989, pp. 22-23).

Brolin은 1993년 기존의 다리 모형을 사용하여 초등학생과 중등학생을 고용뿐 아니라 지역사회생활, 통합, 사회화와 연결하는 확장된 형태의 전환 모형을 제시하였다. Brolin은 성공적인 전환서비스가 제공된다면 효과적으로 실행될 수 있는 몇 가지 주요 요소를 제시하였다. 주요 요소는 다음을 포함한다. 기관간 협력, 개별전환교육계획(ITP), 고용주 인센티브, (일부에 대한) 지원고용, 기능적 진로교육과정, 고용주, 기

표 11-1 발달단계에 따른 LCCE 과업

단계		초등	중등	고등부	고등부 이후	성인기
교육과정	100% 50% 0%	기본적인 학습기술을 습득하도록 교육함 직업인식	직업탐색	직업준비	취업지도 추수지도 계속지도	
직업교육의 책임소재		특수교육 (1차 책임) 상담/일반교육 (2차 책임) 부모 기업/산업체 지역사회기관		특수교육 (1차 책임) 직업교육 일반교육 상담 부모 기업/산업체 지역사회기관	특수교육 직업교육 직업재활 부모 기업/산업체 지역사회기관	직업재활센터 (1차 책임) 자립생활센터 발달장애/ 기타기관 부모 기업/산업체

출처: Brolin(1983).

관, 부모와 협조, 중등교육 이후 교육 지원, 지역사회와 직업에의 적응을 담보할 수 있는 사후관리제도가 그것이다(Brolin, 1995, p. 207).

또한 Brolin(1995)은 직업교육을 K-12과정의 모든 교과목에서 진로(직업훈련, 견습 프로그램, 멘토링, 진로탐색, 가족을 돕거나, 일반시민으로 혹은 여가의 일환으로 일하는 비급여직업)를 강조하는 일생전반에 걸친 과정이라 하였다(p. 53).

생활중심진로교육의 내용은 다음과 같다.

- 세 가지 기술 영역(일상생활 기술, 개인적 · 사회적 기술, 직업안내 및 준비)에서 성공적인 직업생활의 기본이 되는 22개의 주요 기술 추출
  - 세 가지 생활중심 영역에 필요한 교육 제공
  - 학습기초능력 중시
  - 삶의 역할과 환경 및 사건들로 인간을 성장시키고 개발시키는 데 초점을 맞춤

표 11-2 LCCE 모델

교과영역	능력(내용)
일상생활 기술	1. 개인 재정 관리하기 2. 살림살이를 선택하고 관리하기 3. 개인의 요구 돌보기 4. 아이 키우기와 결혼의 책임감 갖기 5. 음식을 사고, 준비하고, 소비하기 6. 의류를 사고 다루기 7. 책임감 있는 시민의식 나타내기 8. 여가시설과 오락 시간 사용하기 9. 지역사회 주변을 다니기(이동성)
개인적 · 사회적 기술	10. 자기인식 성취하기 11. 자신감 갖기 12. 사회적으로 책임 있는 행동 성취하기 13. 좋은 대인관계 기술 유지하기 14. 독립심 갖기 15. 문제해결 기술 성취하기 16. 다른 사람과 의사소통하기

직업안내 및 준비	17. 직업적 가능성 알고 탐색하기 18. 직업적 선택 선별하고 계획하기 19. 적절한 작업 습관과 행동 나타내기 20. 일자리를 찾고, 확보하고, 유치하기 21. 충분한 신체 조작기술 나타내기 22. 특정한 직업기술 획득하기

출처: Brolin(1995).

5) Clark의 정의 및 학교기반 진로개발 및 전환교육 모델

Clark(1979)는 학교기반 진로개발 및 전환교육 모델에서 '전환'은 한 번만 있는 것이 아니라 학령기 동안 여러 번 있고, 각 과정은 이후의 전환을 성공적으로 이끌 가능성이 많다고 보았다. 생애의 각 단계마다 일련의 기준 결과나 진출 시기가 있어 전환과정 중에 전환목표로 삼아야 할 것들이 있고, 취업 시기에 집중적으로 이루어지는 것은 바람직하지 않다고 보았다. 또한 학교만이 전환과정을 계획, 지원하는 것이 아니라, 해당 지역사회 서비스 기관들이 참여하여 포괄적 범위의 교육과 서비스를 제공해야 한다고 하였다.

- 전환과정이 성공하기 위해 종합적인 계획 수립, 개별화 계획 실행, 기관간 협력이 적절히 이루어져야 함
- 영유아기부터 생의 모든 연속적 단계 포함
- 각 단계에 가족과 교사가 단기 목표로 삼아야 할 기준 결과나 진출 시기 제시
- 지식과 기능영역에서 연령, 환경, 문화적 기대와 요구가 서로 다른 학생을 고려할 것 강조

표 11-3 Clark의 학교기반 진로개발 및 전환교육 모델

진출시점과 결과		
지식과 기능영역	발달/생활단계	진출시점
• 의사소통, 학문적 수행능력 • 자기결정 • 상호관계성 • 통합지역사회참여	영·유아 및 가정훈련	유아원 프로그램과 통합된 지역사회로 진출
	학령 전, 가정훈련	초등학교프로그램과 통합된 지역사회로 진출
	초등학교	중학교 프로그램, 시기적절한 자기결정, 통합된 지역사회로 진출 참여

• 위생과 건강 • 독립/상호의존적 일상생활 • 여가와 레크리에이션 • 고용 • 장래교육과 훈련	중학교	고등학교 프로그램, 준숙련직 고용, 시기 적절한 자기결정, 통합된 지역사회로 진출
	고등학교	중등학교 이후의 교육이나 혹은 준숙련직 고용, 성인평생교육, 전업주부, 자기 주도적인 삶의 질과 통합된 지역사회로 진출
	중등학교 이후의 교육	특수분야, 기능직, 전문직, 관리직 고용, 대학원이나 전문학교 프로그램, 성인평생교육, 전업주부, 자기결정을 통한 삶의 질과 통합된 지역사회 참여로 진출
교육과 서비스 전달체계		
지식과 기능영역	• 가정과 이웃 • 가족과 친구 • 공 · 사립 유아/걸음마 프로그램 • 지원서비스와 관련된 특수교육 • 일반적인 지역사회 조직과 기관(고용, 건강, 법률, 주택, 재정) • 특별한 지역사회 조직과 기관(고용, 법률, 주택, 재정) • 특별한 지역사회 서비스(위기 서비스, 시간제한적 서비스, 계속적인 서비스) • 인턴십 프로그램 • 학교와 지역사회 직업중심 학습 프로그램 • 중등학교 이후 직업 혹은 응용 가능 프로그램 • 지역사회 대학 • 4년제 대학과 종합대학 • 대학원 혹은 전문가과정 학교 • 성인과 계속적인 교육/훈련	
• 의사소통 · 학문적 수행능력 • 자기결정 • 상호관계성 • 통합지역사회참여 • 위생과 건강 • 독립/상호의존적 일상생활 • 여가와 레크리에이션 • 고용 • 장래교육과 훈련		

출처: Clark(1979).

2. 자폐성장애 학생 전환교육 관련 법

1) 미국의 전환교육 관련 법

(1) 1960년대

미국의 전환교육은 1960년대의 직업/학업연계 프로그램과 1963년의 「직업교육법」으로 시작된다.

• **직업/학업연계 프로그램**(Work/Study Program)

공립학교와 주립 재활기관간의 연계 프로그램으로 시작된 직업/학업연계 프로그램은 경도 장애학생이 졸업 후 지역사회 적응을 준비할 수 있도록 직업경험을 제공하고 통합된 학문, 사회, 직업 교과과정을 제공하는 데 목적을 두었다.

• **「직업교육법」**(Vocational Education Act, PL 88-210, 1963)

장애인이 비장애또래와 함께 지속적인 직업교육을 제공받을 수 있게 하였다.

(2) 1970년대

학생들의 직업, 교육, 사회, 일상생활 그리고 여가생활에 관한 권리를 주장하는 미국의 진로교육운동은 1970년대 초반 공립학교와 특수학교에서 진로교육과 직업훈련 그리고 직업평가를 포함하는 전환교육 관련 법들을 제정하는 데 공헌하였다. 이 시기의 진로교육은 미국 교육부의 주된 교육목표였으며 연방정부로부터의 많은 재정지원이 이루어졌다. 진로교육운동은 1980년대 지역사회 중심의 취업과 졸업 후 성인생활에 초점을 맞춘 전환교육운동으로 이어졌다.

• **「재활법」**(Rehabilitation Act, PL 93-112, 1973)

「재활법」 제503, 504조는 직업 프로그램에 학생들이 참여하고, 학생들에게 알맞은 시설을 제공하기 위해 직업재활시설들을 조정하도록 하였으며, 직업교육 프로그램과 고용에 있어 장애를 이유로 거부하지 못하도록 규정하였다. 또한 중증 장애인을 직업재활 대상에 포함시켜 자립생활기술을 교육하고 훈련시키는 법적 기초를 마련하였다.

• **「전장애아교육법」**(Education for All Handicapped Children Act, PL 94-142, 1975)

「전장애아교육법」은 3세에서 21세의 모든 장애아동에게 무상의 적합한 교육을 실시하여 장애학생이 자신의 능력과 흥미에 알맞은 직업교육 프로그램을 최소제한적인 환경에서 제공받을 수 있게 하였다.

• **「직업교육법 개정안」**(Vocational Education Act Amendments, PL 94-482, 1976)

특별한 욕구를 가진 직업교육 대상자를 위한 기금을 25%에서 30%로 증가시키고, 장애인에게 10%의 기금을 할당하여 직업교육 프로그램과 서비스를 지원하도록 하였다.

(3) 1980년대

1980년대에는 직업교육의 효율성을 부정적으로 보는 평가 보고서와 함께 교육 개혁 운동이 활발히 전개되어, 빠른 속도로 변화하는 첨단 기술을 가르칠 수 있는 교육, 일반교육과 함께 실시되는 종합적인 교육으로서 직업교육이 자리 잡게 되었다.

- **「직업훈련연계법」(Job Training Partnership Act, PL 97-300, 1982)**

장애학생이 직업에서 요구하는 조건에 부합되면 교육에 포함시켜야 하며, 긍정적 학습환경을 조성하고 환경을 재구성하도록 하였다. 또한 특수교육 및 재활서비스국(OSERS)을 교육부 산하에 신설하여 전환교육을 의무화하고, 기능적 교육과정, 통합적 학교교육, 지역사회 지원, 부모 참여와 기관간의 긴밀한 협력을 규정하였다.

- **「Carl D. Perkins 직업교육법」(Carl D. Perkins Vocational Education Act, PL 98-524, 1984)**

이 법은 장애학생에 대한 직업교육을, 첫째, 모집, 등록, 배치의 균등한 기회 제공, 둘째, 모든 학생이 적절한 직업교육에 동등하게 접근할 수 있는 기회 제공, 셋째, 성공적인 직업교육을 위해 아동의 관심, 능력, 요구를 측정하는 직업평가의 실시, 넷째, 학생의 개별 욕구에 알맞은 교육과정의 적용, 지도 및 기구의 준비, 다섯째, 전문 상담사를 통한 지도, 상담 서비스 제공, 여섯째, 전환교육과 취업에 있어 학교에서의 상담 서비스를 제공할 것을 규정하였다.

- **「발달장애인법」(The Developmental Disabilities Act, PL 98-527, 1984)**

주정부가 발달장애인이 보다 독립적으로 고용 활동에 참여할 수 있는 서비스를 제공하도록 명시하였다.

(4) 1990년대

1990년대는 전환교육과 직업교육에 대한 관심이 증대되고 질이 향상되는 시기다.

• **「Carl D. Perkins 직업 및 기술교육법」(Carl D. Perkins Vocational and Applied Technology Education Act, PL 101-392, 1990)**

통합환경에서 특수아동의 직업교육 성취가능성을 평가하며, 직업교육 프로그램에 참여하고 있는 장애학생에게 교육적인 지원과 전환서비스를 제공하기 위한 기초로 평가자료를 사용할 것을 명시하였다.

• **「고숙련 경쟁노동력법」(High Skills Competitive Workforce Act, 1991)**

이 법은 고등학교 졸업 후 진학, 훈련, 취업 등을 원하는 많은 장애학생들이 school-to-work 프로그램, 평가, 기술적 지원 및 직업과 관련된 자격증 획득을 위한 전환교육을 제공하도록 규정하였다.

• **진로개발 및 전환교육분과(Division on Career Development and Transition, 1990)**

1990년에 미국 연방정부는 특수아동협의회(Council for Exceptional Children)의 진로개발분과(Division on Career Development)를 진로개발 및 전환교육분과(Division on Career Development and Transition)로 개편하고 양질의 서비스를 제공하기 위해 초등학교부터 모든 장애아동에게 진로개발과 전환교육을 제공하도록 하였다.

• **「장애인교육법」(Individuals with Disabilities Education Act: IDEA, PL 101-476, 1990)**

14세 이상부터 16세 이전까지 학생 개개인의 욕구와 선호도, 흥미도를 평가하여 개별전환교육계획(ITP)을 수립, 개별화교육계획(IEP)에 포함되도록 하였다. 직업평가를 담당하는 직업평가사, 전환계획에 있어 직업배치와 사례관리를 담당하는 전환교육 전문가, 여러 가지 평가정보를 기초로 직업 담당 전문가들과 협력하는 특수교사가 주된 다학문적 팀의 구성원이 되어 평가과정을 설계, 계획, 실행하여 개별전환교육계획(ITP)을 작성한다. 1997년「IDEA 개정안」은 전환교육 대상의 연령을 적어도 14세 이전으로 낮추고 학습장애학생을 포함시켰으며, 직업 및 일상생활기능에 대한 교육 이외에 기타 내담자가 원하는 서비스를 추가하였다.

「전장애아교육법」「장애인교육법」은 모든 장애아동에게 무상의 적절한 교육을 최소제한환경에서 제공할 것과 아동이 자기-지원, 독립생활, 적절하고 비위협적인 행동, 직업 등 성인으로서의 행동을 학습할 수 있는 전환교육 프로그램을 제공할 것을 규정하였다.

- **「미국 장애인법」**(Americans with Disabilities Act, PL 101-336, 1990)

미국 장애인법은 장애인에게 보다 넓은 선택의 기회를 제공하며, 장애인에 대한 취업기회의 보장을 규정하여 전환교육을 지원하였다.

- **「재활법 개정안」**(Rehabilitation Act Amendments, PL 102-569, 1992)

「IDEA」의 '전환교육'에 대한 정의를 수용하여 성공적인 전환을 위하여 학교 관계자와 직업재활상담사가 협력하여 학생의 욕구, 흥미, 선호도에 기초한 다양한 활동을 제공할 것을 명시하였다. 이 법에서 '장애'는 인간이 경험할 수 있는 자연스러운 부분이며, 어떠한 상황에서도 다음과 같은 권리를 박탈당할 수 없다고 하였다. 첫째, 독립생활, 둘째, 자기-의사결정, 셋째, 선택, 넷째, 사회에의 공헌, 다섯째, 의미있는 직업의 추구, 여섯째, 미국 주류사회의 경제, 정치, 사회, 문화, 교육에 있어 통합이 그 권리다.

- **「학교에서 직업으로의 기회법」**(School-to-Work Opportunities Act, PL 103-239, 1994)

「전장애아교육법」「장애인교육법」 등의 실시로 장애아동을 포함한 전체 아동에 대하여 교육의 기회가 제공되었다. 그리고 교육의 의미가 학교 내 학문중심 교육에서 미래의 진로를 준비하기 위한 기술을 학습하는 평생학습의 의미로 바뀌면서 이를 뒷받침하기 위해 제정되었다. 이 법은 전환기의 중요한 요소인 학생의 수행능력을 평가하고 피드백을 제공할 것을 기본 개념으로 하고 있다.

이 법의 목적은 모든 아동이 장래 진로와 평생교육에 보다 적합하고 유용한 교육을 받아야 한다는 것으로, 장애학생이 중등교육과정에서 이와 같은 수행중심 교육과 훈련을 받는다면 직업에 대한 준비를 보다 더 잘 할 수 있을 것이며, 고용주와 기업체를 협력 파트너로 하여 양질의 직업경험을 실제 작업현장에서 학습할 수 있도록 한다는 개념을 담고 있다.

이러한 이유로 장애학생 중등교육과정 교육의 내용은, 첫째, 실제적인 작업환경에서의 학습, 둘째, 교실교육과 실제 직업과의 연계, 셋째, 교육활동을 관련 프로그램, 서비스와 연계, 넷째, 학생 및 가족이 필요한 지역사회 자원과 지원을 받을 수 있도록 연계하도록 하고 있다.

「학교에서 직업으로의 기회법」은 「Goals 2000: Educate America Act」 「National Skill Standards Act」(1994)에 의해 개발된 시스템과 연계하여 운영된다.

- **「장애인교육법」(Individuals with Disabilities Education Act: IDEA, PL 105-17, 1997)**

3~6세 발달지체 유아에게 '발달지체(developmental delays)'라는 개념을 사용할 수 있도록 함으로써 장애를 판정받기 이전의 아동이 주정부로부터 특수교육 및 관련서비스를 제공받을 수 있도록 하였다. 또한 1997년 「IDEA」는 부모의 역할 및 권리를 강화하고, 학생의 학업 진전도, 조정(mediation)이나 징계절차 등의 절차적 보호와 보조기기에 대한 부분이 강조하였으며, 0~21세까지의 장애학생에 대한 무상의 적합한 공교육과 최소 제한적 환경 배치의 권리를 더 강화하였다. 특히, IEP와 관련한 큰 변화가 있었다. 장애학생의 일반교육과정 참여 및 학업성과, 주 또는 전 지역에 걸친 장애아동 진단, 일반교육교사의 장애아동 교육 참여 등을 IEP에 명시하도록 의무화하였다.

(5) 2000년대

- **「장애인교육향상법」(Individuals with Disabilities Education Improvement Act: IDEIA, PL 108-446, 2004)**

장애아동의 교육권 보장 및 보호자의 권리를 한층 강화함으로써 특수교육 전반에 중요한 변화를 가져왔다(Yell, Shriner, & Katsiyannis, 2006). 특별히 이 법의 주된 내용은 1965년 초 · 중등교육법을 개정한 「아동낙오방지법」(NCLB, 2001)의 목표와 연계하여 장애학생을 포함한 모든 학생에 대한 높은 책무성을 강조하고, 장애학생에 대한 높은 학업성취 기대와 함께 일반교육 접근 보장, 전문적 특수교사 양성, 과학적으로 검증된 연구에 기반한 교수방법 개발, 지방의 유연성 강조, 장애아동 부모의 참여 및 선택권 확대, 조기중재 서비스 지원, IEP 개발 지원, 학습장애 적격성 기준, 장애아동 교육권 및 장애아동 부모의 권리에 대한 절차적 보호 등을 포함하고 있다.

14세 혹은 16세 학생의 개별화교육 프로그램은 훈련, 교육, 고용, 독립생활기술과 관련된 적절한 전환평가에 기초한 측정 가능한 중등 이후 목표와 학생이 목표에 도달할 수 있도록 도와주기 위해 필요한 전환서비스(교육과정 포함)를 반드시 포함하도록 규정하고 있다. 또한 특수교육에 대한 책무성을 강화하기 위하여 각 주에서 약 20개의 지표들을 관리하도록 하고 있으며, 그 가운데 지표13은 개별화교육 프로그램에 중등교육 이후 성취하고자 하는 목표 진술과 그 목표에 도달하기 위한 전환서비스 및 교육목표를 포함하고 있는지에 관한 것이다. 또한 지표14에서는 학생의 실제 중등이후 성과에 중점을 두어 개별화교육 프로그램을 가졌던 청소년이 고등학교를 떠난 청소년들의 고용이나 고등교육재학 등에 대한 자료를 수집하도록 하고 있다.

2) 우리나라 전환교육 관련 법

(1) 「장애인 등에 대한 특수교육법」

우리나라에서는 장애학생 전환교육에 관한 내용을 「장애인 등에 대한 특수교육법」(법제처, 2017)에 명시하고 있는데, 법 조항에는 전환교육이란 용어 대신 진로 및 직업교육이란 용어를 사용하고 있다. 진로 및 직업교육의 내용은 직업재활훈련과 자립생활훈련으로 한정 짓고 있어 장애학생 삶의 질 향상을 위해 전환교육으로 확대하여 지역사회 중심의 기관 간 협력을 통한 전반적인 성인생활을 지원하는 개념을 법 조항에 포함할 필요가 있다.

제2조(정의)

9. "진로 및 직업교육"이란 특수교육대상자의 학교에서 사회 등으로의 원활한 이동을 위하여 관련 기관의 협력을 통하여 직업재활훈련 · 자립생활훈련 등을 실시하는 것을 말한다.

10. "특수교육기관"이란 특수교육대상자에게 유치원 · 초등학교 · 중학교 또는 고등학교(전공과를 포함한다. 이하 같다)의 과정을 교육하는 특수학교 및 특수학급을 말한다.

제5조(국가 및 지방자치단체의 임무)

① 국가 및 지방자치단체는 특수교육대상자에게 적절한 교육을 제공하기 위하여 다

음 각 호의 업무를 수행하여야 한다.

9. 특수교육대상자에 대한 진로 및 직업교육 방안의 강구
10. 장애인에 대한 고등교육 방안의 강구

제16조(특수교육대상자의 선정절차 및 교육지원 내용의 결정)

③ 교육장 또는 교육감은 특수교육지원센터로부터 최종의견을 통지받은 때부터 2주일 이내에 특수교육대상자로의 선정 여부 및 제공할 교육지원 내용을 결정하여 부모 등 보호자에게 서면으로 통지하여야 한다. 교육지원 내용에는 특수교육, 진로 및 직업교육, 특수교육 관련서비스 등 구체적인 내용이 포함되어야 한다.

제22조(개별화교육)

① 각급학교의 장은 특수교육대상자의 교육적 요구에 적합한 교육을 제공하기 위하여 보호자, 특수교육교원, 일반교육교원, 진로 및 직업교육 담당 교원, 특수교육 관련서비스 담당 인력 등으로 개별화교육지원팀을 구성한다.

제23조(진로 및 직업교육의 지원)

① 중학교 과정 이상의 각급학교의 장은 특수교육대상자의 특성 및 요구에 따른 진로 및 직업교육을 지원하기 위하여 직업평가 · 직업교육 · 고용지원 · 사후관리 등의 직업재활훈련 및 일상생활적응훈련 · 사회적응훈련 등의 자립생활훈련을 실시하고, 대통령령으로 정하는 자격이 있는 진로 및 직업교육을 담당하는 전문인력을 두어야 한다.

② 중학교 과정 이상의 각급학교의 장은 대통령령으로 정하는 기준에 따라 진로 및 직업교육의 실시에 필요한 시설 · 설비를 마련하여야 한다.

③ 특수교육지원센터는 특수교육대상자에게 효과적인 진로 및 직업교육을 지원하기 위하여 대통령령으로 정하는 바에 따라 관련 기관과의 협의체를 구성하여야 한다.

제24조(전공과의 설치 · 운영)

① 특수교육기관에는 고등학교 과정을 졸업한 특수교육대상자에게 진로 및 직업교육을 제공하기 위하여 수업연한 1년 이상의 전공과를 설치 · 운영할 수 있다.

② 교육부장관 및 교육감은 지역별 또는 장애유형별로 전공과를 설치할 교육기관을 지정할 수 있다.
③ 전공과를 설치한 각급학교는「학점인정 등에 관한 법률」제7조에 따라 학점인정을 받을 수 있다.
④ 제1항 및 제2항에 따른 전공과의 시설 · 설비 기준, 전공과의 운영 및 담당 인력의 배치 기준 등에 관하여 필요한 사항은 대통령령으로 정한다.

「장애인 등에 대한 특수교육법 시행령」(법제처, 2017)에도 진로, 직업교육을 담당할 전문인력 자격, 시설, 설치 · 운영에 대한 내용을 규정하고 있다.

제17조(전문인력의 자격 기준 등)
법 제23조제1항에서 "대통령령으로 정하는 자격이 있는 진로 및 직업교육을 담당하는 전문인력"이란 특수학교의 정교사 · 준교사 · 실기교사의 자격이 있는 사람으로서 다음 각 호의 어느 하나에 해당하는 사람을 말한다.
1. 대학이나 대학원에서 직업재활에 관한 전공을 이수한 사람
2. 진로 및 직업교육과 관련한 국가자격증 또는 민간자격증 소지자
3. 진로 및 직업교육과 관련한 직무연수를 이수한 사람

제18조(진로 및 직업교육을 위한 시설 등)
① 중학교 과정 이상 각급 학교의 장은 법 제23조제2항에 따라 진로 및 직업교육을 위하여 66제곱미터 이상의 교실을 1개 이상 설치하여야 한다. 다만, 중학교 과정 이상 특수학교의 장은「특수학교시설 · 설비기준령」제4조에서 정하는 기준에 따라 설치하여야 한다.
② 특수교육지원센터는 특수교육기관, 한국장애인고용공단지부 등 해당 지역의 장애인 고용 관련 기관, 직업재활시설, 장애인복지관, 산업체 등 관련 기관과 협의체를 구성하여야 한다.
③ 교육감은 제1항에 따른 진로 및 직업 교육을 위한 교실의 설치비용을 지원하는 등 특수교육대상자의 진로 및 직업 교육에 필요한 인력과 경비를 지원하도록 노력하여야 한다.

제19조(전공과의 설치 · 운영)

① 법 제24조제1항에 따른 전공과를 설치 · 운영하는 특수교육기관의 장은 66제곱미터 이상의 전공과 전용 교실을 1개 이상 설치하여야 하며, 세부적인 시설 · 설비의 기준은 교육감이 정한다.

② 전공과를 설치한 교육기관의 장은 그 설치 목적을 달성하기 위하여 현장실습이 포함된 직업교육계획을 수립하여야 한다.

③ 전공과의 수업 연한과 학생의 선발 방법은 교육감의 승인을 받아 전공과를 설치한 교육기관의 장이 정한다.

④ 전공과를 전담할 인력은 전공과를 설치한 특수교육기관의 고등학교 과정과 같은 수준으로 배치한다.

한편 「장애인 등에 대한 특수교육법 시행규칙」(법제처, 2017)에는 기본교육과정 편제 안에서 특수교육대상자의 진로 및 직업에 관한 교과를 실시할 것을 명시하고 있다.

제3조의2(교육과정)

① 법 제20조제1항에 따른 특수교육기관의 교육과정은 유치원 교육과정, 공통 교육과정, 선택 교육과정 및 기본 교육과정으로 구분한다.

② 제1항에 따른 교육과정의 대상 및 내용은 다음 각 호와 같다.

1. 유치원 교육과정: 만 3세부터 초등학교 취학 전까지의 어린이를 대상으로 하고, 「유아교육법」 제13조제2항에 따라 교육부장관이 정하는 유치원 교육과정에 준하여 편성된 과정

2. 공통 교육과정: 초등학생 및 중학생을 대상으로 하고, 「초 · 중등교육법」 제23조제2항에 따라 교육부장관이 정하는 초등학교 및 중학교 교육과정에 준하여 편성된 과정

3. 선택 교육과정: 고등학생을 대상으로 하고, 「초 · 중등교육법」 제23조제2항에 따라 교육부장관이 정하는 고등학교 교육과정에 준하여 편성된 과정

4. 기본 교육과정: 특수교육대상자의 장애 종별 및 정도를 고려하여 제2호 및 제3호의 교육과정을 적용하기 어려운 학생을 대상으로 하고, 대상자의 능력에 따라 학년의 구분 없이 다음 각 목의 어느 하나에 해당하는 교과의 수준을 다르게 적용할 수 있도록 편성된 과정

가. 국어, 사회, 수학, 과학, 실과, 체육, 음악, 미술 및 교육부장관이 필요하다고 인정하는 교과

나. 특수교육대상자의 진로 및 직업에 관한 교과

③ 제1항 및 제2항에서 규정된 사항 외에 교육과정의 내용 및 기준에 관하여 필요한 세부사항은 교육부장관이 정하여 고시한다.

(2) 「발달장애인 권리보장 및 지원에 관한 법률 시행규칙」

「발달장애인 권리보장 및 지원에 관한 법률 시행규칙」(법제처, 2015)에는 제20조(발달장애인 보호 등에 필요한 정보와 교육의 내용 및 방법) 제3항에서 발달장애인을 위한 진로·직업·전환교육 및 고용서비스를 규정하고 있다.

3. 자폐성장애 학생의 전환 영역 및 전환교육계획

1) 자폐성장애 학생 전환 영역

학교에서 성인기로의 전환을 준비하는 교육은 고용을 비롯하여 중등학교 이후의 계속적인 고등교육, 지역사회 참여, 주거, 여가활동, 의사결정과 자기옹호, 의사소통, 대인관계, 재정관리 등 전인격적인 측면에서 다양한 요인이 전환교육계획에 포함되어야 한다. 구체적으로 전환교육의 하위 영역을 살펴보면 다음과 같다.

(1) 의사결정

특수교육의 패러다임이 학교에서 성인기 생활로의 전환을 강조함에 따라 오늘날 특수교육은 지역사회 중심의 지원과 개인의 심리적 권한 부여, 평등성, 완전통합교육, 자기결정력에 대한 강조를 통한 개인의 삶의 질 향상으로 이동하고 있다(Schalock, 1990). 이에 따라 장애학생들의 교육적 성과가 단편적인 지식이나 기능 습득이 아닌 성인기 생활의 성공적인 적응을 위한 총합적인 지식이나 기능들을 습득하게 할 필요가 있으며, 자기결정력은 장애학생들의 성공적인 성인기 전환과 삶의 질 향상에 있어 매우 중요한 요인으로 고려되고 있다. 그러나 많은 사람들의 경우 장애인들 또한 자신

이 원하는 삶에 대한 기본 욕구를 가지고 있음을 망각하고 있으며, 장애학생들의 교육성과에 대한 선행 연구들에서도 대다수의 장애 학생들이 자신이 원하는 교수 형태나 교육 참여에 대한 기회, 자신의 미래에 대한 설계, 성인기 생활 등에 대해 결정권이 매우 부족한 것으로 보고하고 있다(Wehmeyer & Palmer, 1998).

미국에서는 자립생활, 정상화, 자기옹호운동 등의 결과로 자신 스스로 의사결정하는 것(self-determination)에 대한 권리를 주장하게 되었다. 자기의사결정은 자신의 가치, 선호도, 장점과 욕구에 맞는 삶의 질을 경험하게 하는 수단이라고 할 수 있다. 특히 「ADA」「재활법 개정안」「학교에서 직업으로의 기회법」「Goals 2000」은 장애인의 의사결정권과 적극적인 참여에 대한 권리를 향상시킨 법들이라 할 수 있다.

「IDEA」(1990)에 의하면 학생의 선호도와 흥미에 기초하여 전환교육계획이 수립되어야 한다. 「재활법 개정안」(1992) 또한 개인이 의사결정과 선택할 권리가 있으며 의미 있는 진로를 추구할 자유가 있다고 하였다. 미국은 이와 같이 교육의 질을 향상시키고 장애아동 통합교육을 실현하기 위해 자신의 욕구와 흥미를 표현하고 독립적으로 의사를 결정하고, 그 결정에 따른 결과를 경험하는 의사결정기술 향상을 특수교육의 목표로 정하고 있다. 박성우, 이상진(2004)은 특수요구 학생들의 경우 자기결정력이 높으면 높을수록 삶의 질 또한 높아졌다고 하였다.

의사결정은 자신과 자신의 가치에 대한 지식을 기초로 목표를 세우고 그 목표를 성취해 나가는 기술능력을 의미한다(방명애, 2002). 이러한 의사결정능력은 성인으로서의 전환기에 요구되는 능력임과 동시에 전환교육의 다른 하위영역을 성공적으로 이끌기 위한 기본이 되며, 특수교육의 성공여부를 결정짓는 요소다(이상진, 2002). 이러한 능력은 아동 초기에 시작되어 성인기까지 계속되는 진로 발달의 한 부분으로서 가치관, 지식, 기술 등 개인의 통제 수준에 의해 향상되기도 하고 감소되기도 한다(Field, 1996; Field & Hoffman, 1994). 의사결정기술을 잘 습득하고 발달한 아동들은 자신의 필요, 흥미, 잠재력 등을 잘 인식하고 표현한다. 또한 타인을 논리적으로 설득시키고 새로운 상황에 창의성이 있게 대처하며, 자신의 행동을 조절하고 통제할 수 있다(방명애, 2002).

이처럼 의사결정은 장애인이 사회에 잘 적응하고, 그들의 삶의 질을 결정하는 중요한 요인이 된다. 그러나 특수교육 현장에서는 장애아동들의 이러한 기술과 행위의 습득, 활용의 가능성에 대한 의심으로 의사결정에 대한 교육이 제대로 이루어지지 않아 장애아동들의 의사결정 발달을 제한하고 있다. 그러므로 어린 시절부터 학교 내에서 전환교육 프로그램을 통해 지속적으로 의사 결정의 기회를 가질 수 있도록 해야 하며, 그렇게 될 때 장애아동들의 자립능력과 자아정체감이 높아질 것이다(이상진, 2002). 장애아동에게 의사결정기술을 교수하기 위한 교육프로그램은 기능적인 교육과정을 바탕으로 비장애학생과의 상호작용을 할 수 있는 기회, 성공을 경험할 수 있는 기회 등을 제공해야 한다. 또한 구조화된 교육환경을 구성하며, 교수활동을 계획하고 진행해 나가는 데 있어서 장애아동을 직접 참여시켜야 한다(방명애, 2002).

의사결정능력은 아동초기에 시작되어 성인기까지 계속되는 진로발달의 한 부분이며, 의사결정수준은 자아존중감, 자아수용 정도 그리고 자신의 욕구를 추구하는 권리에 대한 인식수준에 의해 결정된다. 이러한 의사결정기술은 의사를 표현하는 기회가 증가될수록 발달하고, 교육에 의해 향상될 수 있다. 그러므로 재활과정에서 진로교육과 진로발달 활동을 통해 소비자가 진로에 관한 정보를 획득하고, 의사결정의 기회를 많이 갖게 된다면 진로성숙도는 높아질 것이고 의사결정도 보다 쉬워질 것이다. 또한 의사결정은 미래의 수행능력에 대한 기대수준, 성공에 대한 기대감, 실제적인 수행능력에 영향을 미치게 되므로 미래의 수행수준을 예측할 수 있는 척도가 된다(Wehmeyer, 1993). 의사결정기술이 성공적인 성인생활의 기초가 되지만 현실에서는 선택하고 결정할 기회가 거의 주어지지 않기 때문에 의사결정의 기회와 교육이 제공되어야 한다(이상진, 2003). 그러므로 재활전문가, 특수교사, 일반교사, 상담사, 심리학자 등이 팀을 이루어 아동의 자아존중감을 향상시키고 의사결정 증진을 위한 학습에 참여하는 기회를 보다 많이 제공하는 것이 중요하다.

'자기의사결정'은 개인이 목표 지향적이고, 자아 통제적이며, 자율적인 행동에 참여할 수 있는 기술, 지식, 신념의 복합체를 의미한다. 자신의 장 · 단점 이외에 능력과 효율성에 대한 신념을 갖는 것은 자기의사결정권에 있어 가장 중요한 요소다. 이러한 기술과 태도에 기초하여 행동할 때 개인은 자신의 생에 대하여 보다 많이 통제할 수 있으며, 성공적인 성인으로서의 역할을 기대할 수 있다(Field, Martin, Miller, Ward, & Wehmeyer, 1998). 또한 자기의사결정은 자신을 알고 자신의 가치를 존중하면서 목표를 세우고 성취할 수 있는 능력이며(Field & Hoffman, 1994), 외부의 영향이나 간섭을 받지 않고 자신의 삶의 질에 근거하여 선택하고 결정 내리는 것이다(Wehmeyer, 1996).

표 11-4 **의사결정과 서비스 협력 조정하기**

여덟 가지 서비스 협력 기능	학생들의 의사결정기회
정보제공 및 의뢰	• 접근 가능한 전환서비스와 지원(교내 · 외)에 대한 정보 제공을 사전에 요청하기 • 전환서비스에 참여하고 있는 다른 학생들에게 알리기
판별 및 준비	• 또래들에게 전환서비스 지원 및 기회에 대해 질문하기 • 자신의 목적과 흥미에 대해 가족들과 이야기하기 • 조기에 계획수립에 참여하기
진단 및 평가	• 자신의 학습욕구, 흥미, 목적에 대해 알기 • 자신의 진로/직업 흥미와 기능수준에 대해 알기 • 사정과 평가 정보에 대해 알기
IEP/ITP 계획 및 개발	• 의사결정기술 배우기 • 장단기 목표 선택 배우기와 각 단계의 의미 알기 • IEP 회의를 어떻게 주재하는지 알기
서비스 코디네이션 및 연계	• 지역사회기관과 제공 서비스에 대해 알기 • 서비스 코디네이터나 사례관리자와 정기적으로 만나기 • 사례관리자가 가족들과 연계하도록 지원하기
서비스 모니터링 및 관리	• 교사와 서비스 코디네이터가 학교와 가정(놓치는 부분이 있을 것임)에서 무엇을 배웠는지 알도록 지원하기 • 정기적인 회의 개최
자기옹호 및 기관 간 옹호	• 고등학교나 중등교육 이후 교육기관들의 지원그룹과 자기옹호 그룹 간의 협력집단 형성하기 • 청소년 위원회와 장애인권 집단에 가입하기 • 청소년 정책위원회에 가입하기
서비스 평가 및 사후관리	• 서비스 코디네이터에게 고등학교 재학기간 동안 어떤 서비스와 지원이 가장 도움이 되었는지 알려 줌 • 서비스 코디네이터에게 고등학교 졸업 후 어떤 일이 일어나고 있는지 알려 줌 • 어떤 성인서비스나 지역사회 서비스가 가장 도움이 됐는지 관계자들에게 알려 줌 • 전환단계에 있는 후배들을 돕기 위해 게스트로서 모교를 방문함 • 고등학교를 중퇴했다면 고등학교 과정으로 다시 돌아감

(2) 자기옹호

Rhoades(1986)는 자기옹호운동이 1950년대 초반 지적장애 자녀 부모의 옹호운동에 기초한다고 하였다. 전국정신지체자녀협회(National Association for Retarded Children)가 1950년 지적장애 자녀 부모들에 의해 설립되었고 이는 자기옹호운동의 조직적 체계를 마련하는 기반이 되었다. 이 협회의 구성원들은 두 가지 목적을 가지고 있었는데, 첫 번째, 자신의 자녀들이 보다 많은 기회와 보다 양질의 치료를 받는 것, 두 번째, 지적장애인의 권익을 위해 사회적 · 정치적 변화를 일으키는 것이었다. 이러한 초창기 옹호운동은 자기옹호운동의 성격을 가지지 않았으나 1960~1970년대의 자기옹호운동의 선구자 역할을 하였다.

장애인들은 시민으로서 자신의 권리와 책임에 대해 이야기할 기회와 장소를 확대하고자 노력해 왔으며, 이러한 권리와 책임에 대해 교육하고자 노력해 왔다. 인간에 대한 서비스 영역에서는 자기옹호운동을 소비자주권주의라 불러 왔으며, 이는 자신의 가치, 의사결정, 선택, 서비스의 방향을 통제할 수 있는 능력이라 할 수 있다. 즉, 재활서비스의 주체가 재활상담사 등의 재활전문가가 아닌 서비스를 이용하는 장애인이 되는 것이다. 이러한 주권주의에 대한 열망은 장애인의 독립성, 성인역할에 대한 보다 많은 참여와 동기부여, 소비자의 존엄성 증진이라는 결과를 가져왔다.

소비자주권주의는 1990년대에 발달장애인이 자신에게 부여된 사회적 역할을 넘어서 자신의 삶을 조직하고 통제하는 능력을 가지는 리더로서의 역할을 가지는 인격체로 인정하는 개념으로 다시 한 번 변화하게 되며, 「ADA」(1990) 제1조에 그 권리가 보장되어 있다(Rubin & Roessler, 2016). 이전에는 약점으로 여기던 장애를 1990년대 후반에는 강점으로 생각하게 된 것이다. 이러한 개념의 변화는 "장애에 대한 긍지" "우리가 생각하지 못한다고 생각하지 마세요."와 같은 자기옹호론자들의 슬로건에 잘 나타나 있다. 자기옹호운동의 또 하나의 발전은 장애인 자신만을 위한 운동이 아닌 타인을 위한 혹은 집단 전체를 위한 운동을 한다는 것이다.

전환교육에 있어서도 자기옹호는 세 가지 장점이 있다. 첫 번째, 자기옹호는 부모와 자녀의 욕구, 희망사항, 목표가 계획수립과정에 반영될 수 있게 하며, 두 번째, 자녀와 가족이 지역사회의 지원을 지속적으로 받고 스스로 의사결정 할 수 있는 능력을 향상시키며, 세 번째, 자녀와 가족이 보다 개별화되고 비용효율적인 서비스를 받을 수 있도록 한다는 것이다.

부모 또한 전환기 동안 자기옹호기술을 배우고 향상시켜야 하는데, 이는 가족과 자녀 자신이 모든 과정에 참여하고 결정해야 하기 때문이다. 그러므로 부모는 전환교육

계획이 수립되기 이전에 자신의 관심과 욕구가 무엇인지 파악하고 전체 전환교육과정에 참여해야 한다.

(3) 여가와 레크리에이션

여가는 자기표현, 자기 발전을 위한 중요한 요소이며, 여가경험은 보다 높은 삶의 만족과 더 나은 삶의 질을 위해 중요하다. 이러한 여가는 장애인들에게 자신의 시간을 효율적으로 관리하게 하며, 부적절한 사회적인 행동을 감소시키고 인지 발달을 향상시키며, 언어발달을 촉진시켜 의사소통 기능의 발달을 가져온다. 또한 가정생활, 지역사회 생활, 사회/대인관계 기능과 관련하여 중요한 영향을 끼치며, 비장애인과의 통합을 촉진시킨다. 이처럼 여가생활은 장애 학생들에게 바람직한 자아 정체감을 형성하여 자신의 삶을 즐기도록 하고, 만족스러운 성인의 삶을 살아갈 수 있도록 한다.

그러나 많은 장애인들은 여가활동을 하는 데 있어서 많은 제한을 받는다. 즉, 많은 장애인들은 여가에 대한 인식이 부족하고, 지역사회의 레크리에이션 센터를 이용하는 문제점과 여가를 즐길 수 있는 신체적인 능력이나 기술이 제한되어 있다. 그리고 여가활동을 기꺼이 같이 할 수 있는 친구를 사귀는 데도 어려운 경우가 많다. 이러한 문제로 인하여 장애인이 선택하는 여가활동은 대부분 타인에 의해 정해지며, 비장애인과 분리되어 비건설적으로 보내는 경우가 많다.

장애인들을 위한 여가교육은 체계적인 여가기능의 학습이 필요하기에 전환교육을 통해 장애아동들은 여가활동에 대한 인식과 지식을 정립하고, 여가를 즐길 기회에 대한 필요와 권리, 활동에 연결시키는 기술, 여가 환경과 기회에 관련된 자기 결정을 주장하는 것을 배워야 한다. 그리고 지역사회에 있는 여가시설을 활용하는 방법, 자신의 신체적 · 정신적 조건에 맞는 여가를 선택하고 즐기는 것을 교육받아야 한다.

(4) 주거생활/가정생활

주거생활/가정생활은 일상생활과 관련된 기술로서 장애인들이 독립적인 삶을 살기 위한 일종의 자기관리의 기술을 의미한다. 많은 특수교육자들은 장애인들이 일정한 교수 없이도 주거생활/가정생활에 필요한 생활 기능들이 연령이 증가함에 따라 자연스럽게 습득할 수 있다고 생각하여 이 영역의 내용들을 장애인들의 교과과정에 포함시키지 않았다. 그러나 많은 장애인들은 성인이 되어서도 생활기능이 제대로 형성되지 않아 보호자나 시설에 의존한 삶을 살아가고 있으며, 사회로부터 격리된 삶을 살아가는 경우가 많다. 따라서 전환교육을 통해 장애아동들이 어렸을 때부터 신변자립능력을 키워 성인이 된 후 독립적인 생활을 하는 데 무리가 없도록 해야 한다.

전환교육 프로그램에서 주거생활/가정생활 영역은 독립생활, 가족과 함께 생활하는 것, 관리 감독된 생활, 주거보호 생활, 가족생활의 내용으로 구성된다. 많은 선진국은 장애인들이 독립적인 삶을 살 수 있도록 고안된 지역사회에 기초한 다양한 주거 유형을 제공하고 있으며, 어린 시절부터 더욱 정상화된 환경에서 살 수 있는 기회를 만들어 주고 있다. 특히 지적장애인과 발달장애인을 위하여 제시된 세 가지 주거 유형인 그룹 홈, 포스터 홈, 아파트 생활은 아주 구조화되고 분리된 시설에서부터 완전한 자립 생활까지 포함하는 주거들을 통해 점차적으로 장애인들이 통합된 환경에서 삶의 질을 높일 수 있는 기회를 마련해 주고 있다. 따라서 전환교육을 실시할 때 아동들이 최대한 정상화된 환경에서 신변자립기능, 가정의 중요한 기능과 가족들의 역할들이 학습되어야 한다.

(5) 직업생활

직업을 갖는다는 것은 장애인과 비장애인 모두에게 삶의 질을 향상시키는 중요 요소로서 장애인들도 비장애인과 마찬가지로 직업을 갖고자 하는 욕구가 있으며, 근로자로서의 잠재력을 갖추고 있다. 또한 직업을 통해 장애인들은 긍정적인 자아 정체감을 형성하게 되며, 지역사회에 통합할 수 있는 기회를 갖게 된다(이상진, 2002). 따라서 많은 연구는 장애인의 삶의 질과 관련하여 성공적인 전환교육의 결과를 취업으로 보고 있다. 그러나 장애인들의 취업률은 비장애인에 비해 낮으며, 취업의 된 이후에도 사회성 기술 부족이나 낮은 과업 수행 등으로 직장에 적응하지 못하며, 해고를 당하는 경우도 많다. 이러한 현상은 여러 원인이 있을 수 있으나, 실제 교육 현장에서 직업생활에 꼭 필요한 태도와 습관 등을 형성하는 교육이 부족하기 때문이다. 즉, 우리나라의 장애인을 위한 직업교육은 학생의 욕구나 기능 수준과 무관한 직종이나 지역사회나 노동시장에서 요구하는 조건과는 상관없이 학교의 실정과 전래적으로 행해 온 직종을 중심으로 직업 기능 교육에만 중점을 두고 있다. 그리하여 많은 장애학생은 사회생활기능과 직업의 기초기능에 현저한 문제점을 드러내고 있다.

따라서 전환교육에서는 우선 직업평가를 통해 아동들의 직업적 흥미와 적성을 발견하고 성장시키며, 일의 보람과 직업의 중요도를 이해하고, 직업정보를 획득하며, 작업태도, 작업수행의 측면에서 교육이 실시되어야 한다. 즉, 직업인으로서 가져야 할 인간관계, 안전의식, 생산성과 직결되는 순발력, 지구력, 민첩성, 정교성, 근면성, 성숙한 작업태도, 책임감, 출・퇴근 시의 교통수단 이용하기 등과 같은 능력이 형성될 수 있는 내용으로 구성하여 실시해야 한다. 특히 이러한 직업생활의 교육은 현재 노동시장의 요구 조건에 부합해야 하며, 지역사회 작업현장에서 실제적으로 교육이 이루어질 수 있도록 해야 한다.

(6) 지역사회 활용기술

지역사회는 자아실현의 장, 문화전수의 장, 교육을 통한 사회의 장, 공동체 정신 구현의 장, 관계형성의 상호작용의 장, 교육적 자원의 장이라는 측면에서 교육적인 의의가 매우 크다. 따라서 인간은 지역사회의 여러 자원을 최대한 이용함으로써 건전한 사회적 성장을 이룩할 수 있다. 인간의 교육은 보다 나은 생활과 인간사회의 발전적인 영속화를 위해서 현실사회에 대한 인식을 정확하게 해야 한다. 그렇게 하기 위해서는 지역사회의 자원을 학습에 활용해야 한다. 그러나 장애아동들은 사회성과 의사소통의 결함, 이동력의 부족, 지역주민들의 장애인에 대한 이해와 지식 부족 등으로 지역사회 안에서 직접적인 훈련을 하고 지역사회의 자원을 활용하는 것이 제한되어 왔다.

따라서 특수교육자들은 지역사회와 긴밀한 유대관계를 지속적으로 유지하고 관련자들의 끊임없는 설득을 통해 지역사회 구성원들의 인식을 바꾸어야 한다. 무엇보다도 전환교육을 통해 유치부 혹은 초등부 때부터 장애아동들의 생활연령에 적합한 환경과 실생활에 관련된 기능적 생활중심의 교육 프로그램들을 개발하고 적용해야 하며, 장애아동들이 자신이 속한 지역사회의 자원을 활용할 수 있도록 하는 현장 중심 수업이 이루어져야 한다. 또한 지역사회 시민으로서의 기본적인 역할의 학습을 통해 소속감을 길러 줄 수 있어야 한다. 그러나 이러한 수업을 진행하고자 할 경우 보조교사가 필요하며, 중도장애 학생들로만 이루어진 동질집단의 경우 통제가 어려우며, 교통수단의 마련, 비용 마련, 안전상의 문제, 시간표 조절 측면에서 교사들은 많은 어려움을 겪는다. 이러한 경우 실제 지역사회 환경과 같이 배치한 교실에서 모의학습 프로그램을 도입하는 대안적인 접근도 필요하다.

(7) 교우관계

아동의 교우관계는 평등한 관계, 비슷한 기술 수준, 공통의 흥미를 특징으로 한다. 따라서 또래와의 관계에서 얻는 상호작용 능력은 교사나 다른 어른에 의해 대신 얻을 수 없다. 교우관계는 아동들의 사회화를 촉진하고, 사회적 기술을 연습할 수 있는 기회를 제공하며, 학업 능력과 자기 통제력, 언어와 의사소통, 친사회적 행동과 사회-인지 능력의 발달을 촉진시킨다(강은경, 2001).

이렇듯 교우관계가 중요함에도 불구하고 대부분의 장애아동들은 의사소통의 문제점과 그들이 지닌 고유의 장애 등으로 어릴 적부터 분리된 환경에서 또래들과 자연스럽게 어울리는 기회보다 보호자, 치료사, 특수교사와의 접촉 기회가 더 많아 또래 또는 일반아동과의 자연스러운 관계형성에 어려움을 갖는다(박신영, 2003). 그리하여 후에 장애아동들은 사회성이 제대로 형성되지 않으며 작업장에서 적응하지 못하며, 고립된 생활을 하기도 한다.

장애아동들은 비장애아동들에 비해 비교적 배움의 속도가 느리기 때문에 조기부터 또래들과 상호작용을 맺어야 하며, 그렇게 될 때 일반아동의 활동적이고 사회적 상황에 적절하게 반응하는 모습을 보면서 장애아동은 올바른 사회적 상호작용을 보다 수월하게 배울 수 있다. 그리고 또래와의 상호작용을 통해 일반아동의 태도도 긍정적으로 변화시킬 수 있다. 따라서 전환교육은 관계성이 예민한 유·초등과 중등 시기에 장애아동들에게 타인과 친한 관계를 맺고, 관계가 개발될 수 있도록 유도하며, 우정을 유지하며, 급변하는 또래 관계성의 도전들에 부딪칠 때 대안하는 방법들에 대한 내용이 포함되어야 한다. 그리하여 성인이 된 후 타인과 사회적 네트워크를 형성하고, 사회적 활동을 통해 대인관계가 원만하게 이루어질 수 있도록 해야 한다.

(8) 재정관리

경제적 자립은 대부분의 장애인이 바라는 주요한 목표이며 장애를 가진 시민들이 독립적인 생활의 성공 여부를 결정하는 중요한 요인이다. 특히 재정관리 능력에서는 각 개인이 어떻게 자신의 돈을 관리해야 하는지가 중요하고, 이는 성인기의 고용환경에서 받는 급여의 관리와 밀접하게 관련되므로 직업기술과도 연관 지을 수 있다. 그러나 많은 장애아동은 재정관리의 기본이라고 할 수 있는 셈하기 영역에서 곤란을 겪거나, 대인기피 현상, 의사소통과 이동의 문제점 등으로 인해 경제생활을 하는 데 많은 어려움을 겪고 있다. 따라서 전환교육에서는 소비자, 저축자 그리고 관리자로서의 역할에 대해서 장애아동들이 어렸을 때부터 준비시키고 많은 활동들을 교육과정에 포함시켜 올바른 경제인으로서 삶을 살아갈 수 있도록 도와야 한다.

구체적으로 돈에 대한 인식 및 잔돈 계산하기, 금융기관 이용하기, 현금인출기 사용하기, 용돈 기입장이나 가계부를 사용하여 기본적인 재정 기록하기, 자신이 필요한 물건을 계획해서 사기, 현명한 지출 계획 세우기 등이 있다. 이러한 교육은 일상생활에서 반복 학습하여 가능하면 경제활동이 이루어지고 있는 실제 지역사회에서 적용하는 것이 바람직하다. 따라서 교사들은 이와 같은 영역을 ITP에 구체적으로 밝혀 실시해야 한다.

표 11-5 **중증장애학생 교육과정 개발의 예**

제안점	주의점
• 직업훈련시간을 점차 증가시킨다. • 학생이 일상적으로 사용하는 기술을 교수한다. • 백화점, 레크리에이션 센터 등 지역사회 장소를 보다 잘 이용할 수 있도록 기능훈련을 제공한다. • 취업가능한 직업기술을 선택한다.	• 모의도구나 활동을 사용하지 말고 실제 도구나 활동을 이용한다. • 현장견학을 실제 현장훈련과 혼동하지 않는다. • 지역사회 상황과 연관이 적은 검사 혹은 교육과정을 사용하지 않는다. 지역사회의 상황을 반영할 수 없는 행동척도, 심리검사 등은 유용하지 않다. • 학교 내에서 교수하는 것에 중점을 두지 않는다.

2) 전환교육계획 수립

전환교육은 고등학교 저학년 이전에 시작해서 졸업이후 교육까지 계속되는 평생교육으로 개별교육계획(IEP) 팀은 개별전환교육계획(ITP)을 작성하기 전 장애학생이 자신의 미래에 대한 계획을 세우도록 하여 장애학생과 가족이 미래에 대한 결정을 내리는 데 요구되는 여러 가지 문제들을 탐색하는 기회를 제공해야 한다. 이러한 계획수립은 장애학생과 가족의 욕구, 목표, 이상을 이해하는 데 도움이 되며 전체 전환교육계획 수립에 기초가 된다.

O'Brien(1987)은 미래에 대한 계획수립에 있어 고려할 점을 제시하였다.

- 장애학생의 현재 삶의 질
- 삶의 질에 영향을 줄 수 있는 변화
- 희망하는 성인으로서의 라이프 스타일
- 가장 문제가 되는 제한점
- 요구되는 장애학생 지원 서비스

졸업 후 취업을 원하는 자폐성장애 학생에게는 직업준비로서의 교육의 한 부분으로 다양한 진로탐색과 선택의 기회를 제공해야 한다. 자폐성장애 학생의 전환교육계획은 다음과 같은 요소들을 고려하여야 한다.

- 다양한 진로기회를 인식하고 이러한 직업들의 특성을 인식하도록 한다.
- 졸업 후 취업을 원하는 학생뿐 아니라 진학을 원하는 학생에게도 고등학교 시기의 진로탐색과 직업경험의 기회를 제공한다.
- 작업습관을 기르고 사회성기술을 향상시키며 직업흥미를 탐색하기 위해서 시간제근무 혹은 자원봉사의 경험을 갖는다.

(1) ITP 수립의 실제

① 1단계: ITP 팀 구성

- 모든 전환교육 대상 학생 판별

교사, 재활상담사, 사회복지사, 심리상담사가 학교 측의 전환교육 팀구성원이 되어 전환교육 대상이 될 수 있는 14세의 위험(장애) 아동을 판별한다.

- 적합한 학교서비스 전문가 판별

교사, 재활상담사, 치료사, 심리상담사 등은 전환교육계획 수립과정에 참여해야 하는데, 적합한 전문가란 최근까지 대상 학생과 의미 있는 관계를 유지해 온 각 영역의 전문가를 의미한다. 전환교육계획 수립에 참여해야 하는 사람은 학생, 부모, 특수교사, 직업교사, 재활상담사, 지역사회 성인기관의 서비스 제공자 등이며 이들의 역할은 다음과 같다.

표 11-6 **ITP 회의 참석자의 역할**

참여자	역할
부모	• ITP 계획 수립 회의 참석 • ITP 계획 수립 과정에서 학생과 가족의 욕구를 전달 • 비공식적인 가정과 지역사회 생활기술 훈련 제공 • 성, 의학, 사회, 경제 등 다양한 영역에 관련된 문제를 ITP에 전달
특수교사	• 전환교육계획 수립을 위해 학생 자료를 관리 • ITP 계획 수립 회의 조직, 참석 • 전환교육계획 개발과 실행 지원 • 학생과 부모의 선택과 참여가 극대화될 수 있도록 지원
직업교사	• 직업훈련/직업배치가 필요한 학생의 ITP 계획 수립 회의 참석 • 지역사회의 고용현황을 ITP 팀에 조언하고 취업에 필요한 특정 기술 조언 • 지역사회중심 직업훈련 기관 판별과 분석 지원 • 졸업반 학생들에게 리더쉽 교육과 취업 지원
재활상담사	• ITP 계획 수립에 있어 팀에게 조언 • 직업훈련, 직업배치, 지원고용 지원 • 평가와 직업배치와 같은 직업재활이 필요한 학생 판별에 직접적인 지원 제공
지역사회 성인기관의 서비스 제공자	• 학생의 욕구를 평가하는 데 책임 짐 • 필요시 가정방문 실시 • 졸업반이거나 중퇴의 가능성이 있는 학생의 ITP 계획 수립 회의에 참여 • 지원고용 등에 배치된 학생에게 사후관리 서비스 제공

② 2단계: 지원망 구축

ITP 계획 수립은 결함을 발견하고자 하는 계획 수립이 아닌, 장애학생을 자신의 장점, 특별한 능력, 흥미에 기초해서 목표를 수립할 수 있는 능력을 가진 사람으로 존경심을 갖고 대하는 계획 수립이 되어야 한다. 이러한 학생중심 계획 수립은 학생에 관해 가장 많은 정보를 얻을 수 있으며 가장 정확한 계획을 수립하게 해 준다. 이러한 과정에서 중요한 역할을 하는 것은 친구, 가족, 동료 근로자, 이웃 등 학생의 생활을 잘 알고 있는 지원망이다. 이들은 학생에 대한 정보를 다음과 같이 제공한다.

- 학생의 일상/직장 생활
- 학생이 가장 많은 시간을 어디에서 보내는지
- 학생이 어떤 일로 자신을 자랑스러워하는지

- 학생이 어떤 일로 자신을 부끄러워하는지
- 학생에게 동기를 불러일으키고 흥미를 갖게 하는 것
- 선택하기
- 학생이 잘 하지 못하는 일과 좌절하거나 속상하게 만드는 일
- 원하는 자신의 미래(미래에 대한 목표)
- 현재로부터 2~4개월 내에 해야 할 가장 중요한 일과 1~5년 내에 해야 할 가장 중요한 일
- 학생이 자신의 미래 목표를 성취하는 것을 도울 수 있는 사람이나 일(기회)
- 학생이 자신의 미래 목표를 성취하는 데 나타날 수 있는 장애물
- 학생이 자신의 미래 목표를 성취하는 데 필요한 전략

③ 3단계: 중요 활동 판별

ITP 계획 수립 회의에서 가장 중요한 사항은 학생의 욕구, 능력뿐 아니라 가족과 친구의 지원에 영향받는다. 중요 활동은 여행에 필요한 기술, 의사소통기술, 이동기술, 언어 등이 포함되며, 이러한 활동이 결정되면 학생과 가족은 보다 공식적이고 학교중심 IEP나 ITP 회의에 참석하게 된다.

④ 4단계: 연간 IEP 회의의 한 부분으로서 ITP 회의

- ITP 회의 스케줄 수립

ITP 회의는 전환교육에 적격한 각 학생 개인마다 세워야 한다. ITP 회의는 IEP 회의의 일부로 실시될 수 있으며, 이 경우 IEP 목표는 ITP 목표를 반영해야 한다. IEP와 ITP 서비스를 연계하여 실시하는 것은 매우 중요하다. ITP 회의를 실시하기 전 학교는 학생에 관한 정보를 관계기관이 서로 공유하도록 지원해야 하며, 이는 학생, 부모의 동의 없이는 학생의 특수교육 내용에 대한 정보를 유출할 수 없도록 비밀 유지를 법제화하고 있기 때문이다.

- ITP 회의

ITP는 성인으로서의 주거, 고용 목표를 판별해야 하고, 이러한 목표를 성취하는 데 필요한 서비스와 지원을 판별해야 한다. 대조적으로 IEP는 손상된 기술과 치료전략을

판별한다. 효율적인 ITP란 IEP의 목표와 고용, 주거, 지역사회 목표를 최적으로 연결하여 학생이 성인으로서의 역할을 독립적으로 잘 수행하도록 지원하는 것이다.

ITP 회의 과정

- ITP 회의 실시
- 명확하게 ITP의 결과를 정의
- 이러한 결과를 성취하는 데 필요한 서비스 판별
  - 지속적으로 학생의 진로 포트폴리오(학생의 이력서, 학생의 전환/직업능력에 대한 카탈로그)를 만들어 추적
- 이러한 결과를 성취하는 데 적합한 목표 판별
- 목표를 성취하는 데 필요한 목표와 단계 결정
  - 과제분석과 같은 방법으로 실시
- 서비스 의뢰 체크리스트 구안
- 회의 종료
  - 모든 참여자는 ITP 회의록에 서명하고, 학교는 ITP 회의록 사본을 모든 참여자에게 보내야 함

긍정적인 학생 포트폴리오

- ○○○는 누구인가?
- ○○○의 장점은 무엇인가?
- ○○○의 가장 어려운 점과 욕구는 무엇인가?
- ○○○에겐 어떠한 지원이 필요한가?
- ○○○에 대한 우리의 기대는 무엇인가?

⑤ 5단계: ITP 수립

각 관련 기관의 동의하에 관련 기관 전문가들은 ITP를 수립하여 학생이 졸업하기 전 적어도 몇 년 동안 ITP에 의해 교육받고 졸업 후에도 사후지도할 수 있도록 계획을 수립해야 한다.

⑥ 6단계: 연간 ITP 수정과 사후지도 실행

각 기관은 서로의 정보와 서비스를 공유하고 각 단계가 잘 완료되었는지 확인하기 위해서 적어도 3개월마다 사후지도를 실시해야 한다.

⑦ 7단계: 종료회의 실시

학생이 졸업하기 전 학교와 기관은 학생, 가족과 함께 ITP를 종료하기 위한 종료회의를 실시한다. 종료회의에서는 학생에게 아직 제시되지 않은 욕구가 더 있는지 확인한다. 전환교육팀은 스케줄에 따라 각 목표가 잘 성취되었는지 확인하고 졸업 직후에 완료해야 할 서비스를 판별한다.

전환교육계획 수립 시 해야 할 과제는 다음과 같다.

- 학생이 적어도 14세가 되면 공식적인 전환교육계획을 수립할 것
- 모든 학교 인력을 활용할 것
- 학생, 부모, 가족을 ITP 회의에 참석시킬 것
- IEP와 ITP는 동등하게 중요하다는 것을 인식할 것
- 의미 있는 결과를 얻기 위한 ITP 목표를 언급할 것
- 학생에게 필요한 서비스에 대한 체크리스트를 만들 것
- ITP의 각 목표 성취를 책임질 리더를 정할 것
- 졸업이 임박하면 지역사회기관 프로그램에 보다 많이 참여하도록 지원할 것
- 학생에게 도움이 되지 않는 서비스를 제공하지 말 것
- 전환교육계획 수립에 너무나 일찍 성인 서비스를 포함시키지 말 것
- ITP 회의에서 부모나 가족이 압력을 느끼도록 하지 말 것
- 학생과 부모를 지원하는 것을 쉽게 포기하지 말 것
- ITP 회의가 종료되었다고 해서 부모와의 의사소통을 그만두지 말 것
- 졸업 후 사후지도를 계속할 것

표 11-7 **ITP를 효율적으로 실시하기 위한 IEP 사용방법**

1. 학생의 전환기를 준비한다. 직업흥미검사, 공식적인 직업평가, 비공식적인 직업평가 결과 등을 통해 학생의 직업기술에 대한 정보를 얻고 업데이트한다. 각 학생의 전환교육 파일을 만든다.
   - 의료평가, 심리평가를 통해 학생의 장애 상태에 관한 정보를 얻고 업데이트한다.
   - 지역사회기관 혹은 인적 자원에 관한 정보를 얻고 업데이트한다.
2. 전환교육 팀을 구성한다.
   - IEP 팀장은 전환교육을 실행하는 데 필요한 개인과 기관을 결정하기 위해 학생에 관한 최신 정보를 살펴본다.
   - IEP 팀장은 기관이 전환교육에 잘 협력할 수 있는지 확인한다.
   - IEP 팀장은 첫 번째 전환교육 회의를 소집한다.
   - IEP 팀장은 전환교육 과정을 모니터링할 학생 옹호자를 선발한다.
   - 전환교육 팀장은 지역사회기관에 의뢰서를 보내고 과정이 잘 진행되는지 알아보기 위해 모니터링을 한다.
3. IEP/ITP에 폭넓은 전환교육 목표를 수립한다.
   - 팀은 학생이 배치될 학교와 지역사회기관의 형태와 본질에 대해 알아본다.
   - 팀은 적합한 주거, 의료, 재산관리, 다양한 사회생활 등 지역사회 기술을 결정한다.
   - 팀은 직업훈련, 고용 옵션 등 적합한 단기/장기 고용목표를 결정한다.
   - 팀은 IEP/ITP 목표를 쓴다.
4. 전환교육 목표를 수립한다.
   - 각 ITP 목표 성취를 위해 시기적절한 실행기간을 설정한다.
   - ITP에 각 목표 성취를 책임질 팀 구성원의 이름을 명기한다.
   - 학년 동안 각 팀 구성원이 각 목표 성취를 모니터링하는 데 ITP 팀장의 역할의 중요성을 재확인한다.
5. 학생의 진행정도에 따라 ITP를 수정 · 보완한다.
   - 전환교육이 수립된 계획, 목표에 따라 잘 진행되고 있는지 평가하기 위해서 적어도 한 번 ITP 팀을 재소집한다.
   - 전환교육 목표 성취를 책임지고 있는 팀 구성원의 보고를 기초로 ITP를 수정한다.
6. 사후관리 서비스를 실시한다.
   - 사후관리의 범위와 내용을 결정한다.
   - 사후관리를 책임질 기관이나 개인을 결정한다.
   - ITP 과정에서 얻은 정보를 사후관리 책임자에게 전달한다.
   - 학교와 기관은 계획에 수정이 생기면 업데이트한다.

출처: Izzo & Schumate(1991).

표 11-8 전환교육 교수계획

1. 훈련전략의 효율성 분석 • 훈련전략이 학생의 학습유형에 적합한가? • 학생은 사용된 촉구에 반응하는가? • 학생이 과업에 주의집중하는가? • 동시에 너무나 많은 기능을 교수하는가?
2. 과업분석이 학생의 능력에 적합하게 개별화되었는가? • 과업은 학생의 능력에 알맞게 세분화되었는가? • 과업분석에 있어 학생의 장애가 고려되었는가? • 과업은 전체적인 순서가 아닌 부분별로 교수될 수 있는가? • 외적인 단서 혹은 보조도구들이 과업분석에 포함된다면 과업학습에 도움이 될 것인가?
3. 강화제가 요구되는 영역이 모두 고려되었는가? • 강화제는 목표 행동이 나타난 후 즉각적으로 제시되는가? • 강화제의 제시 정도가 너무나 빨리 감소되는가? • 강화제가 학생의 현재 능력에 적합한가? • 학생의 행동이 과업학습을 방해하는가? • 기능획득훈련 이외에 행동 프로그램이 개발되어야 하는가?

4. 자폐성장애 학생 전환에 있어 지역사회기관 연계

1) 지역사회기관 연계 개념

기관 간 협력은 전환교육 관련 기관이 특정 사업을 효과적으로 성공시키기 위하여 상호 보완적이고 서로 힘을 합해 전체를 이루고자 하는 수단이다. 각 조직별로 서비스의 중복을 지양하고, 고유한 전문 서비스 영역을 정립함으로써 서비스의 질적 수준을 강화하기 위한 방안으로 기관 간 상호 교환을 활성화하는 것이 기관 간 연계를 하는 목적이다(박경수, 1997). 장애학생은 다양하고 서로 연계된 서비스를 전환교육 관련 기관으로부터 받고자 하는 욕구를 가지고 있기 때문에 지역사회기관 연계를 통한 장애학생 지원은 필수적이다.

1997년 「IDEA」는 학교가 지역사회와 중등교육 이후 기관들과 연계하고 전환서비스에 대해 공동책임을 질 것을 명시하였다. 장애학생들에게 전환서비스를 제공할 때

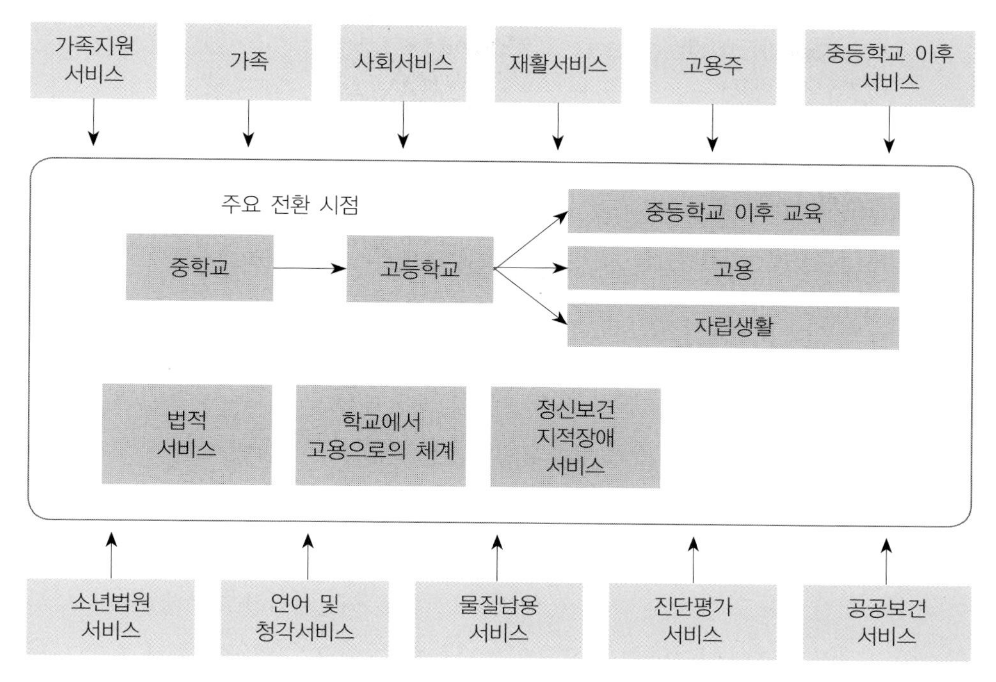

[그림 11-4] **전환서비스체계 내에서의 공동책임**

출처: Greene & Kochhar-Bryant(2003).

장기적이고 기관 협력적인 계획을 수립하고, 인적 자원을 체계적으로 개발하고, 기관 간 혁신적인 파트너십 관계를 맺으며, 서비스 제공 체계와 전환서비스 결과에 대해 지속적으로 평가하도록 하였다(Greene & Kochhar-Bryant, 2003). 우리나라 「장애인 등에 대한 특수교육법」 제23조(진로 및 직업교육의 지원) 제3항에서는 특수교육지원센터는 특수교육대상자에게 효과적인 진로 및 직업교육을 지원하기 위하여 대통령령으로 정하는 바에 따라 관련 기관과의 협의체를 구성하여야 한다고 명시하고 있고, 동법 시행령 제18조(진로 및 직업교육을 위한 시설 등) 제2항에서는 특수교육지원센터는 특수교육기관, 한국장애인고용공단 지부 등 해당 지역의 장애인 고용 관련 기관, 직업재활시설, 장애인복지관, 산업체 등 관련 기관과 협의체를 구성하여야 한다고 규정하고 있다(법제처, 2016).

2) 지역사회기관 연계 원칙

많은 연구자는 기관 간 연계와 공동 책임의식이 기관 간 연계를 통해 어렵게 얻은 결과물들을 잘 보존하는 필수 요소라고 하였다. 이러한 연계를 통해 얻은 대표적인 결과가 통합교육이다. 기관 간 협력을 촉진하고 모델을 개발하는 몇 가지 원칙을 제시하였는데, 장애학생의 잠재력을 극대화한다는 철학이 원칙의 근간을 이룬다(Greene & Kochhar-Bryant, 2003).

지역사회기관 연계의 장점은 자원이 부족하여 이전에 수행하지 못했던 서비스를 실시할 수 있다는 것과 타 기관의 전문요원들과의 만남을 통해 전문성을 향상시킬 수 있으며, 새로운 방법과 아이디어를 얻을 수 있다는 것이다. 또한 기관 간 체계적이며 지속적인 의사소통을 통해 보다 지속적이고 신뢰로운 정보를 공유할 수 있으며 정책이나 법률적인 정보도 함께 나눌 수 있게 된다. 전환교육을 계획하고 시행함으로써 서비스의 종적인 연결이 가능하여 종합적으로 제공할 수 있고, 다양한 문제해결, 비용절감, 공동자원 사용으로 인한 기관의 서비스 능력 향상, 중복 서비스 제공 방지, 자원 확대 등이 가능하다.

3) 기관 간 연계 모델

전환교육에서의 기관 간 연계 구축 모델은 정보교환모형, 책임교환모형, 협력교환모형이 있다(박희찬, 이상진, 이종길, 2005). 기관 간 연계모델은 의사소통과 정보 교환, 서비스 계획과 시행, 재원 공유에 관한 기관 간 상호작용 수준과 정도에 따라 나뉘어진다(Clark & Kolstoe, 1995; Szymanski, Hanley-Maxwell, & Asselin, 1992).

(1) 정보교환모형

정보교환모형은 서로 다른 기관 간 계획된 의사소통의 절차가 전혀 없거나 거의 없는 모형이다. 한 기관에서 다른 기관으로 정보가 교환되기는 하나 대부분의 정보는 한 기관에서 서비스를 받다가 다른 기관에 의뢰할 때 이전의 기관에서 실시했거나 수집한 교육, 심리, 직업, 사회, 의료에 관한 기록들이다. 대부분의 경우, 서비스는 의뢰받는 기관에서 기존의 서비스를 반복하게 되고 개별기관의 관점에서만 서비스를 제공

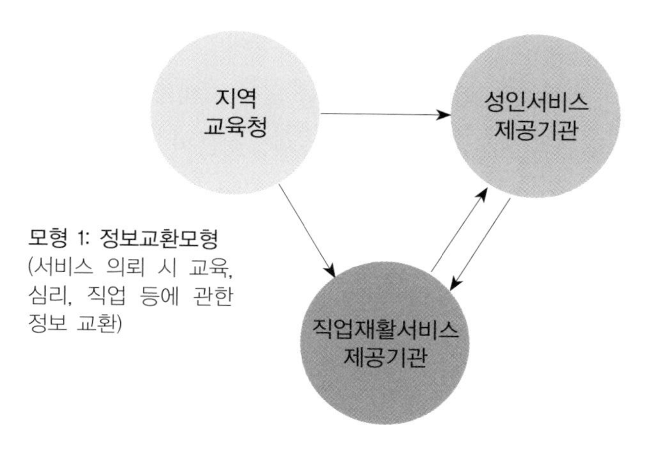

[그림 11-5] **정보교환모형**

하게 된다. 또한 의뢰받는 기관에서는 자체적으로 장애 특성이나 필요성에 따라 평가를 반복하게 되는데, 이는 이전 기관의 자료가 너무 오래되었거나 혹은 이전 자료를 신뢰하지 못하기 때문이다. 이 모델에서는 관련 기관 간 의사소통이 저조하고 네트워크 구축에 대한 계획이 거의 없으며, 기관별 서비스가 중복될 가능성이 크고 재원이 비효율적으로 사용되기도 한다.

(2) 책임교환모형

책임교환모형은 장애인에게 일련의 서비스를 제공하기 위해 서로 다른 네트워크 구축을 하기 위해 세밀한 노력을 하는 모형이다. 그 결과 한 기관이 장애인의 재활목

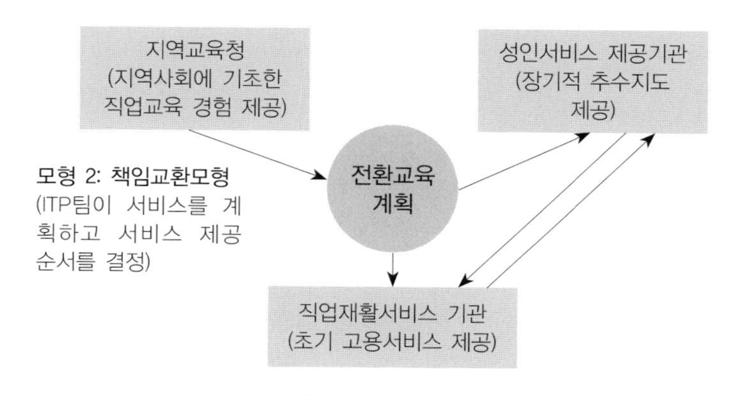

[그림 11-6] **책임교환모형**

적을 설정하는 즉시 다른 기관과 관련을 맺게 된다. 장애인에 대한 서비스는 기관 간 ITP 회의에서 사전에 계획함으로써 순조롭고 중단 없는 서비스 전달이 가능하다. 기관 간 지속적인 의사소통을 통해 종합적인 계획을 세움으로써 서비스 제공 절차를 일관되게 하여, 서비스가 기관 간에 중복되지 않게 된다. 기관 간의 밀접한 의사소통으로 기관의 대표자들은 이전 기관에서 어떤 서비스가 이미 제공되었는지 알게 된다. 이러한 의사소통은 논리적이고 종합적인 서비스 계획이 지속될 수 있게 촉진하고, 서비스 활동의 반복과 비효율적인 후퇴를 예방한다.

(3) 협력교환모형

협력교환모형에서는 기관 간 재원의 중복 없이 서비스 시행의 중복을 조정해 주는 상호작용을 한다. 장애학생이 학교를 졸업하기 이전 2년 동안 관련 기관들이 장애학생에게 서비스를 제공하기 위해 재원을 공동으로 사용하게 된다. 이러한 접근방식은 모든 관련 기관들이 서비스의 계획과 시행에 관계하지만 개별 학생들에 대한 서비스나 재원의 중복을 피할 수 있게 해 준다. 이 모형을 시행하기 위해서는 기관 간 서비스 제공에 관한 협정이 필요하다. 관련 기관들이 장애학생의 개별전환교육계획을 공동으로 개발하여 지원고용 서비스가 적절히 제공될 수 있도록 협력해야 한다. 이러한 협정을 통해 기관 간 의사소통 절차를 계획하고 정보를 교환하며 중복된 서비스가 없도록 하고 적정한 경비 부담이 이루어지게 된다. 장애인에게 서비스를 제공하는 공공기관들은 대개 재정적으로 제한되어 있다. 그러므로 이 재원을 효과적이고 효율적으로

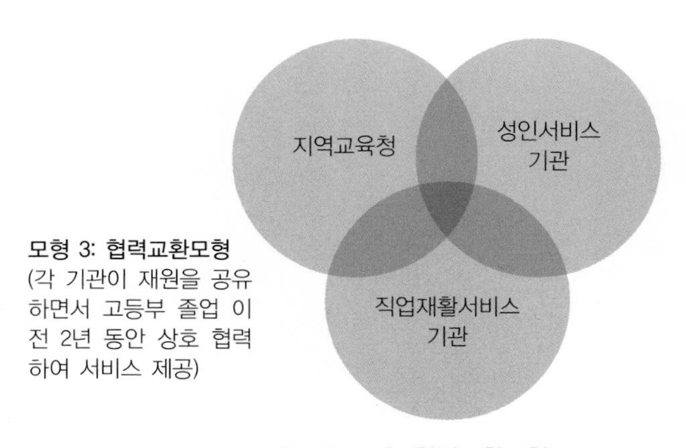

[그림 11-7] **협력교환모형**

표 11-9 **기관 간 서비스 연계에 있어 내담자 중심 원칙**

원칙	내용
원칙 1. 서비스 조정은 장애학생이 자신의 잠재력을 극대화하고 의사결정능력을 향상시키기 위함이다.	몇몇 장애학생들은 학교나 지역사회에서 단기간의 지원만 필요로 하거나, 전환기동안만 지원을 필요로 한다. 다른 학생들은 보다 확장된 형태의 지원을 필요로 한다. 서비스 조정 활동은 학생의 욕구에 맞춰 융통성 있게 지원되어야 한다. 또한 자립성도 최대한 획득할 수 있어야 한다. 이후 지역사회기관 연계와 지원서비스 계획 시 의사결정이 최대한 반영되도록 한다.
원칙 2. 서비스 조정은 삶의 질과 학습환경을 향상시킬 수 있어야 한다.	기관 연계 담당자는 서비스 체계와 서비스기관 간 연계를 강화하고 장애학생의 입장에서 양질의 서비스가 가능하도록 노력해야 한다.
원칙 3. 서비스 조정은 지역사회 통합을 향상시킬 수 있어야 한다.	서비스는 장애학생이 가장 통합된 환경에서 서비스를 받을 수 있도록 조정되어야 한다. 통합된 환경에서 서비스를 받을 때 더 많은 신체적 · 발달적 · 교육적 향상이 이루어지기 때문이다. 지원은 장애학생이 자립성과 자조능력을 향상시킬 수 있는 경우만 제공된다.
원칙 4. 서비스 조정은 장애학생이 신체건강, 정신건강, 신체적 웰빙을 향상시킬 수 있어야 한다.	서비스 조정은 신체 발달, 신체 건강, 정신 건강을 향상시키고 질병을 예방할 수 있어야 한다. 신체발달, 교육, 지원서비스는 장애학생이 신체적 · 정신적으로 건강하지 못하거나 웰빙상태가 아니라면 효과적으로 이루어질 수 없다.

출처: Greene & Kochhar-Bryant(2003).

사용하는 것이 중요하다. 의사소통의 부족이나 조정된 계획이 부족하여 서비스의 중복이나 비효율적인 사용은 기관이나 장애인 모두에게 바람직하지 못하다.

국내의 장애인복지관과 특수학교 사례

지적장애 특수학교 고등부에서는 수업의 약 반 정도가 직업으로 이루어져 있다. 많은 학교에서는 직업 수업을 학교 안에서 단독으로 진행하고 있으나 일부 학교에서는 인근에 있는 장애인복지관과 협력하여 프로그램을 진행하고 있다. 특수학교가 장애인복지관과 협력하여 직업교육을 실시하는 경우, 공동으로 사업체를 개발하거나 공동으로 직무지도를 하고 공동으로 사례를 개발하는 것 등이 주요 내용이다. 또한 장애인이 특수학교를 졸업하는 경우 그 사례가 복지관으로 이관되어 서비스의 연결이 순조롭게 이루어지게 된다.

특수학교나 장애인복지관이 동일한 지역을 기반으로 서비스를 제공하고 있기 때문에 실제로 두 기관의 장애인들이 취업하게 될 사업체는 동일하다. 이러한 상황에서 두 기관이 사업체를 공동으로 개발함으로써 인력과 경비를 중복 사용하는 것을 방지할 뿐만 아니라 사업체에서 장애인 재활 관련 기관을 대하는 데 혼선을 줄일 수 있다.

특수학교의 직업교사나 장애인복지관 직업재활 전문가가 같은 사업체 혹은 인근 지역의 사업체에서 현장훈련을 받고 있거나 취업한 장애인에게 필요한 지원을 제공해 줌으로써 제한된 전문 직무지도 인력을 효율적으로 활용할 수 있게 된다. 특수학교 교사와 장애인복지관의 직원이 지역별로 구분하여 직무지도를 공동으로 하는 경우, 이동에 소요되는 시간을 대폭 축소하고 비용도 줄일 수 있다.

또한 두 기관의 협력을 통해 재활계획을 세우고 정보를 교환하는 경우, 장애인이 학교를 졸업하고 지역사회로 나아가는 과정이 순조로워지고 기관 간 서비스의 중복을 피하고 가장 적절한 서비스를 제공한다는 장점도 있다.

그러나 특수학교와 장애인복지관이 협력하여 고등부 재학생이나 졸업생의 재활을 위한 서비스를 효과적으로 제공하는 것은 쉬운 일이 아니다. 이 사례에서의 두 기관이 협력을 도모하기 위해 시도했던 노력을 기술하면 다음과 같다.

첫째, 두 기관에서 추구하는 프로그램을 상호 이해할 수 있도록 공동으로 자체 연수를 실시하였다. 이 자체 연수는 대개 1달에 2시간 정도씩 3~4회 실시되었는데, 연수 참가자들은 자신이 수행하고 있는 프로그램의 주요 원리, 대상, 방법, 문제 등에 대하여 토의하였다. 이 연수를 위하여 관련 문헌을 사용하기도 하였다.

둘째, 두 기관 관련자들이 정기적인 모임을 가졌고, 그 외에 필요한 경우 임시적인 모임도 가져 기관의 협력방안에 관하여 논의하였다. 정기적인 모임으로는 매월 1회씩 상호 프로그램을 점검하기 위한 것과 매년 1회씩 프로그램을 종합적으로 평가하기 위한 것을 들 수 있다. 이러한 정기적인 모임 외에도 장애인 취업에 새로운 이슈가 발생하거나 새로운 사례를 접하는 경우 관련자들이 임시로 모임을 가졌다.

셋째, 두 기관의 관련자들이 자신의 역할과 책임에 대해 융통성 있는 해석을 할 수 있도록 기관의 행정가들에게 협조를 요청하였다. 예를 들면, 특수학교의 교사는 반드시 특수학교 재학생만 교내에서 가르치거나 생활을 지도하는 것이 아니라 관련 기관이 공동 사업을 진행시킬 수 있도록 융통성 있는 역할을 부여하는 것이다.

넷째, 두 기관의 관련자들은 시간을 보다 융통성 있게 운영할 수 있도록 협력하였다. 특히 특수학교의 경우 시간표에 따라 하루의 일과가 진행되므로 수업시간을 연속하여 3시간 혹은 6시간으로 묶을 수 있도록 하거나 혹은 팀 수업을 도입함으로써 교사들이 장애인복지관 직원과 협력하는 데 제한을 덜 받도록 하였다.

다섯째, 두 기관의 관계자들은 필요하면 항상 서로 정보를 교환할 수 있도록 하였다. 이 정보에는 각 기관의 공식적인 서류, 현재 제공되는 서비스 진행상황, 기타 장애인 교육과 재활과 관련되는 비공식적인 정보를 포괄하였다.

5. 자폐성장애인 성인기 지원

1) 자폐성장애인의 특성과 직업

Rosenthal(1985)은 자폐성장애인의 다섯 가지 특성을 제시하였다. 인지와 주의집중 장애, 통찰력과 경험학습능력 결핍으로 인한 부족한 현실검증능력, 학교생활의 실패로 인한 낮은 자아개념과 사회적으로 수용될 수 없는 부적응행동, 시각적 상상력의 결여로 자신의 능력을 현실적으로 판단할 수 없는 제한성, 학습에 대한 수동적인 태도와 독립성을 저하시키는 학습된 무력감으로 인해 자폐성장애인들은 직업과 일상생활 전반에 걸쳐 어려움을 겪게 된다. 이외에도 자폐성장애인은 추상적, 추론적 사고가 지체되고, 사고를 조직화하는 것이 어렵기 때문에 계획수립과 과업실행에 장애를 보이며(Deshler, Schumaker, Alley, Warner, & Clark, 1982; Torgesen, 1982; Wiens, 1983), 새로운 것을 학습하고 의미 있는 대인관계 형성이 실패하게 됨으로써 또래집단의 압력을 비장애아동보다 강하게 느끼며, 부모의 기대를 충족시키지 못하는 것에 대한 자신감 상실, 도덕관념을 잘 이해하지 못해 자신의 흥미에 따라 행동하거나 또래집단의 지시에 따라 행동하게되어 반사회적 행동을 하기도 한다(Bryan, Werner, & Pearl, 1982; Derr, 1986; Lewis & Taymans, 1992; Patton & Blalock, 1996).

2) 직업현장에서 자폐성장애인이 겪는 문제

자폐성장애인은 실업, 불완전고용, 임금, 승진, 독립기능, 지역사회 통합, 직무만족도에 있어 많은 문제가 있고, 상급학교생활에 있어서도 실패를 경험하기도 한다. 즉, 자폐성장애인들은 효율적으로 의사소통하고, 직업지시를 이해하는 데 가장 어려움을 느끼기 때문에 인지나 행동장애인들보다 직업적응에 있어 더 많은 어려움을 겪는다. 성인기에는 요구되는 일상생활 과업들이 증가하고 직무과업도 복잡해지고 많아지기 때문에 문제해결과 의사결정능력, 의사소통 등의 사회성기술이 보다 많이 요구되고, 이러한 영역에 장애를 가진 자폐성장애인들이 실패를 경험할 가능성은 더 높아진다. 다음은 직업현장에서 자폐성장애인이 어려움을 느끼는 영역들이다(Howlin, 1997).

(1) 의사소통에서의 어려움

효율적으로 의사소통하는 데 어려움이 있기 때문에 일을 할 때 여러 측면에서 문제점을 느끼게 된다. 컴퓨터 애널리스트인 진수 씨는 다른 사람의 컴퓨터에서 버그를 찾아내는 데에는 뛰어난 능력을 갖고 있지만, 오류는 무엇이고 어떤 문제가 나타났으며 어떻게 그 상황을 해결했는지 동료들에게 설명하는 데는 어려움을 느낀다.

(2) 사회적 규칙 준수의 어려움

자폐성장애를 가진 동현 씨는 동료에게 바짝 붙어 서고, 신체적인 접촉을 하며, 개인적인 질문을 하여 동료들이 그의 행동에 화가 나게 한다.

(3) 독립적으로 작업하는 것의 어려움

자폐성장애인의 경우 가까이에서 슈퍼비전을 하면 일을 매우 잘하지만 일을 자발적으로 하거나 스스로 자신의 업무상황을 관찰하는 능력에 제한이 있기 때문에 작업현장에서 많은 문제를 겪는다. 컴퓨터 프로그래머인 원영 씨는 명확하게 과업이 주어진 경우에만 만족스러운 수준으로 일을 완수하고, 명확한 업무지시가 주어지지 않는 경우는 할 수 있는 일임에도 아예 일을 하지 않는다.

(4) 부적절한 업무 패턴의 발달

사무실에서 파일을 정리하는 업무를 하는 은영 씨는 파일 정리업무를 체계적으로 잘할 수 있는 것으로 나타나 업무배치 직후에 슈퍼비전이 철회되었다. 그러나 은영 씨의 깔끔한 파일 정리는 몇 주 후에 아주 놀라운 결과로 나타났는데, 체계적인 줄로만 알았던 정리 순서가 그 누구도 이해할 수 없는 매우 기이한 순서였다.

(5) 강박적인 행동과 규칙변화에 대한 저항

지혜 씨는 온화하고 조용한 성품을 지닌 근로자로 도서관에서 근무한다. 그녀는 어떤 이유에서든 작업스케줄이 바뀌거나 방해를 받으면 매우 화를 낸다. 본인의 고집으로 노조회의를 근무시간이 아닌 점심시간이나 일과 후에 하게 되고, 생일이나 크리스마스 행사를 근무시간 이외의 시간에 해야 한다고 주장하여 동료들은 모두 그녀의 행동에 대해 기분이 좋지 않은 상황이다.

(6) 기타 행동문제

남영 씨는 몇 년 만에 취직을 하게 됐는데, 실직기간 동안 밤마다 자신만의 규칙적인 행사를 하느라 매우 늦게 잠자리에 드는 습관을 갖게 되었다. 취직을 하고 나서도 이 습관은 바뀌지 않았고, 결국 잦은 지각과 피로감, 심지어 직장에서 잠을 자는 행동을 보이게 되었다.

(7) 승진 적응문제

업무능력을 인정받아 승진을 하는 경우에도 새로운 직위에 적응하는 데 어려움을 겪는 것으로 나타났다. 상우 씨는 세밀한 것에 대해 주의집중하고 모든 일을 꼼꼼하게 하는 특성으로 대학부속 연구소에 연구원으로 고용되었다. 업무능력을 인정받아 선임연구원으로 승진하여 회의에 참석하고 관리자 역할을 수행하게 되었다. 그러나 몇 년 동안 자신만의 방식으로 일을 해 왔던 상우 씨는 선임연구원으로서의 역할을 수행하는 데는 많은 어려움을 느끼게 되었다.

(8) 타인으로부터의 학대

자폐성장애인들은 다른 사람들과 의미 있는 사회적 상호작용하는 데 어려움을 느끼기 때문에 다른 사람들의 행동을 잘 이해하지 못하여 학대나 괴롭힘의 대상이 되기도 한다.

3) 직업현장에서 자폐성장애인이 겪는 문제 해결하기

자폐성장애인들은 직업현장에서 다양한 어려움을 겪지만 이러한 문제를 해결할 수 있는 여러 전략들도 존재한다(Zaks, 2006).

(1) 고용주에게 정보 제공하기

고용주에게 자폐성장애인들이 가진 어려운 점들에 대해 솔직하게 알리고 도움이 되는 관련 정보를 제공하여 고용주의 자폐성장애인 고용 부담을 줄여 준다.

(2) 자폐성장애인 고용에서 얻는 이익에 대해 설명하기

업무 내용이 명확하게 주어지면 자폐성장애인들은 매우 유능하고 신뢰할 수 있는 근로자가 된다. 즉, 규칙적이고 예측 가능한 직무에 배치되면 한눈팔지 않고 지속적으로 일을 수행하여 완수한다. 이는 다른 사람들과 사회적 상호작용을 즐기지 않아 지속적으로 직무에 집중할 수 있기 때문이다.

솔직함도 자폐성장애인이 지닌 또 다른 강점이다. 대기업들은 지각이나 결근율이 낮고, 솔직하며, 일에 있어 믿을 수 있는 자폐성장애인을 선호하는 것으로 나타났다.

(3) 직무 조건이나 규칙들을 명확하게 제시하고, 작업장을 구조화하며, 명확한 피드백 제공하기

슈퍼바이저는 자폐성장애인 근로자 가까이에서 업무를 관리하고, 업무능력이 향상되면 슈퍼비전을 줄여 나가도록 해야 한다. 자폐성장애인들은 청각보다는 시각적 단서에 의존하기 때문에 언어적인 작업지시보다는 그림이나 글로 된 작업지시가 더 적합하다. 또한 자폐성장애인들은 직접적이고 솔직한 피드백을 제공해야만 피드백 내용을 이해할 수 있기 때문에 행동이 일어난 직후에 피드백을 제공해야 한다. 만약 작업행동을 바꿔야 한다면 명확한 업무 규칙이 정해져 있어야 하고, 피드백과 업무 규칙을 함께 주어야만 자폐성장애인들은 상황을 이해할 수 있다.

(4) 변화에 적응하기

희수 씨는 한 페이지의 서류를 작성할 때마다 오류를 체크해야 해서 한 페이지 이상 워드 작업하는 것에 저항하기 때문에 업무속도가 너무 느린 것이 문제다. 이를 해결하기 위해 슈퍼바이저는 작성한 서류를 복사해서 체크할 수 있도록 하여 점차 한 번에 작성할 서류량을 늘려 이 문제를 해결하였다.

표 11-10 **나의 직업 유형 알아보기**

선호하는 것 vs 선호하지 않는 것
1. 나는 무엇을 잘하는가?
2. 가장 좋아하는 것은 무엇인가?
3. 직업으로 연결할 수 있는 취미나 특별한 흥미가 있는가?
4. 어떤 일을 가장 싫어하는가?

감각 문제
1. 인내할 수 없는 환경이나 상황은 무엇인가?
2. 선호하는 환경은 무엇인가?
3. 사전에 준비해야 하는 감각과 관련된 문제는 무엇인가?

의사소통 문제
1. 다른 사람과 이야기하는 것을 좋아하는가?
2. 공식적/비공식적으로 다른 사람과 이야기하는 것이 어려운가?
3. 쉽게 답할 수 있는 질문은 무엇인가?

사회성 문제
1. 사회적으로 관계 맺는 것을 어느 정도까지 할 수 있는가?
2. 사회적으로 관계 맺는 것이 불안한가?
3. 다른 사람을 이해하는 데 어려움을 느끼는가?

프로젝트 유형
1. 혼자 일하는 것, 리더와 함께 일하는 것, 그룹으로 일하는 것 중에 어느 유형을 선호하는가?
2. 정해진 규칙이 있는 과제와 자유과제 중 어느 것을 선호하는가?
3. 혼자 일하다가 다른 사람들과 특별 프로젝트로 일하는 등 직무 유형의 변화를 받아들일 수 있는가?
4. 반복작업을 선호하는가?
5. 쉽게 주의가 산만해지는가?

행동 수준
1. 천천히 움직이는가 혹은 빨리 움직이는가?
2. 많은 행동을 하는 것을 좋아하는가 혹은 가만히 있는 것을 좋아하는가?

개인적인 문제
1. 불안을 일으키는 문제가 있는가?
2. 정리를 잘하고 깔끔한가 혹은 어지르는 편인가?
3. 정장을 갖춰 입는 것을 좋아하는가?

표 11-11 **나에게 맞는 직업 결정하기**

나에게 맞는 직업을 결정할 때 고려할 점 1. 선호하는 작업 유형 2. 일반적인 자폐성장애인 근로자 특성 3. 작업환경 ☞ 자신의 잠재력과 가장 적합한 직무와 연결
예를 들어, 나의 관심사가 '기차'일 경우 • 사람들과 만나 기차에 대해 이야기하는 것이 즐거운 경우 ☞ 기차박물관 도슨트 • 사람들과 만나 이야기하는 것이 불가능하거나 스트레스를 많이 받는 경우 ☞ 기차를 청소하고, 수리하고, 정리하기
• 선호하는 활동에 대한 높은 주의집중력 • 감각 문제로 인해 쉽게 주의가 산만해짐 ☞ 주의산만 요인이 최소화되고 방해요소가 없는 환경에서 작업에 집중하도록 함
• 측정가능하고 수량화할 수 있는 직무 선호 ☞ 자신의 업무능력 향상을 측정하기 쉬운 직무
• 우선순위 정하기 ☞ 다양한 직무가 복합된 직무의 경우 관리자의 도움을 받아 하루 일과에 다양한 직무를 어떤 순서로 배치할 것인지 우선순위를 정함
• 시각적으로 사고하기 ☞ 주어진 업무를 시각적으로 사고(visual thinking)하여 물건을 배치하거나 디자인함
• 문자 그대로 해석하는 특성 • 자폐성장애인들은 은유법, 추상적 언어를 이해하지 못하고 문자 그대로 이해함 ☞ 특정 분야의 용어(jargon)나 은유적인 표현을 많이 사용하는 직무를 피함
• 자폐성장애인들은 개인위생, 식사하기, 가정 관리, 옷 입기도 매우 힘들어하고, 피곤을 느껴 퇴근 후에 자기관리를 하지 못하기 때문에 식사를 하지 못해 몸무게가 빠지거나 목욕을 하지 못해 위생에 문제가 되는 등의 문제가 발생 ☞ 의복이나 일하는 환경이 좀 더 자유로운 곳에 취업
• 출퇴근 거리가 멀어 장시간 이동할 경우에 피곤이 쌓여 자기관리가 어려움 ☞ 차를 이용하지 않는 걸어서 갈 수 있는 거리의 회사에 취업

표 11-12 자폐성장애인 근로자에게 추천할 직업

• 흥미 분야에서 견습 −흥미 분야 직무에서 견습하는 동안 해당 분야 마스터가 우선순위를 정해 주고 중요한 의사결정을 내리는 것을 도와줌
• 연구 및 사실 탐색 직무 −구체적인 사실이나 정보를 탐색하는 직무에 배치되면 산만해지거나 지겹거나 실수하는 경우가 거의 없이 수행함 −자신의 속도, 스케줄에 따라 일하고, 생산적인 일에 자신의 능력을 발휘할 수 있음 ☞ 조용한 환경인 도서관 업무는 자폐성장애인의 감각문제를 일으키지 않는 추천 직무
• 상품기획, 재고관리, 물건 선적 −자폐성장애인은 조직, 진열, 정리, 계산, 분류에 능력을 가짐 ☞ 창고형 매장은 비공식적인 자유로운 환경으로 옷차림도 자유롭게 입을 수 있고 동료와도 의사소통이나 사회적 관계도 적어 사람에게 받는 압박감은 적은 편으로 추천 직무
• 2차 산업 −자신의 근로자로서의 가치를 높이고 중요한 기술을 배울 수 있는 직무 ☞ 순서에 따라 물건을 생산하는 공장 업무 등이 적합함
• 혼자 하는 직무 ☞ 도어맨, 경호원, 택시기사, 기계조작자, 트럭 운전사 등은 다른 사람들과 정기적으로 만나야 하지만 대부분의 시간은 혼자 일하게 되어 추천 직무
• 동물 관련 직무 −동물과의 사회적 관계를 맺는 것은 실패하지 않고, 동물 주인들과의 상호작용은 간단하고 빨리 끝내면 됨 ☞ 동물을 좋아한다면 동물 목욕시키기, 산책시키기, 먹이 주기, 관리하기가 추천 직무
• 창업 −자신의 작업환경을 자신에게 맞춰서 구성할 수 있기 때문에 적합함 −그러나 창업은 실패할 위험도가 높고 작업환경을 스스로 모두 관리해야 하는 부담이 높음

자폐성장애인은 진로를 선택하기 전에 자신의 특성을 고려하여 몇 가지 조건에 대한 결정을 내려야 한다.

- 자신이 할 수 있는 것과 할 수 없는 것을 결정한다. 이는 수행 가능한 직업을 선택하는 기초가 된다.

- 가장 적합하고 비용효율적인 직무조정을 하도록 한다. 이는 가장 만족스러운 환경에서 일하고, 타인의 도움을 최소화할 수 있도록 한다.
- 자신을 옹호하는 최선의 방법을 결정한다. 이는 가장 생산적인 결과를 창출하도록 한다.

직업선택에 있어 자폐성장애인의 특성에 대한 풍부한 지식을 가진 재활상담사의 조언은 취업의 질을 향상시키며 직업선택의 성공도를 높일 수 있다. 재활상담사는 장애학생의 정서, 지능 및 사회적 기능에 있어 장점과 단점을 판별하고(이상진, 강위영, 2000), 장애학생이 자신의 장애를 수용하게 하며, 잠재력과 성장 가능성을 강조하여 긍정적인 자아개념을 갖게 하고, 객관적이고 현실적인 목표를 정하도록 지원하며, 또한 직업에 대한 정확한 설명을 제시하여야 한다.

Janus(1999)는 재활상담사는 학생의 진로선택에 있어 다음 요인들을 고려해야 한다고 하였다.

- 직업기능: 특정 직무과업의 내용
- 단순한 직무기능과 복잡한 직무기능의 장애와의 관련 정도
- 직업변수: 특정 직업에서 요구되는 특성을 의미하는 일시적이고, 공간적이며, 조직적이고, 상호작용적인 요소
- 직업변수와 장애와의 관련 정도

적합한 직업의 선택은 학생의 적성, 흥미, 장·단점 등에 대한 평가에 기초하며, 직업기능과 직업변수를 고려하여야 한다. 직업기능은 측정된 적성을 직업변수는 수행능력을 의미하며, 직업기능의 수행은 직업변수의 내용과 수준에 의해 결정된다. 그러므로 최적의 직업을 발견하기 위해서 학생의 장·단점에 대한 평가와 직업기능과 변수분석이 선행되어야 한다.

4) 자폐성장애인의 취업

자폐성장애인의 경우 독특한 행동 특성과 선호도, 언어적 의사소통의 문제, 감각자

극에 대한 비정상적인 반응, 부족한 사회성기술 등 때문에 지적장애인이나 신체장애인 대상 직업훈련센터 프로그램에서도 대부분 실패하여 경쟁고용 대상자로 간주되지 못하였으며, 낮은 평가결과로 인하여 취업이 불가능하다고 과소평가되어 지원고용에서도 제외되어 왔다. 자폐성장애인은 1980년대 초반부터 일을 할 수 있는 능력을 가진 사람으로 인식되기 시작하였다. 자폐성장애인의 여러 가지 특성들로 인해 지원고용에서조차 다른 장애 유형보다 적은 수가 포함되었지만, 점차 많은 수가 임금을 받는 근로자로서 산업현장에서 활동하게 되었다. 특히 이전에는 고기능 자폐성장애인에 한정되었던 고용이 점차 모든 자폐성장애인을 포함하게 되었다.

개인의 특성을 직무과업, 난이도, 과업의 수, 유연성, 판단기회의 유무, 환경요인 등의 직무특성과 적절히 연결시키고 직무조정, 보조도구의 이용 등과 같은 지원이 제공된다면 자폐성장애인 또한 훌륭한 경쟁고용의 대상자라 할 수 있다(Smith, Belcher, & Juhrs, 1995). Heal과 Rusch(1995)는 작업의 질, 작업 태도, 사회성 기술, 출근율, 반사회적 행동의 유무가 취업 가능성을 결정하는 요인이라고 하였다.

최근에는 선진국을 중심으로 중증장애인 지원고용의 활성화와 직업유지를 위한 지원서비스 제공을 통해 생산직, 인쇄업, 접시 닦기, 창고형 매장, 배달, 골프장 관리인 등의 직종에 직업배치가 가능하다는 결과가 제시되고 있다(Getzel & deFur, 1997). 또한 Szatmari, Boyle 그리고 Offord(1989)와 Kanner(1972)는 자폐성장애인에 대한 추적연구에서 대부분이 직업을 가지고 있으며, 콜로라도 주립대학교의 Grandin 박사와 같이 대학교수로 근무했던 성공적인 사례도 보이고 있다.

자폐성장애인의 임금수준은 최저임금 미만부터 최저임금의 2배 이상까지 다양하며, 중증 자폐와 지적장애가 복합된 경우에도 자신의 직무지도원(job coach)보다 더 많은 임금을 받는 사례도 보고되고 있다.

- 지적장애를 가지고 있지 않은 경증 자폐성장애인
  - 직무지도원의 도움 없이 고용 가능
- 중도 지적장애를 가진 자폐성장애인
  - 사회성기술과 의사소통기술, 문제행동의 수준에 따라 다양한 지원을 받아 고용 가능
- 중증 지적장애, 언어장애, 행동문제를 가진 자폐성장애인
  - 직무지도원의 지원을 받아 고용 가능

표 11-13 **자폐성장애인의 특성이 직업선택과 개발에 미치는 영향**

자폐성장애인 특성	직업선택 및 직업개발에 대한 영향
언어/비언어적 의사소통장애	• 의사소통의 기회가 적은 직업 –직무지도원이 의사소통에 대한 욕구를 지원하고 의사소통 기술훈련을 제공함
사회성 기술의 부족	• 사회성 기술이 많이 요구되지 않으며 사람과의 접촉이 적고, 독립적으로 수행하는 직무과업이 요구되는 직업 –직무지도원이 사회성 기술이 향상되도록 지원하며 특정 사회성 기술에 대한 훈련을 제공함
감각자극에 대한 이상반응	• 선호하는 자극을 제공하는 직업 혹은 혐오자극을 주지 않는 직업
변화에 대한 거부	• 변화가 적은 직업 –변화에 대처하기 위하여 관찰 · 지도와 행동통제를 제공함
시각–운동기능	• 좋은 시각–운동기능을 요구하는 직업
지적장애	• 인지능력에 알맞은 직업 –필요한 경우 관찰 · 지도와 직무기술훈련을 제공함
행동문제	• 동료 근로자에게 위험을 주지 않는 행동, 직무수행에 위험을 주지 않는 행동이 유발될 수 있는 선행조건을 가진 직업 –직무지도원은 행동을 지원하고 표적행동을 통제함
파편기능	• 파편기능(splinter skills)을 이용할 수 있는 직업
고집성 및 강박성	• 자세함과 정확성을 요구하는 직업
편차가 심한 주의집중력	• 직무수행 행동을 증가시킬 수 있는 행동지원과 지도

출처: Smith, Belcher, & Juhrs(1995).

표 11-14 **자폐성장애인 고용유형**

기관	고용유형
연방정부	대량 발송업
주정부	카탈로그 판매업
사립 영리기관	건설업
사립 비영리기관	지역 신문 발행업
	전자제품 제조, 수리, 검사
소유주	식음료 서비스업
기업	정부관련 사업
가족기업	헬스 케어 서비스업
자영업	세탁 서비스업

공공단체	조립, 제조업
	호텔업
	인쇄업
	공공 건강 정보 제공 및 옹호 서비스
	재활용업
	물품 렌탈업
	하이 테크놀로지 연구 · 개발업
	소매업
	자판기 사업, 스낵 유통업
	비디오 모니터링 및 전사(轉寫)업
	창고매장 유통업
	쓰레기 수거

출처: Smith, Belcher, & Juhrs(1995).

표 11-15 자폐성장애인 취업유형의 예(할인매장 창고 정리인)

1. 직무유형: 물품을 진열하고 판매하기 위해 준비하고 정리한다.

2. 작업장 형태: 창고형 할인매장으로 약 40명의 근로자가 있다.

3. 자폐성장애인 근로자 특성
- 근로자 A: 문장형태로 말할 수 있으나 발음이 불분명하고, 촉구에 의존하며, 중증 지적장애, 자해행동, 화내기, 의사소통문제(반향어를 큰 소리로 말하고 제한된 어휘력을 가짐)를 수반하고 있다.
- 근로자 B: 정확한 문장형태를 명확한 발음으로 말하며, 경도 지적장애를 가지고 있고, 욕하기, 공격성, 물건 훔치기, 부적합한 장소에서 용변 보기, 부적합한 장소에서 옷 벗기, 부적절한 성적 행동을 수반하고 있다.

4. 직무내용
- 물품의 앞면이 보이도록 진열하기 위하여 물품 진열대 정리하기
- 결함이 있는 품목을 골라내고 포장박스를 풀기
- 물품에 가격표 붙이기
- 빈 박스를 정리해서 쓰레기 압축기에 넣기
- 가격표가 잘못된 품목을 찾아 가격표 떼어 내기

5. 직무수행에 요구되는 도구 및 기구
- 택건(Pricing gun)

- 쓰레기 압축기
- 쇼핑카트

6. 직무수행에서 나타날 수 있는 문제점
- 큰 소리로 시끄럽게 이야기하여 소란스럽게 할 수 있다.
- 가격표를 가격표 붙이는 택건에 넣지 못하거나 택건에 가격을 입력하지 못할 수 있다.
- 물건의 위치를 묻는 손님의 응대에 문제가 있을 수 있다.

7. 작업장 혹은 직무조정
- 직무지도원은 훈련, 행동수정을 통하여 지원한다.
- 소란을 피울 때 내담자를 판매장에서 나오게 한다.
- 직무지도원이 가격표 붙이는 택건을 관리하고 가격표를 붙인다.
- 손님이 질문할 때 프론트 데스크를 이용하도록 가르치거나 직무지도원이 돕는다.
- 긍정적 강화, 자기관리, 사회성기술 훈련, 목소리 크기조절 훈련 등의 행동수정을 제공한다.

요약

졸업 후 취업을 원하는 장애학생에게는 직업준비로서의 교육의 한 부분으로 다양한 진로탐색과 선택의 기회를 제공해야 한다. 이러한 의미에서 '전환서비스'는 장애학생이 학교에서 학교 후 활동(중등교육 이후 교육, 직업교육, 통합된 형태의 고용, 계속교육과 성인교육, 성인서비스, 자립생활, 지역사회 참여 등)으로의 이동을 촉진시키기 위해 학업과 기능적인 성취도를 높이는 데 목적이 있다. 이러한 목적을 둔 결과지향적인 협력활동이나 학생의 강점, 흥미, 선호도, 욕구에 기초한 활동 혹은 강의, 관련 서비스, 지역사회 경험, 고용, 기타 졸업 후 자립적인 성인생활, 일상생활기술 습득, 기능적인 직업평가 등을 의미한다. 전환교육계획 수립은 개별화교육 수립의 중심이며, 학생, 부모, 학교, 성인서비스 기관, 지역사회 행정가, 고용주 그리고 이웃 간의 협력과 조기에 실시될 때 효율적이다. 또한 전환교육이 성공하기 위해서는 다양한 자폐성장애인의 특성에 대한 성인기의 다양한 지원이 필수적이다.

참고문헌

강은경(2001). 또래일반아동중재에 의한 발달장애아동의 지역사회적응기술훈련 효과. 단국대학교 대학원 석사학위논문.

박경수(1997). **직업재활서비스 제공을 위한 관련기관과의 연계방안**. 서울: 한국장애인고용촉진공단.

박성우, 이상진(2004). 특수한 학습요구를 가진 학생들의 장애유형과 성별에 따른 자기결정력과 삶의 질 비교. **정서·행동장애연구, 20**(3), 181-206.

박신영(2003). 초등학교 통합학급에서 장애아동의 교우관계 촉진 환경에 관한 연구. 단국대학교 대학원 석사학위 논문.

박희찬, 이상진, 이종길(2005). **직업재활 네트워크 구축 모델 개발연구**. 사회복지공동모금회 연구용역 보고서.

방명애(1999). 자폐아 교육의 최상의 실제. **정서·학습장애연구, 15**(1), 149-172.

방명애(2002). 장애대학생의 의사결정기술 향상을 위한 프로그램의 적용효과. **정서·행동장애연구, 18**(1), 291-311.

법제처(2015). 발달장애인 권리보장 및 지원에 관한 법률.

법제처(2017). 장애인 등에 대한 특수교육법.

이상진(2002). 직업평가와 의사결정에 관한 연구. **직업재활연구, 12**(2), 169-192.

이상진(2003). **전환기 발달장애 청소년 진로의사결정척도 개발에 관한 연구**. 제11회 한국정서행동장애아교육학회 학술대회.

이상진, 강위영(2000). 학습장애학생의 전환기교육 프로그램에 관한 연구. **정서·행동장애연구, 16**(1), 69-96.

Brolin, D. E. (1983). *Life-centered career education: A competency-based approach*. Reston, VA: The Council for Exceptional Children.

Brolin, D. E. (1989). *Life centered career education: A competency based approach* (3rd ed.). Reston, VA: The Council for Exceptional Children.

Brolin, D. E. (1992). *Life centered career education (LCCE) knowledge and performance batteries*. Reston, VA: The Council for Exceptional Children.

Brolin, D. E. (1995). *Career education: A functional life skills approach* (3rd ed.). Englewood Cliffs, NJ: Prentice-Hall.

Brolin, D. E., & Schatzman, B. (1989). Lifelong career development. In D. E. Berkell & J. M. Brown (Eds.), *Transitions from school to work for persons with disabilities* (pp. 22-23). New York: Longman.

Bryan, T., Werner, M. A., & Pearl, R. (1982). Learning disabled students' comformity responses to prosocial and antisocial situations. *Learning Disabilities Quaterly, 5*, 344-352.

Clark, G. M. (1979). *Career education for the handicapped child in the elementary school*. Denver, CO: Love.

Clark, G. M. & Kolstoe, O. P. (1995). *Career development and transition education for adolescents with disabilities*. Boston: Allyn & Bacon.

Deshler, D. D., Schumaker, J. B., Alley, G. R., Warner, M. M., & Clark, F. L. (1982). Learning disabilities in adolescent and young adult populations: Research implications (Part I). *Focus on Exceptional Children, 15*(1), 1-12.

Derr, A. M. (1986). How learning disabled adolescent boys make moral judegements. *Journal of Learning Disabilities, 19*, 160-164.

Dunn, C. (1996). A status report on transition planning for individuals with learning disabilities. *Journal of Learning Disabilities, 29*(1), 17-30.

Field, S. (1996). Self-determination instructional strategies for youth with learning disabilities. *Journal on Learning Disabilities, 29*(1), 40-52.

Field, S., & Hoffman, A. (1994). Development of a model for self-determination. *Career Development for Exceptional Individuals, 17*(2), 159-169.

Field, S., Hoffman, A. & Spezia, S. (1998). *Self-determination strategies for adolescents in transition*. Austin, TX.: ProEd. E-book.

Field, S., Martin, J., Miller, R., Ward, M., & Wehmeyer, M. (1998). Self-determination for persons with disabilities: A position statement of the Division on Career Development and Transition. *Career Development for Exceptional Individuals, 21*(2), 113-128.

Getzel, E. E. & deFur, S. (1997). Transition planning for students with significant disabilities: Implications for student-centered planning. *Focus on Autism and Other Developmental Disabilities, 12*(1), 39-48.

Greene, G., & Kochhar-Bryant, C. A. (2003). *Pathways to successful transition for youth with disabilities*. Upper Saddle River, NJ: Pearson Education.

Halpern, A. S. (1985). Transition: A look at the foundations. *Exceptional Children, 51*(6), 479-486.

Halpern, A. S. (1994). The transition of youth with disabilities to adult life: A position statement of the Division on Career Development and Transition. *Career Development for Exceptional Individuals, 17*(2), 115-124.

Heal, L. W., & Rusch, F. R. (1995). Predicting employment for students who leave special education high school programs. *Exceptional Children, 61*, 472-487.

Howlin, P. (1997). *Autism: Preparing for adulthood*. New York, NY: Routledge.

Izzo, M. V., & Shumate, K. (1991). *Network for effective transitions to work: A transition coordinator's handbook*. Columbus, OH: Center on Education and Training for Employment, The Ohio State University.

Janus, R. A. (1999). *Mapping careers with LD and ADD clients: Guidebook and case studies*. New York: Columbia University Press.

Kanner, L. (1972). *Child psychiatry* (4th ed.). Springfield, IL: Charles C Thomas.

Lewis, K., & Taymans, J. M. (1992). An examination of autonomous functioning skills of adolescents with learning disabilities. *Career Development for Exceptional Individuals, 15*(1), 37-46.

O'Brien, J. (1987). A guide to lifestyle planning. In B. Wilcox & T. Bellamy (Eds.), *A comprehensive guide to the activities catalog*. Baltimore, MD: Paul Brookes.

Patton, J. R., & Blalock, G. (1996). *Transition and students with learning disabilities: Facilitating the movement from school to adult life*. Austin, TX: Pro-Ed.

Rhoades, C. M. (1986). Self-advocacy. In J. Wortis (Eds.), *Mental retardation and developmental disabilities* (Vol. XIV, pp. 79-91). New York: Elsevier.

Rosenthal, I. (1985). A career development program for learning disabled college students. *Journal of Counseling and Development, 63*(5), 308-310.

Rubin, S. E., & Roessler, R. T. (2016). *Foundations of the vocational rehabilitation process* (7th ed.). Austin, TX: Pro-ed.

Sailor, W., & Skrtic, T. (1996). School-linked services integration. *Remedial and Special Edcuation, 17*(5), 271-283.

Schalock, M. (1990). Attempts to conceptualize and measure quality of life. *Quality of life : Perspectives and issues*, 141-148.

Schleien, S. J., Ray, M. T., & Green, E. P. (1997). *Community recreation and people with disabilities: Strategies for inclusion*. Baltimore, MD: Paul H. Brookes.

Smith, M. D., Belcher, R. G., & Juhrs, P. D. (1995). *A guide to successful employment for individuals with autism*. Baltimore, MD: Paul H. Brookes.

Szatmari, P., Boyle, M., & Offord, D. R. (1989). ADHD and conduct disorder: Degree of diagnostic overlap and differences among correlates. *Journal of the American Academy of Child and Adolescent Psychiatry, 28*, 865-872.

Szymanski, E. M., Hanley-Maxwell, C., & Asselin, S. (1992). The vocational rehabilitation, special education, vocational education interface. In F. R. Rusch, L. Destfano, J. Chadsey-Rusch, L. A. Phelps, & E. M. Szymanski (Eds.), *Transition from school to adult life: Models, linkages, and policy* (pp. 153-171). Sycamore, IL: Sycamore.

Torgesen, J. K. (1982). The learning disabled child as an inactive learner: Educational implications. *Topics in Learning and Learning Disabilities, 2*, 45-52.

United States Congress (1990). Americans with Disabilities Act.

United States Congress (1990). Individuals with Disabilities Education Act.

United States Congress (1992). Rehabilitation Act Amendments.

United States Congress (1997). Individuals with Disabilities Education Act Amendments.

Wehman, P. (1992). *Life beyond the classroom: Transition strategies for young adults with disabilities*. Baltimore, MD: Brookes.

Wehman, P., Kregel, J., & Barcus, J. M. (1985). From school to work: A vocational transition model for handicapped students. *Exceptional Children, 52*(1), 25-37.

Wehmeyer, M. L. (1993). Perceptual and psychological factors in career decision-making of adolescents with and without cognitive disabilities. *Career Development for Exceptional Individuals, 16*(2), 136-146.

Wehmeyer, M. L. (1996). Student self-report measure of self-determination for students with cognitive disabilities. *Education and Training in Mental Retardation and Developmental Disabilities, 31*(4), 282-293.

Wehmeyer, M. L., & Palmer, S. (1998). Student's expectation of the future: Hopelessness as a barrier to self-determination. *Mental Retardation, 36*(2), 128-136.

Wiens, J. W. (1983). Metacognition and the adolescent passive learner. *Journal of Learning Disabiities, 16*(3), 144-149.

Will, M. (1984). *OSERS programming for the transition of youth with disabilities: Bridges from school to working life*. Washington, DC: Office of Special Education and Rehabilitative Services, U. S. Office of Education.

Zaks, Z. (2006). *Life and love: Positive strategies for autistic adults*. Shawnee Mission, KS: Autism Asperger.

DOYOUNG
2013

찾아보기

인명

내용

저자 소개

김건희(Kim, Keon Hee)
대구대학교 유아특수교육과 교수
mykhk@hotmail.com

김미경(Kim, Mi Kyong)
세한대학교 특수교육과 교수
mk1870@hanmail.net

김민동(Kim, Min Dong)
광주여자대학교 중등특수교육과 교수
kmdong@kwu.ac.kr

박명화(Park, Myong Hwa)
부산장신대학교 특수교육과 교수
ohyou386@hanmail.net

이상진(Lee, Sang Jin)
평택대학교 재활상담학과 교수
sanglee@ptu.ac.kr

이상훈(Lee, Sang Hoon)
가톨릭대학교 특수교육과 교수
hlee@catholic.ac.kr

이원령(Lee, Won Ryeong)
위덕대학교 특수교육학부 교수
wrlee@uu.ac.kr

이한우(Lee, Han Woo)
한국국제대학교 유아특수교육과 교수
hanooo71@naver.com

정훈영(Jung, Hoon Young)
한국육영학교 교사
aisarang75@hanmail.net

조재규(Jo, Jae Gyu)
경동대학교 중등특수교육과 교수
special@kduniv.ac.kr

자폐성장애 학생을 위한 최상의 실제
Best Practices for Educating Students with Autism Spectrum Disorders

2018년 1월 30일 1판 1쇄 발행
2019년 1월 23일 1판 2쇄 발행

지은이 • 김건희 · 김미경 · 김민동 · 박명화 · 이상진
이상훈 · 이원령 · 이한우 · 정훈영 · 조재규

펴낸이 • 김진환
펴낸곳 • (주)학지사
04031 서울특별시 마포구 양화로 15길 20 마인드월드빌딩
대표전화 • 02-330-5114 팩스 • 02-324-2345
등록번호 • 제313-2006-000265호

홈페이지 • http://www.hakjisa.co.kr
페이스북 • https://www.facebook.com/hakjisabook

ISBN 978-89-997-1202-9 93370

정가 20,000원

이 도서의 국립중앙도서관 출판시도서목록(CIP)은 서지정보유통지원시스템 홈페이지(http://seoji.nl.go.kr)와 국가자료공동목록시스템(http://www.nl.go.kr/kolisnet)에서 이용하실 수 있습니다.
(CIP 제어번호: CIP2017035402)